新世纪高等学校教材 | 历史学系列教材

历史教师教育系列教材

中学历史核心素养命题的原理和方法

Propositional Principles and Methods of Historical Core Literacies in Middle School

黄牧航　朱命有　主编

编委：饶李金　苗　青　陈爱辉
李志彦　郑健宏

北京师范大学出版集团
BEIJING NORMAL UNIVERSITY PUBLISHING GROUP
北京师范大学出版社

图书在版编目（CIP）数据

中学历史核心素养命题的原理和方法/黄牧航，朱命有主编．—北京：北京师范大学出版社，2023.5（2026.2 重印）

新世纪高等学校教材　历史学系列教材　历史教师教育系列教材

ISBN 978-7-303-28911-0

Ⅰ．①中…　Ⅱ．①黄…　②朱…　Ⅲ．①中学历史课—考试—命题—高等学校—教材　Ⅳ．①G633.512

中国国家版本馆 CIP 数据核字（2023）第 031170 号

营销中心电话　010-58808006

ZHONGXUE LISHI HEXIN SUYANG MINGTI DE YUANLI HE FANGFA

出版发行：北京师范大学出版社 www.bnupg.com
　　　　　北京市西城区新街口外大街 12-3 号
　　　　　邮政编码：100088

印　　刷：三河市兴达印务有限公司
经　　销：全国新华书店
开　　本：730 mm×980 mm　1/16
印　　张：28.5
字　　数：467 千字
版　　次：2023 年 5 月第 1 版
印　　次：2026 年 2 月第 5 次印刷
定　　价：68.00 元

策划编辑：刘东明　　责任编辑：岳　蕾
美术编辑：王齐云　　装帧设计：王齐云
责任校对：张亚丽　郑淑莉　　责任印制：马　洁　赵　龙

前　言

自从2017年版《普通高中历史课程标准》(2020年进行了修订)颁布后，对新的课程标准的研究和实践就成为广大中学历史教师学习的热点。基础教育课程承载着党的教育方针和教育思想，是国家意志在教育领域的直接体现，在“立德树人”中发挥着关键作用。我们在研读和实施新的课程标准的时候，应反复学习并充分领会习近平总书记在全国教育大会上的讲话和其他系列重要讲话的精神，务必在党的坚强领导下，全面贯彻党的教育方针，坚持马克思主义指导地位，坚持中国特色社会主义教育发展道路，坚持社会主义办学方向，立足基本国情，遵循教育规律，坚持改革创新，以凝聚人心、完善人格、开发人力、培育人才、造福人民为工作目标，培养德智体美劳全面发展的社会主义建设者和接班人。历史课程要求教师们讲好党史、新中国史、改革开放史、社会主义发展史，汲取历史智慧，深刻把握中国特色社会主义道路的历史逻辑，同时讲清楚文化自信是一个国家、一个民族发展中更基本、更深沉、更持久的力量，坚定中国特色社会主义道路自信、理论自信、制度自信。为了实现这一伟大的目标，加快推进教育现代化、建设教育强国、办好人民满意的教育，新的课程标准提出了许多新的理念和方法，其中唯物史观、时空观念、史料实证、历史解释和家国情怀等五方面的历史学科核心素养成为新的课程目标。

课程目标的落实与教育评价的方式方法密切相关。如何进行中学历史核心素养的测量与评价就成了广大师生关注的焦点问题。历史学科核心素养是一个新事物，其目标既高远又具体，其内容既有学科性又有抽象性，教师们要准确地理解和操作并不容易。学科核心素养被视为三维目标的升级版，与原来的课程目标有着千丝万缕的联系，所以在此后的教学实践中，“新瓶装旧酒”的情况十分普遍，即把原有的教学方法换个名堂，全部视为学科素养的教学。而在评价实践中，核心素养的评价与过去的评价究竟有何不同，又缺乏有说服力的理论体系。由于教育评价在基础教育中所处的重要和特殊的地位，广大教师在新的课程改革中所遇到的困惑慢慢集中在如何进行测量与评价上面。如果在评价的理论与实践上取得突破，必将有力地推动历史学科核心素养教育教学实践的改革。

在这改革的关头，我有幸加入了华南师范大学莫雷教授的课题组，与各学科的专家教授一起集体攻关学科核心素养评价的理论问题。回想起从2018年到2020年那两年多的时光，心中的感觉是艰辛和充实。从刚开始时一头雾水、满腹困惑，到后来的渐入佳境、柳暗花明，从各学科专家的唇枪舌剑、争论不休，到最后的触类旁通、达成共识，其间有太多的辛酸和满足。莫雷教授给我们指明了清晰的研究方向，提出了完整的研究框架，确定了系统的研究方法，提供了丰富的研究材料，使研究能够有效地推进，引领我们如期完成了研究任务。

重大的理论研究，必须依靠大的课题组集体协同作战才能取得成绩。作为基本的研究材料，如《普通高中历史课程标准》、“一核四层四翼”高考评价体系、历年的高考试题和评价报告等是所有普通教师都可以接触到的，但更多的相关资源则需要更大更高的平台才能够获得。例如，对课程标准和评价体系的深入解读，需要聆听资深专家的报告；对学科核心素养的理解，不能局限于某个学科，需要与各学科的专家一起讨论；对当前研究动态的认识，需要对全国各地的高校教师、中学教师、教研员和中学生进行调研访谈；对海外研究动态的了解，需要有专门的翻译组进行搜集、整理和翻译；对研究成果的检验，需要有大量的实验学校参与测试；对研究框架的建构，需要有顶尖专家的规划和统筹。经过两年多的思考和实践，我们终于对中学历史核心素养的测量与评价有了比较清晰的思路。

我们对中学历史核心素养评价理论的研究成果集中体现为两个模型——“历史学科核心素养三维测评模型”和“历史学科核心素养分类分层测评模型”。模型设计的基本原理依据大课题的研究结论，同时又充分考虑历史学科的个性要求。例如，核心素养的测量与评价必须与情境创设结合起来，这是九大学科都必须遵循的基本原理，但每个学科的情境分类是有所不同的，我们认为历史学科的情境表现为历史事件情境、历史学习情境、历史实践情境和历史研究情境四个方面。又如，对学科核心素养进行测量与评价，必须对素养进行分类和分层，这也是九大学科必须遵循的原则，而历史学科五大核心素养的分类分层则有鲜明的学科特性。这些理论研究成果，是对过去研究成果的传承和创新。在强调评价内容要立足于知识和能力、强调评价思路要突出基础性等方面，传统的评价与学科核心素养的评价并无差异，而核心素养的评价内容更突出试题的价值导向和情境创设，评价思路更强调实践性、综合性和创新性。我们希望从理论上说明，学科核心素养的评价与传统的评价相比，究竟新在什么地方，其操作的要点又在什么地方。

在研究成果的实践运用上，我非常幸运地得到了一批优秀的中学一线历史教师和教研员的支持。这批教师不但有多年的命题实践经验，而且对新事物有浓厚的研究兴趣和坚韧的探索精神。他们会为一道选择题的命制而翻阅十多种书籍，会为一个备选项的设计而争论得面红耳赤，会为落实一个命题思路而提供多个方案，会为一道好题的诞生而欣喜若狂。这群优秀的团队成员分散在各地，却能够定期在线上相聚，热烈地研讨各种问题。命题是中学教师的基本技能，但能够较熟练地掌握这项技能的教师不算太多，因为它对教师的专业素养要求较高，同时也需要教师接受过专门的命题培训。幸运的是，我身边有这样的一批优秀教师长年致力于命题工作的实践和研究，他们能够耐住寂寞，潜心钻研，不计报酬，命制出许多精品的题目。

全新的中学历史核心素养命题理论就是在这群教师的身体力行下实践和论证的。我们重点梳理了 2017 年以来全国各省市的高考命题思路，结合历史核心素养的命题理论进行印证分析，更重要的是每位老师都有较强的自主命题能力，他们与他们的同事一起根据新的要求命制了很多高质量的试题，为中学历史核心素养的命题提供了极其丰富的案例。本书的写作，得力于实践团队核心成员一年多的奋战。团队中的每一位成员都对过去的命题实践作了理论总结，深入分析了中学历史核心素养的内涵，探索总结了命题的经验和规律。本书第一章和第二章论述了中学历史核心素养的测评模型和基本的命题方法，由黄牧航和佛山市南海区石门中学饶李金老师撰写；第三章至第七章分别论述了中学历史五大核心素养的命题方法，其中第三章由汕头市金山中学苗青老师撰写，第四章由汕头市达濠华侨中学陈爱辉老师撰写，第五章由汕头市实验学校李志彦老师撰写，第六章由汕头市教师发展中心朱命有老师、汕头市金山中学郑健宏老师撰写，第七章由汕头市教师发展中心朱命有老师撰写；第八章论述了中学历史核心素养命题的新思路，由汕头市教师发展中心朱命有老师撰写。

中学历史核心素养测量与评价的理论建构与实践操作是一个全新的事物，没有长时间的研究和广大教师、专家的积极参与，很难取得让人满意的成果。我们在本书中所总结的仅仅是近几年的探索结果，粗浅错漏的地方在所难免。我们衷心感谢北京师范大学出版社刘东明老师的鼎力支持，早在2019年底，刘老师就慧眼识珠，帮助我们确定了选题，并讨论决定了写作的思路和框架。在近两年的时间里，稿件几经大改，刘老师总是宽容地给予鼓励，耐心地给予指点；书稿完成后，刘老师和责任编辑岳蕾老师又克服了疫情期间的种种困难，在非常短的时间里进行了高效的编校，使图书顺利出版。希望本书能够给积极投身于课程改革实践的老师们一定的启发，也给喜爱历史科的中学生们一定的帮助，给各级历史科考试的命题者一定的参考。让我们共同探寻历史学的奥秘，探索历史科命题的规律，提升自身的历史学科素养！

黄牧航

2022 年 8 月于华南师范大学

目　录

第一章　中学历史核心素养命题的基本原理

2017 年，教育部发布了《普通高中历史课程标准》，并于 2020 年作了修订。2020 年，教育部考试中心发布了《中国高考评价体系》。这标志着我国的课程改革和高考评价都进入一个新的历史时期。这两个文件的共同点之一是围绕着核心素养的教学与评价来展开的。这意味着在新一轮课程改革中，教学改革与评价改革是相辅相成、紧密结合的。

在这新一轮课程改革中，重要的改革目标和改革内容是历史学科核心素养的提出。学科核心素养是学科育人的集中体现，是学生通过学科学习而逐步形成的正确价值观念、必备品格和关键能力。历史学科教学要通过对唯物史观、时空观念、史料实证、历史解释和家国情怀的培育，达到立德树人的要求。如何达成这个目标，是摆在所有历史教师面前的重大任务和课题。要实现这个改革目标，有诸多的方法和路径，但评价无疑是至关重要的一个内容。评价作为课程实施的重要环节，对推动课程改革的顺利进行起着举足轻重的作用。我们希望在新一轮的改革中，命题评价也发生真正的变化，对教学改革起到正面的引领作用。本章将对历史核心素养命题的基本概念、理论和模型进行分析，这是我们进行历史核心素养命题实践的学术研究基础。

第一节　中学历史核心素养命题重要概念辨析

随着高考命题实践经验的日益丰富，对高考命题理论的研究也日渐深入。要构建科学严谨的理论体系，离不开对概念的精准把握。当前，我们对许多重要概念的认识还是含混不清的。随着课程改革进入核心素养阶段，一些概念又被赋予了新的含义，更加剧了其含糊性。本节拟对与高考命题密切相关的若干重要概念进行辨析，希望能进一步夯实命题理论研究的基础，深化对中学历史核心素养命题的理解。

一、史观与史学

《普通高中历史课程标准(2017 年版 2020 年修订)》(以下简称《课程标准》)把唯物史观列为五大历史学科核心素养的首位，足见在今后的教学与评价中，唯物史观将处于举足轻重的地位。在过去十多年中，各种史观如雨后春笋般在高考试题中涌现。这种局面今后是否会持续下去？唯物史观与其他史观究竟是什么关系？

历史观有唯物史观和唯心史观之分。从古代至早期近代的大多数史观都属于唯心史观，如古典时期的英雄史观、中世纪的宗教神学史观等；19 世纪至今的现代史学诸多成果所持的史观则多为唯物史观，如实证主义史学、年鉴学派史学、马克思主义史学等，均持唯物史观。为了把马克思主义史学与其他唯物史观史学区分开来，我们对其完整的表述是“历史唯物主义”、“马克思主义唯物史观”或“历史唯物史观”。为了行文统一，《课程标准》把马克思所创立的“历史唯物史观”简称为“唯物史观”。过去高考试题中屡屡出现的文明史观、现代化史观、全球史观等，严格说来仅仅是现代史学的成果，绝非可以与唯物史观平起平坐的史观。这些史学成果的具体内容，既有唯物史观的成分，也有唯心史观的成分。

正如马克思主义是“吸收和改造了两千多年来人类思想和文化发展中一

切有价值的东西"[①]一样，马克思创立的唯物史观也是吸收和改造了人类一切优秀的史学遗产的结果。在马克思的唯物史观诞生以前，人们对社会历史发展进程的认识始终摆脱不了唯心史观的束缚。历史唯物主义的诞生宣告了以往在社会历史领域占统治地位的唯心史观彻底结束，并为历史学成为一门真正的科学奠定了坚实的理论基础。

在高考命题中，唯物史观与其他史观是什么关系？我们可以从以下两方面深化认识。

一是认识到现代史学的主流是科学史学，而历史唯物主义史学是科学史学诸流派中把科学性和人文性融合得最好的史学成就，因此把历史唯物主义作为教学的指导是必然选择。[②] 19 世纪后，历史学研究走向科学化已经成为趋势，但除马克思主义史学外的其他史学成果，都片面地把"科学性"当作至高无上的目标，如客观主义史学只注重史料的价值，实证主义史学则强调科学的实证方法，只有历史唯物主义把人类自身的发展作为历史评价的尺度，努力探寻人类解放的道路。历史唯物主义坚持了科学性(客观性)和人文性两个原则，真正体现了历史学的本质。相比之下，文明史观、现代化史观、全球史观、制度史观、生态史观、社会史观、英雄史观等都只强调了历史发展的某一方面，仅仅是研究历史的不同角度而已，对学术研究很有意义，但对以价值观教育为核心的中学历史教学来说却缺乏统领作用。

二是把唯物史观确定为中学历史学科的核心素养，并不意味着完全排斥现代史学的其他成果。在许多具体的研究方法上，历史唯物主义与现代史学的其他成果并没有根本性的矛盾冲突，在某些方面甚至是高度一致的。近代以来，尽管各种史学成果仍有唯物和唯心的分野，但从史学的基本理论方法上看，它们基本都从属于科学史学，即用科学的方式方法思考和解决问题。例如，客观主义史学强调史料的客观性，实证主义史学强调科学方法的运用，这些同样是历史唯物主义所坚持的方法。也就是说，马克思、恩格斯创建的历史唯物主义和现代西方其他史学成果在研究理论、方法上

① 《列宁选集》第 4 卷，299 页，北京，人民出版社，1995。

② 关于科学史学诞生的背景和内容，可参阅 2018 年北京高考文综卷第 37 题。

都是科学史学的分支，而历史唯物主义是科学史学的集大成者。

综上所述，在今后的教学和评价中，我们仍可借鉴和运用过去流行的各种史观，但主要是利用其研究问题的角度和思路，在史学观念的树立和核心素养的培养上，务必坚持唯物史观的主导地位。①

二、能力与素养

经过近30年的高考命题改革，能力考查导向已经深入人心。随着核心素养的提出，如何区分能力命题和素养命题成为争论的热点。阅读近几年各级各地的试题分析报告，我们发现了一种普遍存在的生搬硬套的做法——把所有跟核心素养沾边的题目都称为核心素养命题。例如，题目只要出现时间地点，就说这是考查时空观念；只要出现一则史料，就说这是考查史料实证；只要出现“家国”相关的字眼，就说这是考查家国情怀。如果这些观点成立，那么我们实行核心素养的教学与评价已经是由来已久而且相当成熟了，不须直到今天才郑重其事地提出来。

区分能力命题与素养命题主要有两个依据。第一个依据是学科素养的定义：“学科素养是指经过高中阶段学习后，学生面对复杂现实问题情境或复杂学术问题情境时，能够在正确思想观念指导下，运用学科的知识与技能、思维方式方法高质量地认识问题、分析问题、解决问题的综合品质。”②这个定义告诉我们四个道理：一是素养是在正确思想观念指导下的能力运用，如果在错误的思想观念指导下运用能力，哪怕把事情做成功了，也不能称之为素养；二是素养的教学与评价必须与具体的情境结合起来；三是素养的教学与评价必须与问题的解决结合起来(提出一个观点，论证或评价一个事物都属于问题解决)；四是素养为一种综合品质，是知识、能力、价值观的集中体现。

第二个依据是教育部考试中心提出的“一核四层四翼”高考评价体系。在这个体系中，学科素养居于“四层”中的第二层，高于关键能力和必备知

① 王加丰教授和张庆海教授对本问题研究得非常深入，可参阅王加丰：《史学理论与中学历史教学》，合肥，安徽大学出版社，2011；张庆海：《中学历史教学中的史学理论问题》，长春，长春出版社，2012。

② 于涵：《新时代的高考定位与内容改革实施路径》，载《中国考试》，2019(1)。

识，低于核心价值。由此可见，高考试题不一定每道题目都是测评核心素养的，也有可能是测评必备知识或关键能力的。

综上所述，判断一道题目是否考查核心素养，就要看是否包含了以下五要素：必备知识、关键能力、核心价值、问题情境和问题解决的结果。一般说来，能力考查的题目肯定会包含历史知识，价值取向务求端正，最终也要求考生得出一个答案，因此，能力考查与核心素养考查最明显的差别就在于有没有设置问题情境了。例如，同样是考查工业革命的题目，下面例 1-1-1 就是缺乏情境的能力考查试题，例 1-1-2 属于设置了情境的核心素养考查试题。

例 1-1-1：(2017 年上海高考)英国工业革命时期，出现了下列哪一重要现象？

A. 手工工场建立　　B. 城市化进程开始(√)

C. 垄断组织产生　　D. 资本全球扩张

例 1-1-2：(2014 年全国高考Ⅱ卷)有人描述 19 世纪初英国的情景时说，妇女和女孩们曾从黎明到深夜整天不断地使用的嘤嘤作响的纺车，如今已被弃置屋隅。那些打着拍子砰然作响的手织机也多半闲置无闻。这说明

A. 生产领域出现革命性变化(√)　　B. 工业革命推动妇女解放

C. 重工业成为国民经济主导　　D. 家庭手工业已不复存在

总之，核心素养是一种综合品质，这种品质跟知识、能力、价值、情境、问题解决密切相关。无论是学校学习还是社会工作，都体现出核心素养的这些特点。而在纸笔考试中，立足学科素养和立足学科能力的题目的最大差别就是有没有设置问题情境。

三、情境与材料

在《课程标准》中，“情境”一词出现了 28 次，对情境教学和命题的重视程度前所未有，同时“史料实证”成为五大核心素养之一；而近十几年来的历史高考中，“新材料新情境”已经成为重要的命题思路。“新材料”与“新情境”究竟有何异同？这成为大家关注的问题。

情境是指完成某件事情的背景化信息。[①] 严格说来，一件事情的内容与完成该事情的背景信息应该区分开来。但在很多情况下，这两者是统一的，要截然分开并不容易。请看下例。

例 1-1-3：(2018 年全国高考Ⅰ卷)北宋前中期，在今四川井研县一带山谷中，密布着成百上千个采用新制盐技术的竹筒井。井主所雇工匠大多来自“他州别县”，以“佣身赁力”为生，受雇期间，若对工作条件或待遇不满意，辄另谋高就。这反映出当时

A. 民营手工业得到发展(√)　　B. 手工业者社会地位高

C. 雇佣劳动已经普及　　D. 盐业专卖制度解体

这道题目的题干内容包括了马克思所说的生产力五要素——工人的平均熟练程度(“赁力”为生)、科学的发展水平和它在工艺上应用的程度(新制盐技术)、生产过程的社会结合(工匠大多来自“他州别县”)、生产资料的规范和效能(密布着成百上千个竹筒井)，以及自然条件(四川井研县一带山谷中)。这五项要素，我们既可以理解为“制盐”的内容，也可以理解为“制盐”的背景信息。因此，这道题目既可以理解为新材料题，也可以理解为新情境题。在中学历史教学中，我们认为不宜过分强调“事情”与“事情发生的情境”的区分，所以也没有必要太过拘泥于题目的材料是描述事情本身，还是描述事情发生的情境。

我们所说的“新材料新情境”命题，并非说有些题目属于“新材料”，有些题目属于“新情境”，而是说要力图通过“新材料”来营造“新情境”。一般说来，新情境的题目肯定是新材料的题目，因为情境必须通过材料来营造；而新材料的题目不一定是新情境的题目，例如，列举一则名人名言，问学生最有可能是谁说的，这就跟情境关系不太大。“新材料新情境”可以理解为——“不但材料要新，情境更加要新”。

倘若做深层的思考，其实所有历史问题都是情境问题，因为历史问题

① 参阅[比]易克萨维耶·罗日叶著，汪凌译：《为了整合学业获得——情景的设计和开发》(第2版)，6页，上海，华东师范大学出版社，2010。

都有时空定位，而时间和空间就是最基本的情境。在测量学中，我们强调“新”情境的原因，《课程标准》已经作了说明。所谓“新”，是指“陌生、复杂、开放、真实”。要求学生在这样的“新”情境下仍能解决问题、完成任务。因此，在核心素养的命题中，师生们不必被情境与材料的关系问题所困扰，而要把学习的重点放在如何应对“陌生、复杂、开放、真实”的历史问题情境上来。

四、材料与史料

高考历史科的材料命题可以追溯到20世纪80年代末。30多年来，中学师生对史料命题经历了从惶恐疑惑到淡然接受再到热衷于研究的过程。随着“史料实证”素养的提出，教师们研究史料的热情更加高涨。在《课程标准》中，“材料”与“史料”这两个概念是交替使用的，“材料”一词出现了72次，“史料”一词出现了180次。1989年高考的史料题题型被称为“史料分析”，近十几年来高考命题绝大多数情况下都称“材料”，而不再称“史料”。那么，“材料”与“史料”究竟有何异同?

首先，《课程标准》有这样的表述：“通过对一些具体而典型的材料(如史料、史家论述等)进行分析与理解……”从中可见，“材料”概念的外延要比“史料”大，“材料”包含“史料”。

其次，中学并不存在高校层面的史料教学实践。高校的史料研究方法非常专业，包括搜集史料、整理文献目录、选择版本并进行校勘、对史料进行考据和辨伪、辑佚古书、训诂和注释、二重证据考证等。这样的要求，不要说在中学，哪怕在大学本科阶段，也不存在专门的史料教学。

因此，对于“史料”和“史料实证”的概念，我们需要准确把握。所谓“材料”，是指改造过的史料。为什么要改造史料呢?原因是多方面的，如减轻学生的学习负担(许多原始史料卷帙浩繁，学生看不过来，需要精简提炼)，照顾学生的学习能力(一些古文、外文史料学生看不懂，需要翻译成白话文和汉语)，提高学生的学习兴趣(一些史料的理解难度过大，需要转换成漫画、故事、小剧本、小视频等方式来呈现)，方便学生的搜集整理(许多罕见的史料学生不容易接触到，应允许学生利用二手史料)等。与大学相比，中学生接触得更多的其实是材料，而在高考命题中，大量出现的也并非一手史料，而是改造过的材料。

既然中学生接触到的大多是材料而非史料，那么为什么要把“史料实证”列入核心素养呢？根据《课程标准》的表述，“史料实证”素养是一种态度与方法。与纠结于史料为何物相比，培养实证的思维更为重要。所谓“实证”，就是根据论据得出论点。过去 30 多年中，中学教师对史料教学的研究，其重心都放在了史料（论据）的搜集、整理、阅读上，能够在培养实证思维方面下功夫的教师少之又少。2008 年的一道高考题引发了极大的震动，原因就在于大多数师生论证思维的欠缺。

例 1-1-4：（2008 年广东高考）齐国管仲说：“凡为国之急者，必先禁末作文巧。末作文巧禁，则民无所游食，民无所游食则必事农。民事农则田垦，田垦则粟多，粟多则国富，国富者兵强，兵强者战胜，战胜者地广……”某研究者据此得出“中国精耕农业的产生与专制国家农业政策密切相关”的结论。该判断：

A. 材料充分、理解准确，结论合理

B. 材料充分、理解不准确，结论不合理

C. 材料不充分、理解准确，结论合理

D. 材料不充分、理解不准确，结论不合理（√）

2008 年后，类似的题目不断涌现。笔者相信这是今后命题的重要趋势。从学生终身发展的角度看，学生毕业后接触史料的机会较少，但接触各种材料、资料的机会却非常多。无论是史料还是材料，其共同之处在于都需要运用实证思维来处理。这正是核心素养的培育所强调的。

综上所述，笔者认为在中学历史教学实践中，并不存在高校层面的史料教学。一来，中学师生所面对的主要是历史材料，而非史料；二来，中学对历史材料的处理要求并不高，不需要对史料进行校勘、考据、辨伪、辑佚、训诂等专业工作。然而，强调根据素材得出结论的研究思维，中学与大学的要求是一致的。因此，在今后的教学与命题中，教师们应该把重心放在“实证”素养的培养上，这将对师生们的形式逻辑思维能力提出更大的挑战。

五、专题与主题

进入21世纪后，专题和主题两个概念在基础教育的多个课程标准中是交替使用的，而在近年的高考命题中，这两个概念同样是反复出现的。那么，在教学与评价中，是否应该明确这两个概念的内涵？

我们先来看看《课程标准》的表述。《课程标准》明确指出课程内容由模块组成，模块下面再分若干“专题”，而课程中所提供的各种活动设计，则全部命名为“主题活动”。此外，《课程标准》还强调了两方面的内容：一是主题具有引领作用，指出“以主题为引领，使课程内容情境化，促进学科核心素养的落实”。二是鼓励教师“对教科书的顺序、结构进行适当的调整，将教学内容进行有跨度、有深度的重新整合，也可以对必修、选择性必修、选修的不同模块进行整合，设计出更具有探究意义的综合性学习主题”。

据此，我们可以作出以下界定：所谓历史专题，是指把若干孤立的史实按照一定的分类方法组合在一起的问题。所谓历史主题，是指该题就是有明确价值导向的专题。换言之，在专题的基础上，增添明确的价值引领目标，就形成了主题。

例如，2010年北京高考文综卷第37题围绕着“茶叶是中国对世界的重要贡献，并对人类历史发展产生了重大影响”展开，这个问题其实就是主题。为了论述这个主题，该题围绕“茶叶与中国古代经济”“茶叶与世界贸易”“茶叶与美国革命”“茶叶与民族企业”四个问题展开，这四个问题其实就是专题。专题本身是没有明确的价值判断的，而主题必须具有鲜明的价值判断。

区分专题与主题两个概念，对核心素养的教学与评价意义重大。我们应该有如下认识。

第一，《课程标准》中包含有大量的专题（如“政治体制”“货币与税收”“医疗与公共卫生”等）和主题（如“人口迁徙与文化认同”“文化的传承与保护”“信息革命与人类文化共享”）。在文字表述上，专题是价值中立的，而主题是有价值导向的。

第二，鼓励教师重新整合《课程标准》中的专题和主题，形成新的主题进行教学。

第三，由于主题教学的优点在于突出价值观教育，这与“一核四层四翼”高考评价体系所强调的“立德树人”“核心价值”的命题目标是相统一的，所以同样成为高考命题的重要思路。

如果从深层次思考，其实无论是课程标准还是高考的试题，所有的内容都是有价值内涵的。因为选择的过程就是价值判断的过程。课标制订者和高考命题者为什么要选择这些内容？原因就在于他们自有价值判断。在每年的高考试题分析中，评价者都能够从每道题目中发掘价值观教育的内容，道理就在此。在这样的背景下，我们仍强调专题与主题的区别，主要基于两点原因：一是专题所包含的价值内容是开放的、不确定的，需要使用者去挖掘，而主题的价值导向是明确的，需要使用者去遵循。二是主题的价值引领是新颖的，需要学习者动用已有的知识去领悟。例如，2019年高考题出现的主题有“对国史怀有温情与敬意”“国家治理对中国历史的意义”“汉字对中国、东亚和世界文化的影响”等，2020年高考题出现的主题有“淮河治理的成就”“从战歌到国歌”等，2021年高考题出现的主题有“历史学的使命与伟大历史学家的追求”“中国共产党积极探索建立符合城市特点的基层社会管理体系”等，这些都不是课标和教材专门探讨过的问题，考生却能依靠所学的知识来构建新的价值认知。可见，选择与设计什么样的主题，与教师和命题者的专业素养密切相关，也充分体现了历史学科的魅力。

六、理解与解释

在史学理论研究中，理解与解释的关系备受争议。有人认为理解是解释的基础，有人认识理解就是解释，有人认为解释属于理解中的一种。尽管《课程标准》把“历史解释”列为核心素养，但在其中“历史理解”出现的次数却更多。[①] 在附录1“历史学科核心素养水平划分”中，唯物史观、时空观念和家国情怀中大量使用的动词都是“理解”，“解释”只出现在史料实证和历史解释中。由此可见，起码在《课程标准》的表述中，理解不同于解释，理解的地位并不亚于解释。

一般说来，理解与解释有四方面的不同。首先，理解主要指向自身，

---

① 《课程标准》中“理解”一词出现103次，“解释”一词仅89次。“理解”一词通常可以跟“了解”“认识”互用。《课程标准》中“了解”出现140次，“认识”出现203次。

解释主要指向他人。理解是指一个人明白了一样事物；解释是人与人之间互相把一样事物说明白。解释意为“使之明白”，无论是自我的辩解还是对他人的质问，目的都是让双方明白。其次，理解是解释的基础，理解错了，解释就肯定有误。例如，只有正确理解了“出门七件事，柴米油盐酱醋茶”的重要性，才有可能懂得运用历史唯物主义来解释这种现象。再次，理解不一定依靠语言文字，解释通常要诉诸语言文字。陶渊明诗句“此中有真意，欲辨已忘言”，佛教禅宗宣扬“不立文字，直指人心”都说明了有些深切的理解是无法用文字来表达的，而我们要把一个问题说明清楚，却主要还得依靠文字符号。最后，理解包含有丰富的感情元素，解释主要立足于理性思维。我们常说的“千古同悲”“感同身受”，钱穆所说的“对其本国已往历史有一种温情与敬意”，都属于带有浓烈感情色彩的理解，而解释这一行为本身却不应该带有情感。

理解与解释的差异在自然科学和社会科学中也有明显的表现。自然科学是以解释自然现象为己任的学科，而在社会科学中，理解与解释的地位是并重的。例如，听历史故事和观看历史题材的影视作品都能深化听众(观众)对历史的理解，其受众面和影响力丝毫不亚于以解释为主要内容的历史学术报告。在近十多年的中学历史教学实践中，中学教师在帮助学生理解历史方面做了大量工作，如体验教学、现场教学、活动教学、“神入”历史、馆校合作、研学旅行等都能够提升学生的理解能力。当前我们面对的主要问题是——在高考命题中，如何体现理解与解释?

近十多年来，对解释能力的考查已经成为高考命题的重头戏，相比之下，对理解能力的考查就比较薄弱。解释能力考查的内容和方法异常丰富，如现象解释、因果解释、规律解释等，而理解能力考查的方式则较为单一，主要是问考生如何认识某个历史现象或历史材料。笔者认为，没有好的理解能力，势必影响到学生历史解释素养的形成。今后的高考命题，宜从四个方面加强理解能力的考查。一是看懂历史文本材料(包括文字、图片、地图、图示、数据等)，并对核心观点加以复述、概述或总结、提炼；二是要求考生结合具体的情境(包括历史情境和现实情境)来解读文本材料；三是要求考生指出文本所反映的历史现象与真实的历史现象的异同；四是要求考生针对文本材料谈感受和感想。

总之，无论是历史教学还是命题，都不宜用历史解释取代历史理解，两者在目标、内容和方法上都存在较大的差异。在中学历史教学尤其是初中历史教学中，理解的重要性甚至超过解释。由于理解跟个人的主观感受、情感体验关系密切，较难进行准确评价，所以在高考命题中有非常大的探索空间。

除了上述概念，在高考命题中还有一些概念也是相当重要的，如分类与分层、通史与专题、解释与叙述、基础与专业、虚拟与真实、应用与实践、研究与创新等。这些概念虽然歧义相对较小，但也需要师生们认真理解，领会其在高考命题中的体现。

第二节　历史学科核心素养三维测评模型

随着“一核四层四翼”高考评价体系的提出，高考的命题改革进入一个全新的阶段。如何把历史学科的内容融入“一核四层四翼”的体系中？如何把该体系的命题目标转化为历史学科的命题实践？如何把历史学科核心素养在命题中充分体现出来？这些都是亟须解决的理论问题和操作问题。本研究以历史情境为抓手，构建出“必备知识—关键能力—情境活动”三位一体的历史学科核心素养测评三维模型，为新高考的命题理论和方法提供一个新的思路。

一、历史学科核心素养三维测评模型的内容要素分析

“历史学科核心素养三维测评模型”（以下简称“测评模型”）是在“一核四层四翼”高考评价体系的基础上结合历史学科的特点建构出来的。“一核四层四翼”高考评价体系是新时代高考内容改革的实施路径，“一核”回答了高考的考查目的——“立德树人、服务选才、引导教学”；“四层”回答了高考的考查内容——“必备知识、关键能力、学科素养、核心价值”；“四翼”回答了高考的考查要求——“基础性、综合性、应用性、创新性”。[①] 这些就是

① 于涵：《新时代的高考定位与内容改革实施路径》，载《中国考试》，2019(1)。

测评模型的基本要素。

对历史教师而言，要准确理解“一核四层四翼”，有两个问题是至关重要的。第一，“四层”要解决的是“考什么”的问题。“四层”的内容既相对独立又前后连贯。例如，“学科素养反映核心价值，是在复杂情境中对必备知识和关键能力的综合运用”[①]。因此，在本评价体系中，不存在单纯的历史核心素养的考查，“四层”的内容都是高考考查的内容，脱离开其他三层的内容研究历史核心素养的考查意义不大。第二，“四翼”要解决的是“怎么考”的问题，简单说来就是如何设计评价的问题。如果说“四层”之间存在一定的梯度关系，“四翼”之间则完全没有梯度关系，它所体现的是命题时的四种追求。

在历史学科的测评体系中，“四层”有具体的历史学科内容。

（一）第一层：核心价值

核心价值是指以社会主义核心价值观为统领的正确的价值观、世界观与人生观的综合。在“四层”考查内容中，核心价值的地位最为重要。具体到历史学科，主要体现在六个方面：一是正确的人生观，指珍爱生命，积极进取，养成健全的人格；二是正确的民族观，指对中华民族的认同，树立起民族自信心和自豪感；三是正确的国家观，指树立起对国家的忠诚感，把个人的命运与国家的发展紧密联系在一起；四是正确的文化观，指对中华优秀传统文化、社会主义先进文化和人类文明优秀文化的认同；五是正确的历史观，指借助唯物主义的历史观认清历史发展的本质，把握历史发展的规律；六是社会主义核心价值观，指对中国特色社会主义的道路自信、理论自信、制度自信和文化自信。

（二）第二层：学科素养

《课程标准》明确指出：“学科核心素养是学科育人价值的集中体现，是学生通过学科学习而逐步形成的正确价值观念、必备品格和关键能力。”具体到历史学科，则包括唯物史观、时空观念、史料实证、历史解释和家国情怀五点内容。

上述内容可以成为我们教学的目标，但并不能直接成为高考评价的目

① 于涵：《新时代的高考定位与内容改革实施路径》，载《中国考试》，2019(1)。

标。主要原因有以下两点：第一，2014 年 9 月 3 日颁布的《国务院关于深化考试招生制度改革的实施意见》明确指出考试的形式和内容是“依据高校人才选拔要求和国家课程标准”，因此，对高考评价的核心素养的界定，除了《课程标准》外，还需依据“高校人才选拔要求”。第二，历史学科五大核心素养的内容过于具体，如果作为命题的重要维度，实行一段时间后极有可能导致命题走向形式化。如果规定命题者必须使用五大核心素养命制每一道题目，试题极有可能走向固化和僵化。

在理论逻辑分析和实证调研的基础上，我们提出了高考评价中核心素养三个方面的内容，即学会学习、思维方法和实践探究。这三个方面既体现了高校人才选拔的要求，也是对《课程标准》核心素养内容的总结提炼。例如，《课程标准》中唯物史观水平 4 提到“探究”，时空观念、史料实证和历史解释水平 4 都提到“独立探究”，可见“探究”是大多数历史核心素养的共同追求。

本节所提出的历史学科高考评价的三个核心素养目标与《课程标准》中所提的五大核心素养并不矛盾，五大历史学科核心素养依然是命题立意和试题分析的重要抓手。之所以要提出三大历史核心素养评价目标，是为了建构起更加简明清晰的测评模型。

（三）第三层：关键能力

所谓能力，是指顺利完成任务的稳定的心理特征。能力通常分为一般能力和特殊能力。一般能力适用于各个领域，如记忆力、想象力等。特殊能力是指在特定领域中使用的能力，如在历史学习的一些典型活动中必须运用的能力。特殊能力在学科中的体现就是关键能力。与过去的学科能力相比，本体系所提及的关键能力除了强调学科特性外，还突出两方面的内容：一是强调能力与社会需求、时代需求的结合；二是强调终身学习能力的培养。

笔者对历史学科关键能力的界定主要有两方面的依据：一是上述历史学科素养考查目标，包括学会学习、思维方法和实践探索三方面；二是高考历史科考试大纲所提出的四大项能力要求。据此，笔者把历史学科关键能力确定为四点：历史知识获取能力、历史思维能力、历史探究能力和历史表述能力。这种分类的主要内容及与学科素养考查目标的关系如表 1-2-1 所示。

表 1-2-1　历史学科关键能力的内容及与学科素养考查目标的关系

历史学科关键能力	历史学科关键能力的内容	学科素养考查目标
历史知识获取能力	阅读理解能力、信息获取能力、知识建构能力等	学会学习
历史思维能力	辩证思维能力、形象思维能力、逻辑思维能力、批判性思维能力、创新思维能力等	思维方法
历史探究能力、历史表述能力	文字表达能力、信息转换能力、组合应用能力等	实践探索

（四）第四层：必备知识

与过去我们强调的"基础知识"相比，"必备知识"的概念除了强调知识的基础性外，更加强调另外两方面的内容：一是能够帮助学生解决真实生活情境和学术情境中所出现的问题的知识；二是有助于学生进入高等学校继续深造的知识。必备知识包括重要的历史事件、历史现象、历史原理、历史观点和历史问题，其来源主要是三方面：一是《课程标准》中的内容；二是高校历史专业学习的部分内容；三是历年高考考查的内容。

"四层"的内容对建构测评模型意义重大，其中核心价值和学科素养处于统领位置，是命制每一道题目时都必须遵循的；关键能力和必备知识是测评模型的两大维度，是学生学业水平测量的重要内容。

二、历史学科核心素养三维测评模型的方法要素分析

"四翼"是指高考评价的方法要求，包括基础性、综合性、应用性和创新性。它既是学生素养考查的达成度，也是高考命题质量的评价维度，同时也是测评模型的核心要素。在历史学科测评体系中，"四翼"的要求同样存在。

"四翼"作为命题的一般方法，要在历史学科学业评价中落实，必须解决好以下两个问题：一是历史学科的"四层"与"四翼"如何实现结合；二是历史学科的"四翼"有何学科特点。为了解决这两个问题，笔者找到了共同的突破口——历史学科情境。

（一）情境——历史学科"四层"与"四翼"的结合点

"情境"是《课程标准》的关键词。《课程标准》明确提出了"以新情境下的问题解决为重心"是学业水平考试命题的主要原则之一。《课程标准》还对情境作了两方面的界定：一是情境的内容——陌生的、复杂的、开放性的真

实问题情境；二是情境的分类——学习情境、生活情境、社会情境和学术情境。这些表述给我们解决问题提供了非常好的思路。

首先，学科素养的培养与评价是与情境紧密结合在一起的。于涵指出："学科素养是指经过高中阶段的学习后，学生面对复杂现实问题情境或复杂学术问题情境时，能够在正确思想观念指导下，运用学科的知识与技能、思维方式方法高质量地认识问题、分析问题、解决问题的综合品质。"①换言之，学科素养就是在复杂情境中对必备知识和关键能力的正确运用。

其次，"四翼"的评价要求需要在具体的问题情境中才能体现出来。所谓问题情境，是指为了完成某个具体任务而必须加以整合和利用的一组背景化信息。由于信息来源不同，所以才有了"陌生与熟悉""复杂与简单""开放与封闭""真实与虚拟"的差别。"四翼"其实就是要考查学生在不同的情境下运用必备知识和关键能力处理信息的素养。

因此，"问题情境"是整个测评模型的关键点，它不仅打通了"四层"之间的关系——学科核心素养就是秉持正确的价值观念、运用必备知识和关键能力理解并处理情境问题，还打通了"四层"与"四翼"之间的关系——"四翼"就是考查在四种不同的情境中对"四层"的运用。

（二）四类情境——历史学科"四翼"评价的实施途径

接下来需要进一步研究的问题是"四翼"究竟分别对应历史学科的什么情境。《课程标准》把情境分为四类。这种分类有以下两个不足：一是没有提及历史情境最重要的一个方面——历史事件情境，即历史上的事情是在什么情境下发生的，历史上的人是在什么情境下活动的。这是历史教学和评价不可或缺的内容。二是生活情境和社会情境的界限不明确，在命题上较难区分开来。笔者以为，历史学科典型问题情境可以分为四类：历史事件情境、历史学习情境、历史实践情境和历史研究情境，具体内容如表 1-2-2 所示。

表 1-2-2　历史学科典型问题情境的类别和内涵

类　别	内　涵
历史事件情境	指影响历史事件发生的物质环境、制度环境、文化环境和当事人的心理环境

① 于涵：《新时代的高考定位与内容改革实施路径》，载《中国考试》，2019(1)。

续表

类　别	内　涵
历史学习情境	指学生在封闭或半封闭条件下(主要是指在学校内)进行历史学习活动时所面对的各种环境。学习活动主要包括文本阅读、视频观看、讨论辩论、戏剧表演、艺术创作(如历史手抄报绘制、历史歌曲填词、历史模型制作等)等
历史实践情境	指学生在模拟与历史学相关的实践活动时所面对的各种环境。模拟活动主要包括模拟考古发掘、模拟实地调查、模拟采访、模拟导游讲解、模拟展览解说、模拟外交演讲、模拟影视编导等
历史研究情境	指历史学者研究历史问题时所处的物质环境、文化环境和心理环境

四种历史学科典型问题情境的创设，分别与历史学科命题的基础性、综合性、应用性、创新性相对应。历史事件情境强调命题的基础性，学生需要理解历史上的人、事、物、制度是在什么样的情境中发生的；历史学习情境强调命题的综合性，学生需要把必备知识融会贯通，将关键能力灵活运用；历史实践情境强调命题的应用性，学生需要拥有应对和解决现实问题的素养；历史研究情境强调命题的创新性，鼓励学生对历史问题提出自己的创见和方法。

总之，“四翼”是历史学科测评模型的一个维度，这个维度包括基础性、综合性、应用性和创新性四方面的内容。把考查要求维度与必备知识、关键能力维度结合在一起的桥梁就是历史学科的问题情境。问题情境不仅是历史学科核心素养教学改革的关键点，也是测评的关键点。

三、历史学科核心素养三维测评模型的建构与说明

在讨论了测评模型的要素后，我们就可以建构起基于历史学科核心素养的三维测评模型了。传统的测评模型是双向细目表，“双向”分别指内容和目标。表格最左边的一列呈现内容，即需要考查的历史知识点；表格最上面一行呈现目标，通常使用“识记、理解、应用、分析、综合、评价”等行为动词。双向细目表所反映和考查的其实是知识与能力之间的关系。随着课程改革进入核心素养阶段，问题就变得复杂了，传统的“知识—能力”论已不足以解释核心素养的丰富内容，我们必须寻找能够解释素养培养目标和要求的测评模型。

测评模型的建构基于对学科核心素养的理解。学科核心素养是一种解决复杂的现实情境问题或学术情境问题的综合品质。在一定程度上，素养可以被看作知识、能力和情境共同作用的产物。我们之所以强调情境的作用，是因为在传统的历史教学中，我们往往实施的是一种去情境化的课程。我们倡导情境教学和评价，重点在于反对符号化、概念化、公式化的历史教学，而提倡生动、形象、感性的历史教学，搞清楚学生在什么情况下能够更好地理解知识，在不同的现实情境中如何正确地运用知识和能力，从而真正提高学生的历史学科素养。

基于这样的认识，本研究将传统的“知识—能力”双向命题细目表升级为“必备知识—关键能力—考查要求”三维测评模型，如图 1-2-1 所示。

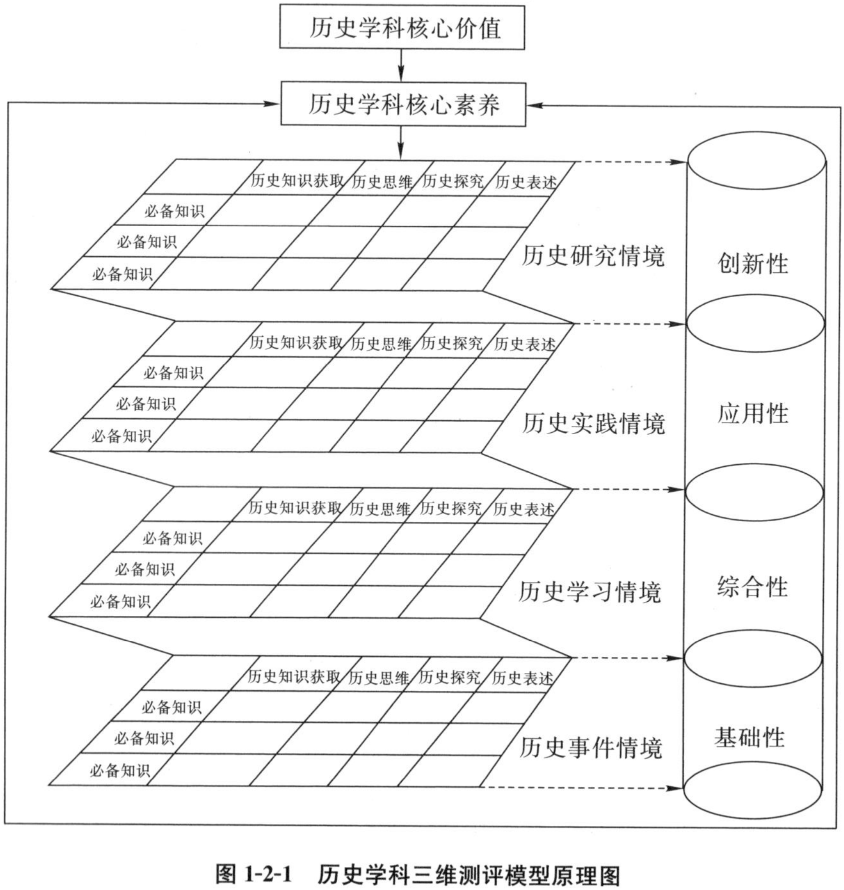

图 1-2-1　历史学科三维测评模型原理图

与传统的双向细目表相比，本模型有以下四方面的特点。

第一，实现了“一核四层四翼”的历史学科化转换。“一核四层四翼”是新高考的评价体系，本模型把历史学科的内容和要求融入该体系中，既保持了体系的完整，又体现了历史学科的特点。

第二，升级“知识维度＋能力维度”模型为“学科知识维度＋认知操作维度＋情境活动维度”模型。本模型充分考虑历史情境活动在历史教学和历史评价中的作用，这意味着今后命制题目，除了要考虑知识和能力外，还需要充分考虑知识和能力所发生的情境。

第三，赋予了知识和能力新的内涵。如前所述，“学科知识维度”中的知识是指“必备知识”，“认知操作维度”中的能力是指“关键能力”，我们需要从核心价值和学科素养的角度重新审视知识与能力的内涵。

第四，为历史学科核心素养的评价提供了新的方法。本模型按照“学科核心素养就是学生在正确价值观念指导下运用必备知识和关键能力解决陌生、复杂、开放、真实的情境问题的综合品质”的定义，找到了一条评价学科核心素养的路径。这条路径并不直接指向某个历史核心素养，而是通过综合考查“一核四层四翼”的各个要素，从而达到历史核心素养的评价目标。从这个角度来看，本模型也可以看作“历史学科核心素养三维测评模型”。

接下来，我们需要根据原理图进一步设计能够用于命题操作的工具表格，如表 1-2-3 所示。

表 1-2-3　历史学科核心素养命题双向细目表

	核心价值	历史核心素养					历史关键能力				历史情境			
		唯物史观	时空观念	史料实证	历史解释	家国情怀	知识获取	历史思维	历史探究	历史表达	事件情境	学习情境	实践情境	研究情境
必备知识														
必备知识														

这个表格呈现了"一核四层四翼"的基本要素，同时也融合了历史学科的特点和要求。其原理如图1-2-1所示，是在核心价值和核心素养统领下的"学科知识"、"认知操作"和"情境活动"的三维命题，但在命题表格的设计上，还是只能采用二维的双向细目表形式。这个表格有助于我们从各个角度全面审视题目的内容。

四、历史学科核心素养三维测评模型的题型示例与分析

历史学科核心素养三维测评模型的建构，是在总结过去命题经验和确立新的命题目标的基础上进行的。它既强调传承，也强调创新。在"一核四层四翼"的评价体系下，它突出了情境的重要性，并以情境为抓手，整合了评价体系中的众多要素。尽管我们在分析一道题目的时候有多样的分析角度和方法，但本节还是以情境为线索，介绍测评模型的使用。

在本测评模型中，"情境"是一个关键点。它不仅是理解核心素养实施的重要内容，也是连接各评价要素的桥梁。下面以必备知识——经济全球化为例，展示四种情境的命题思路。

（一）历史事件情境的题目

例1-2-1：（2020年海南高考）阅读材料，完成下列要求。

材料一

19世纪以来，全球范围内的资金流动、人才流动和技术转移日益频繁。从1930年到1990年，随着世界全新沟通的实现，空运成本已从平均每英里68美分降到11美分，纽约与伦敦的三分钟的电话费从244美元降到3美元。1964—1965年在纽约举行的世界展览会上，沃特·迪士尼公司的一句广告语说："世界太小了。"

——摘编自高德步、王珏《世界经济史》等

(1)根据材料一并结合所学，简述"世界太小了"这一广告语出现的历史背景。

本题主要考查学生的知识（信息）获取能力，涉及唯物史观、时空观念和历史解释三大核心素养，强调命题的基础性。在情境创设上，它提供的

是三个现实情境——空运成本下降、电话费下降和沃特·迪士尼公司的全球扩张。情境在这里所起的作用是处理事实与概念的关系——经济全球化的概念是我们从许多历史现象中提炼出来的。

（二）历史学习情境的题目

例 1-2-2：（2014 年四川高考）历史叙述、历史解释和历史评价是历史学习能力的重要组成部分。阅读材料，回答问题。

材料一

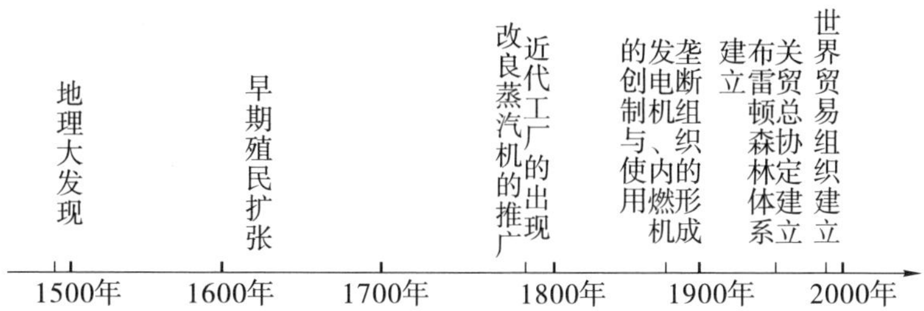

问题：经济全球化呈现出“从无序向有序”发展的趋势。根据以上材料图，结合所学知识叙述这一趋势。

本题主要考查学生的历史思维能力（包括历史解释和历史评价）和历史表达能力，涉及唯物史观、时空观念和历史解释等核心素养，强调命题的综合性。在情境创设上，它提供了 500 年间的 9 个代表性事件。情境在这里所起的作用是处理具体的历史现象与抽象命题的关系，即从具体的历史事件中总结抽象的规律。

（三）历史实践情境的题目

例 1-2-3：（2014 年上海高考）1962 年，科学家蕾切尔·卡森在《寂静的春天》里预言了一个没有鸟鸣的世界，引发了当代环境保护运动。试以“人与环境”为主题，叙述人类在工业进程中所付出的代价。

本题主要考查学生的历史探究能力和历史表达能力，涉及史料实证和历史解释、家国情怀等核心素养，强调命题的应用性，考点包括工业革命的后果及影响、战后科学技术革命、经济全球化与全球性问题——《京都议定书》等。在情境创设上，它提供了真实的事件——环保名人和环保名著。如果是开放性考试，学生可以去图书馆查阅相关资料；如果是封闭式考试，学生可以回忆所学的知识。题目里的要求跟现实生活中的工作任务已经没有多大区别，学生完成这项任务的内容和过程跟成年人的工作是一样的。

（四）历史研究情境的题目

例 1-2-4：(2013 年广东高考)有学者在研究世界经济贸易关系时提出了以下论点，阅读材料，回答问题。

材料

早在 13、14 世纪，连接欧亚非地区的世界贸易网已经形成，欧洲在其中一直处于边缘地位。这不仅因为欧洲的经济总量远远无法与亚洲的中国、印度相比，还由于欧洲人在从亚洲输入香料、丝绸、瓷器、棉织品等商品时，能向亚洲销售的产品极少，多数情况下只能以金、银等贵金属交易，欧洲的贵金属货币日益紧缺。16 世纪欧洲在世界经济贸易中的这种处境开始改善。但一直到 18 世纪，原有的世界经济贸易格局仍没有改变。随着欧洲人越来越广泛深入地融入和利用既存的经济贸易体系，并在其中发挥日益增大的影响力，到 19 世纪欧洲终于成为世界经济贸易的中心。

——据《白银资本》等

(1)根据材料，13 到 18 世纪，在世界经济贸易中居优势地位的是哪个地区？并结合所学知识，分析 16 世纪欧洲在世界经济贸易中处境开始改善的主要原因。

(2)根据材料和所学知识，指出与 18 世纪相比，19 世纪欧洲和中国在世界经济贸易中的相对地位发生了怎样的变化。并分析促成这一变化的政治、经济原因。

(3)结合史实说明第二次世界大战后经济全球化的发展趋势。

本题全面考查了学生的历史知识获取能力、历史思维能力、历史探究能力和历史表达能力，涉及唯物史观、时空观念、史料实证、历史解释等核心素养。在情境创设上，提供了西方学者贡德·弗兰克的学术观点，让学生从更加广阔的时空角度来思考经济全球化的发展历程。

（五）综合性的历史情境题目

例 1-2-5：(原创)有学者在研究世界经济贸易关系时提出了以下论点，阅读材料，回答问题。

材料一

1502 年，哥伦布碰见玛雅贸易商不小心掉了一些杏仁状的东西，急忙将它们捡起来，仿佛掉下来的是他们的眼睛，这些奇怪的豆子就是可可豆，后来西班牙人称之为巧克力。可可豆非常珍贵，以致西班牙人在墨西哥中部长期以可可豆为货币。1527 年，西班牙贵族赫尔南·科尔特斯爵士正式将可可豆推荐到欧洲，最初是贵族打发闲暇、摆阔、标举个人身份地位的饮料，获得欧洲贵族的青睐，到了 17 世纪，巧克力迅速征服了欧洲城市，成为欧洲人最喜爱的食品及饮料。在资本的驱动下，可可树在委内瑞拉、中美洲、菲律宾、印尼、巴西、非洲大面积种植，可可豆这时成为商品而非货币。

——史蒂文·托皮克《贸易打造的世界》

材料二

1948 年，一位名叫盖尔·哈佛森的美国飞行员，开始在每次飞越柏林时，将巧克力棒、糖果和口香糖绑在手帕做成的小降落伞上从机窗投下，因而成为柏林儿童心目中的英雄。事实上，供应给西柏林的粮食，被用来当作对抗共产党的武器。

——汤姆·斯坦迪奇《舌尖上的历史》

(1)根据材料一概括巧克力的发展变化，谈谈你对物种交换的认识。

(2)分析美国飞行员向柏林投放巧克力的政治背景，谈谈美国对抗共产党的行为对全球化有何影响。

(3)有学者指出“国家的命运取决于人民吃什么样的食物”，请举出一样农业作物，说明它是如何对中国历史的进程产生重大影响的。

参考答案：

(1)变化：16 世纪由货币变为贵族身份地位的象征；17 世纪成为欧洲

普遍的食品，后在全球普及。

认识：促进了世界文明的交流，人类文明联系更加紧密。

(2)政治背景：德国投降后，被苏、美、英、法四国分区占领，由于美苏“冷战”加剧，双方就德国统一问题的谈判未能达成协议。

影响：消极方面，两大阵营对立，彼此之间的经济封锁、军备竞赛阻碍了全球一体化的发展；积极方面，面对两极对峙格局，亚、非、拉发展中国家发动不结盟运动，第三世界国家崛起，欧洲走向一体化，中国、日本崛起，区域化的经济合作增强。

(3)样例：

农作物：玉米

说明：随着新航路的开辟，世界逐渐连为一体，美洲的高产作物玉米引进中国，大幅度提高了粮食的产量，有更多的土地种植经济作物，出现了专业生产区域。农产品的商品化程度提高，客观上为清朝人口的迅速增长创造了条件，推动了明清商品经济的发展及“一条鞭法”等赋税改革。

本题融合了历史事件情境、历史学习情境和历史研究情境，是一道综合性的情境题。食物的全球传播成为经济全球化的一个缩影，让学生感受到经济全球化不是一个空洞的概念术语，而是与大量鲜活的史实结合在一起的。同时又引入了两种学术新成果的材料和观点，让学生有更加开阔的视野来看待经济全球化的发展演变。

对于上述示例，我们还可以从以下三方面深入理解。

第一，上述示例只是从情境的角度来分类，在实际的命题操作中，所有题目都应该以“历史学科核心素养双向细目表”进行分析。例如，例 1-2-2 就可以按照表 1-2-4 填写。

表 1-2-4　历史学科核心素养命题双向细目表(示例)

	核心价值	历史核心素养					历史关键能力				历史情境			
		唯物史观	时空观念	史料实证	历史解释	家国情怀	知识获取	历史思维	历史探究	历史表达	事件情境	学习情境	实践情境	研究情境
经济全球化	工业革命对人类社会的深远影响	√	√		√			√		√		√		

第二，所有的分类都是相对的，而不是绝对的。无论是核心素养、关键能力还是历史情境，其分类内容都会有交叉重叠之处。例如，我国倡导研究和保护工业遗产，许多城市甚至一些边远地区都有工业遗址。因此，在历史教学和评价中，工业遗址既可以是历史实践情境，也可以是历史研究情境。建构测评模型主要是为了提供切入问题的思路，而不是提供僵化的套路。

第三，情境的分类与题目的难度无关。四类情境的应用都只是命题的思路，是命制核心素养类试题时必须考虑的要素，但情境之间并不存在难易关系。历史学习情境类的题目可以命制得很难，历史研究情境类的题目也可以命制得很容易。本模型并不能解决试题的难度问题。影响题目难度的因素主要是关键能力的分层和情境的性质(如陌生程度、复杂程度、开放程度等)。

历史核心素养的教学与评价，作为一个全新的事物，牵动着千万师生的心，不少专家和教师都怀着满腔的热情投身研究。学科核心素养的测评目标，并不能直接达成。正如专家们所言："考试要研究的，是把素养的表述转变成具体的、可操作的测量目标。”①这意味着，我们不能简单地把过去的一些做法贴上“核心素养”的标签就称之为核心素养的评价，必须寻找新的方法和路径。本研究尝试通过测评模型的建构来总结过去的命题思路，同时对今后的测评提出新的要求，接下来还需要探讨素养内容的分解和关键能力的分层，前者涉及命题的内容，后者涉及命题的难度。这将是一个极其浩大的工程，本节所论述的只是初步的研究成果。

第三节　历史学科核心素养分类分层测评模型

随着历史学科核心素养在教学中的推行，素养的评价问题成为广大教师关注的焦点。素养评价要解决两个关键问题：一是素养的测评与过去的知识能力测评有何不同；二是素养的测评如何实现分类分层。本节主要探讨第二个问题。研究学科核心素养的分类分层，其意义不仅仅是为高考命题提供理论依据，更重要的是为教学设计中确定教学目标提供依据。素养的培育不是一朝一夕、一蹴而就的，教师根据分类有针对性地去教，学生根据分层有步骤地去学，这是提升学生素养的必由之路。

一、历史学科核心素养分类分层测评的内容

教育部考试中心提出了“一核四层四翼”的高考评价体系（以下简称“体系”），标志着高考命题改革进入一个全新的阶段。体系是新时代高考内容改革的实施路径。这个体系中其实已经包含了分类和分层的部分评价要求，具体思路是沿着两条路径展开的。

第一条路径：体系中的“四层”既是分类，也是分层。在核心价值的统领下，我们可以单纯测评必备知识，也可以测评关键能力和学科素养。而关键能力包含了必备知识的内容，学科素养包含了必备知识和关键能力的内容。从必备知识到关键能力再到学科素养，就是一个层级的关系。

第二条路径：在体系的基础上，我们认为必备知识、关键能力和学科

---

① 徐奉先、刘芃：《基于核心素养的学业质量评价》，载《历史教学（中学版）》，2018(7)。

素养的测评都可以继续进行分类和分层。我们有只测评必备知识的题目，有只测评关键能力的题目，也有测评核心素养的题目。这些题目本身都可以从分类和分层的角度进行剖析。

在以上两条路径的基础上，我们建构了“历史学科核心素养分类分层测评模型”，如图 1-3-1 所示。

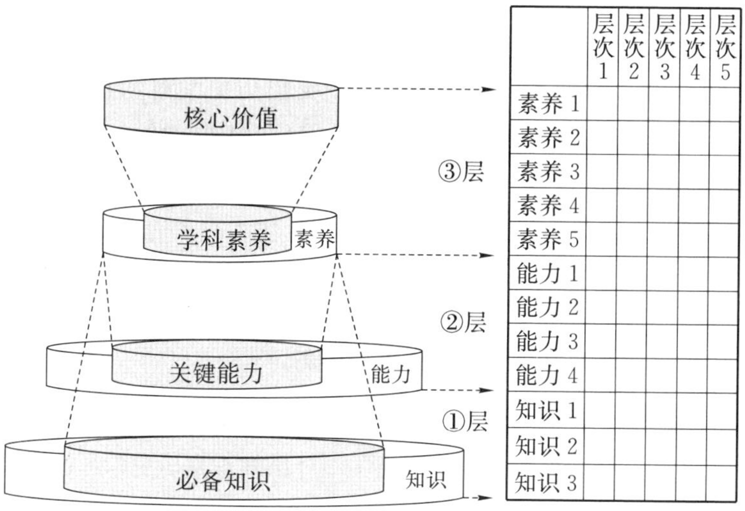

图 1-3-1　历史学科核心素养分类分层测评模型

在这个分类分层测评模型中，我们要注意以下四个问题。

第一，新的高考评价并不等于就是核心素养的评价。在本体系和模型中，学科素养仅仅是“四层”中的一个内容。高考试题不一定每道题目都测评核心素养，也有可能只测评必备知识或关键能力。但由于学科素养处于体系的核心位置，是今后教学和评价改革的方向，所以学科素养的评价还是高考命题中最重要的内容。

第二，在本模型中，学科素养居于核心位置。于涵指出：“学科素养是指经过高中阶段学习后，学生面对复杂现实问题情境或复杂学术问题情境时，能够在正确思想观念指导下，运用学科的知识与技能、思维方式方法高质量地认识问题、分析问题、解决问题的综合品质。”①可见，学科素养的

① 于涵：《新时代的高考定位与内容改革实施路径》，载《中国考试》，2019(1)。

上位内容是核心价值，下位内容包括必备知识和关键能力。

第三，本模型沿着两条线索展开。第一条线索是高考试题包括三个内容层次——第①内容层次是知识的测评；第②内容层次是能力的测评；第③内容层次是在核心价值统领下的学科素养测评。第二条线索是对知识、能力和素养的再分类分层——知识可以分为3个类别2个层次；能力可以分为4个类别3～4个层次；素养可以分为5个类别2～5个层次。

第四，本模型呈现了“学科素养—素养”“关键能力—能力”“必备知识—知识”的差别。在教学和测评中，我们突出历史学科的核心价值、学科素养、关键能力和必备知识(用灰色圈呈现)，但不排除一般素养、一般能力和基础知识(用白色圈呈现)的出现。

下面对历史学科必备知识、关键能力和核心素养的分类分层测评思路进行逐一论述。

二、历史学科必备知识的分类分层测评

“一核四层四翼”高考评价体系提出了“必备知识”的概念。与历史学科结合，我们首先需要解决的问题是——什么知识是历史学科的必备知识？

（一）历史学科必备知识的分类

《国务院关于深化考试招生制度改革的实施意见》(2014年9月3日)明确指出，高考命题要“依据高校人才选拔要求和国家课程标准，科学设计命题内容”。因此，从命题操作的层面来看，必备知识有两个来源：一是高校的人才选拔要求；二是国家课程标准。近十几年来，高考命题越来越多地体现高校科研的新成果，这也将成为今后命题的重要趋势。科研的新成果一般包括新观点、新方法和新材料，中学师生要全面系统地掌握绝非易事。中学师生能够深入把握的，主要还是国家课程标准的内容。

《课程标准》明确指出，在进行教学设计时，“要仔细分析每个学习专题的重点内容、核心概念和关键问题”。我们认为，当前对必备知识的理解，就可以依据《课程标准》的表述，确定为三点：重点内容、核心概念和关键问题。这三点也就是必备知识的分类方法。具体的操作方法是对《课程标准》的内容进行分解：把每个专题的标题确定为“重点内容”；把对标题进行解释的内容所涉及的概念确定为核心概念；把对标题进行解释的内容转变

为问句，就成为关键问题。

例如，《课程标准》有如下表述：

> 1.19　改变世界面貌的工业革命
>
> 通过了解工业革命带来的社会生产力的极大发展以及所引起的生产关系的深刻变化，理解工业革命对资本主义世界体系的形成及对人类社会生活的深远影响。

在这个表述中，重点内容为“改变世界面貌的工业革命”；核心概念为“工业革命”和“资本主义世界体系”；关键问题有四个，一是“工业革命给社会生产力带来了哪些发展”，二是“工业革命引起生产关系发生了哪些深刻变化”，三是“工业革命对资本主义世界体系的形成有哪些深远影响”，四是“工业革命对人类社会生活有哪些深远影响”。

（二）历史学科必备知识的分层

关于知识分层理论的研究成果非常多，其特点往往是把知识与能力结合在一起考虑。如果脱离了能力的标准，那就连什么是知识都很难说清楚。根据中学历史教学实际，对学生掌握历史知识的要求主要是三方面：广度、深度和准确度。

广度是指掌握的历史知识的数量，即学生记忆的历史知识越多越好。深度是指对历史知识的理解程度，即学生对历史知识理解得越透彻越好。准确度是指准确地再认再现历史知识，即学生能够准确地说出或写出历史知识。

要考查学生掌握历史知识的深度，务必跟各种能力和素养结合在一起方能进行。如果是单纯的历史知识考查，我们认为主要还是考查知识的记忆能力，那就只涉及记忆的广度和精确度。广度和精确度的层次划分是比较容易的，广度有“多”与“寡”之分，精确度有“准确”“模糊”“错误”之分。这就是必备知识的层次。

当前高考的命题是以能力为重，纯记忆性的题目极少。如果是单纯考查记忆能力的题目，层次的划分是比较容易的。如下例。

例 1-3-1：(2008 年广东高考)北魏孝文帝还推行哪些改革措施？

本题的评分说明是："答对 3 个要点给 1 分，答对 4 个要点给 2 分，答对 5 个或以上要点给 3 分。"这个说明有两个要点：第一是知识掌握的精确度——答对或答错；第二是知识掌握的广度——3 个要点、4 个要点和 5 个或以上要点。

因此，忽略复杂的能力要求，单纯从识记的角度理解知识，历史必备知识的测评层次是很容易区分的——准确记忆历史知识的数量越多，层次也就越高。

三、历史学科关键能力的分类分层测评

能力的分类和分层有多种理论和方法，我们依据已有的研究成果和《课程标准》的新要求，作出了以下界定。

（一）历史学科关键能力的分类

对历史学科关键能力的界定主要有两方面的依据：一是历史学科素养考查目标；二是高考历史科考试大纲所提出的四大项能力要求。

首先，学科核心素养与历史学科核心素养之间是共性和个性的关系。历史学科五大核心素养体现了学科素养测评的个性，我们还需要确定囊括所有学科特点的共性内容。在理论逻辑分析和实证调研的基础上，我们提出了高考评价中核心素养的三方面内容——学会学习、思维方法和实践探究。这三个方面既体现了高校人才选拔的要求，也是对《课程标准》核心素养内容的总结提炼。例如，《课程标准》中唯物史观水平 4 提到"探究"，时空观念、史料实证和历史解释水平 4 都提到"独立探究"，可见"探究"是大多数历史核心素养的共同追求。

其次，已经使用多年的高考历史科考试大纲已为广大教师所熟知，应该成为确定历史学科关键能力的重要依据。考试大纲提出了四大能力要求——获取和解读信息、调动和运用知识、描述和阐释事物、论证和探讨问题，应该把这些内容提炼整合到关键能力中来。

据此，我们把历史学科关键能力分为四类：历史知识获取能力、历史思维能力、历史探究能力和历史表述能力。这种分类的主要内容及与学科素养考查目标的关系参见表 1-2-1，此处不再赘述。

（二）历史学科关键能力的分层

作为关键能力，与普通能力一样，存在一个能力层次的高低问题，因

此，我们可以给关键能力划分能力层次标准。把关键能力进行分层的思路大致有以下四个方面：一是对历史事物把握的深度，如“历史思维能力”中，对历史事物作出的解释越多，并能够使用批判性思维，能力就越高。二是对历史事物把握的广度，如“历史知识获取能力”中，能够提取和运用的历史信息越多，能力就越高。三是历史事物探究的实践能力，如“历史探究能力”中，能够提出越多的探究方案，实践能力就越高。四是对历史事物表达的精确度，如“历史表述能力”中，对历史概念术语表述得越准确，能力就越高。如表 1-3-1 所示。

表 1-3-1　历史学科关键能力的分类和分层

关键能力的种类	关键能力的层次
历史知识获取能力	第一层：获取一个有效信息
	第二层：获取多个有效信息
	第三层：获取多个有效信息并进行分类
	第四层：获取多个有效信息并进行分类，指出无效(干扰)信息并作出说明
历史思维能力	第一层：对历史问题提出一个合理的解释或评价
	第二层：对历史问题提出两个合理的解释或评价
	第三层：对历史问题提出两个以上的合理解释或评价
	第四层：对历史问题提出两个以上的合理解释或评价，并进行批判性的思考
历史探究能力	第一层：提出一种探究的思路或方法并得出结论
	第二层：提出多种探究的思路或方法并得出各自的结论
	第三层：提出多种探究的思路或方法并得出各自的结论，能综合评判各种思路、方法和结论
历史表述能力	第一层：正确地运用历史概念和术语
	第二层：正确地运用历史概念和术语，准确地叙述历史事物
	第三层：正确地运用历史概念和术语，准确地叙述、清晰地评议历史事物

在过去的高考评价中，能力的分层命题已经比较成熟。在今后的高考评价中，关键能力的命题仍将大量出现，但必定会跟各种“情境”结合在一起出现，这就是我们所说的核心素养评价。

四、历史学科核心素养的分类分层测评

学科核心素养是指学生在真实情境中解决问题的综合品质。根据《课程标准》的要求，无论是教学还是评价，都要以核心素养为导向。因此，历史学科核心素养的分类和分层就是我们研究内容的重中之重了。

（一）历史学科核心素养的分类

在《课程标准》中，历史学科核心素养的分类问题已经解决了。《课程标准》明确提出了唯物史观、时空观念、史料实证、历史解释和家国情怀五大学科核心素养，这五大素养就是今后中学历史教学和测评的重要内容。需要指出的是，核心素养跟一般素养还是有区别的。核心素养是教学和测评的重点，但并非全部。例如，在历史教学和评价中，还会涉及多种多样的价值观念和价值判断，有些历史价值观就不是现有的五大核心素养所能囊括的。

（二）历史学科核心素养的分层

历史学科核心素养的分层教学和测评是在分类的基础上进行的。既然历史学科核心素养分为五类，就意味着每一类都存在层次的高低，否则就无从判定一个人的素养高低。事实上，《课程标准》已经分别对五大核心素养作了水平的划分，但我们认为，这种划分仅仅是对学生学业水平的总体描述，并不能直接用于评价测量。正如专家所言："考试要研究的，是把素养的表述转变成具体的、可操作的测量目标。"①

划分历史学科核心素养层次，主要依据是三点：一是史学理论的基本原理；二是《课程标准》的表述；三是历年高考试题的基本要求。下面以"历史解释"素养为例进行说明。

关于历史解释的定义，史学理论界研究得非常精深复杂。我们充分肯定学术界对历史解释研究所取得的成就，这也是我们分层的重要依据，但同时我们也要充分考虑中学历史教学的实际，对历史解释的分层方法必须是中学教师能够理解和易于操作的。

就中学历史教学的要求而言，我们认为历史解释无非就是使历史现象

---

① 徐奉先、刘芃：《基于核心素养的学业质量评价》，载《历史教学（中学版）》，2018(7)。

变得明白易懂的说理方式。首先，我们要使用中学师生容易理解的语言和方法去讲故事、说道理；其次，我们也要尽量把道理说得深刻透彻，能够启迪智慧。所谓深刻透彻有一个由浅入深的过程，于是就有了历史解释的分层要求。我们把历史解释由低到高分为五个层次①，如表 1-3-2 所示。

表 1-3-2　历史解释素养的分层内容

层　次	内　容
第一层：现象性解释	用准确、简明的文字叙述某历史事物的基本史实，包括时间、地点、人物、起因、经过和结果
第二层：内涵性解释	根据史料对历史事件的时间、地点、人物、起因、经过和结果作出更加详尽的叙述
第三层：本质性解释	指出该历史事物的表象与其内在属性之间的关系
第四层：联系性解释	找出与该历史事物相关的其他历史事物，并叙述它们之间的关系
第五层：规律性解释	运用唯物史观分析该历史事物的发展演变规律

下面以“鸦片战争”为例，说明如何运用五个层次的思路由浅入深地进行解释。

第一层：现象性解释。1840 年，英国政府以林则徐的虎门销烟为借口，悍然发动了侵华战争。鸦片战争以中国失败并赔款割地告终。中英双方签订了中国历史上第一个丧权辱国的不平等条约《南京条约》。中国开始沦为半殖民地半封建社会，与此同时，中国人民也开启了反抗外来侵略的历史新篇章。

第二层：内涵性解释。根据史料对鸦片战争的时间、地点、人物、起因、经过和结果作出更加详尽的叙述。

第三层：本质性解释。鸦片战争的本质是英国为了向中国倾销鸦片、牟取暴利而发动的殖民侵略战争。

第四层：联系性解释。包括纵向联系和横向联系。纵向联系包括建立鸦片战争与英国殖民扩张史的史实、近代以来中英交往的史实、近代以来

---

① 黄牧航、张庆海：《历史学科核心素养分类分层测评标准例析》，载《历史教学（中学版）》，2019(15)。

中国人民的反抗斗争的史实之间的联系；横向联系包括建立鸦片战争与同时期世界各地区反抗西方殖民扩张的诸多史实之间的联系。

第五层：规律性解释。资本具有扩张性，资本主义殖民扩张的本质是掠夺。鸦片战争的爆发是西方资本主义国家以暴力的方式进行殖民掠夺的必然结果。

根据这五种分层，我们就可以设计相应的试题。

例 1-3-2：（2021 年广东合格性考试）《巴麦尊子爵致中国皇帝钦命大臣函》声称，英国政府要求中国方面将英国全权大臣所指定的中国沿海一处或数处面积够大、位置适宜的岛屿，永久割让给英国政府。英国这项无理要求通过战争得到了满足。该战争是

A. 鸦片战争(√)　　B. 中法战争

C. 甲午战争　　D. 八国联军侵华

例 1-3-2 属于现象性解释，即让学生掌握最基本的历史史实则可。时间、地点、人物、起因、经过和结果是属于记叙文的六要素，只要把握好这六要素的内容，就可以对该历史事件作出基本解释。我们也可以把它理解为一个基本的概念和定义。

例 1-3-3：（2014 年江苏高考）右侧是清道光帝给参与谈判大臣所下达谕旨的部分内容，该谕旨

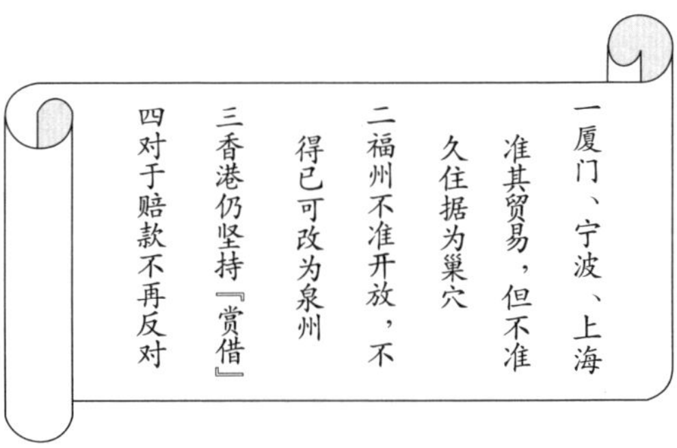

A. 颁发于第二次鸦片战争期间

B. 隐含着天朝上国的外交观念(√)

C. 导致了社会性质的根本改变

D. 坚决捍卫国家领土主权完整

例 1-3-3 属于内涵性解释，即通过丰富的史料阅读深化对该历史史实的认识。题目提供的是道光皇帝下达谕旨的原文，有助于学生进一步认清鸦片战争前后清朝统治者的心理动态和思想观念。现象性解释的要求是简明扼要，而内涵性解释的史料依据是无穷的，解释的深度和广度也是无穷的，属于命题的重要思路和方法。

例 1-3-4：(2013 年上海高考)对于鸦片战争，有人称为中英战争，有人称为通商战争，也有人称为夷匪犯境。其中淡化了历史认识中价值判断的表述是

A. 中英战争(√) B. 鸦片战争 C. 通商战争 D. 夷匪犯境

例 1-3-4 属于本质性解释。对于鸦片战争的本质解释，学术界有不同的观点，我们认为鸦片战争的本质就是罪恶的殖民侵略战争。本题虽然没有明确指出这一点，但告诉学生“中英战争”这个提法是淡化了价值判断的，属于貌似客观却毫无观点立场的表述。

例 1-3-5：(2013 年上海高考)

①各使馆境界以为专与住用之处，并独由使馆管理，中国人民概不准在界内居住。

②大皇帝恩准大英国人民带同所属家眷，寄居大清沿海之上海等五处港口。

③大清大皇帝允以天津郡城海口作为通商之埠。

④(朝鲜国)向中国所修贡献典礼，嗣后全行废绝。

以上条款引自中国近代四个不平等条约，按签订时间先后排序为

A. ①②③④ B. ②④③① C. ②③④①(√) D. ③④②①

例 1-3-5 属于联系性解释。本题考查了 1842 年的《南京条约》、1860 年的《北京条约》、1895 年的《马关条约》和 1901 年的《辛丑条约》，相当于要求学生建立起这四个条约之间的联系，从而明确鸦片战争和《南京条约》在中国近代史中的地位。这样的联系可以有非常多的切入角度，也有非常多的联系方式。建立起这样的知识联系网，有助于深化对历史事件的解释。

例 1-3-6：(2012 年上海高考)有学者认为“就世界大势论，鸦片战争是不能避免的”。试用所学知识论证这一观点。

鸦片战争前中英实力的对比

国别	中国	英国
综合国力	落后封建国	世界强国
社会形态	封建社会	资本主义社会
经济基础	自给自足的自然经济占统治地位	完成工业革命，资本主义经济迅速发展
军事力量	装备陈旧，素质低下	船坚炮利，战斗力强
对外政策	闭关锁国，被动	殖民扩张，主动
中英贸易	出超	入超

参考答案：

答案 1：能围绕与问题相关性较强的核心知识进行回答。如：19 世纪是西方向全球进行殖民扩张的年代，殖民势力已经渗透到亚洲。在西方国家中，英国率先完成工业革命，成为头号资本主义强国，为了争夺原料产地和市场，亟须打开中国的大门。此时的中国，在经历了康乾盛世的繁荣之后逐渐走向衰落，统治者以“天朝上国”自居，实行闭关锁国的政策。西方主导的国际关系秩序与中国的朝贡体系产生了剧烈冲突。围绕着鸦片贸易，中英矛盾不断升级。可见，19 世纪资本主义国家向中国及全球的扩张，体现了近代工业文明与传统农业文明的碰撞，在这样的大势下，鸦片战争无可避免地爆发了。

答案 2：仅运用与问题缺乏关联度的边缘知识进行回答。如：中英贸易冲突、林则徐禁烟等具体内容。

例 1-3-6 属于规律性解释。题目问的是鸦片战争能否避免，事实上就属于探究殖民扩张和殖民侵略的规律性问题。英国资产阶级在进行工业革命期间和完成工业革命后，不断地加快加大全球殖民掠夺的步伐。他们凭借着坚船利炮，在全球范围内抢占原料产地，倾销廉价商品。中国作为一个地域广阔、人口众多的东方国家，必然成为其侵略的对象。出现这些历史现象是资本逐利嗜血的本性使然，早期资本主义国家的扩张无一不沿着这条道路发展。因此，鸦片战争所体现的就是资本主义国家的发展规律。

其他的四种素养，都可以分别作层次的划分，在本书中我们将分别予以详细的论述。需要指出的是，无论是教学还是评价，单纯针对某种素养来进行的情况并不多。大多数题目是同时考查多种素养，但在分析和确定教学目标时，我们可以把某种素养抽取出来专门研究。

五、历史学科核心素养分类分层测评例析

分类分层测评模型的构建，为试题的命制和分析提供了理论依据，也有利于教师在日常教学中更有针对性地确定教学目标。下面依据本模型对2021年和2022年高考历史科全国甲卷进行分析。

（一）2021年高考历史科全国甲卷分类分层测评例析

1. 2021年高考历史科全国甲卷“四层”分析

试卷总共有选择题12道，非选择题5道。这17道题目中，没有单纯考查必备知识或关键能力的题目，大多数属于核心素养的考查。判断一道题目是否属于核心素养的考查有三个标准。

第一是看试题内容是否体现核心价值的引领。本套试卷有非常鲜明的价值观导向，努力聚焦党史，打造知史爱党教育阵地，做到学史明理，汲取思想养分；学史增信，筑牢信仰根基；学史力行，砥砺奋斗才干；充分彰显了历史学科独特的育人价值。

第二是看试题的知识、能力考查是否跟问题情境结合在一起。本套试卷的题目全部在问题情境中展开。这些情境都是“陌生的”“真实的”问题情境，有的情境体现出“开放性”，如第42题允许学生自由选择一个明代卫所进行论述，在选材和思路上都是开放的。还有的题目体现出情境的“复杂性”，如第41题涉及新中国成立初期中国的对外贸易情况，材料就包含了英美的对华政策和中国的对外政策等复杂的信息。

第三是看试题是否考查学生解决问题的能力。在中学历史教学中，“解决问题”并不意味着要求学生攻克学术难题和作出重大决策，学生能够正确地分析、评价历史问题都算是拥有解决问题的能力。试卷中没有出现单纯考查识记能力的题目，对记忆能力的考查都是跟其他的关键能力如历史思维能力和实践探究能力结合在一起的，如第24题从春秋时期老子和孔子的不同观点出发考查周代礼乐文化的内涵。

由此可见，2021 年高考历史科全国甲卷符合“四层”考查的要求，大多数的题目达到了第四层，即在正确的价值观念引导下的核心素养考查层面。

2. 2021 年高考历史科全国甲卷必备知识层次分析

在必备知识层面，试题全面考查了高中历史课程的重点内容、核心概念和关键问题。重点内容如中国古代的礼乐制度、监察制度，北魏孝文帝改革、古代希腊的政治制度等；核心概念如巴黎公社、苏俄的战时经济政策等；关键问题如新中国的对外政策、新中国科学技术的发展等。

必备知识的分层主要体现在 5 道非选择题中，它们都要求考生“结合所学知识回答”。从评价要求来看，考生正确叙述的知识点越多，层次就越高。

3. 2021 年高考历史科全国甲卷关键能力层次分析

在关键能力层面，四大历史学科关键能力——历史知识获取能力、历史思维能力、历史探究能力和历史表述能力全面覆盖，都有较充分的体现。如果对非选择题进行层次分析，可以得出如下结果，见表 1-3-3。

表 1-3-3　2021 年全国高考甲卷非选择题关键能力层次分析

能力种类	能力层次	第 41 题	第 42 题	第 45 题	第 46 题	第 47 题
历史知识获取能力	第一层					
	第二层					
	第三层	√	√	√	√	√
	第四层					
历史思维能力	第一层					
	第二层					
	第三层	√		√	√	√
	第四层		√			
历史探究能力	第一层		√			
	第二层					
	第三层					
历史表述能力	第一层					
	第二层					
	第三层	√	√	√	√	√

从表1-3-3中我们可以得出如下结论：一是所有非选择题都涉及多种能力考查，能力考查的范围广泛；二是对关键能力的考查层次要求较高，大都达到第三层次，个别还达到最高的第四层次；三是对历史探究能力的考查力度较弱，考查的层次也较低；四是三道选做题的能力考查种类和层次完全一致，有利于维护考试的公平。

4. 2021年高考历史科全国甲卷核心素养层次分析

在核心素养层面，试卷囊括了历史学科五大核心素养的评价，尤其以家国情怀素养的考查为突出的亮点。家国情怀素养题量大，考查深入。现仍以历史解释素养为例进行分析。

全卷涉及历史解释素养的题目较多，考查的层次也较高，没有属于第一层现象性解释的题目，所有的题目都在第二层次以上。例如，第28题通过新的材料情境拓展了学生对中外反动势力联合绞杀太平天国运动的认识；第31题通过对浙江义乌具体事例的描述，深化了学生对经济责任制改革的认识。

属于本质性解释层次的题目不少，如第24题通过老子和孔子观点的对比反思西周的礼乐文化的本质，第26题通过分析宋代的婚姻观来思考宋代理学的本质，第27题通过分析官员的威望地位来思考科举制度的本质。与2019年和2020年的试题相比，这是一个较大的变化，即现象性解释的题目减少，内涵性和本质性解释的题目大大增加。

属于联系性解释的是第41题，该题建立起新中国的对外政策和英美的对华政策之间的联系，要求学生作综合的思考。这种寻找相关事物并建立起彼此联系的叙事方法，我们称之为联系性解释。

属于规律性解释的是第41题第一问。题目问的是“根据材料一、二并结合所学知识，分析20世纪50年代前期美英对华贸易政策存在异、同的原因”。这些原因包括世界局势的影响、意识形态的影响、国家实力的影响等，其实也就是说明了一个国家制定对外政策的基本规律。这些规律同时体现在中国、英国和美国的对外政策制定上。从历史解释素养的角度分析，这一小问是全卷考查层次最高的一道题目。

总的说来，2021年高考历史科全国甲卷的核心素养考查特点是：素养考查种类齐全，素养考查层次适中，历史解释考查分明，家国情怀考查突出。

（二）2022年高考历史科全国甲卷分类分层测评例析

1. 2022年高考历史科全国甲卷“四层”分析

试卷总共有选择题12道，非选择题5道。这17道题目中，没有单纯考查必备知识或关键能力的题目，大多数属于核心素养的考查。我们还是从三个方面的标准来进行分析。

一是看核心价值的引领。本套试卷的价值观立意非常鲜明，尤其是“中国海军走向现代化”“国家的发展走向现代文明”“李时珍立志重修本草”三个主题，既有时代的特色，又有历久弥新的励志效果。

二是看知识、能力考查与问题情境的结合。本套试卷的题目都与问题情境紧密结合，体现了“陌生”“真实”“复杂”“开放”的问题情境。例如，第29题讲述梁启超任教于湖南时务学堂时推行新思想所遭遇的攻击，说明维新思想的宣传过程并非一帆风顺，远比我们想象的要复杂得多；第42题允许学生选择不同的角度并结合相关史实来分析近代民族国家的发展特征，体现了情境问题的开放性。

三是对学生解决问题能力的考查。学生能够总结历史经验教训，提出合乎情理的规律和结论，都可以视为具备了解决问题的能力。例如，第41题要求学生“概括影响中国海军实力的主要因素”，第42题要求学生“提出世界近现代某一历史时期的国家发展面向”，这些都是对解决问题能力的要求。

由此可见，2022年高考历史科全国甲卷符合“四层”考查的要求，大多数题目达到了第四层，即在正确的价值观念引导下的核心素养考查层面。

2. 2022年高考历史科全国甲卷必备知识层次分析

在必备知识层面，试题全面考查了高中历史课程的重点内容、核心概念和关键问题。重点内容如老子的思想、唐代政治制度的演变、宋代的海外贸易等；核心概念如维新变法运动、雅典的民主制度、工业革命和美苏“冷战”等；关键问题如新中国的军事力量、近代民族国家的发展特征等。

必备知识的分层主要体现在5道非选择题中，它们都要求考生“结合所学知识回答”。从评价要求来看，依然是考生正确叙述的知识点越多，层次就越高。

3. 2022年高考历史科全国甲卷关键能力层次分析

在关键能力层面，四大历史学科关键能力——历史知识获取能力、历史思维能力、历史探究能力和历史表述能力全面覆盖，都有较充分的体现。如果对非选择题进行层次分析，可以得出如下结果，见表 1-3-4。

表 1-3-4　2022 年全国高考甲卷非选择题关键能力层次分析

能力种类	能力层次	第 41 题	第 42 题	第 45 题	第 46 题	第 47 题
历史知识获取能力	第一层					
	第二层					
	第三层	√	√	√	√	√
	第四层					
历史思维能力	第一层					
	第二层					
	第三层	√		√	√	√
	第四层		√			
历史探究能力	第一层					
	第二层		√			
	第三层					
历史表述能力	第一层					
	第二层					
	第三层	√	√	√	√	√

从表 1-3-4 中我们发现 2022 年试题的关键能力要求与 2021 年基本一致，同样体现了三个方面的特点，如能力考查的范围广泛，对关键能力的考查层次要求较高，三道选做题的能力考查种类和层次完全一致等。最大的不同点在于对历史探究能力的要求提高了，由 2021 年的第一层提高到了第二层。第 42 题明确要求学生“提出不少于两个面向，且不得与材料中的三个面向重复”，这与表 1-3-1 所明确的“提出多种探究的思路或方法并得出各自的结论”的要求是一致的。可见，对关键能力的要求提升了，是 2022 年试题的重要变化。

4. 2022 年高考历史科全国甲卷核心素养层次分析

在核心素养层面，试卷囊括了历史学科五大核心素养的评价，如第 47 题对李时珍的评价，涉及唯物史观素养；第 24 题关于老子思想的影响力，涉及时空观念素养；第 33 题关于殖民扩张推动了消费结构的变化，涉及史料实证素养；第 28 题关于鸦片战争后上海进口货值的变化，涉及历史解释素养；第 41 题关于中国海军的发展，涉及家国情怀素养。而就核心素养的层次划分而言，依然是历史解释素养的层次最为分明。

历史解释素养可以分为五层。第一层是现象性解释，如第 46 题“概括日本提出‘与万国对峙’的背景”就属于这一层次。第二层是内涵性解释，所有的题目都包括了内涵性解释，如第 47 题“分析黎元洪反对参战的原因”就属于这一层次。第三层是本质性解释，如第 30 题中国共产党在抗日战争时期的方针政策就属于这一层次。第四层是联系性解释，如第 41 题“说明中国海军实力从晚清到现代的变化”就属于这一层次。第五层是规律性解释，如第 41 题“概括影响中国海军实力的主要因素”就属于这一层次。

总的说来，2022 年高考历史科全国甲卷的核心素养考查特点延续了 2021 年的风格：素养考查种类齐全，素养考查层次适中，历史解释考查分明，家国情怀考查突出。

制订历史学科核心素养分类分层测评模型，目的是给试题分析提供评价工具，给教学目标设计提供参考依据。受篇幅所限，其他四种历史核心素养的分类分层标准将另文论述。模型的科学性和操作性，仍有赖于广大师生在实践中检验。

第二章　中学历史核心素养命题的基本方法

2020年10月13日，中共中央、国务院印发了《深化新时代教育评价改革总体方案》，明确提出要“改革学生评价，促进德智体美劳全面发展”，其具体内容包括树立科学成才观念，坚持以德为先、能力为重、全面发展，坚持面向人人、因材施教、知行合一，坚决改变用分数给学生贴标签的做法，创新德智体美劳过程性评价办法，完善综合素质评价体系，切实引导学生坚定理想信念、厚植爱国主义情怀、加强品德修养、增长知识见识、培养奋斗精神、增强综合素质等。方案为探索中学历史核心素养的评价提出了明确的目标，也迫使我们加大中学历史核心素养评价的研究力度。

本章将结合新近的探索，分析如何开展以核心素养为测量视角的中学历史学科命题方法。尽管中学历史核心素养的提出仅有短短数年时间，但在教学实践和命题实践中我们已经积累了较丰富的经验和案例，本章重点分析其中四种相对成熟的命题方法——主题式命题法、情境化命题法、开放性命题法和学术型命题法。

第一节　中学历史主题式命题法

树立正确的价值观念是历史学科核心素养教学的重要内容，立德树人是历史学科核心素养教学的首要目标。为了达成这个目标，我们需要深入研究《课程标准》和教材，从教学内容中发现和提炼价值观。这既是教学的基本要求，同时也是命题的基本要求。对于大多数教师而言，历史价值观的凝练并不是一件容易的事情。确定教学主题和命题主题，是明确历史价值定位的具体实施方法。在教学中选择恰当的主题，能帮助学生搭建起学习基础知识和树立正确价值观念之间的桥梁；而在命题中选择适合的主题，能深化试题的价值导向，更好地实现核心素养命题的立德树人目标。

一、什么是历史主题式命题法

要掌握历史主题式命题法，首先要理解“历史知识”“历史专题”“历史主题”三者的区别。从命题的角度来看，历史知识是指具体的历史事实；历史专题是指把若干孤立的历史事实按照一定的分类方法组合在一起的问题；历史主题是指有明确价值导向的专题，换言之，在专题的基础上增添明确的价值引领目标，就形成了主题。这三者是递进关系。所谓历史主题式命题法，是指立足于历史主题创设的命题方法。

要理解历史主题式命题的价值，我们需要分析历史知识、历史专题和历史主题的意义。一般说来，假如一个历史知识是孤立存在的，那确实没有太大的意义。例如，“张择端绘制了《清明上河图》”这句话在没有知识背景和相关知识联系的情况下就没有太大价值，它仅仅是描述了一个事实而已，至于为什么要描述这个事实，我们则不得而知。但如果我们把这个知识点放在美术史中，这幅画就是国之瑰宝；放在服饰史中，是不可多得的珍贵素材；放在城市史中，就是重中之重的研究史料。美术史、服饰史、城市史等都是专门史，其功能就是赋予许多孤立的历史知识以学科意义。2010年在上海举办的世博会上，《清明上河图》在中国馆大放异彩，焕发出新的生命力，引发了参观者对古代城市的遐想、对未来城市的向往。世博会的主题“城市，让生活更美好”赋予了历史知识以现实意义和社会意义。“张择端绘制了《清明上河图》”属于历史知识，涉及《清明上河图》内容的中国古代美术史、服饰史、城市史属于历史专题，而涉及《清明上河图》内容的以“城市，让生活更美好”为题进行教学或者命题的属于历史主题。

孤立的历史知识我们可以视为单一的点，把若干历史知识组合在一起的历史专题我们可以视为二维的面，对历史专题赋予价值判断的历史主题我们可以视为三维的立体结构。下面例2-1-1属于历史知识的命题。

例 2-1-1：下列中国古代思想家中属于儒家学派的是

A. 庄子　　B. 孔子(√)　　C. 墨子　　D. 韩非子

这种题目常见于知识抢答游戏，主要是考查学生的知识面和记忆力、反应力，对学生的综合思维能力、正确价值观的树立要求不高。下面三例则属于历史专题的命题。

例 2-1-2：(2020 年山东高考)战国时期，孟子认为“无礼义，则上下乱”，韩非子认为“义者，君臣上下之事”。他们所说“义”的实质是

A. 中央集权政治的准则　　B. 衡量道德修养的标准

C. 统治阶层的行为规范　　D. 维护等级秩序的工具(√)

例 2-1-3：(2021 年全国高考甲卷)老子认为，“失道而后德，失德而后仁，失仁而后义，失义而后礼”。孔子则说，“不学礼，无以立”，要“非礼勿视，非礼勿听，非礼勿言，非礼勿动”。这反映出，当时他们

A. 反思西周的礼乐文化(√)　　B. 迎合封建贵族政治诉求

C. 主张维护夏商周制度　　D. 得到统治者的积极支持

例 2-1-4：(2022 年全国高考甲卷)汉晋时期有多种文本记载，帝尧之时，“天下太和，百姓无事”。有老者“击壤”而戏，围观者称颂帝尧。老者歌云：“吾日出而作，日入而息，凿井而饮，耕地而食，帝何德于我哉!”上述记载所体现的政治理念最接近

A. 孔子　　B. 老子(√)　　C. 韩非　　D. 墨子

在例 2-1-2 中，孟子和韩非子都提到了“义”，命题者就以“义”作为逻辑线索，把两家的学说组合起来，从而形成了一个专题。这个专题我们可以命名为“中国古代思想家对‘义’的理解”，能够写成一篇大文章，能够命制材料较详尽的非选择题，也能够命制相对简单的选择题。题目的答案“维护等级秩序的工具”属于中性的表述，不涉及价值判断。在例 2-1-3 中，老子和孔子都论述了“礼”，这也是一个专题。题目的答案是“反思西周的礼乐文化”，这也是一个中性的表述，没有涉及价值判断。例 2-1-4 讲述的是老子思想的影响与传播，也没有涉及价值判断。下面的例 2-1-5 有较明确的价值

判断，我们把它视为主题式的命题。

例 2-1-5：(2021 年全国高考乙卷)明清时期，“善书”在民间广为流行，这类书籍多由士绅编撰，内容侧重倡导忠孝友悌、济急救危、受辱不怨，戒饬攻讦宗亲、凌逼孤寡等，以奉劝世人“诸恶莫作，众善奉行”。“善书”的流行

A. 确立了理学思想的主导地位　B. 强化了社会主流的价值观(√)

C. 阻碍了官方意识形态的推广　D. 冲击了儒家经典的神圣性

本题很明显是根据《普通高中历史课程标准(实验)》中的“中国传统文化主流思想的演变”的要求命制的。依据课标的观点，中国传统文化的主流思想是儒家思想，而儒家思想在长期的发展演变过程中又汲取了很多其他思想体系的内容。这首先是一个专题的内容，因为儒学发展到了明清时期，已经不单纯是原始儒家的思想，“三教合一”的现象非常明显。不了解佛教、道教的内容，就难以理解儒学在宋明以后的面貌。那么中国传统文化主流思想在明清时期演变成一个什么结果呢？题目给出了一个结论——“诸恶莫作，众善奉行”的观念在民间广为流行。换言之，“诸恶莫作，众善奉行”是中国传统文化主流思想的重要内容。这包含着鲜明的价值观导向，因此可以看作是主题命题。

主题命题在选择题的命制中受到诸多制约，在非选择题中则可以更加充分地发挥其功能。例 2-1-6 是一道比较典型的反映专题式命题思路的试题。

例 2-1-6：(2010 年北京高考)茶叶是中国对世界的重要贡献，并对人类历史发展产生了重大影响。

主题一　茶叶与中国古代经济

(材料略)

(1)阅读材料，概括其中反映的有关茶的发展史实。结合所学，指出唐朝茶业发展的经济条件。(4 分)

主题二　茶叶与世界贸易

(材料略)

(2)阅读材料，结合所学，概括中国茶叶在18世纪世界贸易中发挥的作用。分析19世纪英国茶叶贸易变化的原因。

主题三　茶叶与美国革命

（材料略）

(3)阅读材料，结合所学，分析茶叶成为北美殖民地和英国矛盾焦点的原因及影响。

主题四　茶叶与民族企业

(4)阅读下表，结合所学，划分“张一元”企业发展的历史阶段。并任选其中一个阶段，分析这一阶段内中国的相关经济状况。

（表略）

这道题目首先提出了一个主题——“茶叶是中国对世界的重要贡献，并对人类历史发展产生了重大影响”。这是一个很明确的价值判断。为了论述这个主题，题目提出了四个专题(题目中所说的“主题”是笔者所理解的“专题”)来支撑，分别是“茶叶与中国古代经济”“茶叶与世界贸易”“茶叶与美国革命”“茶叶与民族企业”。专题的特点是没有价值判断，只是一种中性的叙述和研究。题目的答案包含很多的具体知识点，如“唐朝中后期饮茶渐成风俗；茶叶成为同少数民族交易的货物”等。如果离开了历史背景或者与其他历史知识点的联系，这些知识点是意义不大的。正因为有了知识点的纵横联系，才有了相应的四个专题，而在四个专题的基础上，我们又可以提炼出一个有价值判断的主题。一道题目中，必须有明确的价值引领，我们才能够称之为主题式命题。

在一份试卷中，单纯的历史知识题目、历史专题题目和历史主题命题都是存在的，也有其各自不同的价值。我们希望各种类型的题目都能够占有一定的比重，但从核心素养命题的要求看，我们更希望加大主题命题的力度，因为这更符合以立德树人为核心的命题要求，也符合“一核四层四翼”评价体系中“核心价值”的命题要求。

二、历史主题式选择题的命题方法

一道选择题包含五种基本要素——立意、情境、设问、选项和答案。

主题式选择题是在立意方面做文章。所谓立意，是指命题者的命题意图和出发点。立意包括三种类型——知识立意、能力立意和价值观念立意。这三种类型存在递进关系。能力立意的题目，肯定包含知识考查的内容；价值观念立意的题目，也必然包含知识考查和能力考查的内容。因此，价值观念立意的题目在命题难度上是最大的。

历史主题式选择题命题的基本方法有两种，第一种是先根据《课程标准》确定考点，然后依据考点选取史料，最后从史料中提炼价值观点；第二种也是先根据《课程标准》确定考点，然后提出相应的价值观点，最后根据价值观点选取相关的史料。其步骤如图 2-1-1 所示：

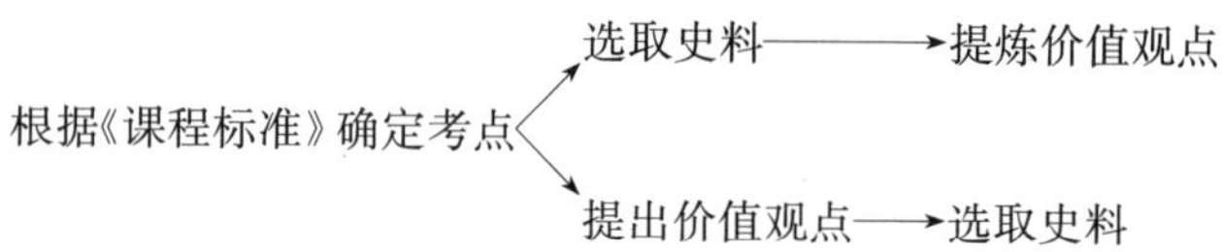

图 2-1-1　历史主题式选择题命题步骤示意图

从上面图示中可见，无论是根据史料来提炼价值观点还是依据价值观点来选取史料，其关键点都是从史事中提炼价值观。分析目前所看到的质量较好的题目，我们无从知道命题者是根据上述哪种方式来命制题目的，但从史事和史料中提取价值观点却是显而易见的规律，见下例。

例 2-1-7：(2020 年全国高考Ⅰ卷)清代，纂修宗谱成为一种普遍的社会行为，每部宗谱均有族规、家训，其内容主要包括血缘伦理、持家立业、报效国家等。这表明，宗谱的纂修

A. 反映了科举制度的导向作用　B. 体现了儒家思想观念(√)

C. 维持了士族家庭的血统纯正　D. 确立了四民社会结构

这道题目很明显是根据《普通高中历史课程标准(实验)》中“中国传统文化主流思想的演变”的要求来确定考点的。在课标和教材内容的基础上，命题者确立了一个主题——“儒学在清代的发展表现为社会大量纂修宗谱来宣扬血缘伦理、持家立业、报效国家”。这个主题既符合《课程标准》的内容要求，同时又给学生呈现了新的价值观念。我们再看下面的例子。

例 2-1-8：（2017 年浙江高考）明清之际，黄宗羲提出振聋发聩的主张“天下为主，君为客”，顾炎武揭示了“私天下”的危害，王夫之则猛烈抨击“孤秦”“陋宋”。上述思想

A. 是思想文化走向近代化的先声（√）

B. 说明了儒家思想主流地位旁落

C. 反映了君主专制制度不断削弱

D. 在批判融合中形成新理学思想体系

在本例中，命题者提炼出“中国传统文化主流思想的演变”的另一个主题——“儒学发展到明清之际已经开始向近代思想转变”。与例 2-1-7 不同的地方在于，本例的价值观表述主要是在选项中呈现出来的，而例 2-1-7 的价值观表述主要是在题干中呈现出来的。通常都需要结合题干和正确选项的内容才能整体判断题目的主要立意。这既是命题的技巧，同时也是审题、读题和解题的技巧。

接下来要面对的问题是如何提高历史主题式选择题的难度。在很多人的心目中，价值判断比思维运用简单。价值判断是明辨是非，决定该做什么和不该做什么；而思维运用则涉及大量不同类别的思维方法。因此，很多人认为以价值判断为主的题目通常比较简单。

对于这个问题，我们应该充分认识到，历史学科中的价值判断与思维方法的运用是紧密结合的，不存在脱离思维方法的价值判断，也不存在脱离价值判断的思维方法。我们之所以强调历史主题式命题，只是希望彰显命题中价值观教育的一面，在实际操作中，脱离具体史实和思维方法的价值判断并非主题式命题的追求。请见下例。

例 2-1-9：（2021 年广东高考）在明代，庶民袖小衣短，“去地五寸”；生员袖大衣长，“去地一寸”，体现斯文之气，且其服饰颜色和制式内含“比德于玉”“规言矩行”等意。这反映了当时

A. 儒家思想规范社会生活（√）　　B. 科举制度限制社会流动

C. 社会等级结构日益固化　　D. 市民文化突破礼制限定

这道题目的四个选项都属于价值判断，把它们与题干的材料结合起来思考，我们可以相应确定四个历史主题——“从明代服饰的变化看儒家思想对社会生活的规范”“从明代服饰的变化看科举制度对社会流动的限制”“从明代服饰的变化看君主专制制度固化社会等级结构”“从明代服饰的变化看市民文化的兴起和发展”。这四个历史主题都是成立的，问题在于题干的材料能够支撑哪一个主题。要回答这个问题，不是简单的是非判断就能做决定的，而是涉及史料阅读、史料理解、价值推断等一系列思维方法。再看下面的例子。

例 2-1-10：(2021 年全国高考乙卷)18 世纪 90 年代初，法国国民议会取消监禁专制授权令，否定了家长或家族可不经审讯就将孩子投进监狱的做法；国民议会还规定，由新建立的家事评议庭专司听审父母和 20 岁以下子女的争讼，21 岁的家庭成员不分男女，不再受父权的管辖控制。上述内容体现了

A. 个人意志即个人权利　　B. 个人与国家间的契约关系(√)

C. 男女的政治地位平等　　D. 家族利益凌驾于国家利益

这道世界史的题目同样可以提炼出四个主题——“法国大革命后普通民众积极追求个人权利”“卢梭的社会契约论对法国大革命影响巨大”“法国大革命后普通民众积极追求男女政治地位平等”“法国大革命后家族利益对国家利益的冲击”。从学理上看，这四个主题都是成立的，也包含鲜明的价值判断内容。那么题干中的材料可以支撑哪个主题论述呢？这还是需要相应的思维方法。

与非选择题的历史主题式命题不同，选择题的历史主题往往是需要考生去自行判断的，题目不一定会直白地表述出来，这也是加大题目难度的重要方法之一，见下例。

例 2-1-11：(2021 年八省联考广东卷)城隍是古代中国城市保护神，各地城隍多是历史上的忠良贤达。明朝统治者按照行政级别把城隍分为都、府、县三级，要求新官祭祀城隍才能上任。明朝统治者的主要目的是

A. 巩固儒学正统地位　　　　B. 整顿官场风气

C. 加强对地方的控制(√)　　　D. 繁荣市镇经济

本题的复杂之处在于题干和选项都包含有价值判断的内容，由于两方面都存在不同的价值判断，因此要找到准确的对应点就变得困难。例如，从题干中我们可以总结出两个主题——“明朝通过加强对城隍的祭祀来宣扬历史上的忠良贤达”“明朝通过加强对城隍的管理来强化对地方的控制”。而四个选项也可以相应确定为四个历史主题。题干和选项都存在不确定性，导致对本题的立意的理解就难度重重了。

总之，主题式选择题的命制方法是多种多样的，难度比我们想象中要大得多。一道优秀的选择题，离不开价值观的引领。如何出其不意又顺理成章地把价值观的内容渗透到文字量有限的选择题中去，对命题者来说是一个巨大的挑战。

三、历史主题式非选择题的命题方法

非选择题中的历史主题式命题思路跟选择题是基本一样的，都是根据《课程标准》确定考点，再从史料中提炼价值观点或者根据价值观点去寻找史料。但是在命题技巧方面，非选择题要比选择题容易得多，因为非选择题不需要设置干扰内容，只需要考虑主题的呈现方式就可以了。

非选择题中的历史主题呈现方式主要有两种。第一种是开门见山地把本题目的主题呈现出来，如下例。

例 2-1-12：(2021 年广东高考)作为中国共产党思想路线的“实事求是”，植根于中国优秀的传统文化。阅读材料，完成下列要求。

(材料略)

这是一个比较好的主题设计，通过围绕“实事求是”是中国共产党思想路线这个价值判断，把汉代、宋明、清代、近代与“实事求是”相关的史料都整合在一起了。如果没有这个开门见山的主题陈述，对这堆史料的研读充其量就是一个专题探究，但有了这个价值引领之后，题目的价值立意就

大大提升了。

第二种是题目并没有明确指出本题的主题是什么，但通过材料和问题考生还是能够很清晰地判断出来，见下例。

例 2-1-13：(2022 年全国高考甲卷)

(材料略)

(1)根据材料一并结合所学知识，简析明朝的海上实力。

(2)根据材料二、三并结合所学知识，说明中国海军实力从晚清到现代的变化。

(3)根据材料并结合所学知识，概括影响中国海军实力的主要因素。

这道题目的主题其实也非常明确，就是“中国海军走向现代化”。虽然题目没有明确指出，但所有的材料和问题都是围绕这个主题展开的。2022年的高考题多有这方面的特点，如下面几例。

例 2-1-14：(2022 年全国高考乙卷)

(材料略)

(3)根据材料并结合所学知识，简析 20 世纪五六十年代中国科技发展的历史经验。

例 2-1-15：(2022 年广东高考)

(材料略)

(1)结合时代背景，简析材料一、二、三中“现代化”内容变化的原因。

(2)指出材料四中“现代化”目标的新内涵，并简述其意义。

例 2-1-16：(2022 年浙江高考)

(材料略)

(2)延安时期是毛泽东思想成熟的时期。根据材料二，结合所学，指出这一时期毛泽东思想最重大的理论成果及其对“中国向何处去”时代之问的回答。“将毛泽东思想确立为党的指导思想乃势所必然”，结合延安整风运动的史实，从端正党内思想认识的角度予以扼要说明。

例 2-1-14 的主题是“新中国自力更生发展科技”，例 2-1-15 的主题是“中国共产党对现代化道路的探索”，例 2-1-16 的主题是“毛泽东思想的发展与成熟”。

历史命题中的主题选择和设计非常考验命题者的历史专业学识水平和对历史教育的理解能力，同时对考生的价值观教育也会带来莫大的帮助。从核心素养命题的要求来看，我们除了继续完善传统的主题设计方法外，还需要探索如何真正地、更加有效地考查学生的价值观念。在这个方面，我们也已经进行了有益的尝试，见下例。

例 2-1-17：(2021 年广东高考)关于历史课程标准的研制，新中国成立前也进行过一些探索。阅读材料，完成下列要求。

材料

第一　目标

(壹)研求中国民族之演进；特别说明其历史上之光荣，及近代所受列强侵略之经过与其原因，以激发学生民族复兴之思想，且培养其自信自觉发扬光大之精神。

(贰)叙述中国文化演进之概况；特别说明其对于世界文化之贡献，使学生明了吾先民伟大之事迹，以养成其高尚之志趣，与自强不息之精神。

(叁)叙述各国历史之概况，说明其文化之特点，以培养学生世界的常识，并特别注意国际现势之由来，与吾国所处之地位，以唤醒学生在本国民族运动上责任的自觉。

(肆)叙述中外各时代文化之变迁；应特别说明现代政治制度，及经济状况之由来，以确立学生对于民权主义、民生主义之信念。

——《初级中学历史课程标准》(1932 年颁行)

评析上述材料所示历史课程的目标。(说明：运用具体史实，对材料所示历史课程目标的一点或整体展开评析。要求观点明确、史论结合、表述清晰，不能重复材料)

题目的材料包括四段话，每段话都可以归纳出一个带有明确价值判断的主题。与选择题不同，本题对考生的要求主要不是判断和选择，而是论证。考生根据对材料的理解选取一个自己认可的主题，运用所学的知识加以论证。这种设计思路，与“一核四层四翼”评价体系中“应用性”的要求是一致的，即考查学生对知识的运用能力。

在主题式非选择题的命题中，还可以有更加开放的思路——不是由命题者确定主题，而是要求考生根据所提供的材料自拟主题，这对价值观的考查和培养更能起到积极的作用，见下例。

例 2-1-18：(原创)《人民日报》是中国共产党中央委员会机关报。作为中国对外文化交流的重要窗口和展现蓬勃发展社会主义新中国的舞台，《人民日报》积极宣传党和政府的政策主张，报道中国正在发生的变革。阅读材料，完成下列要求。

材料

1949 年至 2021 年《人民日报》部分元旦头版文章目录

年份	文　章
1949 年	毛泽东新年献词《将革命进行到底》
1950 年	社论《完成胜利，巩固胜利》
1953 年	社论《迎接一九五三年的伟大任务》
1954 年	社论《一切为了实现国家的总路线》
1956 年	社论《为全面地提早完成和超额完成五年计划而奋斗》
1961 年	社论《团结一致，依靠群众，争取世界和平和国内社会主义建设的新胜利》
1967 年	社论《把无产阶级文化大革命进行到底》
1978 年	社论《光明的中国》
1979 年	《告台湾同胞书》和社论《把主要精力集中到生产建设上来》
1981 年	社论《在安定团结的基础上，实现国民经济调整的巨大任务》
1986 年	万里讲话《总结经验坚持改革》
1998 年	元旦献辞《在十五大精神指引下胜利前进》
2001 年	江泽民新年贺词《共同创造美好的新世纪》
2004 年	胡锦涛新年贺词《创造世界和平繁荣的美好明天》
2021 年	《国家主席习近平发表二〇二一年新年贺词》

——整理自《人民日报》

阅读材料，从《人民日报》元旦头条文章中任选两篇，拟定一个论题，

并就论题进行简要阐述。(要求观点明确，论证清晰，史论结合)

答案示例：

论题：新中国成立初期政权的巩固与建设取得显著成果。

1949 年中国共产党领导的新民主主义革命取得胜利，中华人民共和国成立。但国民党政府在大陆仍有残余势力导致部分地区尚未解放，且留下了财政经济崩溃、物价上涨失控、投机活动猖獗的现状。

面对这样的情况，《人民日报》社论发表《完成胜利，巩固胜利》的文章，中国共产党追歼国民党残敌，稳定国内局势，和平解放西藏，经济上没收官僚资本，实行“银元之战”和“米棉之战”，稳定了物价。

在国家政权稳定后，又展开了新中国的建设，1953 年提出了过渡时期总路线，展开社会主义工业化建设，对农业、手工业、资本主义工商业进行社会主义改造，取得良好成效，顺利进入社会主义社会，提前完成“一五计划”。

由此可见，在中国共产党的带领下，新中国成立初期的政权巩固和经济建设稳步推进，且取得显著成果，为接下来的全面建设社会主义提供了稳定的政治环境和经济基础。

本题要求考生任选两篇文章来进行论证，这在组合上就有多种可能性。如果仅仅是组合论述，那只是专题命题的思路，但题目首先对《人民日报》的性质功能定位作了描述，这就意味着考生需要沿着这个方向来拟定论题。论题的表述必须有正确的价值取向，这也就是我们所说的历史主题了。

总之，在确定历史主题的思路上，选择题和非选择题是一致的，但在命题技术上，两者却大不相同。选择题侧重于价值观的理解、提炼、判断、比较和选择，非选择题侧重于价值观的阐述、论证、评价和运用。

四、实施历史主题式命题的建议

任何试卷的命制都涉及价值观教育的内容。随着新的《课程标准》和《中国高考评价体系》的推出，我们对价值观教学与评价的要求更高、更具体、更准确。强调主题式命题，是希望广大师生能够以主题的确立为抓手，更好地理解历史教育中的价值定位。主题式命题看似简单，但要把主题确定好和运用好，命题者必须具备一定的学识素养。今后主题式命题仍有较大的发展空间，我们需要注意以下几点。

第一，要认识到价值观的提炼是历史专题式命题的核心内容。学会从史事和史料中提取价值观是中学历史教师在教学实践和命题实践中的必备技能。掌握好这种技能，需要命题者大量阅读和广泛积累。阅读的内容包括三大类书籍：一是历史《课程标准》和历史教材，准确地理解好其中的价值观表述；二是历史专业类书籍，夯实好历史专业基础；三是历史教育类书籍，认识到历史教育的首要对象是人，而不是学科。尤其是要在核心素养课程目标的引领下，确立为素养而教、为素养而考的意识，摆脱为学科而教、为学科而考的观念。积累的内容包括各种跟历史教育相关的资源。例如，我们可以关注媒体的资源。在庆祝新中国成立 70 周年的时候，许多媒体从不同的角度进行了评述。例如，《三联生活周刊》的主题报道是《新中国成立 70 周年——奋进的时代》，《新周刊》的主题报道是《中国人家：1949—2019 家国记忆与日常图景》，《南风窗》的主题报道是《70 年，家与国》，《国家人文历史》的主题报道是《新中国文物保护 70 年》。这些主题报道的题目全部可以成为教学和命题中的主题内容。再如，2021 年是中国共产党成立 100 周年的纪念年，重大革命历史题材电视剧《觉醒年代》强调的是“觉醒”这个主题，而《三联生活周刊》的报道是《1921 年的中国——领袖们的青春年代》，强调的是“青春”这个主题。《环球人物》的报道是《建党奇女子，百年恰风华》，强调的是“女性”这个主题。《国家人文历史》的报道是《文学经典中的红色记忆》和《光影中的红色足迹》，以文学艺术和影视艺术作为切入角度。因此，哪怕是面对同样的历史事件，我们都有许多挖掘价值观教育的角度，这也成为命题的重要灵感来源。

第二，要认识到历史主题式命题需要命题者积极发挥创新能力。历史主题的选择、确定和运用不是简单的事情，命题者务必在深入研究《课程标准》和教材的基础上另辟蹊径寻找主题，如果仅仅是对《课程标准》和教材已有史实和专题进行解释和评价，都不能视之为主题。请见下例。

例 2-1-19：(2016 年海南高考)孟子发扬孔子开创的儒学，主张涵养“浩然之气”，倡导“富贵不能淫，贫贱不能移，威武不能屈”，对后世影响极

大。孟子这些言论所强调的是

A. 努力完善个人品德(√)　　B. 坚持个人独特性格

C. 勇于突破礼制束缚　　D. 敢于反抗专制暴政

本题价值观考查的意图很明显，但它并不属于主题式的题目，而仅仅是对孟子言论的解读。历史主题的题目必然包含价值判断，但并非包含价值判断的题目都是历史主题。主题是建立在专题的基础上的，没有新的切入角度，没有两个以上的历史事物的对比，我们都不能称之为主题。再看下例。

例 2-1-20：(2014 年浙江高考)如何对待物质需求，东西方思想家中有的认为“放纵自己的欲望是最大的祸害”，有的甚至提出“去人欲”；也有的针锋相对：“穿衣吃饭，即是人伦物理”。下列人物中，明确表达上述主张的有

①苏格拉底　　②亚里士多德　　③朱熹　　④李贽

A. ①②③　　B. ①②④　　C. ①③④　　D. ②③④(√)

本题确立的主题是“人应该如何正确对待物质需求”。为此，组合了东西方若干思想家的言论，有些甚至是针锋相对的。相对于《课程标准》和教材的内容，这道题目提出了新的视角，也联系、对比了不同的思想家，因此属于主题式命题。

因此，历史主题式命题不是单纯对《课程标准》和教材已有内容的解读，而是需要命题者从价值观教育的角度不断地挖掘历史知识的内涵，并且寻求更多的史料加以补充。

第三，要认识到历史主题式命题仍有非常大的创新空间。如前所述，历史主题式命题与情感态度价值观的评价密切相关，而情感态度价值观的评价是历史考试测量中的大难点问题。在纸笔考试中，情感态度价值观能否评价？可以评价到什么程度？这些都需要我们进一步去探索。

在近些年的实践中，我们已经取得了不少的进步。例如，历史小论文的题目在一定程度上已经成为常用题型，对学生的思维能力和价值观念的

测量都有较好的效果。但随着实践经验的丰富，历史小论文题也慢慢呈现出公式化、套路化的弊端。学生堆砌华丽的词汇、搬弄空洞的术语、写出口号式的文字……这些现象已经越来越多见。刘芃指出："偶读《中国历代状元殿试卷》，初以为古人朽论而已，但最终我得承认，那是奇观。书中所录试卷，意气风发，文采飞扬，或荡气回肠抒发报国情怀，或一身正气痛诋时务之弊，或高屋建瓴详陈安邦良策，或旁征博引疏通道德理念，堪称应试绝唱。以文天祥试卷为例，其殿试题为'问天道人极'，他就题命意，挥洒万言，内容涉及天道、法纪、人才、养兵、边务、汉唐治要、当朝政务改革等重大问题，议论大胆独特，言词直率恳切，是其中的珍品。其他试卷也各呈异彩，令人称绝。"[①]刘芃明确提出："一个难以激发竞技激情的考试，不能说是一个成功的考试。"[②]例如，《课程标准》强调认同教育，而认同教育的本质是情感、态度与价值观教育。认知是认同的基础，认同是认知的升华。没有知识支撑的感情是空洞的，没有感情倾注的知识是僵化的。当前的命题考试，我们对学生认知层面的测量居多，对认同层面的测量偏少。如果不加大改革的力度，历史小论文题最终难免会沦落为新八股文。

第二节　中学历史情境化命题法

在"一核四层四翼"高考评价体系的基础上，我们结合历史学科的特点，构建出"必备知识—关键能力—情境活动"三位一体的历史学科核心素养测评三维模型。在这个模型中，"问题情境"是个关键点。它不仅打通了"四层"之间的关系，还打通了"四层"与"四翼"之间的关系。因此，创设问题情境就成为进行历史核心素养命题的重要目标和内容。在一定程度上，我们可以说情境化命题法是最能体现中学历史核心素养命题特点的方法，它不仅有浓厚的历史学科特色，也符合核心素养的评价理念。

---

① 刘芃：《激情不再?》，见《卷里卷外——刘芃论考试》，321页，南京，江苏人民出版社，2021。

② 同上书，322页。

一、历史情境化命题的基本原理

“情境”是《课程标准》的关键词，《课程标准》明确提出“以新情境下的问题解决为重心”是学业水平考试命题的主要原则之一。从字面的含义来看，所谓“情境”，就是事情发生的环境，也有人认为是指“感情”和“环境”。不管哪个定义，情境确实包含了两个要素，一个要素是人，没有了人的活动，就不可能有事情发生，也就不存在人的感情；另一个要素是与人发生关系的环境，这个环境包括物质环境、文化环境、制度环境、风俗习惯甚至心理环境等。如唐代诗人王昌龄提出了著名的“三境说”——物境、情境和意境。物境是客观观看的对象，情境是主客观交融而产生的审美对象，意境是更主观、更抽象、更高层次的审美对象。

正如本书第一章第一节辨析重要概念时所分析的那样，就历史教学而言，不需要把问题弄得太复杂，我们认为情境就是指完成某件事情的背景化信息。古今中外任何人做任何事情的时候都会有跟该事情相关的信息，了解这些相关信息，就有助于我们理解事情的真相。

人类历史上的绝大多数事件，假如脱离了具体、丰富的背景化信息，基本上是一回事，无非就是战争、疾病、瘟疫、饥饿、生产、建造、繁衍、改革、革命……正是因为有了丰富的、不一样的背景化信息，各个历史事件才有了生动的个性和不确定性，同时也充满了神秘感。我们强调情境化教学和情境化命题，就是希望在历史教学中不能抛开这些背景化信息，否则历史教学和历史命题就会味同嚼蜡，甚至无从理解事物的真相。

要理解情境化命题的原理，首先要了解非情境化题目是什么样子的。请看下面四个例子。

例 2-2-1：(1992 年全国高考)清末“预备立宪”的实质在于

A. 顺应舆论要求　　B. 引进欧美政体

C. 改革各级官制　　D. 加强专制集权(√)

例 2-2-2：(1996 年全国高考)1928 年蒋介石在南京建立政权，其性质是

A. 地主阶级政权　　B. 官僚资产阶级政权

C. 资产阶级政权　　D. 大地主大资产阶级政权(√)

例 2-2-3：(1992 年全国高考)下列哪一改革标志着向新的社会形态过渡?

A. 梭伦改革　　　　B. 大化改新(√)

C. 周世宗改革　　　　D. 彼得一世改革

例 2-2-4：(1991 年全国高考)比较中国近代史上洋务派、维新派和资产阶级革命派的基本主张与社会实践的异同，指出他们留给后人的历史教训。

以上题目的特点是强调对历史概念的掌握，强调对历史学科体系的掌握，强调对历史事物本质属性的理解，强调对历史发展规律的探寻。但是，这些题目又无一例外都是非情境性的，所涉及的各大历史事件，我们都看不到背景化的信息，由此导致的一个结果就是我们对历史事件的理解都是从抽象层面切入的。这样的命题方式，把历史事物所包含的丰富信息都清除掉了，只剩下干巴巴的概念术语。如例 2-2-3 中所涉及的四个重大改革，每个改革都是波澜壮阔的历史事件，包含着许多引人入胜的历史故事和历史细节，但在题目中我们是丝毫看不到的。那么，情境化命制的题目又是怎样的呢？请看下面四个例子。

例 2-2-5：(2017 年海南高考)1910 年，清政府设立资政院“以立议院基础”。资政院议员部分由皇帝钦定，部分由选举产生。其职责包括议决国家军政大事、审议财政预算和修订法律等，议决事项须“具奏，恭候圣裁”。此次改革

A. 实践了英国式君主立宪制　　　　B. 加强了皇帝个人的独裁统治

C. 带有浓厚的专制主义色彩(√)　　　　D. 确立了三权分立的政治体制

例 2-2-6：(2014 年海南高考)周恩来曾回忆说：“讲到中国革命的性质，今天似乎是老生常谈了……可是在六大(1928 年)时，这却是个很严重的问题……当时无论从莫斯科中山大学或从西欧回来的同志又都轻视理论，所以对革命的性质问题搞不清。”这表明大革命时期中国共产党

A. 尚未确立明确的革命目标　　　　B. 受到共产国际的强烈影响(√)

C. 正确认识到农村根据地的地位　　　　D. 已逐渐克服教条主义倾向

例 2-2-7：(2018 年全国高考)古代雅典的梭伦在诗中写道：“作恶的人

每每致富，而好人往往贫穷；但是，我们不愿意把我们的道德和他们的财富交换，因为道德是永远存在的，而财富每天在更换主人。”据此可知，梭伦

A. 反对奴隶制度　　　　　　　　B. 主张权利平等

C. 抨击贫富差别　　　　　　　　D. 具有人文精神(√)

例 2-2-8：(2015 年山东高考)下列四项为中国近代不同时期的考题，其中 19 世纪 70 年代初洋务学堂使用的考题应是

A. “蒸汽有力可用，由何而生?”(√)

B. “论吾国银行失信用之可惧。”

C. “试比较英、美、法、瑞士、中国行政机关元首之产生方法。”

D. “法国大革命对于欧洲民族主义之发展，有何影响？试举例明之。”

这四道题目与前四道题目相对应的知识点分别是清末新政、中国革命的性质、梭伦改革和洋务运动。这四道题目的共同特点是都给相应的知识点提供了背景材料。有的资料是具体的改革措施，有的资料是名人的回忆，有的资料是名人的诗歌，有的资料是跟历史事件相关的考试题目。资料的来源十分庞杂，但都给历史事物增添了背景化信息，有助于学生理解和想象历史事物的真实面貌。

因此，历史情境化教学和情境化命题的原理并不复杂，就是给历史事件提供更加丰富、鲜活的历史背景化信息，这些信息是通过历史材料来呈现的，所以历史情境的创设与历史材料的选择、呈现密不可分。情境化教学和情境化命题的本质追求是：反对过分强调符号化、概念化、公式化、抽象化的历史教学和历史命题，倡导生动、形象、真实、感性的历史教学和历史命题。

二、历史情境化命题的基本方法

如前所述，情境化教学与情境化命题都是跟历史史料的运用紧密结合在一起的。因此历史情境化命题的方法主要分为两个步骤，第一步是史料的搜集和改造；第二步是运用史料来设计历史问题情境。

（一）史料的搜集和改造

所有历史事物的信息都是来源于史料的，要理解历史事物的真相和全

貌必须依靠史料，要摆脱符号化、概念化、公式化、抽象化的命题方式，更加需要利用史料。史料的搜集、整理、积累对每一个历史教师来说都是异常重要的。缺乏史料的阅读和积累，教学就免不了照本宣科，命题就会感觉到无从入手。另外，如本书第一章第一节所论述的那样，中学并不存在严格意义上的史料教学，大多数史料无法直接应用到中学的历史教学和命题中，所以对史料的选择和改造是必不可少的。尤其是选择题的设计，对史料的要求是短小精悍的同时又信息量丰富，这对命题者史料积累和改造的能力要求就更高了。总结历年来历史科命题的经验，建议命题者从以下各方面搜集和改造史料。

一是有情节的历史片断和历史小故事。历史试题的材料字数是有限制的，尤其是选择题，题干通常要控制在150字以内，相当于微博的要求。因此在搜集史料的时候，需要特别注意那些文字精练的历史片断和历史小故事。请见下面两例。

例2-2-9：(2021年全国高考甲卷)汉代，中央各部门长官与地方各郡太守自行辟召属官，曾一度出现“名公巨卿，以能致贤才为高；而英才俊士，以得所依秉为重”的现象。能够保障辟召制度有效运作的是

A. 分科考试选官制建立　　B. 监察体系的改进(√)

C. 郡国并行制度的完善　　D. 察举制度的实施

例2-2-10：(2020年天津高考)1751—1780年，法国学者狄德罗等主持编撰的《百科全书》陆续出版。该书编撰的经济来源，不是通常的资助人出资，而是约4000位订购者的预付款。到1789年，该书售出两万多册，创造了上百万里弗的利润。由此可以看出

A. 启蒙思想家得到了全社会的追崇

B. 新的生产经营方式发挥重要作用(√)

C. 思想文化领域的大变革即将开始

D. 资本主义剩余价值学说深入人心

例2-2-9描述的是一个历史现象，也就是一个历史的片断。例2-2-10则是一个相对完整的小故事，讲述《百科全书》的经营情况。前者出自南宋徐

天麟编撰的《东汉会要》，后者出自美国学者罗伯特·达恩顿撰写的学术专著《启蒙运动的生意——〈百科全书〉出版史(1775—1800)》。两者很明显都经过了命题者的改造，前者节选了最重要的一句话，后者则完全是命题者重新编写的。

二是历史人物的言谈举止。所有历史事件都是由人类的行为导致的，没有人，就没有人类的历史，也就没有历史学。因此，人的一言一行包含了非常大的信息量。搜集和研读相关的史料，能够帮助我们更好地理解历史的真相。在搜集的过程中，尤其要注意那些简短有力、意味深远的言语。如下面的例子，尽管字数不多，但把人物的语言和动作都描述出来了。

例 2-2-11：(2021 年全国高考甲卷)古希腊阿里斯托芬在一部作品中写道，雅典某陪审员对他儿子说，他一到那里，“就有人把盗窃过公款的温柔的手”递给他，并向他鞠躬：经过这么一恳求，他的火气也就消了，随即进入法庭。这可以用于说明，在古代雅典

A. 司法审判不能体现民意　　B. 民主政治制度已趋于完善

C. 直接民主无法确保正义(√)　　D. 公民法注重调解经济纠纷

如果题干是通过对话的形式呈现的，就更显得有现场感，情境气氛也会营造得更加强烈，如下面的例子。

例 2-2-12：(2022 年广东高考)

表 1　1889 年张之洞与李鸿章的争论

主　张	
张之洞	储铁宜急，勘路宜缓……前六七年积款积铁，后三四年兴工修造(铁路)……岂有地球之上独中华之铁皆是弃物？
李鸿章	筹划开矿，炼成铁条(钢轨)，器款甚巨，岂能各省同开？……日本铁路日增，至今工料皆用土产，惟钢轨等项仍购西洋。

二人争论的问题是

A. 洋务运动要不要借鉴明治维新

B. 兴办炼铁业可否举借外债

C. 军事工业和民用工业孰重孰轻

D. 修筑铁路与炼铁孰先孰后(√)

三是有史料价值的文学作品。文学不以记录真实的历史为目的，而且通常有虚构夸张的成分，但文学家不可能完全脱离现实生活来写作，所以任何文学作品都带有一个时代的信息。文学作品进行加工改造后，能够成为历史情境题的好素材。下面两个例子，一个利用了民谣，取其文字简洁；一个简述了一部戏剧作品的概要，取其内容反映了时代的特征。

例 2-2-13：(2009 年广东高考)下列歌谣中，不能反映民国初年社会风尚的是

A. 结婚证书当堂读，请个前辈来证婚

B. 文明洋伞小包裹，长筒洋袜短脚裤

C. 辫线斜拖三尺短，之乎者也说荒唐(√)

D. 改良的头，改良的花，改良的姑娘大脚丫

例 2-2-14：(2022 年广东高考)1918 年，挪威作家易卜生的名作《娜拉》在中国出版，主人公娜拉不甘心做“丈夫的傀儡”而离家出走的行为被称赞为体现了“女性的自觉”，后来鲁迅发表《娜拉走后怎样》，则作如下比喻：“因为如果是一匹小鸟，则笼子里固然不自由，而一出笼门，外面便又有鹰，有猫，以及别的什么东西之类……也诚然是无路可以走。”以下解释正确的是

A. “小鸟”代表尚未觉醒的女性

B. “笼子”是指落后的经济形态

C. “无路”源于君主专制的压迫

D. “鹰”等是指社会上的旧势力(√)

文学作品进入历史选择题，会严重地受到字数的制约，如果在非选择题中呈现，就能够有更大的发挥空间，同时也能包含更加丰富的信息。下面是比较典型的一个例子。

例 2-2-15：(2018 年全国高考Ⅰ卷)阅读材料，完成下列要求。

材料

英国作家笛福创作的小说《鲁滨逊漂流记》出版于 1719 年，其中许多情节反映了世界近代早期的重大历史现象，小说梗概如下：

鲁滨逊出生于英国一个生活优裕的商人家庭，渴望航海冒险。他在巴西开办了种植园，看到当地缺少劳动力，转而去非洲贩卖黑奴。在一次航海途中，鲁滨逊遇险漂流到一座荒岛上。他凭借自己的智慧和力量，制造工具，种植谷物，驯养动物，经过十多年，生活居然“过得很富裕”。宗教信仰是支撑鲁滨逊的重要力量，且是“在没有别人的帮助和教导下，通过自己阅读《圣经》无师自通的”。后来，鲁滨逊救出一个濒临被杀的“野人”，岛上居民也有所增加，整个小岛是他的个人财产。鲁滨逊获救回国后，还去“视察”过他的领地。

结合世界近代史的所学知识，从上述梗概中提取一个情节，指出它所反映的近代早期重大历史现象，并概述和评价该历史现象。(要求：简要写出所提取的小说情节及历史现象，对历史现象的概述和评价准确全面。)

尽管《鲁滨逊漂流记》是一本小说，但它却反映了新航路开辟、西方殖民掠夺、宗教改革等重大历史事件。学者高德步认为有三个人代表了三种资本主义精神：鲁滨逊代表了英国资本主义精神(占有和掠夺殖民地，利用原始资源进行积累)；富兰克林代表了美国资本主义精神(节俭、诚信、自我奋斗)；浮士德代表了欧洲大陆的资本主义精神(对科技的利用、对自然的控制和理性思维)。[①] 这三个人中，有两个是文学作品中的人物。文学作品对史学研究的影响，由此可见一斑。

四是有史料价值的美术作品。历史题材的美术作品和有史料价值的美术作品都是创设历史问题情境的好资源。从泛史料的观点来看，所有保留着过去信息的物品都可以称作史料，那么所有保留着过去信息的美术作品也有史料价值。现当代画家专门绘制的历史题材作品，虽然有想象的成分，

① 高德步：《西方世界的衰落》，转引自黄牧航：《高中历史科学业评价体系研究》，291 页，长春，长春出版社，2011。

但反映了现当代人对某个历史事件的看法，同样有其史料价值。美术作品种类繁多，而且所占篇幅不大，容易吸引学生兴趣，应该成为史料搜集的重点之一。如下例所示。

例 2-2-16：（2020 年北京高考）1911 年，革命党人创办的《神州日报》刊登了一组漫画，表现出对中国未来命运的深切担忧。画中的老虎代表中国，人物代表西方国家。四幅画名为“康乾时之中国”“咸（丰）同（治）时之中国”“现在之中国”和“将来之中国”。下列四幅画的序号与上述名称对应正确的是

A. ③①②④　　B. ②④①③　　C. ③②④①（√）　D. ③④②①

本题把晚清时期一组漫画的顺序打乱后要求考生重新排列，这是对史料灵活改造后用于命题设计的好思路。

五是历史地图和历史图示。历史地图是用可视化的方式来呈现历史事物的空间观念，历史图示是用可视化的方式来呈现历史事物的时间观念。任何历史事物都是在一定的时间和空间里发生的，时间和空间就是重要的情境内容，不理解时间和空间，就无从理解历史事物的本质。呈现时间和空间的方式方法很多，地图和图示就是非常重要的渠道。由于所占篇幅不大，同样是进行命题的好素材。如下面两例。

例 2-2-17：（2020 年北京高考）下图为唐代长安城商业分布示意图，阴影部分为“市”以外的商业区域。与“安史之乱”前相比，“安史之乱”后的长

安城内

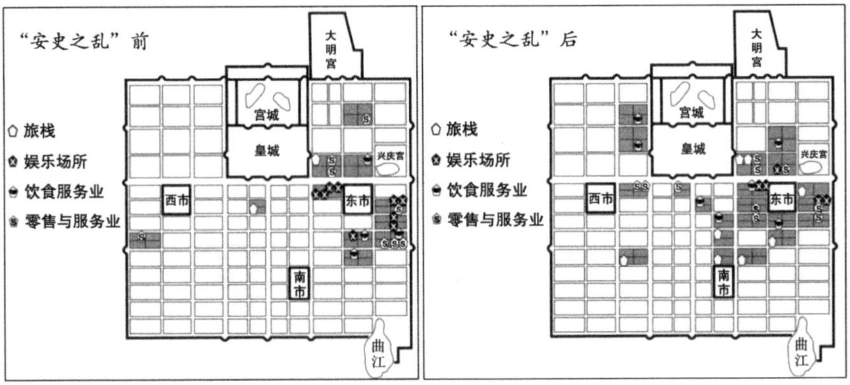

A. 市以外经营行业的种类大大增加

B. 商业活动日趋突破坊市功能的界限(√)

C. 官府对交易场所的限制更加严格

D. 官府设市数量增加，坊的数量减少

例 2-2-18：(2018 年天津高考)阅读材料，回答问题。

材料一

从下图可以看出，汉代粮食亩产已达到一定水平。明和清前期，随着稻田复种指数增加，玉米、甘薯种植推广，亩产又有一定的提高。但从汉代到清中叶的两千年中，粮食亩产只增长了 39%。

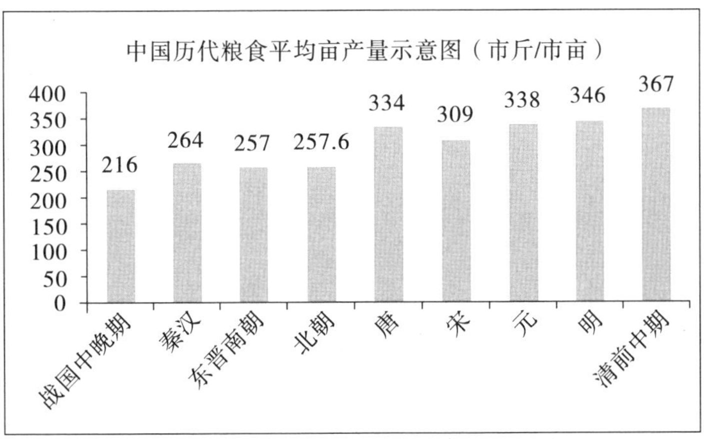

——编自吴慧《中国历代粮食亩产研究》

(1)材料一反映了中国古代农业怎样的发展概况？结合所学知识，指出明和清前期粮食亩产提高的外来因素。

例 2-2-17 既有时间的对比，也有空间布局的对比；例 2-2-18 有时间的对比。对于唐代城市发展和中国粮食产量来说，这些都是重要的情境信息，离开了这些信息，就不可能对历史事物有准确的判断。

上述的五种分类，并非科学意义上的史料分类，而是基于近年来历史情境命题中常见材料类型的分类。命题共同的特点是形式多样，篇幅不大，信息丰富，都经过命题者的精心改造。

（二）运用史料来设计历史问题情境

有了史料，我们就拥有了创设情境的素材。就命题而言，创设情境并非终极目标，设计问题情境才是最终目标。情境与问题情境是两回事。有了情境，不一定会产生问题。就现实而言，假如一次郊游活动、一次博物馆参观，过程顺利的话并不会带来什么问题；就历史而言，如果众多史料对某一事件的记录是统一的，也不会出现大的争议。那么历史命题中的问题情境是指什么呢?

中学历史情境化命题中所说的问题情境设计是指这样的设计思路——命题者通过挖掘历史情境中的疑点提出问题，让学生通过分析、解决问题来深化对历史事物的理解。前面的原理分析中提到，情境化教学和情境化命题的本质追求是反对过分强调符号化、概念化、公式化、抽象化的历史教学和历史命题，倡导生动、形象、真实、感性的历史教学和历史命题。这里要注意的是，其实符号化、概念化、公式化、抽象化的历史教学和历史命题也是有意义的，只是不能走极端。倡导情境化的教学和命题就是为了平衡两方面的关系。具体说来，在进行情境化命题的时候，要努力处理好以下六种关系。

一是历史概念与历史史实的关系。概念教学是历史教学的重要内容，但在实践中，不宜从概念到概念、从理论到概念，而应该通过了解史实来形成概念。例如，郡县制是一个历史概念，我们可以通过下定义的方法让学生掌握，也可以通过考古材料让学生理解。下面的情境题就是通过考古材料来说明这个概念。

例 2-2-19：(2007 年广东高考)20 世纪 90 年代，陕西章台出土了一些秦代封泥(密封信件文书时加盖了印章的泥块)，上面有上郡、代郡、邯郸等郡名和蓝田等县名。这一发现可以印证秦朝

A. 政治上四分五裂的事实

B. 出现了造纸业的事实

C. 实行了郡县制度的事实(√)

D. 用泥制陶的事实

二是抽象思维与形象思维的关系。历史教学中有许多抽象的命题。这些命题对于有人生阅历和丰富阅读量的教师来讲是不难理解的，但对于缺乏相关认识基础的学生来讲就是非常费解的。例如，“逐步实行经济责任制”就是一个很抽象的命题，必须提供一些具体形象的描述才能让学生理解。下面题目提供的情境就较有画面感。

例 2-2-20：(2021 年全国高考甲卷)1982 年 12 月《人民日报》报道，浙江义乌某供销社在改革后，改变了过去“上面来货多少，下面供应多少”的状况，主动深入农户了解他们对生产资料的需求情况，采购农民所需物资；许多职工还积极寻找经营门路，开拓新的市场。出现这一现象是由于

A. 计划与市场的关系得以理顺

B. 经济责任制逐步实行(√)

C. 城市经济体制改革全面展开

D. 现代企业制度的确立

三是理性思维与感性思维的关系。历史学习不是仅仅借助理性思维就行的，必须同时动用感性思维。历史教学中的感性思维是指学生借助历史材料并通过自身的人生经验去想象和理解历史人物的感受和情绪。尽管有时空的隔阂，但在人类几千年的文明进程中，人性并没有发生根本的变化，喜怒哀乐的各种情绪古人和今人是相通的。下面一道情境题明确考查“体验”，其实就是考查学生的感性思维。

例 2-2-21：(2007 年广东高考)1929—1933 年发生了一场席卷整个资本主义世界的经济危机。当时人们最有可能的体验是

A. “牛奶面包价格都涨到天上去了”

B. “找工作比买彩票中奖还要难”(√)

C. “整个西方世界像一潭死水般平静”

D. “为共渡难关各国变得亲如兄弟”

四是历史人物的脸谱化与个性化的关系。中学历史教材受篇幅限制，对许多历史人物的生平都不可能详细叙述，尤其缺乏对其人生经历的细节和心理活动的描写，由此学生容易对历史人物产生脸谱化的印象，认为曹操永远是白脸，关公永远是红脸。其实，许多历史人物的思想、形象、性情、行为都一直在变化，其漫长的一生是很难用三言两语来概括的。情境化命题有助于呈现历史人物更丰满的个性特征，摆脱对历史人物所形成的僵化古板的思维定式。如下面的例子对蒋介石的描述就有别于教科书的定位。

例 2-2-22：(2008 年广东高考)“尽管他衣着简便，不事张扬，但蒋仍表现出一个征服者统领一切的气势，而不是和布尔什维克过于亲密的同志。他谨慎运用各种方式(包括布尔什维克主义)来实现其目标，只要它适合于‘中国是中国人的’口号。”美国《时代周刊》的这段报道，把蒋介石描述成

A. 民族主义者(√)　　B. 专制主义者

C. 自由主义者　　D. 布尔什维克主义者

五是历史事物的简单化与复杂化的关系。同样是因为受到篇幅的限制，中学教材无论对历史人物还是历史事件，往往都是一笔带过，给学生的感觉就是任何历史事件都如数学公式一样干净简明。事实上，历史上所有的大事件都是波谲云诡、峰回路转的。无论是林肯废奴，还是罗斯福实施新政，都不是自始至终目标明确、意志坚定的，他们在推动人类历史进程之前也经历过重大的思想转变以及痛苦的内心煎熬。下面例子的情境表明，清末维新运动的内部也矛盾重重，罗斯福总统本来并不相信他后来坚决推行的那些政策。

例 2-2-23：(2022 年全国高考乙卷)维新变法期间，湖南巡抚陈宝箴推行变法改革，但在上《请厘正学术造就人才折》中称“康有为平日所著《孔子改制考》一书……其徒和之，持之愈坚，失之愈远，嚣然自命，号为‘康学’，而民权平等之说炽矣”，并奏请销毁《孔子改制考》。这种主张

A. 推动了新旧势力的合流

B. 试图突破“中体西用”束缚

C. 有助于减少变法的阻力（√）

D. 意在彻底否定变法理论基础

例 2-2-24：(2009 年广东高考)罗斯福担任总统之前，美国出版的一本书提议政府增加开支，甚至不惜造成财政赤字，以便舒缓经济衰退。罗斯福读后批注：“哪有此等好事——天下没有不劳而获的东西。”这表明

A. 罗斯福在美国率先提出了政府干预经济的主张

B. 罗斯福上台之前美国尚未出现经济衰退

C. 罗斯福新政的理念在罗斯福担任总统前已经萌生(√)

D. 罗斯福始终是信奉新政理念的政治家

六是宏大叙事与个人叙事的关系。中学历史教材习惯于宏大叙事。所谓宏大叙事就是把所有历史问题的叙述都上升到人类命运、国家强弱、民族前途的高度。宏大叙事并没有错，但如果只是单纯进行宏大叙事，学生会觉得这些内容有点高不可攀、遥不可及。与宏大叙事相对的是个人叙事，讲述普通的个体在历史大潮中的生活际遇。情境化命题有利于通过描述个人的思想行为来反映时代社会的变迁，如下例。

例 2-2-25：(2021 年全国高考乙卷)1898 年，某书商慨叹废八股将使自己损失惨重，后来发现“经学书犹有人买”，其损失并不如以前估计之大，而该书商对新学书籍的投资不久又面临亏损。这可以反映出该时期

A. 儒学地位颠覆　　B. 列强侵略加剧

C. 政局变化迅速(√)　　D. 西学深入民心

我们常说历史教学的基本特点是“讲故事，说道理”，那么历史情境化

命题的基本特点就是“小故事，大道理”，或者“小情节，大道理”。以上六个方面，都是通过短小精悍、意味深长的小材料来揭示历史发展的规律特征。从中我们可以看到，情境化命题的实践时间已经相当长，积累的案例也非常丰富，那么在强调核心素养评价导向的背景下，情境化命题又有什么新的要求呢？根据《课程标准》的表述，我们对情境内容的要求是四点——陌生的、复杂的、开放的和真实的。强调问题情境创设的这四个特点，就是核心素养命题的新要求。

首先是陌生的问题情境。所谓陌生的也就是新的。对“新”的判断是——你没有接触过的东西就是新的。我们不能以材料出现的先后来判断新旧，而要从个人对该事物的熟悉程度来判断新旧。例如，今天发行的报纸从时间上讲肯定比昨天的报纸要新，但假如你是先阅读今天的报纸，然后再阅读昨天的报纸，那么昨天的报纸对你来说就是新的。现在《课程标准》没有采用“新”的表述方式，而是采用了“陌生”的表述方式，我们认为更加准确。无论是材料还是情境，只要是学生没有见过、听说过、接触过的，都可以被看作是陌生的。

例如，在大多数学生的心目中，古代社会的民主制度只在雅典出现过，是孤例。通过大量的图片、视频和小故事，学生的脑海里可能只留下了一群雅典人在开会、辩论、投票的场景。而下面的题目却给学生提供了一个陌生的场景——比古希腊早一千多年的两河流域的王国也实行过类似的民主制度。

例 2-2-26：(原创)1935 年，在两河流域西北部的玛里王国遗址出土了约两万件楔形文泥板，从中可见比古希腊早一千多年的玛里王国实行由资深者组成的议事会决定重大事务的集体决策机制，与古希腊的民主制度十分类似。据此我们可以判断

A. 古希腊民主制度的源头在玛里王国

B. 氏族形态的民主是人类的普遍现象(√)

C. 欧洲文明的发展深受亚洲文明的影响

D. 古希腊的成就是其他文明无法比拟的

从时间上看，题目中的考古材料早在 1935 年已经被发现，不能说是新的。但对于学生来讲，只要是他们没有接触过的，就是陌生的情境，也就是新情境。

其次是复杂的问题情境。一个情境是否复杂，应该围绕以下五个方面的因素考虑：一是信息来源是单一的还是多样的；二是信息是真实可靠的还是真伪难辨的；三是只需要单一的能力解决还是需要多种能力解决；四是该任务是否需要借助工具解决；五是该任务是否需要运用情感因素解决。就历史科的纸笔考试而言，目前较难完成第四、第五个方面，所以判断一个情境是否复杂，主要取决于前三个方面。一道题目的情境只要涉及前三个方面中的一个方面，我们都可以称之为复杂情境，如下例。

例 2-2-27：(2021 年广东高考)安史之乱时，唐玄宗逃奔成都，途中发生兵变，杨贵妃死于马嵬坡。以下为若干记载。

路边杨贵人，坟高三四尺。乃问里中儿，皆言幸蜀时……贵人饮金屑，倏忽舜英暮。平生服杏丹，颜色真如故。	(唐)刘禹锡《马嵬行》
上令高力士诘之，回奏曰："诸将既诛国忠，以贵妃在宫，人情恐惧。"上即命力士赐贵妃自尽。	(五代)刘昫等《旧唐书》
上曰："贵妃常居深宫，安知国忠反谋?"高力士曰："贵妃诚无罪，然将士已杀国忠，而贵妃在陛下左右，岂敢自安！愿陛下审思之，将士安则陛下安矣。"上乃命力士引贵妃于佛堂，缢杀之。	(宋)司马光《资治通鉴》

有学生以上述材料探究杨贵妃之死，下列推论正确的是

A.《马嵬行》选材来自传说，不能作为历史研究的材料

B.《资治通鉴》较多细节描写，还原了杨贵妃之死的真相

C.《资治通鉴》成书晚于《旧唐书》，故可信度相对较低

D.《旧唐书》《资治通鉴》作为史料，应注意作者的立场(√)

如题所示，关于马嵬坡之变，我们看到了三种史料，它们的叙述差异极大，到底哪个是真哪个是假？这就是一个复杂的问题情境。

再次是开放的问题情境。封闭考试中的开放情境是指试题同时提供多

个情境，允许考生从中选择一个或多个进行分析论述。与开放性考试中考生可以自由地到图书馆查阅资料不同，封闭考试中的开放是限制性选择，如下面的例子。

例 2-2-28：(2021 年全国高考乙卷)阅读材料，完成下列要求。

材料(图 6 略)

图 6 是中国共产党建立至中华人民共和国成立间部分重要会议示意图。从图中任选两次会议，根据材料并结合所学知识，简析两次会议间中国共产党的发展，并说明其原因。(要求：明确列出两次会议，观点正确，史实准确，论证充分，表述清晰。)

在这道题目中，命题者提供了中国共产党第一次至第七次全国代表大会、八七会议、遵义会议、七届二中全会 10 个情境，考生只需要从中挑选 2 个来进行论述即可。这就是命题情境的开放性。在 2022 年的高考试题中，开放性题目更是大量地涌现，如下面的例子。

例 2-2-29：(2022 年广东高考)阅读材料，完成下列要求。

材料(图 2 地中海示意图，略)

以“陆地之间”海而著称的地中海被冠以多种称呼：“伟大的海”“堕落的海”“智慧之海”“贸易之海”等，不同的称呼反映了人们对地中海历史的不同理解。

围绕历史上的地中海世界，选择某一称呼或者自拟一个称呼，并运用世界史具体史实，予以论述。(要求：以称呼为题，论证充分，史实准确，表述清晰)

在这道题目中，学生既可以选择题目中已有的称呼，也可以另外自拟称呼。这样既体现了开放性，也降低了题目的难度。

最后是真实的情境。真实是跟虚假相对的。我们强调历史问题情境的真实性，就意味着有些历史问题情境是虚假的。那么，什么是虚假的问题情境呢？虚假的问题情境是指在没有充足的史料依据的情况下，虚构想象出某个历史人物或者真实的历史人物所做的事情。我们既然强调情境的真实性，就应该避免这种虚构想象出来的人和事，如下面的例子。

例 2-2-30：(原创)巴黎和会上，中国代表顾维钧“中国不能失去山东，正如西方不能失去耶路撒冷一样”的精彩发言被不断地传诵复制，更被拍成电影。但学者查遍资料档案，却找不到这句话的出处。对此，我们最应该持有的态度是

A. 这句话反映了国人的心声，仍具有史学价值

B. 宁信其有，不排除以后会找到相关资料证据

C. 文艺影视作品的演绎、渲染是正常合理的

D. 研究顾氏从法理上驳斥日本的材料更有意义(√)

题目中顾维钧的这句名言出自电影《我的 1919》，当中的剪辑片断被中学教师广泛地在课堂教学中使用，也有被命制成题目的。但历史学家考证过，并没有资料证明顾维钧说过这句话，这就意味着这句话是虚构的，这个情境也是不真实的，这都是当时的媒体人或历史编剧想象杜撰出来的。[①]从情境的真实性要求出发，无论是授课还是命题，我们都不宜再使用类似的虚构材料。

然而，事情也不能太绝对，有两种虚拟的情境我们仍然可以视为真实的情境。一是对近代以前的史事，由于缺乏史料，史学家根据已有的材料对一些人和事进行合理的虚构，我们可以认为是真实情境；二是文学家的作品，尽管不是描写真实的人和事，但却描述了一个时代的真实现象，我们也可以认为是真实情境。如下面的例子。

例 2-2-31：(2020 年全国高考Ⅰ卷)有人描写 19 世纪六七十年代的巴

① 学者指出：“九十多年来，‘中国不能失去山东，正如西方不能失去耶路撒冷一样’这个有力的精彩发言不断被传诵复制，近年更被当成爱国主义教育典范拍成电影一再播放，给国人留下深刻的印象。然而这个脍炙人口的传奇故事，与档案史料所见差距颇大。……所有文本中，顾氏都没有提及耶路撒冷，把山东比拟成中国之耶路撒冷，应系报纸报道时之夸大渲染。”见唐启华：《巴黎和会与中国外交》，173 页，北京，社会科学文献出版社，2015。

黎：人们在巴黎内部建立了两座截然不同、彼此敌对的城市，一座是“奢靡之城”，另一座是“悲惨之城”，前者被后者包围。当时“悲惨之城”的形成，主要是因为

A. 波旁王朝的苛政　　B. 资产阶级的贪婪(√)

C. 贸易中心的转移　　D. 教会统治的腐朽

这道题目没有反映真实的人，也没有反映真实的事件，但却反映了一个真实的现象。这种形象的真实，我们还是可以视为历史的真实。

总之，核心素养的评价对情境命题提出了更高的要求，但作为情境命题的基本方法并没有改变，就是通过史料营造情境，通过情境带出问题，通过问题的解决加深对历史事物的认识。

三、关于历史情境化创新题的思考

在中学历史核心素养的教学与评价中，“情境”都被放在了很高的位置。对历史情境的命题探索，仍有许多理论问题和实践问题需要解决。如何加大历史情境命题的创新力度，我们有以下几方面的思考。

第一，加大历史情境命题的创新力度要与“一核四层四翼”评价体系的要求紧密结合。“一核四层四翼”评价体系是针对核心素养测评提出来的，有较强的前瞻性和操作性。在这一体系的基础上，我们根据历史学科的特点，建构出“历史学科核心素养三维测评模型”。该模型实施的关键点是“情境”。情境成为打通“四层”与“四翼”的结合点。为了体现核心素养命题的“四翼”——基础性、综合性、应用性和创新性的要求，我们又分别提出四种情境——历史事件情境、历史学习情境、历史实践情境和历史研究情境加以落实。在这四种情境中，我们对历史事件情境试题的命制早已驾轻就熟，只求精益求精；历史学习情境试题的命制是与“综合性”的命题方法相对应的，要实现历史知识的纵横联系，也并非难事；历史研究情境在2017年版的《课程标准》中被称为“学术情境”，是一个新提法，但由于历史学科的学术资源异常丰富，所以在实践中也不困难(可参考本章第四节“中学历史学术型命题法”)，突破的重点在于跟“创新性”的命题要求结合起来；唯有历史实践情境的创设是一个大难点。我们对历史实践情境所下的定义是

“学生在模拟与历史学相关的实践活动时所面对的各种环境”。这些活动，是与历史专业人员所从事的工作相一致的，实践的情境也是真实的，属于历史专业人员的工作环境。

历史实践情境的创设是与“应用性”的命题方法相对应的，而强调解决实际问题是历史核心素养培育的重要内容，因此，历史实践情境试题的命制本应是最能反映核心素养命题目标的方法，但受到纸笔考试的条件限制，目前仍然没有较好的突破思路。从已有的实践经验来看，历史实践情境的题目命制得较成功的不多，下面是两个例子。

例 2-2-32：(2020 年全国高考Ⅰ卷)阅读材料，完成下列要求。

材料

关于宋代历史，海内外学者著述颇丰，叙述各有侧重，如《儒家统治的时代：宋的转型》《中国思想与宗教的奔流：宋朝》《宋史：文治昌盛与武功弱势》等，这些书名反映了作者对时代特征的理解。

结合所学知识，就中国古代某一历史时期，自拟一个能够反映其时代特征的书名，并运用具体史实予以论证。(要求：论证充分，史实准确，表述清晰。)

例 2-2-33：(2022 年山东高考)阅读材料，回答问题。

材料(图略)

如果让你绘制一幅 1850 年前后人类文明发展的地图，说说你的设计并说明理由。

例 2-2-32 既是一道学术情境的题目，也可以理解为实践情境的题目。其实践的内涵表现为——假如要求你写一本关于中国古代史的书，你会起一个什么样的书名？高中生正式出版历史学的专著，近几年已经有好几起。当然，我们并非要求高中生都去写历史专著，而是说这种实践情境是真实存在的。例 2-2-33 也是一个在实践中完全可以操作的例子。题目设计得较巧妙，没有要求学生真的去绘制地图，只要说明绘制的设想和理由即可。

要把历史核心素养的培育落实到位，实践应用这个环节是异常重要的。除了创作方面的实践，还可以有考古发掘、实地调查、交流采访、模拟记者、模拟编辑、模拟导游、模拟解说员、模拟外交家、模拟影视编导等一系列的实践。这些内容如何进入到命题编制中？这非常值得我们进一步探索。

第二，加大历史情境命题的创新力度要与五大核心素养的内容要求紧密结合。有针对性地研究情境命题如何跟唯物史观、时空观念、史料实证、历史解释和家国情怀五大历史核心素养相结合是今后进行情境命题创新的重点。一般说来，时空观念、史料实证和历史解释的历史情境题命制是相对容易的，难点在于唯物史观和家国情怀。唯物史观和家国情怀的情境题命制一定要考虑情境的科学性、合理性，做到巧妙融合、润物无声，不宜生搬硬套、空洞说教。下面是两个较好的例子。

例 2-2-34：(2021 年广东高考)作为中国共产党思想路线的“实事求是”，植根于中国优秀的传统文化。阅读材料，完成下列要求。

材料一

汉武帝时，广开献书之路。河间献王好儒学，从民间收集经过秦火保留下来的《尚书》《礼记》等古文先秦旧书，经考辨将正本献给朝廷。《汉书》评价献王“修学好古，实事求是”。唐代颜师古作注解释为：“务得事实，每求真是也。”与之形成对比的是，淮南王亦好书，但“所招致率多浮辩”，故颜师古说他“言无实用耳”。

——摘编自《汉书》等

材料二

清代学者阮元批评宋明理学家“自遁于虚而争是非于不可究诘之境”，而清儒“束身修行，好古敏求，不立门户，不涉二氏(即佛、道)，似有合于‘实事求是’之教”。阮元进一步评论道，“实者，实事也。圣贤讲学，不在空言，实而已矣”。近人梁启超也认为清儒“以实事求是为学鹄，颇饶有科学的精神”。梁启超笔下的科学精神，是指“善怀疑，善寻问，不肯妄徇古人之成说与一己之臆见，而必力求真是真非之所存”等。

——摘编自梁启超《论中国学术思想变迁之大势》等

(问题略)

例 2-2-35：(2021 年广东高考)阅读材料，完成下列要求。

材料一

关于英国工业革命对工人阶级的影响，以下两种观点颇具代表性。

观点一	强迫工人、儿童每天工作16小时，将工人挤入贫民窟里，降低了他们的生活水平，摧毁了传统的手工行业，剥夺了工人们的尊严，将他们扔进没有灵魂的工厂和城市。
观点二	创造了许多充满机会的城市，给千百万人提供了工作，提高了他们的生活水平和教育程度，并给予他们较大的自由，使他们在政治上和文化上有更大的作用。

——摘编自[美]克莱顿·罗伯茨等《英国史》

材料二

英国工人阶级的历史是从18世纪后半期，从蒸汽机和棉花加工机的发明开始的。大家知道，这些发明推动了产业革命，产业革命同时又引起了市民社会中的全面变革，而它的世界历史意义只是在现在才开始被认识清楚。

——恩格斯《英国工人阶级状况》(1845年)

(1)结合材料和所学知识，分别指出两种观点有何局限，并就英国工业革命对工人阶级的影响谈谈你的看法。

(2)结合材料二和所学知识，运用唯物史观简述英国工业革命的历史意义。

例2-2-34的题目通过摘编古文史料重新整合为新的问题情境，帮助学生认识到中国共产党是如何把中华优秀传统文化与马克思主义基本原理结合在一起的。情境材料所蕴含的史实力量和逻辑力量能够让学生感受到唯物史观的强大生命力，以及认同社会主义核心价值观，并认识到中华优秀传统文化的重要性。例2-2-35的题目则明确要求考生运用唯物史观来分析英国工业革命的意义，这是对唯物史观基本原理的活学活用，同时又蕴含了家国情怀素养的内容。家国情怀素养的核心内容包括“认识到对生命的尊重是历史评价的重要标准”。我们要认识到，“资本主义在某种程度上能够‘自由发展’，并不等于每个人的自由发展，许多人甚至为此付出生命的代价。在进行历史评价时，我们必须尊重和维护人的生存权，对所有伤害人的生命的历史现象，都必须予以猛烈的抨击”①。因此，这些题目都较好地把核心素养的要求融入历史情境的创设中。所以说，历史情境试题的设计一定要深入研究历史五大核心素养的内涵，根据对素养的理解去寻找相关史料，再依据史料来创设问题情境。

第三，加大历史情境命题的创新力度要与情境的呈现方式紧密结合。当前历史情境的呈现方式主要是文字、图片和数据表格。随着史学研究的进步，史料的呈现方式也越来越丰富，因此，历史情境的创设，也可以有更加丰富的表现方式。近年来，命题者在这方面已经有所突破，呈现的许多图示都是信息量巨大同时又赏心悦目的。如下面两例。

例 2-2-36：(2020 年北京高考)

材料二(“茶”的两大发音系统在亚、非、欧三大洲分布示意图，略)

例 2-2-37：(2020 年山东高考)英国学者彼得·哈格特为阐明引发国家间冲突的各类地理因素编绘了一张假想国地图。图 4 所示为其中的四类因素。1938 年，法西斯德国制造了苏台德问题，进而占领了苏台德地区。这一事件的起因可以归类于

图 4

① 黄牧航、张庆海:《中学历史学科核心素养的教学与评价》，112 页，北京，人民教育出版社，2020。

A. ①　　　　B. ②　　　　C. ③　　　　D. ④(√)

这两个例子都是把示意图和地图结合在一起，营造了新颖的情境。考生要看懂这些资料，既需要有地理的空间观念，也需要理解各种图示所包含的信息以及它们之间的逻辑关系。这样的情境设计，无论是视觉上还是认知上都给考生全新的感觉，是比较好的情境设计例子。在情境设计的呈现方式上，上海的试题也一直做得较好，如 2015 年的第 39 题“丝绸之路”就使用了非常灵活的呈现方式。

近年来，史学界关于史料呈现方式多样化的研究成果是比较丰富的。如《信息图中的世界史》[①]把大量的历史数据通过图像的方式呈现出来了，形式多种多样，让人大开眼界。又如《时间线》[②]把中外历史的重大主题通过一幅幅复杂的画面全面呈现出来，画工精细，细节繁多，对中学教学很有启发。当然，形式是由内容决定的。我们不能只追求形式的多样而忽视内容的科学性和适用性，根据核心素养的要求来挖掘史料的内涵还是最重要的思路。

第四，加大历史情境命题的创新力度要与《课程标准》的评价要求紧密结合。《课程标准》关于考试命题与情境设计的关系有诸多的论述，如明确指出“以新情境下的问题解决为重心”是学业水平考试命题的主要原则之一，问题情境要突出“陌生的、复杂的、开放的、真实的”等特点，同时提出了学习情境、生活情境、社会情境和学术情境四种情境类别。我们把这些要求综合起来考虑的时候，就可以尝试命制大规模的情境题，把上述的各种要素都囊括进去。

当前我们看到的大多数非选择题的情境题，其材料不会超过 3 则，字数不会超过 500。这意味着情境的复杂程度是有限的，情境的种类也是有限的。在教学实践中，我们已经可以做到进行复杂的项目设计，让学生围绕一个主题开展几周甚至几个月的研究性学习；在以后的命题实践中，理论上也完全可以借鉴这样的思路。例如，有教师确定一个教学专题是“如何编

---

① ［意］瓦伦丁娜·德菲里波、［英］詹姆斯·鲍尔著，龙彦等译：《信息图中的世界史》，北京，人民邮电出版社，2016。

② ［比利时］彼得·胡斯著，［荷］魏蔻蔻译：《时间线》，北京，中信出版社，2016。

写好一个历史故事”，给学生提供了大量历史史料、文学材料和考古资料，学生在掌握编写历史故事技能的同时也了解了大量的历史知识。这里就包括了历史事件情境、历史学习情境、历史实践情境和历史研究情境等，同时也属于复杂、开放、真实的情境。又如，有教师确定一个教学专题是“如何拍摄一部一战的纪录片”，教学中让学生模拟导演的身份，策划一部纪录片的拍摄，这一过程中就涉及如何从报刊、日记、回忆录、文学作品、美术作品、照片、录像片中选材，如何采访专家学者，如何参观博物馆，如何实地考察等一系列问题。这同样是情境类别极其丰富的教学设计。这些思路是完全可以运用到试题命制上的，即试卷中一半以上的题目都围绕一个大主题展开，这就更有利于设计复杂的历史情境。

总之，我们可以打破目前“小材料——小情境”的命题模式，而尝试“大材料——大情境”的命题模式，让学生更好地理解历史发展的复杂性和联系性。

第三节　中学历史开放性命题法

中共中央、国务院印发的《深化新时代教育评价改革总体方案》明确指出，要“改变相对固化的试题形式，增强试题开放性，减少死记硬背和‘机械刷题’现象”。《课程标准》则指出“学生能否应对和解决陌生的、复杂的、开放性的真实问题情境，是检验其核心素养水平的重要方面”。而在“一核四层四翼”评价体系中，我们强调命题的“创新性”，主要就是通过加强命题的开放性和灵活性表现出来的。因此，中学历史核心素养的命题，如何体现开放性是一个研究的重点。正如刘芃所指出的：“核心素养的考查本身就要求试题必须具有开放性。”①

命题的开放性，既是一种命题的观念，也是一种命题的技术。作为命题的观念，主要体现为命题者要努力开拓学生的创新思维和发散思维，无论是命制选择题还是非选择题，都要为学生创造出自由、灵活地表达自己

① 刘芃：《新课程标准与开放性试题》，见《卷里卷外——刘芃论考试》，275 页，南京，江苏人民出版社，2021。

想法的空间；作为命题的技术，则需要在评卷的操作环节上确保有创新思维的学生能够得到相应的分数，同时拉开与其他学生之间的差距。下面从选择题、非选择题和创新题三方面进行分析。

一、历史开放性选择题的命题方法

历史选择题有不同的分类方法。例如，可以分为单项选择题和多项选择题。多项选择题的开放程度就要比单项选择题高，每道题目可能有两个以上的正确选项。又如，由于历史知识可大致分为历史史实和历史解释，所以历史选择题又可以分为历史史实类选择题和历史解释类选择题。一般说来，历史史实类选择题是难以设计开放性题目的。中学历史教学中的史实我们视之为历史基础知识。作为最基本的历史常识，我们追求的是真实、客观、唯一，较难作多元的理解。

开放性选择题命题的重心应该放在选项的设计上。选项所表述的是观点，而不是史实。因为只有观点才可能是开放的，史实只有正确和错误之分，不存在开放与否的情况。在设计四个选项的时候，应该让四个观点的表述都存在一定的合理性，考生需要判断选择的是——哪一个选项是最为合理的。

为什么说这样的设计思路属于开放性的题目呢？曾两获诺贝尔奖(1954年化学奖和1962年和平奖)的美国化学家莱纳斯·卡尔·鲍林(Linus Carl Pauling，1901—1994年)说过一句名言：“获得一个好观念的最好办法就是去获得一堆观念。”这句话的意思是说，一个被广泛接受的科学解释其实是从一大堆解释中甄别判断、淘汰排除出来的。世界上并没有绝对正确的科学解释，只有相对合理的、大家暂且认同的解释。

自然科学尚且如此，社会科学就更加是这样了。现在，大多数历史教师都能够接受历史认识具有双重性(主观性和客观性)这个命题，因此就不难理解任何历史解释都包含有主观因素这个观点了。其实，任何历史问题都会有一大堆的解释，中学教科书所呈现的，无非是我们认为最合理的一种解释。历史思维教学，需要让学生明白两个道理：第一，历史解释是多样的，任何历史问题都会有多种解释；第二，历史解释是有优劣之分的，我们要努力掌握好当前最佳的一种解释。

这种思维之所以重要，原因之一是它已经通过高考命题中的最佳选择题大量地呈现出来了，如下例。

例 2-3-1：(2016 年全国高考Ⅰ卷)19 世纪中期以后，中国市场上的洋货日益增多，火柴、洋布等用品“虽穷乡僻壤，求之于市，必有所供”。这种状况表明

A. 中国关税主权开始丧失

B. 商品经济基本取代自然经济

C. 民众生活与世界市场联系日趋密切(√)

D. 中国市场由被动开放转为主动开放

这道题目要求考生解释“洋货充斥”这个现象，四个选项分别是四个不同的解释，那么哪个解释最为合理呢？B 项和 D 项是拙劣的解释，B 项属于时间不符合，D 项属于事实不吻合。难以判断的是 A 项与 C 项。

A 项的观点建立在“关税主权丧失＝洋货充斥”这个假设的前提下。问题是：这个假设成立吗？关税主权丧失必然导致洋货充斥吗？有学者认为，19 世纪中期以后，洋货的流行经历了三个阶段：一是 19 世纪 40 年代至 60 年代，主要流行的是奢侈品和高档品；二是 19 世纪 70 年代至 90 年代中期，主要流行的是高档品和时尚品；三是 19 世纪 90 年代中期至 1911 年，主要流行的是价廉物美的生活用品。① 题目所描绘的史实其实主要发生在第三个阶段。在第三个阶段中，全国的通商口岸达到百余个，遍布南北，海量的洋货正是通过这些口岸源源不断地输入内地并且渗透到乡村的。据此可见，对于“洋货充斥”而言，“关税主权丧失”并非必要条件，亦非唯一条件，而解释中的“开始”二字，更是与事实相距甚远。自中国关税主权开始丧失后的相当长一段时间里，洋货其实并没有充斥中国市场。由此看来，在这四个解释中，唯一比较合理的就是 C 项了。

如何解释题干中所说的现象？题目提供了四个观点。这四个观点都有

① 参阅王建朗、黄克武主编：《两岸新编中国近代史·晚清卷》，720～727 页，北京，社会科学文献出版社，2016。

一定的合理性，尤其是A项，并非毫无道理。选择题的开放性就表现为从四个都有一定合理性的观点中选择出最合理的一个。正如徐奉先和刘芃指出的那样："开放性选择题与判断式选择题的主要区别在于，在选项的设置上无须设置错误项，因为选项中的错误往往是命题者刻意为之，较少或根本不含有开放的成分。而开放性选择题中各选项的论述不可能全部都是虚谬的，所有选项都不是完全错误的，各选项之间的区别就在于它们在反映历史真实方面的程度不同。"①

严格说来，开放性选择题只能够属于半开放性的题目，或者说是限制性的开放题目，而不是全开放的题目。因为考生还是需要从四个选项中选择其中一个。因此，从教学和题型创新的角度看，我们不应该就此止步，而应该进一步思考——题目所确定的正确答案难道就是最好的解释吗？就本题而言，C项只是这"一堆"解释中比较合理的一个，事实上也并非最合理的一个。要发展学生的思维能力，就应该继续追问：你还能够提出什么解释？比方说，我们起码还可以提出五点解释：

第一，中国乡村民众的消费方式发生了改变。

第二，中国民众对洋货的态度发生了转变。

第三，中国传统"经济实用"的消费观念没有改变。

第四，中国民众普遍接受的洋货还是生活必需品。

第五，洋货的流行已经从城市渗透到乡村。

对本问题的解释还会有很多，而且最优的解释很可能在教师和学生的脑海里。② 因此，命制开放性的选择题，作为命题者本身首先就要有非常开放的思维，对一个历史事物或一则史料有多样的解释观点或评价观点，这样才能够设计出优秀的题目。同时也要告诉学生，题目的所谓标准答案也只是其中的一个观点，不一定就是最好的观点，在完成题目后我们还可以继续思考该题目是否还有更好的解释评价方法。

二、历史开放性非选择题的命题方法

非选择题由于受文字篇幅、题型要求的限制较少，在开放题的命制上

① 徐奉先、刘芃：《新课程标准背景下的开放性试题开发》，载《历史教学(中学版)》，2021(1)。

② 黄牧航：《历史解释有优劣之分吗?》，载《中学历史教学(中学版)》，2018(8)。

有更大的空间，是历史开放性题目命题的重点。总结近年来的实践，历史开放题的命制可以从五个方面展开——材料开放、角度开放、思维方法开放、观点结论开放、评卷方法开放。

（一）材料开放的历史非选择题命制

所谓材料开放，是指考生可以自由选择命题者所提供的材料进行作答。在教学中，研究性学习的材料是全开放的，学生可以在图书馆和网络中自由地寻找材料；探究性学习的材料是半开放的，学生可以利用教师提供的材料来思考问题。纸笔考试中开放性试题的材料也属于半开放，考生可以自由组合材料进行作答，如下例。

例 2-3-2：(2021 年八省联考广东卷)阅读材料，完成下列要求。

材料

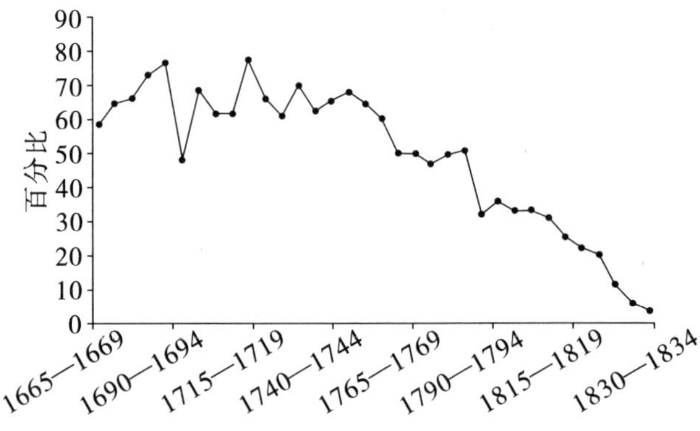

图 3　印度棉布在英国东印度公司销往欧洲的亚洲商品总值中比重

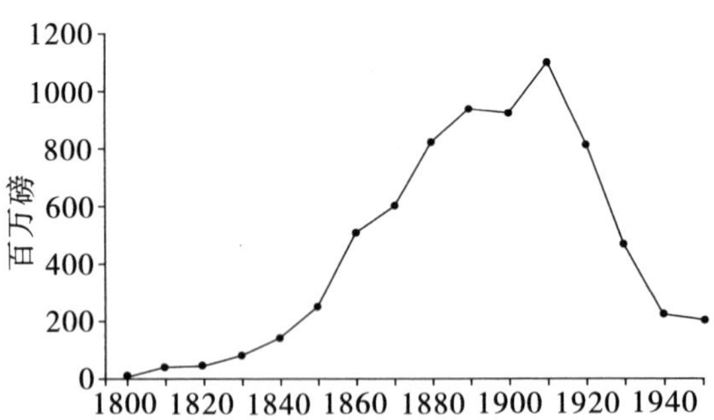

图 4　英国棉纺织品出口总量

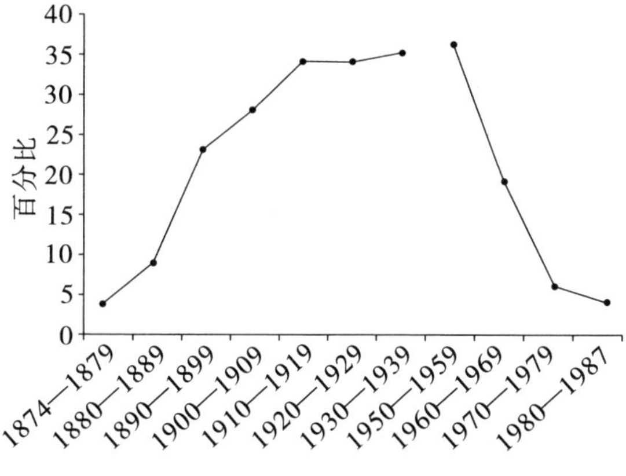

图 5　日本纺织品和服装出口占世界总额比重

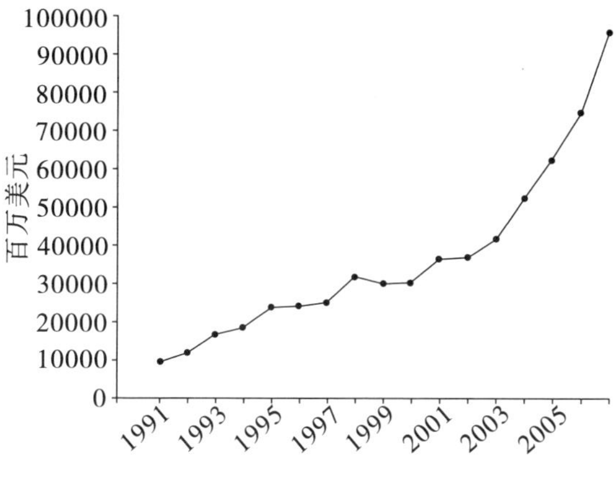

图 6　中国服装出口总额

——摘编自[意]乔吉奥·列略《棉的全球史》等

从上述材料中提取两条或两条以上信息，拟定一个论题，并结合所学知识予以阐述。(要求：信息有关联，阐述合理并有史实依据)

这道题目提供了四个图表，每个图表中都包含了诸多的信息，所以题目中材料的信息量是非常大的。命题者并没有要求考生把所有的信息都利用上，只要求考生选择其中两条或两条以上的信息。这就是非常典型的材料开放。如果试卷的篇幅能够放开，这是非常重要的开放性试题命制思路，命题者完全可以提供更丰富的素材供考生选择。类似的题目较多，如 2017

年全国高考文综Ⅰ卷第42题也属于这种类型，要求考生从“14—17世纪中外历史事件简表”中提取相关联的中外历史信息进行论述。

从阅卷的情况来看，题目信息的组合渠道很多，考生的创造力也很强，但由此也带来新的问题——有没有最佳的组合方法？如何判断一个考生的组合结果比另外一个考生的更优？这是今后要进一步研究的问题。因为不同的组合之间也存在着高低之分。下面是美国AP考试的一道题目。

例2-3-3：选择下面的一个国家，描述在1450—1750年，科学技术的进步是如何改变了这个国家对全世界的影响力的。注意，你必须说明在这个时间段的开始时该国家在世界上所处的地位和影响。

英国　俄国　葡萄牙　奥斯曼帝国　西班牙　中国　德国　法国

这道题目提供了8个国家供选择。每一个国家都在一定程度上能够说明题目要求论述的问题，但在1450—1750年依靠科学技术进步改变国家影响力的，最具说服力的应该是葡萄牙，其次是西班牙。因此，命题的时候可以通过创设一些条件，让考生的选择更有方向性，进而判断选择结果的优劣高低。

从2022年的命题情况来，材料开放的题目较多，如下面两例。

例2-3-4：(2022年湖南高考)根据材料并结合所学知识，任选图中某一时段，围绕“粮食生产与社会生活”展开论述。

例2-3-5：(2022年湖南高考)根据材料，结合20世纪以来的人类历史，展开论述。

这些例子都是允许学生从材料中自由地选择素材进行论述，虽然有一些限制条件，但总体上给予学生的选择空间较大。

（二）角度开放的历史非选择题命制

所谓角度开放，是指学生可以从不同的角度去思考和解决问题。刘芃指出：“所谓新视角，就是从新的角度解读和解释文本，考查受试的理解程度和联系能力；使用理论视点提炼和认识历史事物，考查受试历史思维的深度；初步建立一种探究性思维方式并予以充分的表达，考查受试对历史事物和历史认知的整合能力。”[①]下面就是一个比较典型的例子。

例 2-3-6：(2014 年新课标全国高考Ⅰ卷)阅读材料，完成下列要求。

材料

下面是 1960 年我国中学历史教科书中“抗日战争”内容的目录摘编。

第二十章　全国抗日战争的开始

第二十一章　两条战线、两个战场

1. 抗日战争中的两条路线
2. 国民党军队的大溃退
3. 平型关大捷
4. 敌后抗日根据地的建立和迅速发展

第二十二章　毛主席《论持久战》的发表和中国共产党的六届六中全会

第二十三章　国民党反共高潮的被击退和《新民主主义论》的发表

第二十四章　日本帝国主义在沦陷区的殖民统治

第二十五章　解放区的巩固和发展

第二十六章　国民党的黑暗统治和民主运动的开展

第二十七章　抗日战争的最后胜利

1. 中国共产党第七次全国代表大会
2. 解放区军民大反攻和日寇的无条件投降
3. 抗日战争胜利的伟大历史意义

根据材料并结合所学知识，对该目录提出一条修改建议，并说明修改理由。(所提修改建议及理由需观点正确，符合历史事实。)

这道题目要求考生思考：如果由你来撰写抗日战争史，你觉得哪些内容是最重要的？这个问题是没有标准答案的，如何回答取决于考生的思考角度。我们可以强调军事的角度，也可以强调政治和经济的角度；可以强

① 刘芃：《新课程标准与开放性试题》，见《卷里卷外——刘芃论考试》，276～277 页，南京，江苏人民出版社，2021。

调中国的角度，也可以强调亚洲和世界的角度；可以强调时间的线索，也可以强调空间的线索；可以强调重要人物所起的作用，也可以强调广大人民群众所起的作用。下面的例子延续了这种命题思路。

例 2-3-7：(2022 年全国高考甲卷)上述材料是学者对 1914 年至 20 世纪 70 年代国家发展“面向”的定义和阐释。据此，结合所学知识，提出世界近现代某一历史时期的国家发展面向，并进行简要阐释。(要求：提出不少于两个面向，且不得与材料中的三个面向重复，史论结合，史实准确，逻辑清晰。)

这道题目明确要求学生从另外两个新的角度来阐释国家发展的特征，属于较典型的角度开放式题目。因此，鼓励学生从多角度来思考历史事物，是开放题的重要命题思路。

（三）思维方法开放的历史非选择题命制

所谓思维方法开放，是指允许学生运用不同的思路来解释和评价历史事物。在传统的纸笔考试中，我们一般只要求学生呈现思维的结果，而不要求呈现思维的过程。有时候学生的思维过程是错误的，但如果他提供的答案又与参考答案相吻合，通常也只能给分。要考查学生的思维是否开放，就需要通过“小论文”题。“小论文”并不能完全反映考生的思维过程，但由于要求考生书写出论证的过程，所以在一定程度上还是能够呈现出考生的思维方法的，如下例。

例 2-3-8：(2019 年全国高考Ⅰ卷)阅读材料，完成下列要求。

材料

凡读本书请先具下列诸信念：

一、当信任何一国之国民，尤其是自称知识在水平线以上之国民，对其本国已往历史，应该略有所知。

二、所谓对其本国已往历史略有所知者，尤必附随一种对其本国已往历史之温情与敬意。

三、所谓对其本国已往历史有一种温情与敬意者，至少不会对其本国已往历史抱一种偏激的虚无主义，亦至少不会感到现在我们是站在已往历史最高之顶点，而将我们当身种种罪恶与弱点，一切诿卸于古人。

四、当信每一国家必待其国民备具上列诸条件者比数渐多，其国家乃再有向前发展之希望。

——钱穆《国史大纲》(1940)

评析材料中的观点(任意一点或整体)，得出结论。(要求：结论不能重复材料中观点，持论有据，论证充分，表述清晰。)

本题要求考生“评析材料中的观点”。“评析”包括评价与分析。所谓评价，是指根据一定的标准对事物进行价值判断。因此，如何评价钱穆这段话，取决于根据什么标准。标准不同，评价的结论自然就不一样。所谓分析，是指找出某事物的本质或者组成该事物各要素之间的关系。分析的方法是多种多样的，有逻辑分析法、案例分析法、史料分析法、比较分析法等。在回答这道题目的时候都可以运用。比方说，有的考生运用社会发展理论，论证社会总是不断地向前进步的。有的考生则举出启蒙运动和新文化运动的例子，论证必须对传统进行反思和批判，社会才能够进步。2022年高考有些题目延续了这种思路，如下例。

例 2-3-9：(2022 年全国高考乙卷)阐述从上述材料中发现的历史现象，并得出一个结论。(要求：现象源自材料，结论明确，史论结合，表述清晰。)

本题对学生的思维方法作了原则性的要求，但并没有明确要求学生结合哪些历史现象进行论述，还是给予了学生较大的思维空间。对这类试题的评价，就不能局限于观点结论了，需要看考生整个论述的过程，尤其要看其思路是否能够达成其结论。这就涉及评卷技术和阅卷教师如何公平公正地进行评分了。从近年来的实践来看，评阅思维方法开放的题目，赋予阅卷教师自主判卷的权力更大，对阅卷教师自身的专业素养要求也更高。对于考生能否运用正确的思维方法去论述问题，主要是依靠阅卷教师来判定。

（四）观点结论开放的历史非选择题命制

所谓观点结论开放，是指允许考生自行得出能够自圆其说、言之成理的观点结论。在现行的教学实践中，中学生比较容易形成固化的思维，认为所有问题都有标准答案，而且这些答案都是不容置疑的。观点结论开放题的命制，就是鼓励考生发挥创新思维，对所有的问题都经过自己的理性思考来过滤，如下例。

例 2-3-10：(2007 年广东高考)1789—1815 年的相关史实是否说明法国革命是一场“世界经历过的最重要革命”？为什么？

这就是一道没有标准答案的开放性题目。本题允许考生有三种回答——法国革命是最重要的革命；法国革命并非最重要的革命；法国革命在某些方面显得重要，在某些方面则并不重要。从当年的阅卷情况来看，绝大多数考生认为法国大革命是最重要的革命。

其实，我们有充足的理由证明法国革命重要，如：“首先，法国革命爆发在当时欧洲势力最大、人口最多的国家(除俄国之外)；其次，和光荣革命、独立战争相比，它是真正意义上的群众性社会革命，而且比其他两场革命要激进得多，各种政治派别轮番登场，给后世遗留下了名号众多的政治意识形态——激进主义、保守主义、共产主义、立宪主义、改良主义等；最后，在同时代的所有革命中，只有法国大革命是世界性的，它所提出的‘自由、平等、博爱’随着革命的进程逐渐传播到了世界各地，直至今天依然影响着人们的政治判断。”但是，我们也有充足的理由证明法国革命并非那么重要，如：“首先，从时间上看，英国革命和美国革命都比法国革命要早；其次，从影响来看，英国革命和美国革命都对全世界产生了影响，甚至法国革命在一定程度上也是受到美国革命的影响；最后，没有英国革命，也就没有后来的工业革命，因此英国革命的影响更大。”当然，我们还可以做更加具体的分析，如影响面，影响的深度、广度等，这就需要更加复杂的思维方式了。

结论开放的题目在 2022 年高考中也有体现，如下例。

例 2-3-11：（2022 年广东高考）围绕历史上的地中海世界，选择某一称呼或者自拟一个称呼，并运用世界史具体史实，予以论述。

从学生的答题情况来看，选择“智慧之海”“贸易之海”的最多，也有学生自主拟定新的观点，如“人文之海”“战争之海”等，都是可以成立的观点。

观点结论开放题的设计要与史料实证和历史解释两个核心素养的要求结合起来，让学生有更加发散的思维，明白不同的史料可能得出不同的观点，而历史的解释和评价又是多样的。

（五）评卷方法开放的历史非选择题命制

所谓评卷方法开放，是指阅卷教师不能持有固定不变的标准答案去评卷。评卷方法的开放是真正落实开放性非选择题命制目标的保证。假如评卷方法是封闭的，那么即使题目问题再开放也是没有意义的。因此，研究如何科学客观、公平公正地评阅开放性试题，是试题设计的重要环节。

评卷方法开放的难点在于平衡阅卷的灵活性和客观性的关系。由于开放性试题存在多方面的开放可能，阅卷教师很难秉持一成不变的标准去评卷，而需要与考生一样发挥自身的主观能动性。如果所有的试卷都由同一位教师来评阅，那么标准是能够保证统一的。但在大规模考试中，如何保证所有的教师都持有相对统一的尺度，就是一个大难题。

2004 年，为了在大规模考试中有效地评价学生的思维过程，我们引进了 SOLO 分层评价法。[①]

SOLO 分类评价理论是香港大学教育心理学教授比格斯（J. B. Biggs）首创的一种学生学业评价方法。SOLO 的英文原文是 Structure of the Observed Learning Outcome，意为“可观察的学习成果结构”。比格斯把学生对某个问题的学习结果由低到高划分为五个层次：前结构层次、单点结构层次、多点结构层次、关联结构层次和抽象拓展层次，具体含义如下。

（1）前结构层次（prestructural）：学生基本上无法理解和论证问题，只提供了一些逻辑混乱、没有论据支撑的答案。

（2）单点结构层次（unistructural）：学生找到了一个论证问题的思路，

① 黄牧航：《SOLO 分类评价理论与高中历史试题的命制》，载《历史教学（中学版）》，2004（12）。

但却就此收敛，单凭一点论据就跳到答案上去。

(3)多点结构层次(multistructural)：学生找到了多个论证问题的思路，但却未能把这些思路有机地整合起来。

(4)关联结构层次(relational)：学生找到了多个论证问题的思路，并且能够把这些思路结合起来思考。

(5)抽象拓展层次(extended abstract)：学生能够对问题进行抽象的概括，从理论的高度来分析问题，而且能够深化问题，使问题本身的意义得到拓展。

过去十几年的实践证明，SOLO分层评价法在大规模考试测量中能够较好地平衡阅卷的灵活性与客观性的矛盾，既保证了阅卷教师能够运用开放的标准来评卷，又使评卷不至于产生较大的误差。SOLO分层评价法既是一种评价理论，也是具体的评价方法。在全国各地的实践中，命题者会根据自身的需求灵活改造。基本的规律是把开放题的内容细分为不同的类别，再依据SOLO分层评价法对不同的类别设计评分细则。下面是比较好的一个例子。

例2-3-12：(2016年上海高考)根据上述材料和所学知识，你如何看待中西方在对待外部世界和处理文化差异方面的不同模式？

参考答案：

本大题采用分项评分方式，评分观察的要素是：观点、史实与材料、论述、组织。

评分项一：观点

水平1：能对中西方两种模式作深刻反思

水平2：仅强调现实利益角度

水平3：无观点或观点与情景无关

评分项二：史实与材料

水平1：能提取材料中所提供的信息，并能与所学知识建立联系

水平2：仅从材料中提取信息或仅根据所学知识回答问题

水平3：没有使用信息和史实

评分项三：论述

水平 1：能够进行深刻的论证

水平 2：史实、观点与论证三者一致，逻辑完整

水平 3：史实、观点与论证三者不一致，逻辑混乱、跳跃

水平 4：回避问题

评分项四：组织

水平 1：叙述成结构

水平 2：叙述连贯通顺

水平 3：仅能罗列史实

在这个例子中，“评分项一：观点”就是上文所说的“观点结论开放性命题”，“评分项二：史实与材料”就是上文所说的“材料开放性命题”，“评分项三：论述”就是上文所说的“观点结论开放性命题”。由此可见，一道非选择题，其开放程度可能是多方面的，但最终都需要落实到开放性的测量评价中。设计好开放性的评分标准和评分说明，是开放性命题至关重要的一个环节。

三、历史开放性创新题的命题方法

开放性试题的命制是最符合“一核四层四翼”评价体系中“创新性”要求的操作方法，有非常大的创新要求和创新空间。创新的渠道主要是两条，一条是题型创新，一条是思路创新。由于形式是由内容决定的，题型的创新其实取决于思路创新，所以归根结底还是思路的创新最为重要。

2021 年的高考试卷中，有一些开放性试题无论在形式还是思路上都是富有创意的，如下例。

例 2-3-13：(2021 年全国高考甲卷)阅读材料，完成下列要求。

材料[图 5 明万历年间疆域示意图(局部)，略]

卫所，明代常备军军事组织。明代在各要害地方皆设卫所，屯驻军队，若干府划为一个防区设卫，卫下设所。卫所集中分布区域与明代的政治、经济、国防等有密切关系。

根据图 5 并结合所学知识，在答题卡的地图中标示出明代卫所集中分布

的区域，并说明集中分布的理由。（要求：只需标示出明代卫所的一个集中分布区域；在答题卡的地图中用斜线///////明确标示，理由准确充分，表述清晰。）

本题的命题思路是考查学生的时空观念素养。在命题方式上，实现了填图和书写的结合，尤其是填图也实现了开放的理念，不存在固定的答案，这是一个创举。更为重要的是，本题的填图要求并非单纯针对学生的记忆能力，而是更加针对学生对历史知识的理解能力和运用能力。选择哪个地区，主要基于考生对明代的政治、经济、国防的总体认识，而一旦把选择的地区确定下来，就要进一步围绕该地区发生的历史事件展开对明代的政治、经济、国防的论述。因此，本题的思路创新表现在灵活地考查了学生的时空观念素养，要求学生结合历史地图来解释和解决问题。

历史开放性试题的创新必须坚持核心素养导向。我们可以从两个方面来理解这个问题。

第一，核心素养是指学生分析解决问题的综合品质。许多时候，各种核心素养之间难以明确划分界线，都是你中有我、我中有你的。因此，我们可考虑设计综合性的大题，在一个相对复杂的情境中展示古今中外的各种历史素材，要求学生全面发挥自身的素养来分析解决问题。这方面的教学实践在国外还是有不少案例的。例如，在如何对待恐怖主义的问题上，古往今来人类都深受困扰，相关的史实史料非常多，尤其在今天，恐怖主义已经成为威胁人类和平的致命毒瘤。要解决这个问题，我们需要借鉴历史的经验，也要分析当今恐怖主义产生的根源，同时还要提出解决的方案。这样的专题教学，对培育学生的综合核心素养大有裨益。这样的教学课例实施时间长达数周，如何浓缩成为一份试卷的大题，仍需要我们努力创新，但这不失为思考开放题创新的一个方向。

第二，核心素养包括价值观念、思维方法和品格品性三个方面的内容。在过去的命题中，我们关注的是历史知识和历史思维能力，对价值观念和品格品性是关注得较少的。关于价值观念的命题，我们可以与前面所论述的主题式命题法结合起来思考，帮助学生多方面地挖掘和理解历史事物所蕴藏的价值观。品格品性指学生通过历史学习而形成的良好性情性格，包括崇高感、正义感、自豪感、认同感、优美感、归属感、使命感、耻辱感、时间感、空间感、悲悯感等。缺乏这些内容，历史教学就会显得苍白无力。良好品格品性的建立，对学生的终身发展非常重要。这既是核心素养教学的重要内容，也是核心素养评价与测量的重要内容。这些内容是传统的命题思路和命题方法难以测量的，所以必须通过开放性试题的创新来解决。

总之，在历史核心素养培育的目标要求下，历史开放性试题的命制有非常大的创新需求和创新空间，是今后命题改革的重点和难点。

第四节　中学历史学术型命题法

中学历史学科五大核心素养的提出，意味着本次课程改革对历史专业内容的要求不是降低了，而是提高了。唯物史观、时空观念、史料实证、历史解释、家国情怀都是跟历史学科紧密相关的素养要求。尽管我们提出是为素养而教，而非为学科而教，但如果离开学科的滋养和支撑，素养的培育也就成了无根之木、无源之水。历史教师的专业包括两方面的内容，一是历史学科专业，二是教育专业。这两个方面缺一不可。历史学科专业的发展包括历史基础知识的夯实、历史事物理解的提升、学术研究动态的把握等，这是每位历史教师在整个职业生涯中都需要努力的方向。

高考试题一直以来都是教师专业发展的强力助推器。在很大程度上，高考试卷成了连接高校学术研究与中学教育的桥梁。一份好的试卷，能够让师生们感受到学术研究的新变化，也了解到学术研究的新成果。从 20 世纪 80 年代末开始，历史史料开始进入高考试题，这也是从教材之外寻找命题素材的开端。21 世纪后，进入高考试题的就不仅仅是原始史料了，还有大量学术研究的新成果。在今后的命题中，这一趋势不但不会减弱，还有可能不断地加强。我们把大量的学术研究新成果融入试题命制的做法称为学术型命题法。

一、“学术研究新成果”的概念分析

从形式上看，我们所说的“学术研究新成果”主要是指 1978 年后中国出

版的学术论文论著，其中包括中国学者的著述和翻译过来的西方学者的著述。

从内容上看，本节所说的“学术研究新成果”是指超出现行中学历史课程内容要求的、中学师生较陌生的学术研究成果。这里的“新”主要不是指时间上的新，而是指中学师生在思想认识上的新。如有个别的论文论著出版于1978年以前(1978年后得以重版)，但其观点没有被旧课程所采纳，此后又逐渐被当代史学家所认可，我们也将其列入“新成果”的范围，如下例。

例2-4-1：(2009年江苏高考)20世纪30年代蒋廷黻的《中国近代史大纲》称：近百年的中华民族根本只有一个问题，即追求近代化。如果这一观点成立，是基于它

A. 全面揭示了近代中国历史的基本线索

B. 根据人类文明发展的一般规律得出结论(√)

C. 考虑到近代中国特殊的社会性质

D. 重视中国近代化建设的政治前提

这些新成果在历史高考命题中的呈现大致分为五种类型：一是论点与中学教科书基本一致，但论述得更为全面丰富，如近年来经常采用的白寿彝总主编的《中国通史》；二是观点与中学教科书迥然不同或差异很大，如2013年广东卷引用的弗兰克的《白银资本》，这是一本在学术界争议极大的论著，其结论与中学教科书也不尽相同；三是内容与中学教科书沾边，但研究的思路和方法远非中学师生所能企及，如2012年广东卷引用的冯天瑜教授的论文《近代汉字术语创制的两种类型——以“科学”、“哲学”为例》；四是中学完全没有全面叙述过的史学理论内容，如各种史观的研究在高校层面也是众说纷纭，但一度却成为高考命题的热点；五是高校特有的学术发展史的研究内容，如2013年全国文综Ⅱ卷的王安石评价发展史的研究。

由于高考命题是高校学者主导的，因此高校的学术研究新成果不断地向命题渗透并引领中学教学改革是理所当然的事情。刘宗绪教授主持历史科高考命题的时代，至今仍让老资格的中学历史教师心驰神往、回味无穷。他通过许多精品的题目冲击了陈腐的观念，极大地解放了思想，给中学历

史教学界开辟了一片全新的天地。近年来依然有不少高考题目继续发挥着高校学者的引领作用，如 2010 年四川卷引用钱乘旦教授的论文《英国工业革命中的人文灾难及其解决》，就非常有效地修正了中学教科书对于工业革命的偏颇观点。

学术新成果的引入，对于广大师生来说已经是习以为常，甚至认为是理所当然的事情了。例如，2021 年全国高考甲卷的非选择题总共提供了 7 则材料，其中属于原始史料的 4 则，包括《中华人民共和国经济档案资料选编》《魏书》和《邓小平文选》，属于学术研究新成果的 2 则，包括陶文钊等著的《中美关系史》和彭树智主编的《中东国家通史》。在各省的试题中，学术研究新成果所占的比重各不相同，但总体看来，基本上已形成半壁江山的态势。

二、历史科高考引用学术新成果分析

根据对“学术研究新成果”定义的界定标准，2007—2021 年全国各地的历史科高考试题中可以明确查找到学术出处的新成果达到 662 项。

这是一个相当惊人的数字。如果把这 15 年的高考题看作一篇学术论文，那么就意味着这篇论文的注释或参考文献多达 662 项，甚至大多数的硕士论文都难望其项背。下面对这些数据做详细的分析。

（一）总体情况分析

表 2-4-1　2007—2021 年历史科高考试题引用学术研究新成果数据统计

年份	全国Ⅰ	全国Ⅱ	全国Ⅲ	河北	湖北	湖南	辽宁	北京	天津	广东	福建	江苏	浙江	重庆	宁夏	山东	四川	海南	安徽	上海	广西	合计
2021	2	3		5	7	7	4	0	2	4	3	3	6	4		1		5				56
八省联考				5	2	7	2			3	4	6		5								34
2020	4	4	4					0	3			9	7			2		6				39
2019	4	6	3					0	2			11	7					6				39
2018	7	6	7					1	5			12	5					4				47
2017	4	4	4					0	5			8	7					4				36
2016	5	5	6					0	5			12	4					7		1		45

续表

年份	全国Ⅰ	全国Ⅱ	全国Ⅲ	河北	湖北	湖南	辽宁	北京	天津	广东	福建	江苏	浙江	重庆	宁夏	山东	四川	海南	安徽	上海	广西	合计
2015	4	3						0	4	2	7	10	10	2		2	2	7	2	1		56
2014	5	6						0	8	0	6	15	2	4		2	4	8	4	0	2	66
2013	1	12						0	4	2	0	15	2	6		3	3	8	3	0	0	59
2012	2	1						0	3	4	6	9	3	3		3	3	3	4	0		44
2011	1	2						0	6	1	3	9	2	3		2	4	0	4	0		37
2010	2	4						0	3	2	6	8	4	6	3	0	3	4	4	0		49
2009	2	0						0	3	6	3	12	3	3	4	2	3	5	5	0		51
2008	3	1						0	0	9		7		3	4	3	4	2		0		36
2007	1	2						1	0	5		2		0	4	2	4	3		0		24
合计	47	59	24	10	9	14	6	2	53	38	38	148	62	39	15	22	30	72	26	2	2	718

从表 2-4-1 中，我们可以得出许多非常有趣的结论。

首先，根据多达 718 处的引用情况可以推断：当前历史科高考命题对学术研究新成果的依赖已经逐渐超过了对原始史料的依赖。材料分析题这种题型出现于 20 世纪 80 年代末，摆脱教科书的束缚，从原始史料中找出路成为命题改革的方向。当年的改革曾引起哗声一片——中外史料浩如烟海，中学师生该如何面对？三十多年过去了，中学师生也就慢慢适应了——尽管史料汗牛充栋，但能够用到中学教学的其实并不太多。当前我们所面对的另外一个大的变化是，命题者更热衷于从学术新成果中寻找命题的观点和素材。这种转变会产生怎样的利弊，确实需要我们深入地思考。过去命题依赖原始史料，是一种“史料注我”的命题思路，即运用各种史料来印证教科书的观点；而现在依赖学术新成果，是一种“我注观点”的命题思路，即运用所学知识来印证、反驳或批判各种新的学术观点。从考试的难度来看，这种基于学术新成果的考查确实比过去基于原始史料的考查对学生的能力要求更高。

其次，全国各省区历史高考试题引用学术新成果的力度差距很大，最多的是江苏省，多达 148 项，最少的是北京。一般说来，根据引用率的高低，大致可以判断其命题的风格：引用率高，意味着命题者更热衷于把学术成果融入试题中；引用率低，意味着命题者更倾向于传统的思路，即大量地呈现原始史料。但涉及具体的省区，我们也可以做具体的分析。

例如，全国Ⅰ卷和Ⅱ卷，在2012年以前，命题的风格是基本一致的，都是大量采用原始史料，新的学术成果引用得并不多；2013年全国Ⅱ卷的风格发生了突变，大量引用学术新成果，多达12项。这里有客观的原因——2013年的全国Ⅱ卷其实包含了两套试卷，分别针对不同的新课程省区。但主观的原因更为重要——在新课程改革背景下，再延续过去的大量引用原始史料的思路确实难以为继。

又如，从表中可见，引用学术研究新成果力度最大的是江苏省，而上海市是偏低的。江苏和上海是最有可比性的两个省市，因为两者都是历史单科命题的，但引用率的差别如此之大发人深思。江苏省的引用率高有其客观原因：单科命题，必修、选修内容分开命题，这使其题量远比其他省区要大；另外，命题者非常严谨地注明了几乎所有新材料的出处，极大地方便了我们的统计工作。但江苏和上海的差异更主要的原因还是体现在命题者的思路上——上海市的题目事实上也体现了许多的学术新成果，但在试题中并没有清晰地标明；或者说，命题者已经把新成果通过"二度消化"后采用中学生能够接受的方式呈现出来，我们已经很难查找这是哪位学者、哪篇文章的学术成果了。

再如，北京和上海也是很有比较价值的两个城市。两个城市的学术新成果引用率都非常低，但并不意味着两者的命题风格一致。北京的试题是大量地使用原始史料，而上海的试题是把新的学术研究成果转化成中学生容易接受的方式呈现出来。结论就是北京的命题风格更为传统，而上海的命题风格更具创新力。

最后，从表中可见，全国各省区的命题风格是大体稳定的，总体的趋向是学术研究新成果的引用率不断提高。江苏、天津、浙江、海南是保持多年自主命题的省市，其学术研究新成果的引用率都较高。从2021年八省联考的试题来看，新成果的引用率非常高。由此可见，高考命题中引用学术研究新成果必然成为一种趋势。

（二）选择题与非选择题数量对比分析

学术研究新成果同样也可以通过选择题的方式呈现出来，但目前所占的比重很少，过去15年约占总数的5%，而通过主观题形式呈现出来的题目约占总数的95%。其中的重要原因是选择题由于篇幅所限，不可能写明观点和材料的出处。我们在统计时主要考虑的是两种情况，第一种情况是能够判断其材料来源的，如下例。

例2-4-2：(2008年广东高考)1960年，法国总统戴高乐听到法国首先成功试验原子弹的消息后高呼："法国万岁！从今天早上起，她更加强大了，更加骄傲了……"能够和这一情景联系起来的是

A. 世界政治的多级格局最终形成

B. 西欧国家的复兴和两极格局的削弱(√)

C. 欧共体形成和经济全球化加强

D. 西欧国家的衰落和美国霸权的稳固

上面这道选择题的材料来自美国学者保罗·肯尼迪撰写的《大国的兴衰——1500年到2000年的经济变化和军事冲突》，世界知识出版社1990年版。第二种情况是题目的观点与教材的传统观点明显不一致，可判断为学术研究的新成果，见下例。

例2-4-3：(2018年全国高考Ⅰ卷)据学者研究，唐朝"安史之乱"后百余年间的藩镇基本情况如表2所示。

表2 "安史之乱"后百余年间唐朝藩镇基本情况表

藩镇类型	数量(个)	官员任免	赋税供纳	兵额与功能
河朔型	7	藩镇自擅	不上供	拥重兵以自立
中原型	8	朝廷任命	少上供	驻重兵防骄藩
边疆型	17	朝廷任命	少上供	驻重兵守边疆
东南型	9	朝廷任命	上供	驻兵少防盗贼

由此可知，这一时期的藩镇

A. 控制了朝廷财政收入　　B. 彼此之间攻伐不已

C. 注重维护中央的权威　　D. 延续了唐朝的统治(√)

需要指出的是，学术研究新成果进入选择题的形式也是多样的，不仅仅是把新的观点和材料呈现出来，同样也可以把高校的研究方法呈现出来。如2008年广东卷的一道题目就较好地把史学研究方法与选择题的命题形式结合了起来。

例2-4-4：(2008年广东高考)齐国管仲说："凡为国之急者，必先禁末作文巧。末作文巧禁，则民无所游食，民无所游食则必事农。民事农则田垦，田垦则粟多，粟多则国富，国富者兵强，兵强者战胜，战胜者地广……"某研究者据此得出"中国精耕农业的产生与专制国家农业政策密切相关"的结论。该判断：

A. 材料充分，理解准确，结论合理

B. 材料充分，理解不准确，结论不合理

C. 材料不充分，理解准确，结论合理

D. 材料不充分，理解不准确，结论不合理(√)

因此，学术研究新成果融入选择题命制的情况也是非常多的，只是难以精确统计。如果把选择题的情况也考虑进去，2007—2021年，学术研究新成果在高考试题中的体现远远不止前面所列718项。

（三）论文与论著数量对比分析

在这718项成果中，出自论文的约占10%，出自论著的约占90%。论著的引用率远远高于论文的引用率，一方面是由于客观条件的限制——在命题过程中较容易获得学术论著，而学术期刊数量太大，反而不易获得；另一方面也是主观因素使然——学术期刊能够更快捷地传播学术新观点，而学术论著则沉淀了更为成熟的学术观点，对于高考命题而言，成熟的观点当然要比最新的观点重要。

但也有例外的情况，某些省份更热衷于从学术期刊中去寻找命题的灵感和素材。这意味着中学历史教师不但要关注学术著作，同时也要关注学术期刊。

（四）中国史与世界史比重分析

在这718项成果中，属于中国史内容的不足50%，属于世界史内容的超过50%。这意味着命题者在命制中国史题目的时候对原始材料的依赖性更大，而在命制世界史题目的时候对学术研究新成果的依赖性更大。这个统计结果是容易理解的——命题者占有中国史的原始材料比占有世界史的方便得多，而且世界史的原始材料大多比较冗长，也较难进入试题中。需要指出的是，近三十多年来我国翻译出版国外的学术著作蔚为大观，但质量良莠不齐。一些译作言辞含混、令人费解，但由于内容与中学课程相近，也被命题者引用到题目中，让不少考生头皮发麻、畏之如虎。将学术译作引入高考试题一定要慎之又慎。

在中国史的新成果中，中国古代史的比重不足50%，中国近现代史超过50%。但两者基本持平，差距不大。这说明命题者对中国古代史和中国近现代史学术新成果都同样看重。

（五）学术新成果的学者群分析

在这718项成果中，中国学者的成果占绝大多数，但也包括了国外和海外学者的成果。可见命题者选取素材的视野还是非常开阔的，素材的来源也非常广泛。这正是各省区的命题者纷纷采用这一命题思路的根本原因——支撑中学历史教科书的原始史料越来越显匮乏，只有国内外异常活跃的学术研究大军及其丰富的研究成果才是命题源源不断的灵感来源。

这些成果存在着相对集中的情况。例如，中国学者中引用率最高的是白寿彝，他主编的《中国通史》在过去15年被引用了29次。其他引用率较高的学者及其专著和论文包括张海鹏的《中国近代通史》、吴于廑和齐世荣的《世界史》、马克垚的《世界文明史》、钱乘旦的《英国通史》《世界现代化进程》《论明治维新的失误》《英国文化模式溯源》《英国工业革命中的人文灾难及其解决》《沉疴猛药——土耳其的凯末尔改革》、高德步的《世界经济通史》、许涤新和吴承明的《中国资本主义发展史》、张晋藩的《中国法制通史》《中国法律的传统与近代转型》、吴国盛的《科学的历程》等。此外，还有很多学术专著尽管目前被引用的次数不算多，但仍是非常重要的教学资源，如郭廷以的《近代中国史纲》、陈旭麓的《近代中国社会的新陈代谢》、王家范的《中国历史通论》、金冲及的《二十世纪中国史纲》、刘宗绪的《世界近代史》等。

海外学者中引用率最高的是美国学者斯塔夫里阿诺斯，他的《全球通史》在过去15年被引用了11次。其他的有费正清的《剑桥中国晚清史》《剑桥中华民国史》《伟大的中国革命》《中国：传统与变革》、R. R. 帕尔默等的《近现代世界史》、霍布斯鲍姆的“年代四部曲”、保罗·肯尼迪的《大国的兴衰》、杰里·本特利等的《新全球史》、安格斯·麦迪森的《世界经济千年史》、彼得·李伯庚的《欧洲文化史》、徐中约的《中国近代史：1600—2000，中国的奋斗》等。

以上这些学者及其研究成果，学术水平都相对较高，之所以能够成为高考命题的重要资源，有其合理性和必然性，应该成为我们研究命题的重要参考资源。

当高考命题依赖原始材料的时候，我们只需要根据中学的内容要求去查找相关史料就可以了，路径和范围都是比较明确的。而当高考命题依赖学术研究新成果的时候，中学师生就不一定能够摸得准方向，因为高校的学术成果实在是太多了。上述的梳理，是希望给师生们一个基本的路径——有些学者和学术成果，是我们必须更多关注的。

三、中学历史学术型命题方法分析

高校的史学研究成果日新月异，给中学历史科的命题提供了丰富的思想资源、材料资源和方法资源。从形式上看，史学新成果可以通过选择题和非选择题两种渠道进入高考。选择题相对简单。从学术型命题方法分析，选择题能够做到的事情，非选择题都能够做到，反之则不然。

从内容上看，史学研究新成果进入高考有以下六种类型，这也是我们进行历史学术型命题的六种方法。

第一种类型是用新的史学观点来诠释教材的内容。这种命题思路有助于学生从另外一个角度去看待教材的内容，从而深化对教材内容的理解，如下例。

例2-4-5：（2007年全国高考文综Ⅰ卷）史学家陈寅恪在评述“武周之代李唐”的历史意义时说，此“不仅为政治之变迁，实亦社会之革命”。此处“社会之革命”是指

A. 重用酷吏，实行法治　　　　B. 女皇当政，任用女官

C. 扶植庶族，抑制士族(√)　　D. 移风易俗，推崇佛教

命制这种题目的时候，必须要考虑学生的接受程度。一些学生完全没有接触过的历史专业术语要慎用，太过学术化的文字表述也要慎用。如2011年山东卷提供了赵轶峰教授《十七世纪中国政治、社会思想诉求的维度——对〈明夷待访录〉的一种新解读》一文的摘录，该文视野独特、论述精深，但过于精练的学术语言增加了学生的理解难度。脱离了上下文，学生较难单纯通过赵教授的一小段文字去分析孟德斯鸠的"三权分立"思想。

第二种类型是借助学术新成果考查学生理解原始素材的能力。许多原始史料语句冗长、篇幅浩大，确实不宜直接进入考试题，而经过学者们考订、整理、复述的则简明很多，如下面两例。

例2-4-6：(2007年广东高考)

材料二

正史中各代烈女数字：《唐书》54人；《宋史》55人；《元史》187人；《明史》"不下万余人"。

——据祝瑞开：《中国婚姻家庭史》

例2-4-7：(2021年全国高考乙卷)

表1　西汉末、东汉中期部分地区民户数量表　　单位：户

郡　名	西汉末	东汉中期
代郡(今河北、山西间)	56771	20123
太原(今属山西)	169863	30902
南阳(今河南南部及湖北、陕西部分地区)	359316	528551
汝南(今河南东南、安徽西北)	461587	404448
豫章(今属江西)	67462	406496
零陵(今湖南、广西间)	21092	212284

据表1可知，在此期间

A. 长江以南经济发展加速(√)

B. 豪强大族势力没落

C. 南北经济的不平衡加剧

D. 个体农耕经济衰退

这是高校学术成果介入高考最常用、最合理的一种方式。事实上，中学只存在材料教学，并不存在史料教学，无论是日常教学中的素材，还是高考试题中的素材，全部都是经学者改造过的材料，并非严格意义上的史料。笔者个人也主张根据中学生的特点合理地改造史料。

此外，从上述的数据分析可知，命题者在选择学术新成果的时候会十分看重学者的名望、成就，以及论文论著的发表规格，因为这直接关系到史料来源的可靠性。这意味着中学师生在选择学术文本的时候，必须事先了解作者和作品版本的情况，一些不知名出版社的书籍及网络上的素材一定要慎用或者不用。这里还需要讨论的一个问题是，许多命题者严格奉行"言必有据"的治学态度，所有素材都如同写学术论文一般标明出处，这在考试命题中到底有无必要？如2013年天津卷第14题提供了一份"1660年和1760年英国东部粮食产量的一种估算表"，清楚地注明该素材"摘编自《历史研究》2012年第3期"。其实，这份估算表来自哪份杂志对考生来说毫无意义，这属于无用信息或者干扰信息，其意义仅仅对命题者有用——如果该数据有误，责任在《历史研究》，不在命题者本人。笔者以为，一份给中学生用的试题完全可以呈现得清新活泼一点，不一定要板着面孔以示公正严谨。

第三种类型是借助学术新成果提出与教科书不同的观点。学者的一个重要使命就是说出前人没有说过的话。史学界是一个新观点纷呈的领域，将新观点引入高考试题中并非难事，如下例。

例2-4-8：(2012年浙江高考)辛亥革命中没有流太多的血，这令人想起世界近代史上的"光荣革命"。请根据材料一、二，并综合所学知识，概述"光荣革命"的历史事实，并思考该事件为何被称为"光荣革命"。

(材料略)

本题要求学生论述辛亥革命属于没有流太多血的中国版的"光荣革命"。高度赞扬辛亥革命后清廷和平交出权力这一史实是2011年前后学术界热议的话题，这一叙述的思路与中学教科书是完全不同的。

近年高考题还有一些观点是必须经过严格系统的学术训练才能够真正掌握的，个别考生即使碰巧取得了高分，恐怕也是云里雾里、半懂不懂。如 2011 年海南卷大段引入了贡斯当《古代人的自由与现代人的自由》的论述，要求考生据此评价卢梭的人民主权思想。贡斯当是法国 18 世纪末 19 世纪初杰出的政治思想家，他对卢梭思想的批判属于世界史专业研究生才有能力去碰的题目。这种试题对中学师生而言就未免要求太高了。

第四种类型是借助学术新成果考查学生对史学研究方法的掌握。新课程大力倡导研究性学习和探究性学习，要有效地推广这些新型的学习方式，必须有科学的方法论指导，如下例。

例 2-4-9：(2017 年全国高考Ⅰ卷)

表 2

记　述	出　处
“秦王(李世民)与薛举大战于泾州，我师败绩。”	《旧唐书・高祖本纪》
“薛举寇泾州，太宗(李世民)率众讨之，不利而旋。”	《旧唐书・太宗本纪》
“秦王世民为西讨元帅……刘文静(唐朝将领)及薛举战于泾州，败绩。”	《新唐书・高祖本纪》
“薛举寇泾州，太宗为西讨元帅，进位雍州牧。七月，太宗有疾，诸将为举所败。”	《新唐书・太宗本纪》

表 2 为不同史籍关于唐武德元年同一事件的历史叙述。据此能够被认定的历史事实是

A. 皇帝李世民与薛举战于泾州

B. 刘文静是战役中唐军的主帅

C. 唐军与薛举在泾州作战失败(√)

D. 李世民患病导致了战役失败

本题把史学研究方法融入较为生动有趣的史料阅读中，既考虑到学生的学习心理和接受程度，也巧妙地把史学研究方法的考查渗透进去。就史学研究方法的本质而言，中学和大学不应该有区别。但大学的研究方法都

是与特定的学术语境结合在一起的，不熟悉这个语境的人往往就不知所措。因此考查史学方法时，宜更多地考虑营造一个中学生喜闻乐见的语境。

第五种类型是借助学术新成果考查学生的史学理论素养。近四十多年来，我国的史学理论研究发展很快，尤其在西方学术思潮的冲击下，新的成果层出不穷。中学的历史教学当然离不开史学理论的滋养。例如，“历史认识论”是近年来研究颇深而且变化很大的一个学术领域，同时也是命题者乐于涉足的领域。近年来考查历史认识的高考题目为数不少，如下例。

例 2-4-10：(2013 年广东高考)历史认识是人们对历史事物的描述、看法和评价……你认为历史认识受到哪些因素的影响？

这道题目所占的分值不高，也不算太难，只考查了历史认识论最基本的常识。我们需要思考的问题是——在高校的层面，历史认识论的研究是非常深入的，其内容起码包括六个基本问题：历史认识的本质属性；历史认识的主体与客体的关系；历史认识客体与历史事实的关系；历史认识的基本形式；历史认识的基本层次；历史认识的标准及其能否被检验。这些内容是否中学生都需要了解？中学没有相关的教材怎么办？能否把这些问题转化为中学生能接受的题目？这就是未来要重点解决的问题。

第六种类型是借助学术新成果来考查学生对学术史的理解。学术史属于非常专业的学科研究内容，如非专业研究人员，本无必要把学术问题的来龙去脉梳理得太清楚，而当前学术史的内容渗透进高考已逐渐增多。如 2012 年江苏卷考查了萧公权对康有为学术思想演变的研究；2013 年全国文综Ⅱ卷考查了两宋时期对王安石的评价以及梁启超对王安石的重新评价；2013 年广东卷考查了时人和 20 世纪七八十年代的人对洋务运动的不同评价；2021 年广东卷考查了从汉代到近代不同学者对“实事求是”这一思想的评价。

其实，学术史的内容并非不能考，这里涉及一个高校内容如何向中学转化的问题。如美国高中 AP 课程历史科高考有一种题型名为“基于历史变迁的写作题”(Change-Over-Time Essay)，其能力考查目标是“发展与变迁贯穿着人类社会的始终，因此，历史学习的一项重要内容就是让学生了解这种变迁并认识造成这种变迁的原因”。这给我们的启发是：一方面，需要向中学师生明确，理解历史变迁是“历史感”培育的一项重要内容；另一方面，高校的学术史研究不一定要直接照搬到中学来，宜用中学生乐于接受的形式呈现出来。

以上就是学术型命题的六种基本方法。这些方法在过去十余年中不断实践，渐趋成熟。在强调核心素养培育的背景下，如何进一步发挥高校学术成果的优势，使之更好地为中学教学服务，是我们下一步亟须认真研究的课题。近三十多年来的历史科高考命题都是由高校学者主导的。一代又一代的学者殚精竭虑、勇于创新，默默无闻地引领着中学历史教学前进。从历史材料题的创设，到历史思维能力的考查，从历史学习视野的开拓，到历史研究新观点的普及，无一不渗透着学者们的心血，也取得了巨大的成绩。但我们也要认识到，中学教育并非专业教育，中学历史教学也非大学历史专业的预科教育，如何从核心素养培育的层面去思考和利用高校的学术研究成果，仍需我们继续钻研。

第三章 唯物史观素养命题的基本原理与方法

历史观即人们对历史现象的系统的、根本的观点或看法。古今中外，各种各样的史观概括起来，可以分为两类，即唯心史观和唯物史观。简单来讲，唯心史观认为社会意识决定社会存在，而唯物史观认为社会存在决定社会意识。

唯心史观的形成，与主客观两方面的因素有关。正如毛泽东所说："在很长的历史时期内，大家对于社会的历史只能限于片面的了解，这一方面是由于剥削阶级的偏见经常歪曲社会的历史，另方面，则由于生产规模的狭小，限制了人们的眼界。"①唯心史观夸大了认识主体、认识的能动性的作用。

唯物史观的确立，是19世纪马克思和恩格斯的贡献。马克思主义史学认为历史是有规律的，同时强调历史观对史学研究的指导作用。《课程标准》指出："唯物史观是诸素养得以达成的理论保证"；"唯物史观使历史学成为一门科学，只有运用唯物史观的立场、观点和方法，才能对历史有全面、客观的认识"。

培养和提升学生的唯物史观素养是历史课程的目标之一，而考试既是检测学生历史学科核心素养水平的手段，也是养成学生历史学科核心素养的手段。本章将对唯物史观命题的原理与试题特点进行分析，进而研讨唯物史观选择题和非选择题的命题方法。

---

① 《毛泽东选集》第1卷，283页，北京，人民出版社，1991。

第一节　唯物史观素养命题原理与试题特点

为发展学生历史学科核心素养，《课程标准》要求："在课程实施上，进一步改进教学方式、学习方式和评价机制，将教、学、评有机结合，促进学生的自主学习、合作学习和探究学习，提高实践能力，培养创新精神。"为评价学生历史学科的学业成就，《课程标准》制定了学业质量，并将其分为4级。其中，学业质量水平2是高中毕业生在本学科应该达到的合格要求，学业质量水平4是学业水平等级考试的命题依据。

纸笔考试是对学生学业质量水平进行测评的重要方式，而纸笔考试的一个重要环节就是命题。《课程标准》对学业水平考试命题的主要原则和命题框架的研制都提出了建议。学业水平考试命题的主要原则包括："以历史课程标准为依据"；"以考查历史学科核心素养的具备程度为目的"；"以新情境下的问题解决为重心"。至于考试命题框架的研制，"要注意考试范围、学科核心素养水平分布等要符合课程标准的规定和要求，保证学业水平考试与课程标准相对应。考试的命题，尤其要注意试卷中的所有试题是否能够综合考查出学生学科核心素养的整体水平。试卷中既要有侧重考查某一两个方面学科核心素养的试题，更要有对学科核心素养进行综合测评的试题"。在本节中，我们将探究唯物史观素养命题的原理，并结合一些试题寻找唯物史观素养试题的特点。

一、唯物史观素养的内涵与外延

唯物史观是哲学中关于人类社会发展一般规律的理论，是揭示人类社会历史客观基础及发展规律的科学的历史观和方法论，是马克思主义哲学的重要组成部分。习近平总书记指出："唯物史观是我们共产党人认识把握历史的根本方法。"[①]"只有坚持历史唯物主义，我们才能不断把对中国特色社会主义规律的认识提高到新的水平，不断开辟当代中国马克思主义发展

① 习近平：《在党史学习教育动员大会上的讲话》，载《求是》，2021(7)。

新境界。”[①]坚持历史唯物主义，我们才能更好认识国情，更好认识党和国家事业发展大势，才能更好认识历史发展规律，更加能动地推进各项工作。唯物史观的基本理论和方法，包括人类社会形态从低级到高级的发展、生产力和生产关系之间的辩证关系、经济基础和上层建筑之间的相互作用、社会存在和社会意识的辩证关系、人民群众在社会发展中的重要作用、阶级分析法等。另外，唯物史观还包括偶然与必然的关系原理、主要矛盾与次要矛盾原理、实践是检验真理的唯一标准等。

人类历史纷繁复杂，人类对历史的认识经历了一个由表及里、逐渐深化的过程。人类要认识历史的趋势、规律和本质，就必须掌握科学的历史观和方法论。《课程标准》指出：“唯物史观使历史学成为一门科学，只有运用唯物史观的立场、观点和方法，才能对历史有全面、客观的认识。”这也是把唯物史观作为历史学科核心素养的原因。

培养学生的唯物史观素养，使学生理解唯物史观是科学的历史观，能将唯物史观运用于历史的学习与探究中，并能将唯物史观作为认识和解决现实问题的指导思想，是高中历史课程的目标。考查学生对唯物史观的基本观点和方法的了解情况，运用唯物史观理解历史、论述历史与现实问题，是历史考试命题的重要目标。

要使学生理解唯物史观是科学的历史观，首先要让学生认识到，唯物史观本身也是历史的产物。19 世纪，工业革命改造了世界，世界的经济、政治等方面发生了天翻地覆的变化。这对历史学研究提出了新的要求，同时也为历史学的发展创造了条件。在这样的背景下，19 世纪中期，马克思主义史学诞生了。2018 年北京高考题考查了相关内容。

例 3-1-1：(2018 年北京高考)史学：历史与现实的对话

材料二

在欧洲，19 世纪被誉为“历史学的世纪”，历史研究发生了很大变化。

越来越多的学者认为，自然界的规律适用于人类社会，自然科学的研

① 习近平：《坚持历史唯物主义不断开辟当代中国马克思主义发展新境界》，载《求是》，2020(2)。

究方法适用于历史研究。历史研究应该以回忆录、日记、外交报告等原始文献为材料，通过科学的解释方法，寻求人类社会进步的规律。

法国大革命和拿破仑战争引起欧洲史学界的普遍关注，成为史学研究的重点之一。很多史学家批判拿破仑对各国的侵略，认为历史是体现民族特性的标志。各国相继整理出版自己民族的大型史料集，编纂各自的国家通史。普鲁士的《民族历史评论》发刊词说，历史“比任何学科都有助于全体德国人民的统一”。

历史研究的主要对象仍然是社会上层，但包括工人在内的社会下层的历史也逐渐受到关注。1850 年，斯坦因的《1789 年至今的法国工人运动史》和恩格斯的《德国农民战争》问世。恩格斯指出：“一切重要历史事件的终极原因和伟大动力是社会的经济发展，是生产方式和交换方式的改变，是由此产生的社会之划分为不同的阶级，是这些阶级彼此之间的斗争。”

问题：阅读材料二，概括 19 世纪欧洲历史学发展的特点。结合时代背景对这些特点进行分析。

参考答案：

特点：历史研究科学化(历史学成为科学)；关注民族历史研究；关注工人运动史；唯物史观诞生。

分析：17 世纪末，牛顿经典力学体系建立，人类走向科学时代。18 世纪的启蒙运动弘扬科学与理性。19 世纪，推崇科学成为欧洲的潮流，推动史学研究走向科学化和专业化。法国大革命对 19 世纪的欧洲政治、思想产生了重大影响，拿破仑战争激发了欧洲各国的民族主义精神，各国历史学家研究本民族的历史，强调民族和国家的独立。工业革命导致资产阶级和无产阶级的对立，工人运动兴起。史学家开始重视对社会下层的研究，马克思、恩格斯提出了唯物史观。

本题将唯物史观置于 19 世纪的历史环境中考查，使学生认识到唯物史观是欧洲近代政治、经济和文化发展的产物。再结合教材知识，马克思主义的理论来源包括：英国的古典政治经济学、德国的古典哲学和英法的空想社会主义。综合这些，唯物史观是历史发展到特定阶段的产物，历史的发展为唯物史观的产生创造了条件，唯物史观的产生也充分吸收了人类文明成果，“吸收和改造了两千多年来人类思想和文化发展中一切有价值的东西”①。

在《政治经济学批判·序言》中，马克思对唯物史观进行了完整、系统的表述：“人们在自己生活的社会生产中发生一定的、必然的、不以他们的意志为转移的关系，即同他们的物质生产力的一定发展阶段相适合的生产关系。这些生产关系的总和构成社会的经济结构，即有法律的和政治的上层建筑竖立其上并有一定的社会意识形式与之相适应的现实基础。物质生活的生产方式制约着整个社会生活、政治生活和精神生活的过程。不是人们的意识决定人们的存在，相反，是人们的社会存在决定人们的意识。社会的物质生产力发展到一定阶段，便同它们一直在其中运动的现存生产关系或财产关系(这只是生产关系的法律用语)发生矛盾。于是这些关系便由生产力的发展形式变成生产力的桎梏。那时社会革命的时代就到来了。随着经济基础的变更，全部庞大的上层建筑也或慢或快地发生变革。”②

唯物史观揭示了人类历史发展的规律和动力，使历史学成为一门科学。在唯物史观看来，人类历史经历了从低级到高级的发展过程，生产力是人类历史发展的基础，阶级斗争是阶级社会发展的动力。马克思、恩格斯把全部历史归结为“个人本身力量发展的历史”③，使历史学摆脱了唯心史观的束缚。恩格斯将唯物史观称为马克思的“两个伟大发现”之一，他说：“正像达尔文发现有机界的发展规律一样，马克思发现了人类历史的发展规律，即历来为繁芜丛杂的意识形态所掩盖着的一个简单事实：人们首先必须吃、喝、住、穿，然后才能从事政治、科学、艺术、宗教等等；所以，直接的物质的生活资料的生产，从而一个民族或一个时代的一定的经济发展阶段，便构成基础，人们的国家设施、法的观点、艺术以至宗教观念，就是从这个基础上发展起来的，因而，也必须由这个基础来解释，而不是像过去那样做得相反。”④

《课程标准》对唯物史观素养在历史学科核心素养中的定位是“诸素养得以达成的理论保证”。这就要求在时空观念、史料实证、历史解释和家国情

---

① 《列宁选集》第4卷，362页，北京，人民出版社，1972。

② 《马克思恩格斯选集》第2卷，32～33页，北京，人民出版社，1995。

③ 《马克思恩格斯选集》第1卷，124页，北京，人民出版社，1995。

④ 《马克思恩格斯选集》第3卷，776页，北京，人民出版社，1995。

怀等素养的培养中，都要以唯物史观为指导。所以，唯物史观素养的培养可以通过专门的教学设计来达成，而更有效的方法，则是把唯物史观素养的培养渗透在其他几个素养的培养过程之中。这样，既可以保证学生以唯物史观为理论指引进行历史学习，又可以使学生在历史学习中，通过运用唯物史观，进而理解唯物史观是科学的历史观。在考试中，唯物史观素养的考查也往往渗透在时空观念、史料实证、历史解释和家国情怀等素养的考查之中。

考查时空观念素养的试题要以唯物史观为指引，在特定的时空框架中准确理解史事。《课程标准》对时空观念的界定是："时空观念是在特定的时间联系和空间联系中对事物进行观察、分析的意识和思维方式。任何历史事物都是在特定的、具体的时间和空间条件下发生的，只有在特定的时空框架当中，才可能对史事有准确的理解。"《课程标准》对时空观念素养设定的课程目标是，学生能够"知道特定的史事是与特定的时间和空间相联系的；知道划分历史时间与空间的多种方式，并能够运用这些方式叙述过去；能够按照时间顺序和空间要素，建构历史事件、历史人物、历史现象之间的相互关联；能够在不同的时空框架下对史事作出合理解释；在认识现实社会时，能够将认识的对象置于具体的时空条件下进行考察"。这里，划分历史时间，建构历史事件、历史人物、历史现象的关联，在不同的时空框架下合理解释史事，都要遵循唯物史观。

唯物史观认为生产力是人类社会存在的基础，生产力的发展水平和建立其上的生产关系，是划分人类历史发展阶段的主要依据。由此，人类社会经历了原始社会、奴隶社会、封建社会、资本主义社会和社会主义社会等阶段，这是一个由低级到高级的发展过程。我们经常用一些具有里程碑意义的史事来给历史分期，例如，我们以英国资产阶级革命或新航路的开辟作为世界近代史的开端，以俄国十月革命作为世界现代史的开端，其本质也是因为这些史事对生产力和生产关系的发展产生了巨大影响。2014 年广东高考题考查了相关内容。

例 3-1-2：(2014 年广东高考)历史发展阶段可以从不同的角度概述、标识或划分。阅读材料，回答问题。

材料三

1978年以来的中国历史，有的学者以1992年为界将其划分为两个阶段，有的学者以2001年为界将其划分为两个阶段。

问题：推断材料三中两种历史分期各自所用的角度，并结合史实分别加以说明。

参考答案：

以1992年为界：经济改革的角度。1992年邓小平南方谈话和党的十四大后，中国经济改革进入市场经济的建立和完善阶段。以2001年为界：对外开放的角度。2001年中国加入世界贸易组织，中国进入全方位开放、与世界经济全面接轨的阶段。

本题直接考查的是划分历史时期的方式，而从深层次来看，则考查了运用唯物史观认识历史发展趋势的能力。从经济改革的角度看，邓小平在南方谈话中指出："计划经济不等于社会主义，资本主义也有计划；市场经济不等于资本主义，社会主义也有市场。计划和市场都是经济手段。社会主义的本质，是解放生产力，发展生产力，消灭剥削，消除两极分化，最终达到共同富裕。"①这一论断进一步解放了思想，把经济体制改革和社会主义现代化建设推进到新阶段，并为党的十四大确定建立社会主义市场经济体制目标奠定了思想基础。所以，以1992年为界，把1978年以来的中国历史划分为两个阶段，本质依据的是生产力的标准。同样，从对外开放的角度，2001年，中国正式加入世界贸易组织，使中国与世界市场全面接轨，极大地促进了中国经济的发展。归根结底，这也是生产力的标准。

在恩格斯看来，从本源看，生产力是具有劳动能力的人和生产资料相结合而形成的改造自然的能力。生产力包括劳动者、劳动对象和劳动工具三个要素，其中劳动者是生产力中最活跃最根本的要素。说劳动者是生产力中最活跃最根本的要素，并不是否定其他要素的作用，唯物史观承认劳动对象，包括空间环境因素在人类历史中的作用。2017年全国高考Ⅱ卷考查了这个内容。

① 《邓小平文选》第3卷，373页，北京，人民出版社，1993。

例 3-1-3：(2017 年全国高考Ⅱ卷)下图为春秋战国之际局部示意图。当时，范蠡在陶、子贡在曹鲁之间经商成为巨富，这一现象反映了

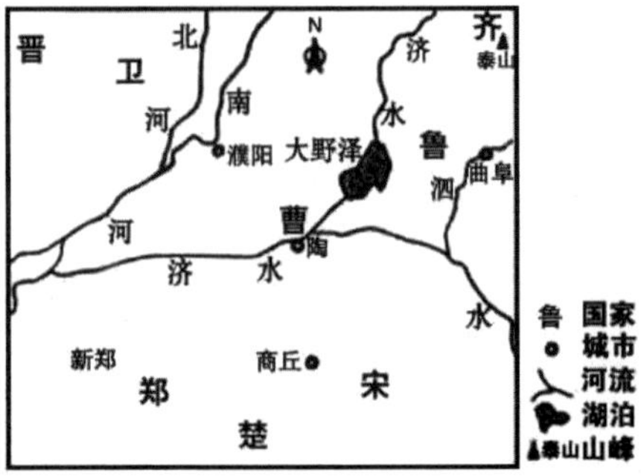

A. 区域位置影响商贸发展(√)

B. 争霸战争促进经济交往

C. 交通条件决定地方经济状况

D. 城市规模扩大推动商业繁荣

本题直接考查的是时空观念素养，即史事(范蠡和子贡经商致富)与特定空间(陶、曹鲁之间)的联系。从地图来看，陶、曹和鲁地河流较多，交通相对便利，为商业发展创造了条件，这是范蠡和子贡在这一地区经商致富的区位因素。从深层次来看，本题同样遵循了唯物史观的分析方法。范蠡和子贡致富，当然首先与他们自身的经营才能密切相关(人的因素)，但良好的地理因素也为他们的致富提供了条件(空间因素)，所以，人的因素与空间因素相结合，促成了当地社会经济(范蠡和子贡致富，促进当地商业发展)的发展。

分析史事的作用、对史事进行评价，是史学研究的重要内容。只有依据唯物史观，才能对史事的作用作出全面、深刻的分析，才能对史事进行客观、公允的评价。

例 3-1-4：(2021 年广东高考)阅读材料，完成下列要求。

材料一

关于英国工业革命对工人阶级的影响，以下两种观点颇具代表性。

观点一	强迫工人、儿童每天工作16小时，将工人挤入贫民窟里，降低了他们的生活水平，摧毁了传统的手工行业，剥夺了工人们的尊严，将他们扔进没有灵魂的工厂和城市。
观点二	创造了许多充满机会的城市，给千百万人提供了工作，提高了他们的生活水平和教育程度，并给予他们较大的自由，使他们在政治上和文化上有更大的作用。

——摘编自[美]克莱顿·罗伯茨等《英国史》

材料二

英国工人阶级的历史是从18世纪后半期，从蒸汽机和棉花加工机的发明开始的。大家知道，这些发明推动了产业革命，产业革命同时又引起了市民社会中的全面变革，而它的世界历史意义只是在现在才开始被认识清楚。

——恩格斯《英国工人阶级状况》(1845年)

(2)结合材料二和所学知识，运用唯物史观简述英国工业革命的历史意义。

参考答案：

伴随着工业革命中生产力的发展，生产方式发生改变，城市化进程加快，英国从农业国变为工业国，并成为世界工厂，世界市场初步形成。人们的思想意识也发生改变，促进科学社会主义、自由主义的诞生。

本题明确要求，运用“唯物史观”简述英国工业革命的历史意义。这就要求学生首先要了解唯物史观的相关内容，进而才能相应地简述意义。首先，运用“唯物史观”分析史事的历史意义，最基本的一点就是“生产力标准”，即该史事如何提升生产力水平。“工业革命”使以蒸汽机为代表的机器得到广泛运用，使人类生产进入机器大生产时代；同时，机器的运用又促使了生产组织形式的改进，即“工厂”取代了“手工工场”，这些都极大提升了生产力水平。这是工业革命最基本，也是最重要的意义。第二，生产力决定生产关系。随着工业化的进程，工厂广泛建立，工业资产阶级和无产阶级不仅是工厂中的对立双方，也成为社会中两大对立阶级。第三，经济基础决定上层建筑。随着工业化和新的阶级对立关系的确立，英国的经济基础发生巨变，这就要求英国的社会治理方式进行相应的调整，典型事件就是议会改革。第四，社会存在决定社会意识。工业革命也使英国的经济、政治、哲学等领域出现新的理论，艺术领域出现新的表现手法，如自由主义、马克思主义、浪漫主义等。本题中，学生了解的唯物史观的内容越多，则答题的角度越多，得满分的概率越高。

唯物史观是学生学习历史、认识历史的基本理论基础和指导思想。在试题中，唯物史观也是学生分析材料情境的理论依据，试题不但可以直接考查学生的唯物史观素养，还可以通过对其他核心素养的考查来渗透对唯物史观素养的考查。

二、唯物史观素养试题的分类分层考查

对唯物史观进行分类分层考查，是考查学生唯物史观素养达成情况的重要方法。确定唯物史观分类分层考查的标准，可以为唯物史观素养试题命制提供依据。

（一）唯物史观素养试题的分类考查

我们以唯物史观在历史研究中的研究对象进行分类。唯物史观以“历史”为研究对象，具体包括历史的主体、历史的发展动力和历史的发展规律等。

第一类，考查历史的主体的题目。这类题目依据的理论是人民群众是历史的创造者，具体内容涉及人在历史中的地位、作用，人与自然的关系，人与社会的关系，人与人的关系，等等。

例 3-1-5：(2018 年全国高考Ⅰ卷)《墨子》中有关于“圆”“直线”“正方形”“倍”的定义，对杠杆原理、声音传播、小孔成像等也有论述，还有机械制造方面的记载。这反映出，《墨子》

A. 汇集了诸子百家的思想精华

B. 形成了完整的科学体系

C. 包含了劳动人民智慧的结晶(√)

D. 体现了贵族阶层的旨趣

本题的材料情境是《墨子》记录的科技成就，与墨子这一历史杰出人物有关，但这反映的是劳动人民的聪明智慧，使学生认识到人民群众是历史的创造者。

第二类，考查历史的发展动力的题目。这类题目依据的理论主要是生产力与生产关系的辩证关系、经济基础与上层建筑的相互作用、社会存在与社会意识的相互作用、阶级斗争是阶级社会发展的主要动力等。

例 3-1-6：(2019 年全国高考Ⅱ卷)战国后期，秦国建造了一批大型水利工程，如郑国渠、都江堰等，一些至今仍在发挥作用。这些工程能够在秦国完成，主要是因为

A. 公田制度逐渐完善

B. 铁制生产工具普及

C. 交通运输网络通畅

D. 国家组织能力强大(√)

本题的情境是秦国兴修水利工程，要求学生分析这些工程能够在秦国完成的原因。结合必备知识可知，秦国在商鞅变法之后，中央集权体制逐渐形成，这为调动大量劳动力兴修大规模的水利工程创造了条件。题目要求学生能运用唯物史观中上层建筑反作用于经济基础的观点进行分析，这样就能选定 D 选项为正确答案。

第三类，考查历史的发展规律的题目。这类题目依据的理论主要是人类历史经历了由低级到高级的发展过程等。

例 3-1-7：(2015 年广东高考)课程的变化反映了时代的变迁。阅读材料，结合所学知识回答问题。

材料二

课程设置是学校教育制度(学制)的重要内容，与经学相关的中小学课程设置经历了如下变化。

癸卯学制 1904 年颁布	读经讲经课和修身课(讲授伦理道德)只是必修课中的两门，但分量仍很重
壬子癸丑学制 1912—1913 年颁布	取消读经讲经课
壬戌学制 1915 年开始酝酿，1922 年颁布	修身课改为公民课

——据《中国近代学制史料》

问题：结合材料二，说明这一时期中国社会的变迁。(要求：信息的提取准确，调动和运用知识合理，逻辑清晰。)

参考答案：

变迁：近代教育的发展。思想解放，民权意识觉醒。教学课程的设置中传统经学地位逐渐下降并取消，改为能体现民群意识的公民课。

本题要求学生利用材料提供的信息，说明清末民初中国社会的变迁。材料涉及的时间不长，从 1904 年至 1922 年，但在这不到 20 年的时期内，中国社会发生了剧烈的变化，清王朝被推翻，民国建立，帝制被推翻，共和建立。结合必备知识，再运用唯物史观中“人类社会发展是一个从低级到高级的过程”的观点，学生会认识到，这一时期内，中国社会不仅发生了变化，更取得了巨大的进步。

(二)唯物史观素养试题的分层考查

《课程标准》把各核心素养划分为四个水平。唯物史观素养的水平 2(含水平 1)是“能够了解和掌握唯物史观的基本观点和方法，理解唯物史观是科学的历史观”；水平 4(含水平 3)是“能够将唯物史观运用于历史学习、探究中，并将其作为认识和解决现实问题的指导思想”。可见，唯物史观素养水平 2 要求的是“了解”“掌握”和“理解”等能力，水平 4 要求的是“运用”能力。在学业质量水平中，唯物史观学业质量水平 2(含水平 1)的要求是“能够知道人类物质生活资料的生产是社会生活的基础，知道生产力是历史发展的决定因素，知道经济基础与上层建筑之间的辩证关系，了解人类社会形态从低级到高级发展的规律；能够理解唯物史观是科学的历史观”，是对唯物史观内容的“知道”“了解”和“理解”，属于认知层次；水平 4(含水平 3)的要求是“能够从生产力与生产关系、经济基础与上层建筑的辩证关系来理解历史上的发展变化和社会形态的演变过程，理解阶级斗争是推动阶级社会发展的直接动力；理解人民群众在历史发展中的重要作用；能够史论结合、实事求是地论述历史与现实问题”，是把唯物史观运用于对历史的理解，属于“运用”的层次。水平 2 是合格性考试的要求，水平 4 是等级性考试的要求，但这种划分并不绝对，高考试题偶尔也会涉及对水平 2 的考查。

对水平 2 的考查往往要求学生能从一些历史叙述或历史观点中，分辨出这些叙述或观点遵循的是唯物史观中的哪一具体观点。

例 3-1-8：(2009 年广东高考)阅读材料，结合所学知识回答问题。

材料一

孔子想回到西周，维护奴隶制，政治上是保守主义者，有他的落后一面，但他是伟大的史学家、教育家和人道主义的倡导者，他在历史文化遗产的继承、整理和传播上有卓越的贡献。

——据《论孔子思想》

材料二

孔子在历史文化领域有杰出成就，他的“爱人”“仁民”观念以及他的教育思想，表现出新兴地主阶级的进步性，他想回到西周，只是因为不敢公开反对当时还比较强大的奴隶制，表现出他怯懦的方面。

——据《略论孔子思想的阶级性》

问题：

(2)材料一、二评价孔子时，采用的相同方法是什么？结论有何不同？

(3)综合上述材料，说明应当如何评价历史人物。

参考答案：

(2)方法：阶级分析、一分为二。结论：材料一中的孔子代表奴隶主贵族，政治上是落后的；材料二的孔子代表地主阶级，政治上是进步的。

(3)避免简单贴标签，应历史地看问题。

本题的第二问要求学生判断材料使用的是唯物史观的何种方法，并能结合材料指出使用该方法得出的结论。第三问考查学生是否了解使用唯物史观的方法评价历史人物。两个小题考查的都是学生对唯物史观的了解情况。

对水平 4 的考查往往要求学生能运用唯物史观对教材知识进行分析，这种考查方法本质上是要学生体验唯物史观的观点与方法，在体验中理解所学习的唯物史观。

例 3-1-9：(2022 年广东高考)清末《游学译编》上刊登的《劝同乡父老遣子弟航洋游学书》云："向之极可慕恋之科举的虚荣者，今已为蕉梦矣。而出洋学成，量与出身，已见明谕，宦达之路、利禄之路、学问之路、名誉之路，胥于是乎在。"这反映了当时

A. 出洋留学受到社会的广泛支持

B. 落第士人成为官派留学生主要来源

C. 新政改革加快了社会结构变动(√)

D. 科举停废改变了国人的中西体用观

学生通过材料可以知道，文章是鼓励人们放弃科举而去留学，再加上材料中的"清末"等信息，学生可以判断具体时间当为清末新政时期。清末新政属于教材中的必备知识，题目考查清末新政对时人思想观念及社会结构所产生的影响，要求学生能理解社会存在决定社会意识等唯物史观的理论。

对水平 4 的考查还要求学生能运用唯物史观解决新问题。所谓新问题，是指题目材料提供的新情境，是教材没有出现过的，也是学生没有接触过的情境，如下例。

例 3-1-10：(1992 年全国高考)清代史学家赵翼在《唐女祸》中说："开元之治，几于家给人足，而一杨贵妃足以败之。"结合你对唐朝由盛转衰原因的认识，分析评论赵翼的这一观点。

参考答案：

唐朝由盛转衰的原因是唐玄宗统治后期中央政治腐败，地方节度使拥兵自重，导致"安史之乱"和"藩镇割据"，战乱和割据削弱了中央的统治，破坏了社会经济。杨贵妃受宠爱，唐玄宗沉湎酒色，这只是中央政治腐败的表现之一。赵翼把这说成是唐朝由盛转衰的根本原因是错误的。这一表

现本身也是封建帝王唐玄宗造成的。赵翼把责任加在杨贵妃头上是不对的。赵翼的根本错误在于夸大了杨贵妃个人对唐朝由盛转衰的影响。

对于本题，学生虽然听说过杨贵妃，但对题目通过赵翼的《唐女祸》创设的学术情境是陌生的，学生需要运用唯物史观（和辩证唯物主义）的基本原理和方法对赵翼的观点进行分析评价。本题不但考查了学生史论结合、实事求是地论述历史问题的能力，还考查了学生正确、全面看待个人与时代、历史现象与历史本质的能力，可以准确地考核学生唯物史观素养所达到的水平。

在纪念毛泽东同志诞辰120周年座谈会上，习近平总书记由正确评价毛泽东同志的历史功绩而引出如何正确评价历史人物的论述，深刻地指出："对历史人物的评价，应该放在其所处时代和社会的历史条件下去分析，不能离开对历史条件、历史过程的全面认识和对历史规律的科学把握，不能忽略历史必然性和历史偶然性的关系。不能把历史顺境中的成功简单归功于个人，也不能把历史逆境中的挫折简单归咎于个人。不能用今天的时代条件、发展水平、认识水平去衡量和要求前人，不能苛求前人干出只有后人才能干出的业绩来。"①

三、唯物史观素养试题命题的原则与方法

《中国高考评价体系》明确了高考的核心功能，其中之一是"高考必须坚持引导教学"②。"以考促教，以考促学"是高考的目的之一，而日常考试作为高中教学的重要组成部分，也要以高考为指挥棒，平时考试的命题也要以高考题为模板。通过以上对往年各地唯物史观类高考题的考察，我们可以总结出一些唯物史观素养试题命题的原则与方法。

（一）唯物史观素养试题命题的原则

1. 以培养学生掌握科学的方法论为考查目标，突出考查的方向性

《中国高考评价体系》指出："高考评价体系的构建……紧密围绕'培养

① 习近平：《在纪念毛泽东同志诞辰120周年座谈会上的讲话》，载《人民日报》，2013-12-27。

② 教育部考试中心：《中国高考评价体系》，11页，北京，人民教育出版社，2019。

什么人'这一教育首要问题。"历史试题要引导学生掌握、运用唯物史观，反对历史虚无主义。习近平总书记指出："一些人认为共产主义是可望而不可及的，甚至认为是望都望不到、看都看不见的，是虚无缥缈的。这就涉及是唯物史观还是唯心史观的世界观问题。我们一些同志之所以理想渺茫、信仰动摇，根本的就是历史唯物主义观点不牢固。"①马克思主义是我国社会主义现代化建设的理论基础，我们教育的目的是培养社会主义事业的建设者和接班人。由此，"坚持历史唯物主义，反对历史虚无主义。能够运用历史唯物主义的观点、方法观察分析社会历史现象，正确认识社会发展规律，顺应改革发展潮流"②是命题的重要考查内容，也是高考和平时考试的方向。

2. 以历史学科为考查载体，坚持学科性

唯物史观是理论是方法，隐含在历史叙述与历史解释之中，历史试题的命制应该用历史学科的概念、语言呈现唯物史观。唯物史观作为马克思主义哲学的组成部分，有其特定的学科概念，如生产力、生产关系、经济基础、上层建筑、社会存在、社会意识等。历史学科也有其特定的学科概念，如高中历史中出现的井田制、宗法制、铁犁牛耕、小农经济等。用唯物史观的理论与方法分析、解释历史时，要在历史学科中找到与之相对应的历史学科的概念，如与生产力相对应的包括铁犁牛耕、工业革命等，与生产关系相对应的包括井田制、租佃制等。我们一般是在历史的叙述、分析、解释中反映唯物史观，体现唯物史观对历史研究的指导作用，而非直接使用唯物史观的概念叙述、解释历史。学生在答题时，偶尔会把历史题答得像政治题，就是因为忽视了历史学科语言的使用，命题同样要使用历史学科概念和语言。

3. 对唯物史观的考查要具有全面性

唯物史观内容丰富，要考查学生对其掌握得是否全面，就要求一套试题具有较广的考查范围。《课程标准》中，学业质量水平 4(含水平 3)对学生唯物史观素养的要求是："能够从生产力与生产关系、经济基础与上层建筑的辩证关系来理解历史上的发展变化和社会形态的演变过程，理解阶级斗

① 习近平：《关于坚持和发展中国特色社会主义的几个问题》，见中共中央文献研究室编：《十八大以来重要文献选编(上)》，116 页，北京，中央文献出版社，2014。

② 教育部考试中心：《中国高考评价体系》，16 页，北京，人民教育出版社，2019。

争是推动阶级社会发展的直接动力；理解人民群众在历史发展中的重要作用；能够史论结合、实事求是地论述历史与现实问题。”可以说，这是对唯物史观的考查要具有全面性的政策性要求。唯物史观在高考评价体系中，是高考核心价值指标体系的重要组成部分。高考核心价值指标体系有三个一级指标，其中之一是“世界观和方法论”：“是指即将进入高等学校的学习者应当掌握的马克思主义世界观和方法论，包含辩证唯物论、唯物辩证法和唯物史观的基本观点和方法论要求，属于科学思想方法的范畴。”这个一级指标下又有一个二级指标“正确的世界观和方法论”，指标内涵包括：“坚持历史唯物主义，反对历史虚无主义。能够运用历史唯物主义的观点、方法观察分析社会历史现象，正确认识社会发展规律，顺应改革发展潮流。”另一个一级指标“政治立场和思想观念”下的二级指标包括“以人民为中心的思想”，指标内涵包括：“理解人民群众是历史的创造者，是决定党和国家前途命运的根本力量。”①可见，能否全面考查唯物史观素养，是对题目进行评价的重要标准和依据。能全面了解、运用唯物史观也是社会发展对学生的要求，是学生自身发展的需要。历史科必备知识非常丰富，这又为对唯物史观进行全面考查奠定了基础。对全面性的要求不是指对唯物史观的考查必须面面俱到，但一份试题还是应该尽量能够覆盖更多的唯物史观的观点、方法。

（二）唯物史观素养试题命题的方法

1. 对唯物史观的考查立于必备知识的基础之上

唯物史观的基本观点和方法也是历史科的必备知识，而我们在这里讲的必备知识特指历史学的基本史实、基本概念和基本观点。“‘必备知识’是培养能力、达成素养的基础。”②历史学的基本史实、基本概念和基本观点为唯物史观的考查提供了依托和素材。在平时的历史学习中，学生掌握的必备知识都是以唯物史观为理论基础的，学生学习的唯物史观也经过了必备知识的检验、验证。通过历史科的必备知识考查唯物史观，不是直接考查学生对唯物史观的记忆、背诵，也不是仅仅考查学生对史实、历史概念的

① 教育部考试中心：《中国高考评价体系》，14～16页，北京，人民教育出版社，2019。

② 同上书，13页。

记忆，而是考查学生运用唯物史观理解、认识历史现象和历史过程的能力与素养，是理论与实际的结合。

命制历史试题考查唯物史观，题目中一般不会直接出现唯物史观的基本概念，非选择题的参考答案中，也不会直接把唯物史观的基本观点和方法作为答案。题目使用的都是历史科的概念、观点，唯物史观隐含在历史叙述和历史解释之中。这样，题目就具有鲜明的学科特征。

例 3-1-11：(2019 年全国高考Ⅲ卷)“教民亲爱，莫善于孝；教民礼顺，莫善于悌；移风易俗，莫善于乐；安上治民，莫善于礼。”这一思想产生的制度渊源是

A. 宗法制(√)　B. 禅让制　C. 郡县制　D. 察举制

本题直接考查的是重视“孝、悌、乐、礼”的伦理观念形成的制度渊源，要找到这个渊源，学生除了要掌握宗法制、禅让制、郡县制和察举制这些必备知识，还要理解唯物史观中社会存在决定社会意识的观点。即学生要认识到，有了强调血缘、等级的宗法制这一制度基础(社会存在)，才形成了重视“孝、悌、乐、礼”的伦理观念(社会意识)。题目使用的都是历史概念、历史语言，这些都在学生掌握的必备知识的范畴之内。题目没有直接使用唯物史观的概念，如题目不会把“社会存在”作为选项，这样题目就是一道历史题而不是政治题。

2. 以新情境下的问题解决来考查学生的唯物史观素养

《课程标准》指出：“学生能否应对和解决陌生的、复杂的、开放性的真实问题情境，是检验其核心素养水平的重要方面。……多维度地创设试题情境，考查学生在新情境下如何解决问题，有利于检测和评价学生的历史学科核心素养水平。”通过创设学习情境、生活情境、社会情境和学术情境等试题情境，考查学生解决问题的能力，是当下历史试题的重要特征。这样的命题方式，摆脱了教材的束缚，极大地拓宽了命题的范围，更利于考查学生历史学科核心素养水平。创设试题情境的素材包括文字材料、统计数据和图片等，这些素材都来自教材之外，由此创设的试题情境对学生来说，都是陌生的。虽然试题情境陌生，但试题又肯定与学生的必备知识有

密切联系。学生如果不能通过陌生情境中的信息联想到必备知识，就会产生“学的都没考，考的都没学”的感觉。

试题情境一般是一个历史场景或一个历史现象，题目的问题一般是要求学生对这一场景或现象进行解释、评价。学生在解释或评价时，往往要以唯物史观为理论依据。至于这一试题情境适合用来考查唯物史观的哪个内容，则要看该试题情境属于唯物史观中的哪个领域。如果属于生产关系领域，题目的考查可以指向生产力方向；如果属于社会意识领域，则题目的考查可以指向社会存在方向。另外，变换题目设问的角度，也可以改变考查的内容，如下例。

例 3-1-12：（2019 年全国高考Ⅲ卷）在今新疆和甘肃地区保存的佛教早期造像很多衣衫单薄，甚至裸身，面部表情生动；时代较晚的洛阳龙门石窟中，造像大都表情庄严，服饰亦趋整齐。引起这一变化的主要因素是

A. 经济发展水平　　B. 绘画技术进步

C. 政治权力干预　　D. 儒家思想影响（√）

本题的试题情境是：随时间发展，洛阳龙门石窟较之新疆、甘肃地区的佛教造像，在服饰、表情等方面都发生了变化。题目要求回答这一变化产生的原因。本题的试题情境是一种文化现象，属于社会存在，与社会存在相关联的是社会意识。所以，本题考查的是社会意识（儒家思想）对社会存在（造像风格）的反作用。当然，本题情境也可以归为文化领域，属于上层建筑，但根据必备知识可以判断，不管是把题目情境视为文化还是上层建筑，它都与选项“政治权力干预”（政治因素）、“经济发展水平”（经济基础因素）不构成逻辑上的因果关系。

我们还可以通过改变上题的设问角度，来改变对唯物史观具体内容的考查。如：

在今新疆和甘肃地区保存的佛教早期造像很多衣衫单薄，甚至裸身，面部表情生动；时代较晚的洛阳龙门石窟中，造像大都表情庄严，服饰亦趋整齐。这一变化反映了

A. 经济重心南移　　B. 政治权力干预宗教化

C. 绘画技术进步　　D. 佛教中国化程度加深(√)

这样，题目设问的变化，就使题目对唯物史观的考查，由“社会意识反作用于社会存在”变为“透过现象看本质”。

3. 将唯物史观素养的考查渗透于其他核心素养的考查之中

历史学科各核心素养既相互独立，又相互支撑，构成一个有机整体。《课程标准》指出：“唯物史观是诸素养得以达成的理论保证。”时空观念、史料实证、历史分析和家国情怀等素养的培养都要以唯物史观为理论依据。因此，在命制试题时，可以对几个核心素养进行整体考查。还如例 3-1-12，本题同时考查了时空观念、历史解释和唯物史观素养。题目要求学生将佛教造像风格的变化放到特定的时间(早期和较晚时代)、空间(新疆、甘肃到洛阳龙门)框架下观察，这是对时空观念的考查。学生结合时空信息会发现，随时间的发展，佛教逐渐由新疆传播到甘肃再到河南龙门，逐渐由中国边疆深入腹地。这样，佛教受儒家思想的影响逐渐增强，表现在造像的表情、服饰上，礼教色彩越来越浓重。同时，题目的设问是“引起这一变化的主要因素是”，这是对历史解释的考查。学生需要结合试题情境提供的材料，并调动必备知识，对历史现象背后的深层因果关系进行探究。学生在结合特定时空框架理解史事、探究其因果的过程中，遵循和运用的是唯物史观的理论和方法。当然，本题对史料实证和家国情怀也有涉及，对此我们不作具体分析。

将唯物史观素养的考查渗透于其他核心素养的考查之中，可以最大限度地发挥试题的考查效能，这也是唯物史观的自身特点和唯物史观在历史学科中的地位决定的。唯物史观是科学的历史观，发现了人类历史发展的动力，揭示了人类历史发展的总趋势。在我们的历史课上，不管是对过去历史的学习、探究，还是对现实问题的认识、理解，都要以唯物史观为指导思想。唯物史观素养的培养是渗透在其他各核心素养的培养过程中的，这在客观上要求试题的考查也要体现这一特点。

第二节 唯物史观素养选择题的命题思路

选择题是标准化考试的主要题型，也是当下历史考试的主要题型，选择题分值在现在历史高考试题中约占50%。选择题的特点是题目短小，对必备知识的考查针对性强，以考查知识获取、思维认知能力为主，题目一般提供四个选项供学生选择。进入21世纪以来，选择题的考查形式、考查内容、考查目标经历了一个不断发展的过程。2000年前后，历史选择题的命制以知识立意，主要考查学生对教材知识的记忆情况。2004年开始实施课程改革，三维目标成为课程改革的重要内容，历史选择题的命制也逐渐转向能力立意，新材料新情境类题目逐渐增多，但考查知识记忆的题目仍占很大比重。在新一轮课程改革中，学科核心素养成为课程目标，历史选择题的命制又转向素养立意，新材料新情境类题目成为主要题型，单纯考查再认再现能力的题目逐渐退出高考。

本节在分析以选择题工具考查唯物史观素养的利弊的基础上，探讨唯物史观素养选择题的形式与类型，并尝试建构唯物史观素养选择题的模型。

一、以选择题工具考查唯物史观素养的利弊分析

选择题虽然看似短小，但它要求学生能全面、准确理解试题情境，因此，选择题仍然具有相当的难度。另外，虽然一道选择题考查的范围较狭窄，但一份试题有多道选择题，因此，选择题可以对学生的核心价值、学科素养、关键能力和必备知识进行较全面的考查。选择题的弊端主要在于答案已经给出，学生随便选一个，也有25%的概率选对。

（一）选择题在考查唯物史观素养中的优势

利用选择题考查唯物史观素养，可以实现考查的精准性。唯物史观内容丰富，包括各种观点和方法，在考试中，可以通过一道选择题对其中某一观点或方法进行考查。选择题创设的情境都比较凝练，题目冗余信息少，这样利于使试题聚焦到某一观点或方法，从而实现对唯物史观的精准考查，而且利于保证答案的科学性。选项可以设计成有密切联系而又各有侧重的

表述，这样，学生只有准确理解了试题情境才能作出正确判断。四个选项的关联性也直接影响试题的难易程度，关联性弱，则试题简单，关联性强，则是难题。

利用选择题考查唯物史观素养，可以实现考查的全面性。唯物史观内容丰富，包括历史主体、历史发展动力、历史发展规律的理论，不可能通过一道选择题对唯物史观进行全面考查。而选择题题型的特点就是数量多，这样就可以通过多道题目对唯物史观的不同内容进行考查，从而实现考查的全面性。如2018年全国Ⅰ卷中，有4道选择题较直接地考查了唯物史观，包括第24题(人民群众是历史的创造者)、第27题(社会存在决定社会意识)、第29题(社会意识对社会存在的反作用)、第31题(社会存在决定社会意识)。2019年全国Ⅰ卷对唯物史观的考查范围更广，有5道题考查了唯物史观的理论与方法，包括第25题(阶级分析的方法)、第27题(生产力决定生产关系)、第28题(人类历史是由低级到高级的发展过程)、第30题(社会存在决定社会意识)、第33题(经济基础的作用)。

利用选择题考查唯物史观素养，有利于培养学生的学科思维和学科方法。唯物史观为解答选择题提供了重要的方法。历史科选择题的考查模式，大多是通过创设试题情境，考查学生解释历史现象、认识历史现象本质的能力。学生只有运用唯物史观才能对历史现象进行科学解释，准确认识其本质。通过选择题的训练，可以强化学生对唯物史观的理解和运用，培养学生的学科思维和学科方法。

（二）选择题在考查唯物史观素养中的不足

利用选择题考查唯物史观，有时未必能考查出学生是否真正理解历史发展的来龙去脉，因为学生可以机械地套用理论得出正确答案。在考查唯物史观的选择题中，经常要考到分析史事发生的原因，这就要用到唯物史观的相关理论。例如，唯物史观认为，生产力是人类历史发展的根本动力，因此，学生在遇到问“根本原因”的题目时，往往看哪一个选项是生产力或经济就选哪一个。这样的判断方法，应该说是背离了命题者的初衷。

例3-2-1：(2000年全国高考)从尼德兰革命到法国大革命历时两个多世纪，而此后仅半个世纪资本主义就初步形成为一个世界体系，这主要是因为

A. 法国大革命的影响得到广泛传播
B. 维也纳体系激化了各国社会矛盾
C. 工业革命使资本主义力量迅速增强(√)
D. 殖民统治遍及世界各大洲

本题要求分析法国大革命后，资本主义在世界范围内相对大革命之前发展更加迅速的主要原因，学生依据所学理论，会想到要从生产力或经济角度思考，选项中只有C项与经济有联系，所以选定C。这样的思路，虽然答案正确，但学生并未认识到史事的内在逻辑关系，属于死板套用理论的方法。

要在选择题中准确考查学生对唯物史观的理解、运用水平，避免靠机械套用理论也能得分的情况发生，可以通过优化选项设计的方法来进行纠正，即在同一角度设计不同的选项，以更细致地考查学生对相关理论的理解、运用水平。如例3-2-1中，可以把选项调整为：

A. 法国大革命的影响得到广泛传播
B. 世界市场逐渐形成
C. 工业革命使资本主义力量迅速增强
D. 殖民统治遍及世界各大洲

如果再机械套用理论的话，因为B、C两项都属于经济领域，学生就会难以判断。要做对题目，学生就需要进一步分析，“世界市场”和“工业革命”中，哪一个和“法国大革命后(相当于19世纪上半期)，资本主义世界体系初步形成”存在更紧密的内在逻辑关系。这就要求，学生既要熟悉历史发展的来龙去脉，又要对唯物史观的相关理论有更细致深入的理解。

二、唯物史观素养选择题的考查内容和考查要求

“‘一核’既是对素质教育中高考核心功能的高度概括，又是使高考的内容改革始终坚持正确方向、不断巩固和提升高考为国选才育人水平的前提和根本保障。”《中国高考评价体系》“是指导和评价高考命题的实践体系。通

过‘四层’规定命题内容、‘四翼’保障命题水平”。[①]《中国高考评价体系》是命题技术长期探索、积累的结晶，使命题有了明确的依据和规范。

（一）唯物史观素养选择题的考查内容

对于选择题考什么的问题，高考命题进行了长时间的探索。就“四层”来看，重视核心价值，一直以来不但是历史教学的优良传统，也是历史考试的重要特点。历史试题对“考什么”的探索更突出地表现在学科素养、学科能力和必备知识等方面。我国从教学大纲到课程标准，都强调唯物史观在中学历史教学中的指导作用，相应地，考试大纲等文件也强调试题对唯物史观的考查。自20世纪90年代以来，如何在选择题中通过试题的考查内容落实对唯物史观的考查，成为命题技术探索的重要内容，主要经历了从知识立意到能力立意再到素养立意的过程。在此过程中，考查内容的载体越来越多地变为情境，从题目的形式来看，就是历史材料的使用越来越多。

20世纪90年代，《全日制中学历史教学大纲(高中部分)》修订本在“教学目的和要求”中指出：“历史教材和历史教学，要以马克思主义为指导，对历史作出正确的叙述和分析，做到思想性和科学性的统一，观点和材料的统一。中学历史教学，要求学生掌握基础的历史知识，了解中国和世界历史的重要历史事件和历史人物，逐步培养学生历史唯物主义的基本观点，以及运用历史唯物主义基本观点观察问题和分析问题的能力。”在“处理教学内容的若干原则”中要求：“(一)……人类社会是不断发展、不断进步的。……历史教材的叙述要有助于阐明这一客观规律，对学生进行社会发展规律的教育，引导他们向前看。(二)生产力和生产关系的矛盾，是任何社会发展的根本动力，而生产力又是最活跃、最革命因素。在阶级社会中，生产力和生产关系的矛盾，集中地体现为阶级矛盾和阶级斗争，阶级斗争是阶级社会历史发展的直接动力之一。历史教材应该体现这一原理。(三)人民群众是历史的主人。历史教材应该从阶级斗争、生产斗争和科学文化等方面叙述人民群众推动历史的伟大作用。但是一些历史人物对历史发展有重要影响，也应该正确地、具体地、实事求是地给以叙述和评价。对历史上某些反面人物，要进行分析和批判。(四)历史教材要有机地叙述各社

① 教育部考试中心：《中国高考评价体系》，8～10页，北京，人民教育出版社，2019。

会历史阶段的政治、经济、文化的发展情况，体现经济基础决定上层建筑，上层建筑对经济基础起反作用的辩证关系，不要平铺直叙，互不联系。要反对无视上层建筑反作用的机械唯物论观点，也要反对片面强调上层建筑反作用、忽视经济基础决定作用的唯心论观点。”①相应地，20 世纪 90 年代到 21 世纪初的《普通高等学校招生全国统一考试历史科考试大纲》确定了“四个方面十项”能力要求。其中第一方面“再认、再现历史知识”要求：“1. 再认、再现重要的历史事实、历史概念和历史结论。2. 再认、再现历史的阶段特征、基本线索和发展过程。”第三方面“历史阐释”中要求：“8. 初步运用辩证唯物主义和历史唯物主义的基本观点分析历史现象和历史事物，揭示其本质，阐述历史发展的规律。”

20 世纪 90 年代是历史高考试题由知识立意向能力立意转型的重要时期。为了突出对历史思维能力的考查，试题通过使用历史材料设置历史情境的力度越来越大，但这种趋势主要还是体现在材料解析题中，使用材料的选择题仍比较少。这就导致，选择题虽然也力图考查学生的历史思维能力，但仍带有浓厚的“知识”色彩，即以再认、再现知识的考查为主。这一时期选择题对唯物史观的考查，就考查层次而言，主要是在第一、第二层次，即了解唯物史观的内容、运用唯物史观对教材中熟悉的内容进行分析。

我们先来看一道 2001 年的高考题。

例 3-2-2：(2001 年全国高考)导致东汉末年军阀混战、分裂割据局面的根本原因是

A. 豪强地主势力膨胀(√)　　B. 外戚、宦官交替专权

C. 黄巾起义　　D. 曹操“挟天子以令诸侯”

本题考查东汉末年分裂割据局面出现的根本原因，能力要求是历史阐释。“军阀混战、分裂割据”是政治现象，要寻找其出现的“根本原因”，应从经济基础入手，所以答案为 A——“豪强地主势力膨胀”。题目考查了运用

① 中华人民共和国国家教育委员会：《全日制中学历史教学大纲(高中部分)》修订本，1～3 页，北京，人民教育出版社，1990。

“经济基础决定上层建筑”的理论探究历史现象原因的能力。本题中的历史现象是教材内容，其出现的原因，教材和教师也都有介绍，因此本题在要求学生运用唯物史观的相关理论对历史现象进行分析、解释时，又考查了知识的再认、再现能力，而且学生只要能准确再认、再现所学知识，就能准确作答。

长期以来，人们认为中学历史学习，最重要的方法就是“贝多芬”(背多分：背诵可以得到更多分)。而试题对“再认、再现”能力的考查，在一定程度上反而强化了师生对“知识”的重视。或者说，当时，人们对历史学习和历史考试的认识，都是以知识和记忆为基础。这种认识甚至一直到使用2003年版《普通高中历史课程标准(实验)》(以下简称2003版课标)的试题中仍有反映。

例3-2-3：(2007年广东高考)马克思主义的产生，与下列哪些国家和地区的历史经验有密切关系

A. 美英法　　B. 英法俄　　C. 美法德　　D. 英法德(√)

本题主要考查学生对马克思主义理论来源的掌握情况，只要学生能知道马克思主义的理论来源包括德国的古典哲学、英国的古典政治经济学和英法的空想社会主义，就能正确作答。题目仍然考查学生再认历史知识的能力。

虽然传统的考查知识的题目仍大量存在，但2003版课标的颁布，还是使历史试题的考查内容发生了很大的变化。2003版课标从“知识与能力、过程与方法、情感态度价值观”三个方面设定课程目标。其中对唯物史观的目标要求是“通过普通高中历史课程学习……对历史唯物主义的基本理论和方法有所了解，初步认识人类社会发展的基本规律，学会运用科学的理论和方法认识历史和现实问题，逐步形成科学的世界观和历史观”，在“过程与方法”中又具体要求“掌握历史学习的基本方法。学习历史唯物主义的基本观点和方法，努力做到论从史出、史论结合”。可以看出，2003版课标仍然强调唯物史观在历史学习中的理论指导地位。2007年，使用2003版课标的第一届学生参加高考，《2007年普通高等学校招生全国统一考试历史科考试大纲(课程标准实验版)》对考核目标作了较大调整，在“考试内容”中要求

“历史学科……注重考查在科学历史观指导下运用学科思维和学科方法分析问题、解决问题的能力”，把“考核目标与要求”调整为4项12点。《2007年普通高等学校招生全国统一考试历史科考试大纲的说明（广东卷）》还特别强调命题要重视运用“新材料、新情境”，这对广东卷选择题的命制产生了重大影响。

2007年广东卷的25道选择题中，新材料、新情境类题目有16道，占全部选择题（25道）的64%。[①] 其中，考查唯物史观（包括对马克思主义的考查）的题目有6道。

2007年广东卷中，以“新材料、新情境”为载体，通过考查学科能力来落实对唯物史观考查的典型题目如：

例3-2-4：（2007年广东高考）下表反映了英国农业人口的变化，导致这一变化的主要原因是

年份	1840	1870	1900	1920
农业人口占总人口的百分比	22	14.8	8.4	7.1

A. 工业化（√）　　　　B. 殖民战争

C. 资产阶级革命　　　D. 第一次世界大战

本题考查唯物史观中“生产力决定生产关系”的理论，考查的必备知识是工业革命。学生必须先准确理解试题情境，这便考查了知识获取能力、思维认知能力等关键能力。材料反映了英国在19—20世纪，农业人口占总人口比例逐渐降低这一历史现象，这属于生产关系层面。题目要求分析这一现象的主要原因，学生运用唯物史观的理论，要从生产力的角度分析，选项中只有“工业化”符合要求，而且时间也吻合。

2014年，新一轮课标修订工作启动，学科核心素养成为本轮课标修订的中心词。2017年，课标正式发布。素养立意很快成为试题命制的基本原

① 2006年的广东卷已出现新材料、新情境类题目明显增多的迹象，当年的25道选择题中，新情境类题目有12道，占全部选择题的48%；而2005年的广东卷中只有7道，而且很多材料只是复述教材中已介绍的史事。

则，这为唯物史观素养的考查提供了更广阔的空间。

例 3-2-5：(2017 年全国高考Ⅰ卷)周灭商之后，推行分封制，如封武王弟康叔于卫，都朝歌(今河南淇县)；封周公长子伯禽于鲁，都奄(今山东曲阜)；封召公奭于燕，都蓟(今北京)。分封

A. 推动了文化的交流与文化认同(√)

B. 强化了君主专制权力

C. 实现了王室对地方的直接控制

D. 确立了贵族世袭特权

本题对唯物史观素养的考查，以必备知识——分封制为载体，并通过关键能力——知识获取能力、思维认知能力来落实。学生首先要通过阅读材料，获取河南、山东、北京等空间信息，进而运用唯物史观，通过逻辑思维认识到新的政治制度的确立推动了不同地区间文化认同的形成，即新的政治制度推动了新的思想意识的形成。这些内容进而使学生水到渠成地认识到，文化认同是我们中华民族、统一国家的坚韧纽带。这一道题，将必备知识、关键能力、学科素养和核心价值融为一体。

《课程标准》明确了唯物史观素养是重要的考试内容和考查目标，《中国高考评价体系》明确了考查内容，由此，我们可以准确把握选择题中，唯物史观素养考查与必备知识、关键能力、学科素养和核心价值的关系。

（二）唯物史观素养选择题的考查要求

高考评价体系的“四翼”回答了高考“怎么考”的问题，唯物史观选择题同样要具有基础性、综合性、应用性和创新性。

唯物史观选择题的基础性包括历史学科内容的基本性，即基本概念、基本结论等；还包括唯物史观的基本性，即历史学科的基本原理、思维方法等。它考查即将进入大学的学习者所具备的历史学科的基本概念、原理、思维方法等。

《课程标准》指出，高中历史课程“展示中国历史和世界历史发展的基本过程”，学生在历史课程中首先了解中外重大历史事件、历史现象的内容和过程，了解历史人物的言行，如了解春秋战国时期的经济发展和政治变动，

了解20世纪50年代至70年代中期探索社会主义建设道路的曲折发展和伟大成就，了解老子、孔子学说等；在此基础上再认识历史事件、历史现象、历史人物的言行产生的历史背景和历史影响，如理解战国时期变法运动的必然性，认识秦朝崩溃和两汉衰亡的原因，认识长征的意义，理解工业革命对资本主义世界体系的形成及对人类社会生活的深远影响等。在对历史发展的来龙去脉有了认识之后，还要进一步认识历史发展的规律。《课程标准》在必修课程的“教学提示”中要求“理解历史进程中的变化与延续、继承与发展、原因与结果，建构历史发展的前后联系，认识历史发展的总体趋势”。在分析历史因果的过程中，要以唯物史观为指导。唯物史观素养选择题，就要以这些历史事件、历史现象的内在关联、发展趋势和因果等基础知识为载体，考查学生运用唯物史观认识历史的能力。

例3-2-6：(2022年广东高考)17世纪的荷兰画家作品中经常呈现如下场景。整齐的城市、房舍、家具，妻子和儿女们的漂亮服饰，宴会上盛大的排场，海员的英勇，商业的辉煌以及穿梭于各大洋上的荷兰商船。这反映了当时荷兰

A. 海外贸易丰富了艺术题材(√)

B. 浪漫主义艺术风靡一时

C. 商业公司垄断新航路贸易

D. 启蒙运动塑造社会风貌

本题反映了唯物史观选择题的基础性。17世纪上半期荷兰号称“海上马车夫”，国力强盛，这是学生应该掌握的必备知识；社会存在决定社会意识，这是学生应该掌握的基本理论。从唯物史观的角度分析，试题情境中“整齐的城市、房舍、家具，妻子和儿女们的漂亮服饰，宴会上盛大的排场，海员的英勇，商业的辉煌以及穿梭于各大洋上的荷兰商船”等，都是社会生活中的真实，属于社会存在的范畴；画家绘画作品的内容往往来源于现实生活，是社会存在在艺术领域的反映。题目考查了社会存在对社会意识的决定作用。

唯物史观素养选择题的综合性，可以是培养学生德智体美劳的综合素

质，也可以是调动不同学科的相关知识与能力，解决所面临的复杂问题。

历史课让学生了解人类文明的发展历程，人类文明内容的丰富性决定了历史课内容的丰富性，包括政治史、经济史、文化史，文化史又包括进一步细化的思想史、艺术史、科技史等。唯物史观选择题如果能以其他领域或学科的材料创设情境，有利于考查学生运用唯物史观认识更广阔的世界、更广博的历史的能力。

例 3-2-7：(2020 年全国高考Ⅰ卷)图 4 为唐代著名画家阎立本的《步辇图》，描绘了唐太宗李世民接见吐蕃使臣的情景。该作品体现了

图 4

A. 西域风情与中土文化的交汇

B. 文人意趣与市井风情的杂糅

C. 艺术审美与史料价值的统一(√)

D. 现实主义与浪漫主义的融合

本题中的绘画作品《步辇图》属于艺术史范畴，是写实风格，从中我们可以了解唐代人们生活中服装的款式、色彩等信息，进而了解时人的审美情趣等。同时，这幅画描绘的是李世民接见吐蕃使臣的情景，这又为我们了解当时唐蕃交往提供了信息，从而具有了史料价值。学生在思考过程中，需要懂得“社会存在决定社会意识”的唯物史观的观点，知道绘画作品作为思想意识的载体是特定时代社会存在的产物。本题用艺术史的材料来设置

情境，考查唯物史观素养，体现了唯物史观选择题的综合性。

唯物史观素养选择题的应用性，主要是考查学生运用唯物史观对在生活中遇到的问题进行分析的能力。“应用性要求以贴近时代、贴近社会、贴近生活的生活实践或学习探索问题情境为载体……设计生产生活中的实际问题。”①

例 3-2-8：(2020 年江苏高考)建国初期，一位老大爷谈到种痘运动说：“现在的国家真好，共产党毛主席处处关心我们，从解放后，没听说哪个地方闹天花，也看不见有麻子的孩子啦。我家的四个孩子，要是在过去请‘花先生’栽‘花’，顶少也得一石来粮。”这则材料作为例证，可用来说明

A. 社会主义改造成效显著　　B. 新中国获得民众政治认同(√)

C. 民主政治建设扎实推进　　D. 卫生防疫体系的全面建立

本题中，虽然情境的时间是“建国初期”，看似与学生的生活距离遥远，但 2020 年新型冠状病毒感染疫情全球蔓延，在党和政府的领导之下，全国人民齐心协力取得抗疫斗争的重大胜利，有效遏制了疫情大面积蔓延。从这个角度来讲，题目的情境是“贴近时代、贴近社会、贴近生活”的。题目情境中，老大爷的态度反映了人民群众对党的政策的感谢、对党的领导的支持。唯物史观认为，人民群众是历史的创造者。中国共产党在执政中，一直把人民群众的利益放在首位，这也使新政权迅速获得民众的支持。题目其实也是在引导学生认识到，面对疫情，坚持党的集中统一领导是赢得疫情防控斗争胜利的关键。

唯物史观素养选择题的创新性，既可以表现为试题呈现方式和设问方式的新颖性，也可以表现为对学生批判性思维、独立思考能力的考查。

例 3-2-9：(2018 年全国高考Ⅰ卷)据学者研究，唐朝“安史之乱”后百余年间的藩镇基本情况如表 2 所示。

① 教育部考试中心：《中国高考评价体系》，31 页，北京，人民教育出版社，2019。

表2 “安史之乱”后百余年间唐朝藩镇基本情况表

藩镇类型	数量(个)	官员任免	赋税供纳	兵额与功能
河朔型	7	藩镇自擅	不上供	拥重兵以自立
中原型	8	朝廷任命	少上供	驻重兵防骄藩
边疆型	17	朝廷任命	少上供	驻重兵守边疆
东南型	9	朝廷任命	上供	驻兵少防盗贼

由此可知，这一时期的藩镇

A. 控制了朝廷财政收入　　B. 彼此之间攻伐不已

C. 注重维护中央的权威　　D. 延续了唐朝的统治(√)

本题要求学生能从材料内容的实际出发，突破既有知识的束缚，独立思考，才能得出正确答案。在学生的既有知识中，提到唐朝的藩镇，最容易联系到一起的词语就是“割据”，藩镇割据导致了唐朝的衰落及灭亡。但是在题目提供的统计数据中，只有少数北方藩镇自己任命官员、拥兵自重，真正处于割据状态；大多数藩镇仍与中央保持较密切的联系，在政治上受中央节制，在经济、军事上服务于中央。这反映出，设置藩镇作为唐朝地方治理方式的重大调整，对维护唐朝的统治还是起到了一定的积极作用。这印证了唯物史观中，上层建筑反作用于政治经济基础的观点。学生要勇于从材料出发，具备独立思考能力和实事求是的精神，才能选出正确答案。本题体现了唯物史观素养选择题在创新性方面的探索。

三、唯物史观素养选择题的命题方法

由《中国高考评价体系》，我们明确了唯物史观素养选择题考什么、如何考的问题。关于“考什么”的问题，《中国高考评价体系》给出了非常细致的内容，如核心价值包含3个一级指标和10个二级指标，学科素养包含3个一级指标和9个二级指标，关键能力包含3个能力群，必备知识由陈述性知识和程序性知识构成。关于“如何考”的问题，我们认为，基础性应基于《课程标准》中的课程内容，综合性应源于广博的课程资源，应用性要贴近生活和时代，创新性针对批判性思维和独立思考。那么，明确了这些，是

否就能命制出一道唯物史观选择题呢？我们认为，具体试题命制，要以“四层”“四翼”为指引，同时重视选择题的结构与呈现形式。

一道选择题主要由试题情境、设问和选项三部分组成。试题情境一般基于史料创设；设问是联系试题情境和选项的纽带，并决定题目的考查方向、引导学生的思考方向；选项是基于试题情境对题目要求的回应，正确选项一般是在全面、准确解读试题情境信息的基础上，对题目要求作出的最准确的回应，而错误选项则或是对试题情境中的信息运用存在偏差，或是在回应题目要求时欠准确。现在的各级考试中，新材料新情境类题目占了选择题的绝大部分。在对学生唯物史观素养的考查中，要多维度创设试题情境，考查学生在新情境下解决问题的能力与方法，这样有利于检测和评价学生真实的唯物史观素养水平。

（一）唯物史观素养选择题的试题情境

试题情境包括学习情境、生活情境、社会情境和学术情境等，在唯物史观选择题中，又以学习情境和学术情境居多，学习情境包括历史叙述、史料、史论等，学术情境主要是学者的观点、论述等。在唯物史观选择题中，正确选项与试题情境的关系，首先要符合唯物史观的逻辑。例如，命制因果类唯物史观选择题时，如果试题情境属于生产力范畴，则正确选项一般应是生产关系、社会发展范畴；如果试题情境属于上层建筑范畴，则正确选项一般应是经济基础范畴。

例 3-2-10：(2013 年江苏高考)乾隆《吴江县志》载明末周灿诗：“水乡成一市，罗绮走中原。尚利民风薄，多金商贾尊。人家勤织作，机杼彻黄昏。”诗中“人家”“机杼彻黄昏”是因为

A. 水上集市不受时空限制　　B. 家庭纺织工勤奋“走中原”

C. 重农抑商政策发生变化　　D. 尊富崇利意识蔚然成风尚(√)

本题情境是明朝末年的一首诗中反映的吴江地区工商业发展情况，属于学习情境。题目要求是分析当时家庭纺织业发展的成因。诗中提到吴江工商业发达，丝织品远销中原，很多家庭积极从事纺织业，当地尊商重利风气浓厚。吴江“人家”“机杼彻黄昏”的直接目的是获利，而促使“人家”“机

杼彻黄昏”的动力，除了改善生活的追求，还有“尚利民风”和“多金商贾尊”的社会观念。这反映了社会意识对社会存在的反作用。

唯物史观素养选择题的试题情境可以是政治现象、经济现象，也可以是文化现象。试题情境是题目设计问题的基础。

（二）唯物史观素养选择题的设问

唯物史观素养选择题的问题基于试题情境提出，一般要求学生对试题情境中的现象进行因果分析、揭示实质等，问题中出现的高频词包括：原因、因为、反映、说明等。如例 3-2-4 中，“导致这一变化的主要原因是”；例 3-1-5 中，“这反映出，《墨子》”等。这些高频词提示学生，试题情境与选项之间存在因果、现象与实质等关联性。这样便引导学生从唯物史观的角度对试题情境与选项进行解读，如生产力与生产关系的关系、经济基础与上层建筑的关系、社会存在与社会意识的相互作用等。

（三）唯物史观素养选择题的选项

历史选择题的选项(以单项选择题为例)包括一个正确选项和三个迷惑项。正确选项从唯物史观的角度，正确回应题目要求。此选项以唯物史观为指导，对试题情境进行合理解读，回应题目要求，选项使用历史学科语言(包括历史概念、历史结论等)进行表述。迷惑项的设计，或是对试题情境解读不合理，或是错误运用唯物史观的理论等。如例 3-2-10 中，试题情境是明朝末年吴江地区工商业发展情况，以及尚利、以富为尊的社会风气，题目要求回答当地纺织业发展的成因。从试题情境中诗的结构来看，先讲当地(盛泽)丝织品远销中原(市场广阔)，再讲当地崇利尊富的风气，最后讲当地人民勤于纺织。可见，是市场因素、观念因素带动了当地纺织业的发展。正确选项“尊富崇利意识蔚然成风尚”符合诗原意和题目要求，此项还反映了“社会意识反作用于社会存在”的唯物主义原理。其他三个选项中，A、B 两项从错误理解试题情境的角度设计，诗中“水乡成一市”并非指“水上集市”，而且诗中也没有“不受时空限制”的信息；诗中“罗绮走中原”指当地的丝织品远销中原，而非“纺织工”走中原，而且材料也未说明“罗绮”是家庭手工业的产品还是私营手工业的产品；C 项从上层建筑反作用于经济基础的角度设计，但是“重农抑商政策发生变化”(“变化”的含义是指重农抑商政策放松)与史实不符。

唯物史观素养选择题的正确选项，要合理运用唯物史观的理论、方法，按题目要求解读试题情境。正确选项的文字表述一般不直接使用唯物史观的概念、术语，如生产力、生产关系、经济基础、上层建筑等，而是使用与这些术语相对应的历史概念。唯物史观选择题错误选项的设计，并不是随便编写一个错误的表述就可以，而是要考虑学生在学习、运用唯物史观中可能会出现的问题，包括是否了解与试题情境相关的理论，能否正确运用理论、方法解读试题情境等。学生如果唯物史观素养达不到相应的水平，就可能选择错误选项。

唯物史观素养选择题可以灵活、细致、全面地考查学生的唯物史观素养。试题设计过程中，情景材料的改编、问题角度的确定、选项的表述要通盘考虑、三位一体，以期实现“一核”“四层”“四翼”的考查目标。

第三节　唯物史观素养非选择题的命题思路

非选择题又称主观题，是目前各级历史考试的主要题型之一。试卷的非选择题部分大多由若干道题目组成，这样可以覆盖更多的考点；每道题往往又包含若干道小题，这样可以加大对某个考点的考查深度。非选择题是考查学生唯物史观素养的重要题型，它一般要求学生对史事进行比较、分析、解释、评价。在此过程中，考查学生对唯物史观的理解、运用能力。

一、以非选择题工具考查唯物史观素养的利弊分析

在多年的考试中，非选择题的优点与局限逐渐充分显现出来。在以后的非选择题命题中，如何充分扬长补短，是命题者要进一步探索的目标。

（一）以非选择题工具考查唯物史观素养的优势

相对于选择题，通过非选择题可以更全面、更深入地考查学生的唯物史观素养水平，而学生在非选择题中表现的唯物史观素养水平也更具真实性。

通过非选择题考查唯物史观素养，主要渗透在对史事因果的分析和对人物的评价中。《课程标准》的基本理念之一是“坚持正确的思想导向和价值判断”，具体内容包括“历史课程要以唯物史观为指导，对人类历史发展进

行科学的阐释，将正确的思想导向和价值判断融入对历史的叙述和评判中”。《课程标准》在对“唯物史观”素养的界定中强调：“唯物史观是揭示人类社会历史客观基础及发展规律的科学的历史观和方法论。”“唯物史观使历史学成为一门科学，只有运用唯物史观的立场、观点和方法，才能对历史有全面、客观的认识。”

在具体题目中，对唯物史观素养的考查往往又和对历史解释素养的考查紧密结合。《课程标准》中“历史解释”素养的内容包括：“历史解释是指以史料为依据，对历史事物进行理性分析和客观评判的态度、能力与方法。”“人们……通过对史料的搜集、整理和辨析，辩证、客观地理解历史事物，不仅要将其描述出来，还要揭示其表象背后的深层因果关系。”这里的“进行理性分析和客观评判的态度、能力与方法”“客观地理解历史事物”“揭示其表象背后的深层因果关系”等，其实都是以唯物史观为理论指导。

在以往的高考题目中，对唯物史观素养的考查，大多渗透在因果分析题目中，并与对历史解释素养的考查相结合，如下例。

例 3-3-1：(2019 年全国高考Ⅲ卷)阅读材料，完成下列要求。

材料

《汤姆叔叔的小屋》描写了美国内战前奴隶制下黑人奴隶的悲惨命运。主人公黑奴汤姆是一位虔诚的基督教徒，逆来顺受，受尽折磨而死。该书是第一部被翻译成中文的美国小说，并被多次搬上话剧舞台。

表 1 《汤姆叔叔的小屋》翻译与改动的部分情况

《黑奴吁天录》(1901 年译)	译者称“非代黑奴吁也”，鉴于“为奴之势逼及吾种”，“为振作志气，爱国保种之一助”；删除了原著中部分宗教思想较浓的内容，增加反映孔孟思想的内容。
话剧《黑奴吁天录》(中国留日学生改编，1907 年)	黑人奴隶奋起反抗奴隶主的残暴统治，为了独立和自由，手持长枪与奴隶主殊死搏斗，最后胜利出逃。
话剧《黑奴恨》(1961 年上演)	突出汤姆的阶级觉悟，最后一幕安排他因反抗而遭受火刑，临死前发表痛斥殖民者罪行和鼓舞被压迫者抛弃幻想、争取民族解放斗争的演说。

——据陈白尘、董健主编《中国现代戏剧史稿》等

从材料中提出一个论题，结合所学知识，加以论述。(要求：论题明确，持论有据，表述清晰。)

由表格材料可知，《汤姆叔叔的小屋》的翻译与改动，在不同历史时期有不同的侧重点。依据唯物史观，我们知道，这些翻译与改动，本质上是特定时期的社会意识在文学艺术领域的表现。因为社会存在决定社会意识，所以，是中国不同时期的社会状况，导致了对《汤姆叔叔的小屋》翻译和改动不断发生变化。由此，运用唯物史观回答本题的思路是：第一步，从社会存在与社会意识的关系角度确定论题，并结合材料，用历史概念进行表述。第二步，结合材料，找到各时期《汤姆叔叔的小屋》翻译与改动的侧重点；结合所学知识，梳理各时期的主要史事，并确定其与小说或话剧侧重点的对应关系。第三步，用历史学科语言梳理特定时代史事与小说或话剧侧重点的逻辑关系。本题不但可以考查学生对唯物史观具体内容的了解情况，还可以考查学生运用唯物史观对历史进行叙述、解释的能力，可以全面、深入地考查学生唯物史观素养所达到的水平。

非选择题不像选择题，已经为学生提供了现成的选项供挑选，题目的选项能给学生提示，引导学生的思维。学生即使一开始没有想到运用唯物史观分析题目，但在选项的提示下，也可以调整思路，找到正确答案。解答非选择题，学生没有获得提示的途径，只能凭自己在日常学习中养成的唯物史观素养完成题目要求。

(二)以非选择题工具考查唯物史观素养的不足

首先，以非选择题为工具考查唯物史观素养时，唯物史观在学生答案中以何种形式呈现，目前没有明确要求。学生答题时，可以把唯物史观作为分析问题的指导思想，隐含在答案之中，而不明确答出唯物史观的内容；也可以先答出应用的唯物史观的原理，再相应地运用历史语言进行分析。从目前试题的参考答案来看，题目都没有要求学生明确答出所运用的唯物史观的内容。但是这样就给未真正理解唯物史观的学生留下了钻空子的机会。

如2021年广东卷的第18(2)题(例3-1-4)，题目要求“运用唯物史观简述英国工业革命的历史意义”，但是参考答案并没有要求答出唯物史观的具体内容。这样，则题目与直接要求“简述英国工业革命的历史意义”没有明显差别。而且，学生只要意识到，我们的历史教材、历史教师的授课都是以唯物史观为指导的，那么自己在历史课程中学习的关于英国工业革命的历史意义，肯定也是以唯物史观为指导得出的。这样，学生只要把平时背诵的东西搬过来，就肯定是符合题目要求的，虽然他未必真正理解自己写的各点意义，具体是运用了唯物史观的哪些内容。

其次，非选择题答案往往带有多样性和模糊性，评卷标准难以把握。非选择题之所以又被称为主观题，就是因为学生的答案具有很强的主观性，而这种主观性又会使学生的答案具有模糊性和多样性。因此，非选择题的参考答案和评分细则往往只是给出一个大致范围，学生的答案只要在范围内，即可得分。为了使参考答案具有更强的涵盖面，高考试题的参考答案一般只提供答题的角度，文字表述也高度概括，文字非常精练。

下面是我们对2016—2020年全国卷的3份试卷的25分题(2016年是第40题，2017—2020年是第41题)参考答案字数的统计(字数含题目序号和标点符号)。

表3-3-1　2016—2020年全国卷25分题参考答案字数统计

试卷	2016年	2017年	2018年	2019年	2020年	平均
Ⅰ卷	204	190	191	248	284	223
Ⅱ卷	220	222	206	183	178	202
Ⅲ卷	327	156	121	208	209	204
平均	250	189	173	213	224	210

注：2016年Ⅰ卷的答案提供了两种答题情况，我们取两种答案字数的平均数。

由此统计可以看出，一道25分的题目，参考答案字数只有大约200字。参考答案的文字高度概括，为评卷者制定更详细的评卷细则提供了更大的空间，这是有利于评卷的。但参考答案过于简略，就只能起到提示答题角度的作用，会导致在评卷中，只对学生答案的广度、全面性做要求，而对问题分析深度不做要求。学生的答案即使对问题分析更细致、更深入，也得不到更高的分数，这会使试卷的区分度降低，不利于实现高考选拔的目的。这样的评卷标准又会直接影响教师的备考指导，教师们在备考指导中，直接要求学生组织答案，要把广度放在第一位，把深度放在第二位。这样的要求，进而导致学生在学习中不求甚解，无意理清史事发展的来龙去脉，不去探究史事发展的内在逻辑。

对唯物史观素养非选择题而言，如果学生的答案过于简略，也不容易考查出学生的唯物史观素养所达到的真实水平，因为学生的答案即使生硬地套用理论，也可能得到满分。这种情况在平时的教学中也有所暴露。有教师在讲春秋时期的经济时提到，铁犁牛耕的使用，促使了井田制瓦解、土地私有制形成。教师进一步提问：铁犁牛耕的使用，为什么会使井田制瓦解？学生们异口同声地回答：因为生产力决定生产关系。教师给予肯定后便进入了下一环节的教学。教师本来设计了一个很好的问题，可以深化学生对井田制的认识，也利于引导学生认识铁犁牛耕的使用和井田制瓦解之间的内在逻辑关系。但教师在教学中，机械套用理论而未从历史发展的内在逻辑上进行解释，使问题丧失了其本应发挥的效能。当然，学生的意思也不是把"生产力决定生产关系"作为"因"，把"铁犁牛耕的使用促使了井田制的瓦解"作为"果"。但笼统地讲"生产力决定生产关系"，而不对"决定"关系进行深入分析，会使学生对唯物史观的理解趋于机械，也会使学生对历史发展的认识趋于简单化。

二、唯物史观素养非选择题的考查内容和考查要求

唯物史观素养非选择题相较于选择题，材料更丰富，为达成"四层""四翼"的考查，提供了更广阔的空间。

（一）唯物史观素养非选择题的考查内容

在高考评价体系的"四层"中，核心价值起引领方向的作用。"世界观和方法论"是核心价值的三个一级指标之一，"正确的世界观和方法论"是"世界观和方法论"下的二级指标，其中就包括"坚持历史唯物主义，反对历史虚无主义。能够运用历史唯物主义的观点、方法观察分析社会历史现象，正确认识社会发展规律，顺应改革发展潮流"①。

非选择题的设问，大多要求学生就材料中史事的前因后果进行分析，这种分析就要求以唯物史观为指导。从这个角度说，大多数非选择题都是

① 教育部考试中心：《中国高考评价体系》，16页，北京，人民教育出版社，2019。

唯物史观素养非选择题。或者说，唯物史观是非选择题的必考内容。如例3-1-2、例3-1-7，学生在分析问题时，都要以唯物史观为指导；例3-1-4更是明确要求，运用“唯物史观”分析英国工业革命的历史意义。

从唯物史观素养非选择题的参考答案来看，题目都要求学生能多角度、多层次地对问题进行分析，如分析史事发生的原因，一般要求从内因、外因，主观因素、客观因素，政治因素、经济因素、文化因素等进行分析；分析史事产生的影响，可以从积极影响、消极影响，对本地的影响、对世界的影响，对当时的影响、对后世的影响，政治方面的影响、经济方面的影响、文化方面的影响等进行分析。

这正如恩格斯所讲：“历史是这样创造的：最终的结果总是从许多单个的意志的相互冲突中产生出来的，而其中每一个意志，又是由于许多特殊的生活条件，才成为它所成为的那样。这样就有无数互相交错的力量，有无数个力的平行四边形，由此就产生出一个合力，即历史结果，而这个结果又可以看作一个作为整体的、不自觉地和不自主地起着作用的力量的产物。”①在分析的过程中，要以唯物史观为理论指导，如果分析的对象属于生产关系范畴，答案就要包括生产力的要素；如果分析的对象属于社会意识的范畴，答案就要包含社会存在的要素。

例如，2018年全国Ⅰ卷第41题，题目要求“说明乡约制度的积极作用”，试题提供的参考答案是“有利于维护社会秩序，加强基层社会治理；有利于发展生产；促进了儒家文化和传统道德的传播”。问题中的“乡约制度”属于上层建筑范畴，分析上层建筑的影响，依据唯物史观中“上层建筑反作用于经济基础”的理论，影响会涉及经济基础领域，表现在答案中就是“有利于发展生产”。

又如2017年江苏卷第23题，题目要求“据材料一，指出文艺复兴和启蒙运动时期人文主义的差异。结合所学知识，分析产生差异的原因”。试题提供的参考答案是：“差异：文艺复兴，强调人性；未摆脱神学观。启蒙运动，强调理性；强调科学。原因：资本主义的发展；资产阶级力量的壮大；自然科学的发展。”“文艺复兴”和“启蒙运动”都属于社会意识的范畴，分析

---

① 《马克思恩格斯选集》第4卷，697页，北京，人民出版社，1995。

这两次思想解放运动的差异形成的原因，依据唯物史观“社会存在决定社会意识”的理论，就要从社会存在的角度进行分析，具体包括社会经济、阶级结构等因素。

非选择题对唯物史观素养的考查，还往往同对学科素养、关键能力和必备知识的考查相结合。必备知识是考查唯物史观素养的载体，题目提供的材料虽然陌生，但这些陌生的材料肯定与学生的必备知识有千丝万缕的联系，学生可以运用必备知识解决由陌生的情境设计的问题。如例 3-1-4，恩格斯对工业革命的评价，对学生而言是陌生内容，但工业革命是学生的必备知识。恩格斯对工业革命的评价，为学生回答问题提供了切入点和答题角度。

“关键能力”中的“知识获取能力群”和“思维认知能力群”是学生准确作答唯物史观非选择题的能力保障。学生如果能准确阅读理解材料，并能依据材料信息迁移必备知识，则准确利用唯物史观分析问题的能力就会更强。如例 3-3-1，学生如果能通过阅读发现，不同时期中国人对《汤姆叔叔的小屋》的翻译与改动各有侧重，再调动必备知识，就会认识到，这些翻译与改动受到特定时空环境的影响，并为特定的时空环境服务。

“学科素养”包含 3 个一级指标和 9 个二级指标，就历史学科而言，它是指学生能够以唯物史观为指导，合理运用历史学科的思维方法，有效整合历史学科相关知识，运用历史学科的相关能力，高质量地认识问题、分析问题、解决问题的综合品质，覆盖了学生做题的“读—想—写”的全过程。通过非选择题考查唯物史观素养，也必然要考查到这些素养。

试题的“四层”考查内容是一个整体，通过非选择题考查唯物史观素养时，这四层内容承担着方向引领、考查载体、答题的必备能力与方法等功能。

（二）唯物史观素养非选择题的考查要求

高考评价体系的“四翼”明确了“怎么考”的问题。非选择题的体量更大、情境更丰富，这为落实“四翼”提供了更广阔的空间。

就基础性而言，唯物史观素养非选择题可以就一组专题性或主题性的材料，考查更广泛的基本概念、基本结论和基本原理。如例 3-1-1，考查的基本史事涉及科技、经济、政治、文化等领域，基本原理包括生产力决定生产关系、社会存在决定社会意识等。可见，通过非选择题考查唯物史观素养，相较于选择题，在基础性方面，又多了一个广泛性。

通过非选择题考查唯物史观素养，更容易达成“综合性”的要求，因为非选择题可以运用更丰富的材料，包括不同专题、不同类型，甚至是跨学科的材料来设置情境。

例 3-3-2：(2021 年山东高考)阅读材料，回答问题。

开封：仅据天下之冲，还是奠万世之基?

材料一

(976 年，宋太祖西巡洛阳，有意迁都于此，甚或迁都长安，并就此与大臣展开了一场讨论。)

李怀忠曰：“东京有汴渠之漕，岁致江、淮米数百万斛，都下兵数十万人，咸仰给焉。陛下居此(洛阳)，将安取之？且府库重兵，皆在大梁(开封)，根本安固已久，不可动摇。若遽迁都，臣实未见其便。”

晋王亦曰：“迁都未便。”

宋太祖曰：“迁河南未已，久当迁长安。……吾将西迁者无它，欲据山河之胜而去冗兵，循周、汉故事，以安天下也。”

晋王又曰：“在德不在险。”

宋太祖曰：“晋王之言固善，今姑从之。不出百年，天下民力殚矣。”

——摘编自《续资治通鉴长编》卷十七

材料二(图 4 黄泛区示意图，略)

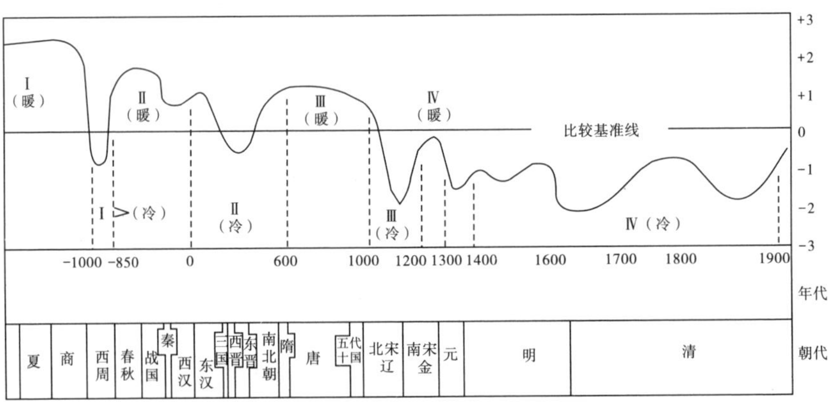

图 3　中国古代气温变化曲线图

——据邓小南等《宋：风雅美学的十个侧面》

分析说明北宋继续以开封为都城的利弊。

本题考查的唯物史观的内容包括经济基础决定上层建筑、社会存在决定社会意识等。使用材料按类型划分包括文字材料、图表和地图等，按来源划分包括历史学、气象学和地理学等，充分体现了题目的“综合性”。

唯物史观非选择题的应用性要求以贴近时代、贴近社会、贴近生活的情境为载体，创新性以批判性思维等思维品质为特征。这些与唯物史观选择题的考查要求是一致的，这里不再赘述。

三、唯物史观素养非选择题的命题方法

中国高考评价体系的“一核”“四层”“四翼”，“是指导和评价高考命题的实践体系。通过‘四层’规定命题的内容、‘四翼’保障命题水平”①。这些使唯物史观非选择题的命题有了明确的方向和标准。唯物史观非选择题的命制中，落实“四层”“四翼”的基本方法与选择题相同，这里不再赘述。

下面，我们继续从非选择题的结构和呈现形式的角度，讲一下唯物史观非选择题的命题方法。

唯物史观非选择题包括三个部分，即试题情境、问题和参考答案。题目的命制一般包括确定考点、创设试题情境、设计问题、制定参考答案四个环节。

（一）确定考点

“考点”包括狭义与广义两重含义，狭义的考点，指《课程标准》中的课程内容，即具体的知识点；广义的考点，指高考评价体系中“四翼”之一的必备知识，包括基本事实、基本概念和基本原理等。在这里，我们取狭义。考点的确定，我们可以先定知识点，再去寻找相关的材料；也可以根据已掌握的材料，确定要考查的知识点。对中学历史教学而言，每一个知识点都有大量的史料可以使用。理论上讲，利用一个知识点的相关史料就可以命制各种题目，达成考试的各种目标。但作为一个学科，高中历史课程首先要求学生掌握本学科的整体知识结构，所以历史试题的考点又要有较广

① 教育部考试中心：《中国高考评价体系》，8页，北京，人民教育出版社，2019。

泛的覆盖面。因此，不同的题目应该考查不同的知识点。在确定一份试卷中非选择题与选择题的考点时，要避免重复，对选择题的考点与非选择题的考点要做整体考虑。另外，确定考点还要遵循宜大不宜小的原则，即考点应该是主干知识。确定唯物史观素养非选择题的考点，更应选择重要知识点、大概念，以利于学生充分调动所学知识。例如，2021 年广东卷的非选择题中，独尊儒术、宋明理学、工业革命等，都是主干知识。

（二）创设试题情境

确定了考点，接下来的工作是寻找材料（依据材料确定考点的情况中，往往也需要进一步寻找材料，以完善题目），材料是创设情境的基础。“高考评价体系还规定了高考的考查载体——情境，以此承载考查内容，实现考查要求。”①

历史学科试题中的情境，包括学习情境、生活情境、社会情境和学术情境等类型。

学习情境，指在历史学习中遇到的问题，如史料、图表、历史叙述和史论等问题，是历史试题中使用最普遍的情境类型。如例 3-1-7、例 3-3-1、例 3-3-2 等。

生活情境，指学生在日常生活中，在自己身边遇到的与历史有关的问题，是落实试题“应用性”时经常使用的情境，如下例。

例 3-3-3：（2019 年北京高考）长城脚下，妫水河畔，2019 年世界园艺博览会在北京举办。

承德避暑山庄是中国古代皇家园林的典范，始建于清康熙年间，分山区、平原区和湖区，集北国山岳、塞外草原、江南水乡风景于一园。宫殿建筑布局多为方形，以围墙和长廊构成封闭式整体。八座庙宇围绕在避暑山庄外，呈放射状布局，如众星捧月。外八庙既有汉式传统宫殿、府邸，又有佛教庙宇，分别呈现出蒙、藏、汉的建筑风格。

分析避暑山庄园林建筑体现的中国传统政治和文化内涵。

参考答案：

---

① 教育部考试中心：《中国高考评价体系》，7 页，北京，人民教育出版社，2019。

空间布局体现了皇权神圣、等级森严以及大一统的政治理念。

建筑形式体现出统一多民族国家的特点，以及团结少数民族、巩固国家统一的意愿。

多样建筑风格彰显了中国不同地域、不同民族和不同文化的艺术特色。

皇家园林既具有皇家气派，又彰显了和而不同、多元融合的传统文化理念。

作为唯物史观素养非选择题，本题考查学生对“社会意识反作用于社会存在”理论的认识。历史古迹、遗址承载了一个国家、一个民族的历史文化传统。学生经常会到一些名胜古迹游览，如果能从有形的古迹认识到其中包含的无形的文化，认识到社会主流思想对建筑、生活的影响，就会获得更多、更厚重的生活体验。用学生生活中遇到的问题设置情境，考查学生迁移课堂所学解决实际问题的能力与意识。

社会情境，指对社会问题的历史考察，如对某一国际争端的历史渊源的考察。相对于生活情境，社会情境也是学生经常遇到，但与学生距离较远的问题，如下例。

例 3-3-4：(2021 年浙江高考)经济交往是人类文明进步的基石。在浩浩荡荡和充满矛盾的全球化过程中，国与国、民族与民族之间休戚与共，合作才能共赢。阅读材料，回答问题。

材料三

回顾关贸总协定(GATT)和世界贸易组织(WTO)的发展历史，多边贸易体制从建立到不断完善，已成为世界经济的重要支柱和经济全球化的重要推动力量。从 GATT1947 临时适用一直到 1961 年狄龙回合以前的多边贸易谈判，GATT 只有 33 个主要国家，乌拉圭回合则达到 124 个参加方。截至 2008 年，WTO 成员有 153 个。WTO 自成立以来，在完善和实施乌拉圭回合协定、建立健全的多边贸易体制构架、推动贸易自由化进程以及加强有效解决贸易争端等方面发挥了积极作用。

——摘编自曹建明等《世界贸易组织》

(3)阅读材料三，结合所学，分析说明 WTO 为什么能够“推动贸易自由化进程”。

参考答案：

分析：管理全球贸易的重要组织。适应经济全球化需要；奉行市场开放、非歧视性公平贸易等原则；构筑了贸易自由化为中心的多边贸易体制；有严格的法律约束。

本题考查“上层建筑反作用于经济基础”的理论。WTO 作为国际组织，通过制定成员国共同遵守的规则，协调、促进世界经济的发展。WTO 是学生经常听到的国际组织，以 WTO 创设情境，同样要求学生迁移课堂所学解决自己遇到的实际问题，并考查学生以唯物史观为指导认识问题的能力。

学术情境，指历史学术研究中的问题，如学者们对某一历史问题的多种观点等。随着历史试题学术化趋势日益增强，历史命题中，学术情境呈明显的增长趋势。如例 3-1-1、例 3-1-2、例 3-1-4、例 3-1-8 等。

创设情境，是命制唯物史观非选择题的基础与核心，事关所考查唯物史观的具体内容；情境还是设问的依托，引导着学生的思路。用材料创设情境须遵循几个原则：第一，材料尽量来自经典著作；第二，材料类型尽量丰富；第三，材料的修改必须科学。

经典著作的权威性，利于保证材料的可信性，利于保证所创设情境与历史现场的一致性。类型丰富的材料可以使试题更加鲜活，也利于考查学生多方面的能力。因为考试环境具有特殊性，如时间的限制、卷面的限制等，命制试题时一般不会直接引用大段的原文材料，而是对所需材料进行适当的改编。要保证改编材料的科学性，绝对不能改变材料的主旨，不能断章取义。

（三）设计问题

问题是非选择题的核心部分，它决定了试题的考查主旨和考查方向。一般由“答什么”和“怎么答”两部分组成。“答什么”是要求学生回答的内容，“怎么答”是对答案内容提出的具体要求，有时还起到引导学生思维、指示答案方向的作用。如例 3-1-4 中，“答什么”是“英国工业革命的历史意义”，“怎么答”包括“结合材料二和所学知识”“运用唯物史观”“简述”三个具体要求。“结合材料二和所学知识”限定了学生的思考范围，即答案的来源；“运用唯物史观”限定了学生分析英国工业革命的历史意义所要遵循的理论指导；“简述”限定了学生思考及答案的广度与深度。

非选择题相对于选择题，更加“注重考查在唯物史观指导下运用学科思维和学科方法发现问题、分析问题、解决问题的能力”[①]，突出体现了“描述和阐释事物”“论证和探讨问题”等考试要求。唯物史观素养非选择题对学生分析、论证问题的能力要求更高。从考查的内容来看，唯物史观素养非选择题主要包括三种类型：因果分析型、人物评价型和观点论述型。其中又以因果分析型为主。

1．因果分析型题目

因果分析型题目是非选择题中最常见的题型。因果分析型题目直接考查学生的历史解释素养，因为学生要以唯物史观为历史解释的理论指导，所以题目同时渗透对唯物史观素养的考查。历史解释是历史研究的重要内容和目的，甚至有人说“历史就是解释”。但因为秉持的史观不同，不同的研究者往往会对历史作出不同的解释。我们的历史试题，要求学生运用唯物史观对史事的因果进行分析、解释。此类型题目在每年的试题中都会大量出现。这种题目大多直接要求回答某一历史现象出现的原因或产生的影响，如“说明……的基本原因”“简析……的主要原因”“简析……的意义”“简述……的世界意义”“简析……的积极影响”等。也有一些设问比较隐晦，如例 3-1-1 中，“结合时代背景对这些特点进行分析”，实际上就是分析“特点”形成的原因。例 3-1-2 中，“推断材料三中两种历史分期各自所用的角度，并结合史实分别加以说明”，实际上就是分析把两个观点所选角度作为分期标准的原因。在分析史事的因果时，学生要以唯物史观为理论指导，才能作出全面、深入的解释。

2．人物评价型题目

人物评价型题目是非选择题中的重要类型。人是人类历史的主体，历史人物是高中历史课程的重要内容。历史中的人包括群体的人和个体的人，群体的人包括国家、民族、阶级、阶层、团体、党派等；个体的人就是具体的历史人物，既包括彪炳千秋的大人物，也包括普罗大众中的普通一员。

---

① 教育部考试中心：《2019 年普通高等学校招生全国统一考试大纲・文科》，133 页，北京，高等教育出版社，2018。

了解历史人物的言行及历史影响，是历史学习的重要内容。唯物史观是客观、全面地评价历史人物的理论指导，所以，人物评价是考查唯物史观素养的重要方式。

人物评价题往往把人与时代结合起来进行考查，不仅是对历史人物的考查，更是对人物所处时代的考查；既是对特定时代中的人的考查，又是对具体人物所处时代的考查。学生要以唯物史观为指导，才能正确看待人与时代的关系，客观评价人物的历史作用和历史地位。

对社会群体的考查，历史试题时有涉及，典型的题目如下例。

例 3-3-5：(2010 年广东高考)在历史发展的进程中，社会群体的兴衰与政治、经济和文化的变迁密切相关。结合所学知识，回答下列问题。

(1)市民群体在宋代有较大发展，主要原因是什么？结合史实，简述市民群体的发展对宋代文学艺术的影响。

(2)近代中国留学生群体产生于洋务运动时期。早期的留学生主要前往欧美，20 世纪初兴起留日热潮。为何日本此时成为中国人留学的主要目的地？

(3)近代中国工人群体产生于 19 世纪中期。五四运动时期中国工人阶级为何能作为独立的政治力量登上历史舞台？20 世纪 50 年代中国工人地位大幅提高的历史背景是什么？

(4)中国“农民工”群体在 1978 年后迅速扩大，主要原因是什么？

参考答案：

(1)商品经济发展；反映市民生活的文艺作品大量出现，如《清明上河图》、宋词、话本等。

(2)明治维新，日本富强；甲午中日战争中国战败，民族危机严重；清政府推动，留学日本较为便利。

(3)“一战”期间民族资本主义发展，工人力量壮大；中国工人阶级具有革命性，在民族危机、学生运动、十月革命影响下，政治上觉醒。新中国成立，确立了工人阶级的领导地位；工业化。

(4)家庭联产承包责任制解放了生产力，农村出现了剩余劳动力；城市化进程加快、城市经济体制改革、对外开放、市场经济发展需要大量劳动力。

本题分别考查宋代的市民群体、洋务运动中的留学生群体、五四运动中的工人群体和改革开放中的“农民工”发展壮大的原因及影响。学生只有把这些群体置于其所属的时代，从这些时代的具体历史条件出发，才能全面、准确地回答题目，才能深刻认识到特定的社会群体都是时代的产物，他们发展壮大后，又影响了时代的发展。

因为选修课的设置，近些年，历史题目都要考“中外历史人物评说”。这类题目都是对具体历史人物的考查，而且题目考查的角度相对固定，两个小题中，一是考查该人物的言行、历史贡献，一是考查该人物能够取得成就的原因。即一方面就人物考人物，一方面就人物考时代。例如，2019年全国Ⅰ卷：(1)根据材料并结合所学知识，概括刘源张对中国现代化建设的贡献。(2)根据材料并结合所学知识，说明刘源张、李四光等先进人物体现的时代精神。2019年全国Ⅱ卷：(1)根据材料并结合所学知识，简述司马相如的历史贡献。(2)根据材料并结合所学知识，说明司马相如取得文学成就的原因。2019年全国Ⅲ卷：(1)根据材料并结合所学知识，概括郭子仪的历史功绩。(2)根据材料，简析郭子仪取得功绩的原因。

马克思在《路易·波拿巴的雾月十八日》中说：“人们自己创造自己的历史，但是他们并不是随心所欲地创造，并不是在他们自己选定的条件下创造，而是在直接碰到的、既定的、从过去承继下来的条件下创造。”①所以，题目要求分析历史人物取得成就的原因，就是要学生运用唯物史观，分析历史对人的影响。当然唯物史观并不否认人的主观能动性，个人的努力也是这些历史人物能够有所成就的重要原因，这一点同样是学生答案的必要组成部分。

3. 观点论述型题目

观点论述型题目是非选择题中经常出现的题型，而且是更具挑战性的题目。学生学习的历史知识主要包括理论方法类知识、史实类知识和观点类知识三部分。理论方法类知识包括唯物史观、历史学研究的方法等；史实类知识包括历史发展的过程、历史人物、历史概念等；观点类知识包括对历史的认识、解释、评价等，是史学家们的学术成果。(史实类知识也是

① 《马克思恩格斯选集》第1卷，585页，北京，人民出版社，1995。

史学家们研究的成果，但其追求的是客观性，观点类知识的主观性更强。）《课程标准》确定的高中历史课程的目标之一是“学生通过历史课程的学习，掌握必备的历史知识，能够：……区分历史叙述中的史实与解释，知道对同一历史事物会有不同解释，并能对各种历史解释加以辨析和价值判断；能够客观论述历史事件、历史人物和历史现象，有理有据地表达自己的看法。”史论是历史学的重要组成部分，在历史学习中，学生也要学会对史论进行分析，不但要知道某一史论的内容，还要能够分析持论人为什么会有此观点，他用来支持自己观点的史料有哪些，他所用的史料到底能否支持其观点。

观点论述型非选择题的试题情境大多是学术情境，题目提供的往往是历史学术研究中的问题，如历史学家对某一历史问题的一种或多种看法，题目要求学生对这些学术问题进行分析、论证，并提出自己的看法。

例 3-3-6：（2019 年全国高考Ⅰ卷）阅读材料，完成下列要求。

材料

凡读本书请先具下列诸信念：

一、当信任何一国之国民，尤其是自称知识在水平线以上之国民，对其本国已往历史，应该略有所知。

二、所谓对其本国已往历史略有所知者，尤必附随一种对其本国已往历史之温情与敬意。

三、所谓对其本国已往历史有一种温情与敬意者，至少不会对其本国已往历史抱一种偏激的虚无主义，亦至少不会感到现在我们是站在已往历史最高之顶点，而将我们当身种种罪恶与弱点，一切诿卸于古人。

四、当信每一国家必待其国民备具上列诸条件者比数渐多，其国家乃再有向前发展之希望。

——钱穆《国史大纲》（1940）

评析材料中的观点（任意一点或整体），得出结论。（要求：结论不能重复材料中观点，持论有据，论证充分，表述清晰。）

本题要求学生就题目情境提出问题，进而运用唯物史观和必备知识对问题进行论证、分析，最终解决问题。观点分析类题目对学生的学科核心素养考查较全面，其中，唯物史观是学生分析问题、论证问题的理论依据。

（四）制定参考答案

参考答案是非选择题的重要组成部分，它揭示了试题的考查目标、考查要求等信息。同时，参考答案还是评卷的依据，对学生的学习、教师的教学具有指引作用。

“高考评价体系将‘引导教学’纳入核心功能，有利于理顺教考关系，增强‘以考促学’的主动意识。”[①]高考具有引导教学的核心功能，一份高质量的日常测试题同样具有引导学生学习的作用。试题对学生学习的引导作用，不但可以通过题目的考查形式、考查角度来实现，还可以通过题目的参考答案来实现。参考答案不但要告诉学生答案是什么，还要告诉学生答案是如何来的，要给学生提示组织答案的角度、方法，对学生答题时的思维方向进行指引。

唯物史观素养非选择题的参考答案要能体现唯物史观在认识历史现象、历史进程中所起的理论指导作用。可以说，参考答案的具体内容只能解决一道题的问题，而参考答案的组织方法、角度则可以帮助学生解决一类问题。参考答案的功能不单是授人以鱼，更是授人以渔，这在唯物史观类非选择题的参考答案中表现得尤其明显。

非选择题是历史试题中的重要题型，考查形式灵活多样，利于全面、深入考查学生的历史学科核心素养。考查学生的唯物史观素养是非选择题的重要功能，而且非选择题对唯物史观素养的考查往往与对其他历史学科核心素养的考查紧密结合，这也体现了唯物史观在历史学习中的重要指导作用。非选择题可以检测学生唯物史观素养所达到的水平，也可以进一步增进学生对唯物史观的理解，提升学生运用唯物史观认识、解释历史的能力，提升学生的唯物史观素养。

---

① 教育部考试中心：《中国高考评价体系》，11页，北京，人民教育出版社，2019。

第四章　时空观念素养命题的基本原理与方法

时空观念被认为是历史学科最普遍的素养，因为所有的历史事件都是跟时空相关的。在纸笔考试中能否测评时空素养？如何测评时空素养？是否只要是涉及时间和地点的题目都属于时空观念素养的测评？这都是亟须解决的理论问题和实践问题。本章结合新近的探索，初步提出了时空观念素养的分类分层测评标准，并以具体的试题为例加以解释，目的是给教师在教学和评价中提供一套表述更为清晰、操作更为便捷的行为目标。

第一节　时空观念素养命题原理与试题特点

培养学生历史核心素养是历史学科育人价值的集中体现，是落实立德树人根本任务的重要途径。时空观念是诸素养中学科本质的体现，对学生形成正确的价值观念、必备品格和关键能力具有重要的影响。对大多数教师而言，如何培养学生的时空观念，一方面需要通过课堂教学渗透，另一方面则是通过考试测量等过程性评价来检验并促进其能力素养的发展。考试测量既是对课堂教学落实时空观念培养成效的检测，也是对学生时空观念实践训练能力的提升。因此，了解时空观念素养试题命题原理与试题特点能有效促进时空观念素养的培养，深化试题的价值导向，更好地实现核心素养命题的立德树人目标。

一、什么是时空观念素养试题

要了解什么是时空观念素养试题，我们需要深入研究《课程标准》和教材，从学业水平考试试题中观察和发现时空观念素养试题的特点，提炼试题命制原理。

首先要明确“时空观念”概念的定义。《课程标准》明确指出：“时空观念是在特定的时间联系和空间联系中对事物进行观察、分析的意识和思维方式。任何历史事物都是在特定的、具体的时间和空间条件下发生的，只有在特定的时空框架当中，才可能对史事有准确的理解。”从字面意义上理解，《课程标准》的表述是清晰的，对学生的要求并不算高。但是时空观念所包含的内容非常丰富，拥有异常深刻的内涵和极其丰富的外延的概念，包括时间观念、空间观念以及时间与空间的联系等内容。

《课程标准》中对历史学科五大核心素养的课程目标都有明确的表述。关于时空观念的课程目标主要是学生通过历史课程的学习，在掌握必备历史知识的前提下，能够“知道特定的史事是与特定的时间和空间相联系的；知道划分时间和空间的多种方式，并能够运用这些方式叙述过去；能够按照时间顺序和空间要素，建构历史事件、历史人物、历史现象之间的相互关联；能够在不同的时空框架下对史事作出合理解释；在认识现实社会时，能够将认识的对象置于具体的时空条件下进行考察”。

《课程标准》中还指出了历史学业水平考试命题的主要原则，包括：“以历史课程标准为依据”；“以考查历史学科核心素养的具备程度为目的”；“以新情境下的问题解决为重心”。

综上，我们就可以对时空观念素养试题有个大致的认识。时空观念素养试题是依托必备历史知识，通过创设问题情境，以考查学生时空素养为目的的历史试题。

高中历史学科的学业水平考试分为两类：一类是合格性考试，以必修课程为考试内容，达到学业质量水平 2；另一类是等级性考试，以必修和选择性必修为考试内容，以学业质量水平 4 为命题的基本参照。时空观念素养试题与学业质量水平相对应，可以分为 4 个层级，在试题命制过程中主要依据不同的考试类型进行层级选择。因为学业质量标准以本学科核心素养及其表现水平为主要维度，所以时空观念素养试题的层级划分实质上以时空观念素养水平划分为依据。

二、时空观念素养试题命题的特点

时空观念素养试题主要以考查时空素养的具备程度为目的，试题的命制重在测量时空素养四个水平层次。时空观念素养试题呈现以下特点。

一是确立时空意识的思维导向。历史是曾经发生过的事情，一切人类活动都必然发生在一定的时间和空间范围内，对这些活动的记录也往往要通过标记其时间和空间才能明确无误。时间观念和空间观念，两者都是了解、认识、研究客体历史的基本意识，因此在历史学科核心素养体系中居于基础地位。① 时空素养试题命制的出发点，就是涵养考生的"时空意识"，在试题中感悟历史研究的分析意识和思维方式，从而促进学生养成注重时间观念、空间意识、多元视角看待历史与现实问题的现代公民素质，回应凝练核心素养理念所要求的正确的价值观念、必备品格和关键能力。如下例。

例 4-1-1：(2021 年广东高考)今河南平顶山应国墓地、陕西长安张家坡及普渡村墓地等处出土了一批具有长江中下游风格的西周青铜器。这说明西周时期

A. 中原文化向周边传播　　B. 各诸侯国维护周礼

C. 宗法制度分崩离析　　D. 南北文化相互交流(√)

本题以考古资料创设学术情境，通过不同地区的考古挖掘的实物史料进行对比得出历史认识，具有明显的时空立意。学生必须基于西周的时空环境，从"河南""陕西"以及"长江中下游"等空间的对比中找出历史的联系，才能得出"南北文化相互交流"的认识，进而理解中华民族多元一体的民族格局。

二是素养达成依托知识的交叉考查。时空观念素养试题以必备知识为

---

① 徐蓝、朱汉国：《普通高中历史课程标准(2017 年版)解读》，56 页，北京，高等教育出版社，2018。

依托，选取对评价时空素养具有重要意义的内容来创设问题情境，以时空要素引发考生在阅读中检索知识储备；通过问题设置测量考生知识迁移能力，考查学生时空观念具备程度。如下例。

例 4-1-2：(2022 年广东高考)魏晋以来佛教、道教广泛传播，宋人李觏认为原因在于“儒失其手，教化坠于地”；张载认为佛道追求的彼岸是虚幻的，与“吾儒”水火不容。由此可知，李觏、张载主张

A. 儒法并用以维护君权　　B. 立足考据以重建学风

C. 复兴儒学以回应挑战(√)　　D. 杂糅佛道以构建理学

本题题干只提及历史时间而没有具体明确的空间描述，空间默认为中国，这样的试题往往依托必备知识进行命题。学生必须以宋代理学的产生等具体知识为依托才能还原历史时空概貌，作出准确的判断。

三是史料选取的专业性。时空观念素养试题的命制，除了常见的文字材料，对历史地图、历史年表、历史示意图等突出考查学生时空观念素养的材料比较倚重。不管是历史地图还是历史年表，其绘制和整理都对专业性有很高的要求。因此，时空观念素养试题的命制，对材料的选取和使用都有较高的专业性要求。如下例。

例 4-1-3：(2022 年全国高考乙卷)

(图 4 略)

据图 4 可知，商、西周青铜器铸造的繁荣

A. 推动了南北农业经济进步

B. 依赖大规模商业活动开展

C. 反映了南北方联系的加强(√)

D. 缘于统治区域扩大到江南

本题以商周时期重要铜矿和政治中心分布图为情境，考查学生对特定时空背景下的历史问题的分析。该示意图依据商周时期相关历史记载和考古发掘等史料与史学研究成果等制作而成，需要对历史有充分的了解，并

掌握专业的绘图技术，才能将相关历史记载和考古成果转化成历史示意图，史料的选取和转化都具有较高的专业性。

四是考查的次数多、频率高，相关试题遍布全卷。从试题的命制和评价来看，时空观念素养的试题渗透于所有试题之中，考查的广度最大。这既是时空观念在历史学科核心素养中的基础性地位所决定，也体现了历史学科的本质属性。以2022年广东卷选择题为例，16道选择题中都渗透了时空观念要素，其问题设置都渗透了对时空意识的考查。具体如表4-1-1。

表4-1-1　2022年广东卷选择题时空素养考查统计

题号	时间概念	空间概念	时空意识考查
1	商朝、春秋早期、东周时代、秦朝	内蒙古、克什克腾旗、山西晋国、湖北、大冶、西安	特定历史时空下的产物
2	两汉	隐含地点中国	两汉制度的延续与变迁
3	南北朝、北齐、隋唐	隐含地点中国	南北朝、北齐、隋唐政府机构的比较
4	魏晋、宋	隐含地点中国	特定时空框架下的历史分析
5	清代	广州、江西、浙江、广东、福建	特定时空框架下的历史分析
6	1889年	隐含地点中国	同一时空下不同历史人物的比较
7	清末	隐含地点中国	特定时空框架下的历史分析
8	1918年、鲁迅	隐含地点中国	特定时空框架下的历史分析
9	1946年6月	解放区	特定时空框架下的历史分析
10	1954年	日内瓦、印度、缅甸、亚非	特定时空框架下的历史分析
11	近代	欧洲	时空定位
12	17世纪	荷兰	特定时空框架下的历史分析
13	18世纪后期	英国	时代特征
14	1871年	德国	特定时空框架下的历史分析
15	列宁	苏联	识别不同时空表达方式；特定时空框架下的历史分析
16	1970年	美国、西欧	特定时空框架下的历史分析

可见，时空观念素养试题的命制，既存在显性的试题，也存在隐性的试题，两者交替出现，遍布于全卷之中，并与其他核心素养交叉考查。

三、时空观念素养试题命题的原则与方法

作为测量学生时空观念素养的学业质量水平试题，在命制时重在三个方面下功夫：一是试题如何体现“时间素养”；二是试题合理呈现“空间分布”；三是试题如何体现“时间和空间的联系”。基于时空观念素养的命题方法可从以下几个方面展开思路。

一是时空立意。时空意识强调将历史事物、历史现象、历史人物置于特定的时空框架中。因此设计试题的首要立意在于命题者通过提供适合的史料，要求考生运用史料进行时空定位，构建时空联系，在特定的时空框架中解决问题。

二是史料选择。时空观念素养试题命制所采用的史料一般带有明显的时间或空间信息，这些史料可以分为显性和隐性两大类。显性史料直接呈现时空信息，如历史纪年、历史年表、历史地名、历史地图等，在试题中一目了然。隐性史料间接隐含时空信息，如历史人物、历史事件、历史现象、时代特征等。不同类型的时空史料所考查的难度有差异，但都与学生所学知识密切相关。

三是情境创设。《课程标准》强调以考查历史学科核心素养的具备程度为目的，以新情境下的问题解决为重心。在时空立意基础上选择史料之后便是进行问题情境的创设。

四是问题设计。考查时空观念的问题设计多基于时空联系下的历史定位或历史解释，并尽可能考虑问题设计的合理性。例如，选择题中，常见“据材料，该时期是”“据材料，当时”“该现象反映了/说明了/表明了/体现了”等问题设计方式。在非选择题中，常见“比较/说明/评析某一历史现象变化的原因”“概括某一历史事物的特征”等问题设计方式。

五是参考答案和评分标准推敲。在合理的问题设计的基础上，参考答案和评分标准的推敲需要预设考生的知识储备和思维方向，结合材料和问题的引领进行一定的逻辑推演。同时，命题者尽可能以思维逻辑层次制定评分标准，即采用 SOLO 分类分层进行评价，测量考生的思维层次、语言表达层次、逻辑清晰程度等。

六是逻辑论证。命题者完成试题命制后，需要通过史料推演结论、结论回溯史料、题干到答案、答案回到题干的方式进行正向和反向逻辑论证。避免先有结论后有材料的先入为主式争议。

四、时空观念素养试题的分类分层考查

时空观念素养试题是以历史事件为依托，考查学生时空素养具备程度，在试题命制上可以按照时空观念素养水平进行划分。由于时空观念内涵界定和素养水平划分过于抽象，不容易理解，因此有必要对时空观念素养试题制定分类分层测评标准，这样不仅易于评价操作，也利于教学实施。

（一）时空观念素养试题的分类考查

时空观念素养试题大体上可以分为“时间”“空间”“时空联系”三大类，在这三大类的基础上还可以结合考试能力要求进一步细分。

1. 时间素养的分类

如何对时间素养进行分类，一方面要根据历史时间素养的基本内涵，一方面要结合教育部考试中心划分的历史测试的四个能力层次。具体如表4-1-2。

表 4-1-2　时间素养的分类分解表

考核目标与能力要求	时空观念素养分类
获取和解读信息	历史时间的定位
	历史时间的辨识
	历史时间的理解和解读
调动和运用知识	历史时间的划分
	时间尺度的选择
	时间工具的运用
描述和阐释事物	历史时间的表达
	历史时间的排序
	时代特征的归纳
论证和探讨问题	不同时间的联系
	历史时间的延续与变迁
	特定时间的历史解释

(1)历史时间的定位。历史时间的定位是获取和解读试题信息的重要前提。考生需要在阅读试题时首先圈定试题中涉及的历史时间的具体信息，透过这些信息准确定位历史时间。试题中有时会隐藏具体的时间，直接呈现某些历史现象，这就意味着考生需要在分析历史现象的基础上理解试题所提供的时间信息并加以解读。

(2)历史时间的辨识。历史时间有多种表达方式，有西方的公元、世纪，中国传统的年号、干支纪年等，还有历史叙述中经常使用的初期、中期、末期等。需要注意的是，有时命题者会隐去或省略时间，以具体的历史名词来表达时间。因此考生在阅读试题时在大脑中要产生相对应的时间概念，能够辨识不同方式的历史时间的表达。

(3)历史时间的理解和解读。历史时间反映的是历史时代的特征，与物理学上的时间并不完全一致，而是“由历史研究对象的时间及特征来决定”①。例如，16 世纪欧洲进入近代，而中国仍在古代，不是两者的物理时间不一样，而是历史时间不一样，即两者的社会历史形态和特征不一样。

(4)历史时间的划分。历史时间的划分指的是“对已经逝去的人类生活或活动作一个概要的区分，划出若干个大的阶段并提出划分的标准”②。历史内容本身是连续发生的，人们为了表述与研究的需要，按照某种角度把连续的历史内容划分为多个段落。《课程标准》中也设置了“能够了解所学内容的历史分期方式”的学业质量表述。

(5)时间尺度的选择。“时间尺度是指研究者在观察、分析研究对象时采用的时间度量工具或方法。”③同一历史事物放在不同的时间范围内看待，必然会有不同的历史评价和论述。时间的相对性和绝对性决定了历史时间观念理解上的不同。

(6)时间工具的运用。时间工具主要有历史年表、时间轴等，是最直观的测量时间素养的背景材料，广泛出现在试题中。年表可梳理历史事件的先后关系，对历史事件进行准确合理的描述是历史叙述的基础，这也是《课程标准》在学业质量表述中要求学生能够利用历史年表对相关史事加以描述

---

① 朱命有、魏恤民：《历史特征与历史教学》，载《历史教学(中学版)》，2017(21)。

② 庄国雄：《历史分期法：历史哲学与马克思》，载《吉首大学学报(社会科学版)》，2004(3)。

③ 俞金尧：《历史研究中的时间尺度》，载《中国社会科学报》，2012-07-18。

的原因。在历史命题中，年表常用于主观题和客观题的测量。

(7)历史时间的表达。同一历史事件在不同的时代、不同的地区、不同的文化场域下，其时间表达方式是不同的。例如，“第二次世界大战”这一史事的描述，其时间的起始就有不同的看法，这些争议基本上都基于不同的文化场域，大多数国际学者认为起于“1939 年希特勒闪击波兰”，美国学者认为起于“1942 年 12 月日本偷袭珍珠港”，部分苏联学者认为起于“1941 年 6 月德国进攻苏联”，中国学者则认为起于 1931 年“九一八事变”。恰当的时间表达方式实际上应建立在特定的时代、地区或文化场域的基础上方可称之为“恰当”。在这一方面，考试测量尤其是选择题的测量就要求命题对试题语言的运用和历史情境的设置慎之又慎。

(8)历史时间的排序。历史时间的排序，即历史的时序观念。“就是要将历史事物放在历史发展的长河中进行考察，认识和观察历史发展的全过程，辨明它在每一个发展阶段有什么新特点，寻找前一过程转变为后一过程的原因。”①时序思维是将纷繁芜杂的历史事件整理清晰的有效手段。《课程标准》中也设置了“理解历史时期是按时序划分的”这一学业质量表述。

(9)时代特征的归纳。所谓时代特征，是指在特定的时间范畴中人和事的发展特征。“人类社会在时间长河中由于各个阶段的特征不同，也呈现出一些具有特定时间内涵的时代指称”②，如魏晋风度、大唐盛世。考查时代特征的历史试题常常有两种方向的命题规律。一种是在试题中呈现出某一个历史时期的时代特征来考查学生对这一历史时期的时间定位，进而作出正确的解答。一种则是告知明确的历史时期，要求学生对该时期的时代特征进行归纳并运用史实加以说明。前者常用于选择题的命制，后者常见于非选择题的命制，可以说把握时代特征是历史试题考查的主要方式。

(10)不同时间的联系。时间的联系既包括同一时间不同空间的事物联系，也包括同一空间不同时间的事物联系，同时也指不同时间不同空间的事物联系。时间联系是一种复杂思维，此类试题将时间、空间和史事结合起来要求学生进行解释，属于综合类测量，难度较高。《课程标准》要求学

---

① 徐蓝、朱汉国：《普通高中历史课程标准(2017 年版)解读》，57 页，北京，高等教育出版社，2018。

② 同上书，57 页。

生“能够按照时间顺序和空间要素，建构历史事件、历史人物、历史现象之间的相互关联”。

(11)历史时间的延续与变迁。“从史学的角度讲，时间表明人类历史发展的持续性和顺序性，即我们通常所说的过程。”①历史事物伴随时间的发展不断地发展，把握历史的延续与变迁要求学生不仅要了解历史事物发展的来龙去脉，同时也要认识历史上的发展、变迁、延续、曲折、倒退等，能够把握历史发展的趋势、潮流，能够认识历史与现实之间的关系。

(12)特定时间的历史解释。《课程标准》的“课程目标”要求“能够在不同的时空框架下对史事作出合理解释；在认识现实社会时，能够将认识的对象置于具体的时空条件下进行考察”。将历史或现实问题置于特定的时间下，就是要选择恰当的时间尺度对其进行分析、综合、比较，在此基础上作出合理的论述。

2. 空间素养的分类

空间与时间是历史研究的两个基本维度。对空间素养的分类可以参照时间素养进行细化。具体分类如表 4-1-3。

表 4-1-3　空间素养的分类分解表

考核目标与能力要求	时空观念素养分类
获取和解读信息	空间的定位
	空间的辨识
	空间的理解
调动和运用知识	历史空间的划分
	空间尺度的选择
	空间工具的运用
	不同空间的联系
描述和阐释事物	历史空间的表达
	地理环境的分析
	空间特征的归纳

① 徐蓝、朱汉国：《普通高中历史课程标准(2017 年版)解读》，57 页，北京，高等教育出版社，2018。

续表

考核目标与能力要求	时空观念素养分类
论证和探讨问题	不同空间的对比
	历史空间的变迁
	特定空间的历史解释

(1)空间的定位。空间定位就是要准确判断历史事物发生的地点、区域、范围等，这涉及历史上人类活动的场所和舞台。“人们可以通过具体的空间定位，观察历史发展过程的各个方面及相互之间关系和总的特点。”①空间定位是历史学习的重要内容，也是历史测量的基础。命题者往往会呈现具体的空间，考生则必须通过空间定位联系具体的历史事物，这是解题的基本能力。

(2)空间的辨识。历史空间的表达因不同的参照物而呈现出多种多样的方式。有以“远东、中东、近东”等以“欧洲中心”为标准的政治地理概念，有“东北、华北、华东、华中、华南、西南、西北”等常见的中国地理空间用语，也有“江南、淮南、江左、长城以南、关外”等常用的区域地理概念，还有“中原、华夏”等相对抽象的空间地理概念。在历史试题中，命题者往往基于史学传统，在试题中使用某一种历史空间的表达术语，因此“辨识历史叙述中不同的空间表达方式是理解历史叙述的前提和基础”②。

(3)空间的理解。历史叙述中所用的不同空间表达方式，往往都有其特定的意义，如果忽视其意义，将难以理解相关的历史叙述。“东方、西方、南方、北方”是历史叙述中常用的表示空间的词语。但是，历史学科中的这些方位词，与地理学科中的表述，其内涵是有区别的。例如，欧洲人的概念中的“东方”一词，随着时间推移其内涵也在不断变化。在希腊罗马时代，“东方”泛指希腊以东的波斯帝国。在中世纪，“东方”一词曾用于指代东罗马帝国，甚至伊斯兰世界。地理大发现后，“东方”一词用于指代以中国和印度为代表的遥远未知区域。美苏“冷战”时期，“东方”一词还曾用于指代

① 徐蓝、朱汉国：《普通高中历史课程标准(2017 年版)解读》，57 页，北京，高等教育出版社，2018。

② 赵海明、何成刚：《历史空间观念素养的历史解读》，载《中学历史教学参考》，2018(9)。

社会主义阵营及亚洲第三世界国家。这就要求学生能够从具体的历史条件中去把握空间的内涵。

(4)历史空间的划分。正如历史时间的分期，在历史叙述和研究中，历史空间也存在划分。例如，第二次世界大战就有欧洲战场、非洲战场、亚洲战场、太平洋战场等，而把它们统一起来就是第二次世界大战的整体空间分布。在历史命题中，宋朝不仅是一个时间概念，也是一个空间概念，既可以指赵宋王朝直接统治的王朝区域，也可以指赵宋时期的中国历史疆域，考生要认识命题者所提及的历史空间的划分情况，能够了解其大致的空间范围，才能够准确把握具体的主旨。

(5)空间尺度的选择。当代地理学认为，空间具有尺度属性。历史的空间尺度通常被理解为"研究对象或过程的空间大小"①。将历史事物置于不同的空间范围看待，必然会产生不同的历史视角和历史认识。历史探究涉及多种空间尺度，需要根据研究对象适时缩小或扩大研究的尺度。在考试测量中，特定的空间尺度必然涉及对研究对象的思想价值体系或价值尺度的判断，因此考生必须认识某一种具体空间划分背后所蕴含的价值判断标准。

(6)空间工具的运用。任何历史事物都会涉及空间，在描述史事时，为了便于学生理解，应借助地图。例如，关于抗日战争期间中国共产党领导的敌后战场，如果借助地图就可以很好地让学生理解其作用。许多人对正面战场与敌后战场的认识，存在望文生义的现象，想当然地认为：共产党领导的军队主要在后方作战，而正面战场的国民党军队则在前方作战。其实，敌后战场是相对于正面战场而言的敌人侧后方，而不是相对于抗战前线的后方。结合地图可以看出，共产党领导下的人民军队，主要长期战斗在敌人占领区，在全国抗战的绝大部分时间内活动在敌人的心脏地区，而这恰恰处在抗日的最前线。

(7)不同空间的联系。相关史事的空间联系，意味着发生在不同地区、不同国家或者不同领域(政治、经济、文化、军事等)的事件之间存在复杂的联系。这要求我们在考察历史事物时，要注意其与周围事件的关系。例如，石敬瑭割让燕云十六州与北宋定都开封以及北宋大举养兵等相关史事

① 赵海明、何成刚:《历史空间观念素养的历史解读》，载《中学历史教学参考》，2018(9)。

在空间上就存在密切的关联。“从历史地理的角度进行认识，还可以发现错综复杂的历史现象本身存在的横向或纵向的联系，以及个别与整体、局部与全局的联系。”①历史命题中经常考查的“古今中外”相互贯通的历史问题就是对不同历史空间联系的测量，这就要求学生对中外史实进行有机的整理和联系。

(8)历史空间的表达。叙述任何历史事物都会用到空间概念，因为任何历史人物的活动、任何历史事件的发生、任何历史现象的延续，都离不开特定的空间。但是，不同的历史事物在叙述中可能会用到不同的空间表达方式。例如，历史上把明朝前期的航海壮举称为“郑和下西洋”；把满族由东北经山海关进入北京，建立全国性政权称为“入主中原”。借用空间概念来命名的历史事件还有许多，如张骞通西域、鉴真东渡、玄奘西行等。历史叙述中的空间表达方式，其内涵要与具体史实结合起来。同样被称为“北伐”的历史事件有很多，如祖逖北伐、太平军北伐、广东国民政府北伐。这些北伐所涉及的空间范围都不一样。一般情况下，其中的差别，学生通过地图即能分辨清楚。

(9)地理环境的分析。所有史事的发生都离不开空间，所有重大行动与决策都要充分考虑空间与环境要素。历史上看，地理环境往往对国家的对外政策产生着重要影响。正如法国外交家朱尔·康邦(Jules Cambon)所指出的，一国的地理位置是决定其外交政策的首要因素。一国可以更换领导人或改革政治制度、经济政策，但无法改变自己的地理位置。因此，地理因素长期以来一直是研究外交政策的根本出发点。② 从唯物史观的角度出发，我们应尽可能避免孟德斯鸠式的“自然地理环境决定论”的误区，但在学习和研究历史的过程中我们也要理解空间和环境因素的重要性。

(10)空间特征的归纳。“历史学中的空间不仅仅指物质上的空间，也包括文化空间、制度空间、社会空间等。”③历史学中的空间特征是指提炼某个

① 徐蓝、朱汉国：《普通高中历史课程标准(2017 年版)解读》，57 页，北京，高等教育出版社，2018。

② 刘作奎：《外交想象与身份构筑》，载《人民日报》，2014-02-14。

③ 黄牧航、张庆海：《历史学科核心素养分类分层测评标准例析》，载《历史教学(中学版)》，2019(8)。

历史空间范畴里某群人的活动特点、某些事物的发展特点，而不仅仅是自然环境等客观条件的特征。在历史试题测量中，命题者往往会创设情境，考查学生对该情境所处的空间特征的归纳。

(11)不同空间的对比。在历史学习中我们常碰到关于历史空间的对比问题。同一地点在不同历史时期的发展不同，如改革开放前后的深圳，在经济和社会发展上有着巨大的差别。而相似自然地理条件的地域也会创造出不同的历史文化，如同样有着海岸线的中国与希腊，在古代创造了不同的政治文明。如前所述，历史空间不仅包含自然环境等客观条件，而且还包含一切人类活动的因素，诸如政治制度、历史文化、经济社会等，所以历史空间的对比就是基于综合诸多因素的空间环境的对比，进而寻求历史的共性和差异的原因。

(12)历史空间的变迁。历史空间的变迁既是历史事物变化的原因，也是历史事物自身变化的表现。掌握历史空间的变迁能够还原历史事物发展的空间脉络和变化轨迹。在历史命题中，对于历史空间的变迁，既可以考查历史发展变迁过程或规律总结，也可以考查其变化的原因。

(13)特定空间的历史解释。将史事置于特定空间框架下，意味着学生应该明确历史事物产生的地理位置和区域范围，为探究史事奠定基础。例如，在教学实践中，学生若能把古埃及文明的诞生地定位于尼罗河流域，将有助于他们进一步探究古埃及文明诞生的原因。如几何学之所以诞生在古埃及，是因为尼罗河年年泛滥淹没土地，古埃及人经常需要重新划定土地边界以确定赋税，几何学正是在测量土地的过程中发展起来的。

3. 时空联系的分类

时间与空间作为历史的两大维度，本身就是紧密联系，缺一不可的。作为时空观念的分类之一，时空联系主要有别于侧重时间意识或空间意识的试题评价。将时间与空间联系在一起，是时空观念素养试题的重要考查内容。时空联系的分类可以借鉴时间素养与空间素养的分类方式，具体分类见表 4-1-4。

表 4-1-4　时空联系的分类分解表

考核目标与能力要求	时空观念素养分类
获取和解读信息	历史时空的定位
	历史时空的辨识
	历史时空的理解
调动和运用知识	历史时空的划分
	时空尺度的选择
	不同时空的联系
描述和阐释事物	历史时空的表达
	历史地理环境的分析
	时空特征的归纳
论证和探讨问题	不同时空的对比
	历史时空的延续与变迁
	特定时空下的历史解释

(1)历史时空的定位。任何历史事物都会有一个时空定位。学习历史，首先要求知道每个历史人物、历史事件、历史制度、历史文物等发生或出现的时间和地点。时间和空间本身就是历史学科的重要内容。对历史时空的定位，是对学生获取和解读信息的基本能力要求。

(2)历史时空的辨识。历史时间和历史空间都存在多元的表达方式，而历史时空作为时间与空间相结合的历史概念，同样存在多元表述方式，对不同时空概念的表达需要予以辨识。例如，武昌起义作为一个历史事件，其发生的具体时空为 1911 年 10 月的武昌城，而辛亥革命则属于包括武昌起义在内的更广阔的时空范畴。对不同时空概念的辨识是学生理解题目、关联史实的基础。

(3)历史时空的理解。历史时空的理解就是要理解历史时空的内涵。时空内涵包括时间内涵和空间内涵。所谓内涵，指事物所拥有的内容和意义。无论是时间还是空间，都是通过一定的符号(如文字、地图、数轴、图示等)表达出来的，学生要掌握的不仅仅是符号的形状，更重要的是符号所蕴含的内容。

(4)历史时空的划分。历史时空本来是一个连续的、不间断的整体，由于研究的需要而进行历史时空的划分。“历史分期和历史观念也会影响历史时空的内涵和变化。”[①]例如，在中国古代史的研究中，我们经常把秦和汉作为两个朝代进行历史叙述，往往给人造成一种错觉，认为刘邦是在秦始皇之后的历史人物，两者仿佛是不同时代的人，但其实刘邦与秦始皇属于“同代人”。

(5)时空尺度的选择。历史时间与历史空间有着密切的关联，同一个历史事件或历史现象，“如果放在不同的空间视野中看待，必然引起时间维度的变化，也就是考察的时段会加长或者变短”[②]。所以《课程标准》对时空素养会强调“在对历史和现实问题进行独立探究的过程中，能够将其置于具体的时空框架下；能够选择恰当的时空尺度对其进行分析、综合、比较，在此基础上作出合理的论述”。

(6)不同时空的联系。不同时空的联系既包括同一时间不同空间的事物联系，也包括同一空间不同时间的事物联系，还包括不同时间不同空间里的不同事物的联系。“在具体的研究过程中，要把具体的历史问题提到一定的历史范围之内，从具体的历史环境出发考察问题，一切以条件、时间和地点为转移；要重视基本的历史联系，既要把问题放到历史发展的时间脉络中考察其前因后果，还要注意其与周围事物的联系，特别是与一定的政治制度、经济制度和社会制度的联系。”[③]“时空联系是一种复杂思维”[④]，在历史试题命制中，经常以古今贯通、中外关联的大题出现，对学生的时空素养和知识迁移能力要求较高。

(7)历史时空的表达。叙述任何历史事物都会用到历史时空概念，因为任何历史人物的活动、任何历史事件的发生、任何历史现象的延续，都离

---

① 周靖、罗明主编：《核心素养：中学历史学科育人机制研究》，38页，上海，复旦大学出版社，2019。

② 陈恒、洪庆明主编：《世界历史评论：叙述事实与历史事实》，273页，上海，上海人民出版社，2015。

③ 徐蓝、朱汉国：《普通高中历史课程标准(2017年版)解读》，57页，北京，高等教育出版社，2018。

④ 黄牧航、张庆海：《历史学科核心素养分类分层测评标准例析》，载《历史教学(中学版)》，2019(15)。

不开特定的时间和空间。同一历史事物在叙述中可能会用到不同的时空表达方式，而不同的时空表达又带有特定的历史含义。例如，“1911 年的武昌起义”“宣统三年八月武昌之乱”就反映了历史空间表达的不同内涵。

(8)历史地理环境的分析。任何历史事物都是在具体的时空环境下产生，受到特定的时空条件影响的。对历史时空的分析是培养学生多角度看待历史，在综合、比较的基础上对历史问题作出合理论述的关键能力，也是时空素养历史试题考查的主要方向。

(9)时空特征的归纳。“所谓时空特征，是指在特定的时空范畴中人和事的发展特征。历史学的时空观与物理学的时空观是不同的。历史学的时空是与人的实践活动紧密结合在一起的，没有人的活动，也就没有历史学中的时空观念。因此，历史学中的时空特征是指提炼某个时空范畴里某群人的活动特点、某些事物的发展特点。”①

(10)不同时空的对比。不同时空的对比是研究不同历史事物的差异或相似的有效途径，既包括同一空间不同时间的对比、同一时间不同空间的对比，也包括不同时间、不同空间的对比。同一空间不同时间的对比，突出的是历史的纵向比较。同一时间不同空间的对比，强调的是历史的横向比较。不同时间和不同空间的对比，则是基于历史纵向与横向综合比较。不同时空的对比是考查学生对复杂问题情境论证和探讨能力的常用手法，在高考历史试题中常见于古今贯通、中外关联的问题探究中。

(11)历史时空的延续与变迁。历史时空的延续与变迁是从动态的角度来考察历史事物发展的时间顺序和空间变化。“时间和空间是在历史进程中对历史实物进行定位的两大维度，本质上都是‘序’的表现形式，反映了历史现象之间的内在联系。”②《课程标准》的“课程目标”要求学生“能够按照时间顺序和空间要素，建构历史事件、历史人物、历史现象之间的相互关联”，就是使学生的历史思维能够在时空框架下运作，理解历史上的变迁、延续、发展、进步的意义，并对史事作出合理解释，进而在认识现实社会

---

① 黄牧航、张庆海：《历史学科核心素养分类分层测评标准例析》，载《历史教学(中学版)》，2019(15)。

② 徐蓝、朱汉国：《普通高中历史课程标准(2017 年版)解读》，57 页，北京，高等教育出版社，2018。

时能够将认识的对象置于具体的时空条件下进行考察。

(12)特定时空下的历史解释。“历史解释是以时空观念为前提，以史料证据为支撑，以历史理解为基础有意识地对过去提出理性而系统的具有因果关系的叙述。”①“特定时空下的历史解释”试题是对学生时空观念的运用能力的考查，是考查学生论证和探讨问题能力的重要内容，特别是在对具体历史问题的原因分析和历史论述题的考查上尤为常见。

（二）时空观念素养试题的分层考查

时空观念素养试题同样可以在“时间”“空间”“时空联系”三大类的基础上进行分层细化。分层的原则主要有三个：一是对历史事物把握的广度；二是对历史事物把握的深度；三是对素养的实践运用品质。下面将按照这三大原则对时空观念进行分层。

1. 时间素养的分层

表 4-1-5 时间素养分层细化表

层次	内容	细分
第一层：明确时间定位	能够准确指出历史事物发生的时间	将史事定位在特定的时间框架下；能够按照时间先后顺序排列史事；能够利用历史年表对相关史事加以描述
第二层：理解时间内涵	分析时间符号的含义；分析历史事物发展的时间条件；理解历史事物在时间中发展的本质	辨识不同的时间表达形式；理解不同的时间表达方式的意义；运用恰当的时间表达方式叙述史事
第三层：建立时间联系	对比不同时间中相关历史事物的特点或联系	能够把握相关史事的时间联系；能够用特定的时间术语概括较长时段的史事
第四层：历史时间探究	在特定的时间框架下分析历史事物的发展	能够将历史或现实问题置于具体的时间框架下；能够选择恰当的时间尺度对历史或现实问题作出合理论述

第一层是明确时间定位，测量考生能够准确指出历史事物发生的时间。考查时间定位，命题者往往有两种方向：一是试题中提供具体的历史时间，考查相应的历史事件或者时代特征；一是在试题中提供具体的历史事件或

① 徐蓝、朱汉国：《普通高中历史课程标准(2017 年版)解读》，60 页，北京，高等教育出版社，2018。

者时代特征，考查相应的历史时间。在此基础上，也有考查多个历史时间或历史事件排序的问题。这种命题思路主要出现在选择题中，难度一般不大。利用历史年表对相关史事加以描述也是明确时间定位的一种考查方式，主要用于非选择题。其命题的策略则是利用历史年表将相关历史事实按时间顺序排列，考查学生对历史事件之间的纵横联系及因果关联进行分析和解释。

第二层是理解时间内涵，主要有三个层面的测量。一是测量考生能够准确分析时间符号的含义，命题者往往利用不同的时间表达方式的意义来考查学生对不同时间表达方式的理解，进而判断历史叙述者选择某一种时间表达方式的立场和意图。二是测量学生能够准确分析历史事物发展的时间条件，命题者在题干中所提供的时间信息往往包含了时代背景和时代特征，蕴含了历史事物发展变化的必要时代条件，考查学生对具体历史现象、历史事物存在与发展的认识和理解。三是测量学生能够准确理解历史事物在时间中的本质就是变化，命题者往往会在题干中提供两个或两个以上的时间，基于不同时间的差距所呈现出来的就是历史事物的变化，其设问既可以考查历史事物变化本身反映了什么历史发展趋势，也可以考查该变化的原因或影响。这类型试题既可以用于选择题命制，也可用于非选择题命制，是高考常见试题类型之一。

第三层是建立时间联系，测量学生能够对比不同时间的历史事物的特点，来反映不同时间历史事物的变化，进而构建不同时间的历史事物的联系。在考试测量中，命题者一方面会将不同时期历史事物的特点进行对比，要求学生概括、归纳出历史事物发展演变的趋势或规律，体现历史事物的纵向联系；另一方面测量学生能够用特定的时间术语概括较长时段的史事。命题者要求学生从特定的历史分期中寻找历史事物发展的特征，从长时段的视角审视历史变化的规律。

第四层是历史时间探究，测量学生在特定的时间范围内分析历史事物的发展。这一层的考查大多在非选择题中体现。题干中呈现历史现象或历史事物，要求学生能够将历史或现实问题置于具体的时间框架下，作出合理的解释。学生在解释该历史现象或历史事物时，需要选择恰当的时间尺度对问题情境作出合理论述。

2. 空间素养的分层

表 4-1-6　空间素养分层细化表

层次	内容	细分
第一层：明确空间定位	能够准确指出历史事物发生的空间	将史事定位在特定的空间框架下；能够利用地图对相关史事加以描述；能够理解空间和环境因素的重要性
第二层：理解空间内涵	分析空间符号的含义；分析历史事物发展的空间条件	辨识不同的空间表达形式；理解不同的空间表达方式的意义；运用恰当的空间表达方式叙述史事
第三层：建立空间联系	对比不同空间中相关历史事物的特点或联系	能够把握相关史事的空间联系；能够用特定的空间术语概括较长时段的史事
第四层：历史空间探究	在特定的空间框架下分析历史事物的发展	能够将历史或现实问题置于具体的空间框架下；能够选择恰当的空间尺度对历史或现实问题作出合理论述

第一层是明确空间定位，测量考生能够准确指出历史事物发生的空间。历史空间包括自然地理环境、政治环境、经济环境、文化环境等。考查空间定位，命题者往往有两种方向：一是试题中提供具体的历史空间，考查相应的历史事件或者时代特征；一是在试题中提供具体的历史事件或者时代特征，考查相应的历史空间。通常情况下，具体的历史空间和具体的历史事件都包含了具体的历史时间，所以，明确空间的定位与历史时间密不可分，有时候两者交叉进行考查。在试题命制中，借助历史地图或历史形势图等材料进行命题是常见的方式，这就要求学生学会看图，并从中提取相关信息。一般情况下，明确空间定位的历史选择题相对比较容易，难的则是非选择题，除了将史事定位在特定的空间框架下，还要求学生能够利用地图对相关史事加以描述，并能够理解空间和环境因素的重要性。

第二层是理解空间内涵，主要有两个层面的测量。一是测量考生能够准确分析空间符号的含义，命题者往往利用不同的空间表达方式的意义来考查学生对不同空间表达方式的理解，进而判断历史叙述者选择某一种空间表达方式的立场和意图。二是测量学生能够准确分析历史事物发展的空间条件，一方面是呈现历史事物发展的状态，要求考生分析其空间条件。另一方面是呈现特定的空间条件，要求学生据此推测历史事物的发展趋势。

第三层是建立空间联系，测量学生能够对比不同空间的历史事物的特点，来反映不同空间历史事物的异同，进而构建不同空间的历史事物的联系。在考试测量中，命题者一方面会将不同空间历史事物的特点进行对比，要求学生概括、归纳出影响不同空间历史事物发展的空间因素，体现历史事物的横向联系。另一方面测量学生能够用特定的空间术语概括较长时段的史事。对具体历史事物的考查中，历史时间维度的变化，必然引起空间范围变化。如何运用恰当的空间表达方式叙述史事是非选择题考查的重点。

第四层是历史空间探究，测量学生在特定的空间框架下分析历史事物的发展。这一层的考查大多在非选择题中体现。题干中呈现历史现象或历史事物，要求学生能够将历史或现实问题置于具体的空间框架下，作出合理的解释。学生在解释该历史现象或历史事物时，需要选择恰当的空间尺度对问题情境作出合理论述。

3. 时空联系的分层

表 4-1-7 时空联系分层细化表

层次	内容	细分
第一层：明确时空定位	能够准确指出历史事物发生的时空	将史事定位在特定的时空框架下；能够利用地图、年表对相关史事加以描述；认识历史时间与历史空间的相互关系
第二层：理解时空内涵	分析时空符号的含义；分析历史事物发展的时空条件；理解历史事物在时空中发展变化的本质	辨识不同的时空表达形式；理解不同的时空表达方式的意义；运用恰当的时空表达方式叙述史事
第三层：总结时空特征	提炼某一历史事物在特定时空中的发展特征	将史事置于具体时空框架下；能够提炼某个时空范畴里某群人的活动特点、某些事物的发展特点
第四层：建立时空联系	对比不同空间中相关历史事物的特点或联系	能够把握相关史事的时空联系；能够用特定的空间术语概括较长时段的史事
第五层：探究时空规律	在特定的时空框架下分析历史事物的发展规律	能够将历史或现实问题置于具体的时空框架下；能够选择恰当的时空尺度对历史或现实问题作出合理论述

第一层是明确时空定位，测量考生能够准确指出历史事物发生的时空。考查时空定位，是时空素养最基础也最常见的试题。命题者抓住时间与空

间的联系展开命题，一是在题干中提供时间信息，考查相应空间；一是在题干中提供空间信息，考查相应时间。在此基础上对多个历史事件进行时间排序或者空间分布排列。在试题命制中，借助历史地图、历史形势图和年表等材料进行命题是常见的方式，这就要求学生学会看图解表，并从中提取相关信息。

第二层是理解时空内涵，测量考生能够准确理解时间内涵和空间内涵。无论是时间还是空间，都是通过一定的符号(如文字、地图、数轴、图示等)表达出来的，学生要掌握的不仅仅是符号的形状，更重要的是符号所蕴含的内容。试题命制过程中，命题者往往借助文字、地图、数轴、图示等表达时空内涵，首先考查学生对不同时空表达方式的理解。其次，考查历史事物发展的时空条件。试题中的时空信息多蕴含着历史事物变化和发展的各种主客观条件，命题者往往利用时空含义中所蕴含的历史条件考查学生对历史事物发展的认识和理解。最后，在这个层次中，学生还要把握一个关键问题，那就是时空观念素养的本质内容——变化。命题者往往会在试题中强调“改革”“转折”“发展”等，考查学生对历史事物变化的认识。

第三层是总结时空特征，测量学生能够提炼某一历史事物在特定时空中的发展特征。试题命制经常将具体的空间置于特定的事件背景下，要求学生通过对历史事物发展、变迁过程的了解，概括出其发展特征。

第四层是建立时空联系。时空联系指同一时间不同空间的事物联系，也指同一空间不同时间的事物联系，还指不同时间不同空间里的不同事物的联系。测量学生能够对比不同时空的历史事物的特点，来反映不同空间历史事物的异同，进而构建不同空间的历史事物的联系。不管是哪一类型的时空联系，命题者所考查的都是要求学生从更长时段、更广空间视角来认识历史事物的变化，强调从不同时空尺度下理解历史事物的变化，形成多元的历史认识。

第五层是探究时空规律。“时空规律其实是指在特定的时空范畴里的历史发展规律”①，探究时空规律主要测量学生在特定的时空框架下分析历史事物的发展规律。历史规律是指多次出现的、具有相似性的历史现象，它具有重复性、层次性和不确定性等特点。② 因此命题者往往会呈现多次出现和具有相似性的历史现象，让学生分析历史事物的发展规律。

第二节　时空观念素养选择题的命题思路

从1994年起，高考历史科的选择题中开始融入历史材料，经过不断的命题探索，选择题在形式和考查历史学科能力等方面已趋于成熟。基于现行高考和绝大多数历史考试测量均使用单项选择题作为考查工具，此处只讨论单项选择题工具对时空观念素养考查的利弊，通过具体试题解读时空观念素养选择题的常见类型与形式，并提出时空观念素养选择题命制的创新设计思路。

一、以选择题工具考查时空观念素养的利弊分析

单项选择题从测量效果来看，侧重于鼓励在全面提取材料信息的基础上进行时空定位和时空联系，梳理历史事物发展的时间顺序和空间分布，考查的知识覆盖面较广，代表性好。测量时难度、信度都可以根据命题者的需要和考试的类型进行调整，且客观性较强，评分方式简单、可靠，主观性较小。这些都是单项选择题本身在考试测量中所具备的普遍性优势。而就单项选择题考查时空观念素养而言，有以下几个优点。

一是有利于多维度测量时空思维。时空思维的考查既包括特定的具体的时间和空间的定位，又包括不同时间段的划分和空间范围的划分，也包括不同维度的时空联系。运用单项选择题测量时空观念素养时，命题者可以将不同维度不同层次的时空思维与学生所学知识相互联系，以不同的知

① 黄牧航、张庆海：《历史学科核心素养分类分层测评标准例析》，载《历史教学（中学版）》，2019(8)。

② 参阅蒋大椿、陈启能主编：《史学理论大辞典》，93～94页，合肥，安徽教育出版社，2000。

识为依托，实现同一份试卷中测量不同维度的时空思维。

二是有助于多类型材料的运用。单项选择题往往以文字材料为主，类型相对比较固定，也比较单一。时空观念素养的选择题考查则不局限于文字材料，而强调对历史地图、历史年表的解读。因此，命题者可以通过运用合理的历史年表和历史地图考查学生的思维能力和分析问题的能力。这样既丰富了统一题型的命题材料，也能够从多角度培养学生的信息提取能力和读图能力。

当然，以单项选择题作为工具测量时空观念素养也存在一些局限性，主要表现在以下几个方面。

一是无法定向测量考生思维过程。单项选择题只需选择答案，不需要写出论证过程，因此只需要考生选出正确答案即完成测量，至于考生究竟是猜对的还是凭借时空观念素养答对的则不得而知。由于难以看到解题的思维过程，只能在非选择题中依据考生的作答行文才能明确其思维过程。

二是无法全面考查考生综合能力。囿于选择题对材料和题干字数的限制，命题者不可能以较长篇幅的史料或史料组合考查考生的综合能力，这些能力包括了从大文字量的材料中提取信息、去粗取精，辨别方位、绘制地图等。这是选择题作为测量工具的短板。

三是无法测量考生答题发散思维。选择题由于答案不存在大文字量的纸笔作答要求，无法测量考生以发散思维为特征的学科能力，如历史解释思维、信息发散思维、创造能力思维等。

二、时空观念素养选择题的常见类型与形式

时空观念素养选择题的考查可以前文所述的“时间素养”“空间素养”“时空联系”三种试题类型进行分类分层。因为时间与空间是相互依存的，在试题中经常联系在一起，为了避免重复论述，此处对“时间素养”和“空间素养”进行分类介绍，对“时空联系”进行分层介绍，具体如下。

（一）时间素养选择题的分类测评例析

如前所述，时间素养的分类依据历史学科命题的四个能力层次要求进行，下面将按照此前的分类，结合具体试题逐一进行解读。

1. 时间信息的获取和解读

此类试题包含了历史时间的定位、历史时间的辨识、历史时间的理解和解读。时间的定位是获取和解读试题信息的重要前提，试题中有时会隐藏具体的时间而直接呈现某些历史现象，这就意味着考生需要在分析历史现象的基础上理解试题所提供的时间信息并加以解读，如下例所示。

例 4-2-1：(2015 年广东高考)毛泽东主张用事实反击敌人的毁谤："敌人说：'广东共产'。我们说：'请看事实'。……敌人说：'广州政府勾联俄国丧权辱国'。我们说：'请看事实'。敌人说：'广州政府治下水深火热民不聊生'。我们说：'请看事实'。"这些"事实"都发生于

A. 辛亥革命时期　　B. 国民革命时期(√)

C. 抗日战争时期　　D. 解放战争时期

本题首先考查学生的时间定位，要求学生结合特定的时空环境，即对"事实"进行时间定位，从而进行判断。毛泽东的叙述中，出现了"广东共产""广州政府""俄国"等信息，依据这些信息可以判断，这些"事实"发生的地点在广东，时间指向 1924—1927 年的国民革命时期。选项中一共使用了四个历史名词，这些历史名词也是按照时间顺序进行排列的。可见，该题主要考查学生对基础史实的时间定位。

由于历史时间存在多种表达方式，不同的时间表达背后所蕴含的意义不尽相同，因此，历史时间的辨识、历史时间的理解和解读也是时空素养试题经常考查的内容，如下例所示。

例 4-2-2：(2011 年广东高考)图 5 所示为乡村知识分子 1913 年的一则日记(部分)，由此可见

大清宣统五年，正月初三　　自变乱以来，一切新党竞袭洋夷之皮毛，不但遵行外洋之政治，改阴历为阳历，即服色亦效洋式，而外洋各国之夷蚕食鲸吞，日甚一日。……来拜年者五十余人，皆系便衣便帽，无一顶戴之人，间有洋帽之人，较上年之情形迥然不同。

图 5

A. 作者不认同辛亥革命(√)　　B. 作者主张全面学习西方
C. 当时乡村社会习俗没有变化　D. 当时民主共和观念深入人心

本题首先考查学生对历史事件的辨识和不同时间表达方式的理解，命题者以私人日记为材料，通过对1913年的时间表达的差异及日记内容的记述来反映日记创作者对辛亥革命的态度。同一时间存在不同的表达方式，如1913年是公元纪年，也可以用民国二年来表示，而日记作者则采用“宣统五年”来表达，不同的时间表达方式显示出不同的历史语义。本题在时间辨识的基础上，考查学生对不同表达方式背后所蕴含的意义的理解。

2. 基于时间的知识调动和运用

这类试题包括历史时间的划分、时间尺度的选择和时间工具的运用。历史分期是历史学习的重要工具，“运用特定的时间概念对历史进行分期往往是历史书写的一个必不可少的手段，而这些概念和相关的历史时间划分法的运用，又能够直观地反映出历史书写者(不管他们是个体的或是群体的)的史观、史识”①。从历史认识理论的角度来讲，主观地划分历史时间的分期，实际上体现了研究者的认识倾向和历史逻辑。历史时期划分在选择题的命题中常常选取重要时间节点、某一重大历史事件来反映某种历史时期的划分，调动学生对所学知识的运用，如下例所示。

例4-2-3：(原创)1991年12月，联合国解决了3个国家的席位继承问题并新增12国加入联合国。这实际上反映了

A. 多极化趋势大大加强　　B. 第三世界国家力量逐步壮大
C. 战后世界政治体系崩溃(√)　D. 联合国发挥的作用越来越大

本题选取1991年12月联合国成员的变动为材料，使学生基于特定的时间背景调动和运用苏联解体的史实进行判断，进而考查学生对现代史历史分期的认知。史学界通常把第二次世界大战后的历史划分为冷战史和冷战结束两个时期，C选项的表述正是基于历史分期所得出的历史认识。

---

① 方秋梅：《“近代”、“近世”，历史分期与史学观念》，载《史学史研究》，2004(3)。

历史时间的工具主要有历史年表、时间轴等。历史年表和时间轴都有特定的主题，所列举的史实都按照时间顺序进行排序，能够清晰地反映某一历史主题的发展脉络。因此，历史年表经常出现在选择题之中，或者要求根据年表或时间轴的内容来判断其所反映的历史主题，或者要求根据年表或时间轴来概括、判断某一主题的演变情况或影响等。由于选择题的材料篇幅有限，题干中所使用的年表一般为4～5行，如下例所示。

例4-2-4：(2021年广东高考)

表1　美国与西欧对苏联、东欧国家贸易出口额比较　单位：百万美元

年份	美国对苏联、东欧国家	西欧对苏联、东欧国家
1948年	397	582
1949年	145	765
1950年1—6月	41	268

表1作为直接论据，可用来探究的论题是

A. 马歇尔计划的出台及其历史背景

B. 两极格局与西方国家滞胀的根源

C. 世界贸易与布雷顿森林体系形成

D. 欧洲市场与资本主义阵营的分化(√)

材料列举了1948—1950年美国与西欧对苏联、东欧国家贸易出口额的比较。题目中的年表是一个重要的信息来源，该年表提供了其所要反映的主题，学生首先必须从年表的主题中获取材料主旨，并根据时间发展判断该主题的演变情况，最后还要根据年表的时间顺序，调动相关史实对其演变情况进行历史解释。可以说这一类的试题对学生时空素养要求较高。

3. 基于时间的事物描述和阐释

这类试题包括历史时间的表达、历史时间的排序、时代特征的归纳等。任何历史事件都是在具体的时间下发生和发展的，因此，所有的历史事件都存在时间的排序问题。按照时间发展的顺序对历史事件进行排序，是考查学生时序观念的基础，也体现了历史事件发展演变的准确表达和对某一

特定时代特征的归纳能力等的考查。

历史学中的时代特征是指提炼某个时间范畴里某群人的活动特点、某些事物的发展特点。考查时代特征的历史试题中常常有两种方向的命题规律。一种是在试题中呈现出某一个历史时期的时代特征，要求学生对这一历史时期进行时间定位，进而作出正确的解答，如例 4-2-5；一种则是告知明确的历史时期，要求学生对该时期的时代特征进行归纳，如例 4-2-6。

例 4-2-5：(2012 年山东高考)表 1 所列内容为中国某朝代具有的一些特征。据此推断该朝代是

表 1

●国家官僚队伍迅速扩大，文人阶层膨胀
●经济管理机构明显增多
●印刷技术促进了教育的发展
●分割职权使军事将领们失去了主动性

A. 汉朝　　B. 唐朝　　C. 宋朝(√)　　D. 元朝

本题通过列举某朝代的明显特征判断所属朝代，考查学生通过时代特征的判断进行时间定位的能力。从表 1 列举的四个特征分析，符合宋代重文、冗官、经济管理机构增加(如转运使、三司等)、印刷术发展、分割军权的特点。这道题属于时代特征的第一种考查方式，也是最为基础的考查方式，例 4-2-6 则属于第二种。

例 4-2-6：(2012 年广东高考)1959 年某部门根据历年全国工业生产统计数据制订了下表。从下表推出的符合史实的结论是

年代	1953	1954	1955	1956	1957	1958
增长率(%)	30.2	16.2	5.6	28.2	11.4	66

A. 工业生产取得巨大成就(√)

B. 工业生产基础比较雄厚

C. 中国已从落后的农业国变成先进的工业国

D. 工业生产的最高增长率是最低增长率的近 12 倍

这道题通过呈现 1953—1958 年工业生产增长率的年表，要求学生根据该表推出符合史实的结论。这道题将史料实证与时间观念融合渗透对学生进行能力考查，学生依据材料对这段时间的工业生产发展状况进行归纳概括，实际上就是对这一时期工业生产方面时代特征作出描述。

4. 基于时间的问题论证和探讨

这类试题包括不同时间的联系、历史时间的延续与变迁、特定时间的历史解释。基于时间的问题论证和探讨的考试测量主要集中在非选择题中，但选择题也可以在一定程度上考查不同时间的联系、历史时间的延续与变迁、特定时间的历史解释，这类型的命题主要集中于不同时间的联系和特定时间下的历史解释，如下例。

例 4-2-7：(原创)1906 年，当时政府规定的教育宗旨为忠君、尊孔、尚公、尚武、尚实；1912 年政府公布的教育宗旨为“注重道德教育，以实利教育、军国民教育辅之，更以美感教育完成其道德”。导致这一变化的重要因素是

A. 国家政体发生巨变(√)　　B. 民族危机日益严峻

C. 儒家伦理遭受冲击　　D. 民族工业发展迅速

本题通过展示 1906 年与 1912 年政府规定的教育宗旨，要求学生基于不同时间的联系来探讨政府规定的教育宗旨变化的原因。学生首先必须回到特定的时间下探讨当时政府规定的教育宗旨的背景，再基于这两个不同时间的联系得出其变化的原因。

时空观念的本质是变化。历史事物伴随时间的发展不断地发展，把握历史的延续与变迁要求学生不仅要了解历史事物发展的来龙去脉，同时也要认识历史上的发展、变迁、延续、曲折、倒退等，能够把握历史发展的趋势、潮流，能够认识历史与现实之间的关系，如下例。

例 4-2-8：(2013 年山东高考)自秦汉至宋元，中国政治制度变革的总体趋势是

A. 地方政府的自主性逐渐被削弱(√)

B. 国家行政权逐渐转移到君主手中

C. 宰相逐渐退出权力中心

D. 世卿世禄的贵族政治逐渐被打破

本题的命制是从一个大的时间尺度来把握历史发展的趋势、潮流，对长时段的历史发展问题进行探讨。要求学生在了解秦汉至宋元中国政治制度变革的来龙去脉的基础上，能够把握该时段中国政治制度发展的趋势、潮流。学生不仅要在特定的时间内调用历史事实，还要从不同时期的历史演变中判断历史发展趋势，这种趋势也可以视为对某一特定的长时段下的时代特征的探讨。

(二)空间素养选择题的分类测评例析

和时间素养一样，空间素养的分类测评例析也将按照此前的分类结合具体试题逐一进行解读。

1. 空间信息的获取和解读

这类试题包括空间的定位、空间的辨识、空间的理解。

(1)空间的定位。空间定位就是要准确判断历史事物发生的地点、区域、范围等，这涉及历史上人类活动的场所和舞台。空间定位是历史学习的重要内容，也是历史测量的基础，如下例。

例 4-2-9：(2020 年天津高考)在中国工农红军长征途中，中共中央召开的一次重要会议开始确立了以毛泽东同志为主要代表的马克思主义正确路线在党中央的领导地位，在极其危急的情况下，挽救了党，挽救了红军，挽救了中国革命。这次会议召开的地点位于下图中的

(1934—1936 年中国工农红军长征示意图，略)

A. ① B. ②(√) C. ③ D. ④

本题考查学生的空间定位能力，要求学生知道特定的历史事件是在具

体的空间中发生的。认识历史地点古今表达和空间变迁是考查学生空间定位的常见命题手段，其难度不高，只需要学生识记具体的史实即可，但可以强化学生对历史地图的认识和学习。从命题技术来看，地图的制作是命题的难点。

(2)空间的辨识。历史空间的表达因不同的参照物而呈现出多种多样的表达方式。在历史试题中，命题者往往基于史学传统在试题中使用某一种历史空间的表达术语，因此“辨识历史叙述中不同的空间表达方式是理解历史叙述的前提和基础”①。如下例。

例 4-2-10：(原创)殷墟卜辞中的“东土”一般认为是指以今山东省为中心，包括苏北、河北的部分地区。根据考古发现，商代晚期“东土”地区商文化聚落逐渐增多。这说明当时

A. 海外贸易逐渐兴盛　　B. 商受到周威胁被迫东迁

C. 中央集权进一步强化　　D. 区域文化融合趋势加强(√)

本题考查学生的空间辨识能力。殷墟卜辞中的“东土”所体现的是商朝时期商人的空间概念，商人主要活动于河南一带，其东面为今山东省、苏北、河北的部分地区。考古发现，商代晚期“东土”地区商文化聚落逐渐增多，反映出商人活动空间范围的扩大，故而得出“区域文化融合趋势加强”的认识。对不同地理空间概念的辨识需要回到具体的时空环境进行判别，这是命题的方向。

(3)空间的理解。历史叙述中所用的不同空间表达方式，往往有其特定的意义，这就要求学生能够从具体的历史条件中去把握空间的内涵。因此，以特定的历史空间表达来考查学生对特定空间内涵的理解也是命题的常用方式。

2. 基于空间的知识调动和运用

这类试题包括历史空间的划分、空间尺度的选择、不同空间的联系。

(1)历史空间的划分与历史时间相同，在历史叙述和研究中，历史空间

① 赵海明、何成刚：《历史空间观念素养的历史解读》，载《中学历史教学参考》，2018(9)。

也存在划分。不同的空间划分反映了不同的历史观念和历史研究的立场，如下例。

例 4-2-11：(2008 年广东高考)1974 年，毛泽东提出了著名的三个世界理论：苏、美两个超级大国属于第一世界，美国以外的西方国家属于第二世界，亚非拉广大发展中国家属于第三世界。这表明当时的中国

A. 开始重视亚非拉国家的作用

B. 无意与第一、第二世界国家改善关系

C. 已经放弃和平共处五项原则

D. 强调国际政治的主题是反对霸权主义(√)

本题考查学生对历史空间划分的认识能力。1974 年毛泽东提出著名的三个世界理论，将世界划分成三个部分，意在团结第二、第三世界，构建反对霸权主义统一战线，答案选 D。学生要认识命题者所提及的历史空间的划分情况，能够了解其大致的空间范围，才能够准确把握具体的主旨，并调动和运用相关知识解决问题。

(2)空间尺度的选择。在考试测量中，特定的空间尺度必然涉及对研究对象的思想价值体系或价值尺度的判断，因此考生必须认识某一种具体空间划分背后所蕴含的价值判断标准。通过小空间与大空间的相互关系进行考查是空间素养命题的常见方式，如下例。

例 4-2-12：(原创)下表是辽、金、宋政权建都情况：

辽	上京(今内蒙古巴林左旗)、中京(今内蒙古宁城西)、东京(今辽宁辽阳)、南京(今北京)、西京(今山西大同)
金	上京(今黑龙江哈尔滨)、东京(今辽宁辽阳)、西京(今山西大同)、南京(今河南开封)、北京(今内蒙古宁城)、中都(今北京)
宋	东京(今河南开封)、西京(今河南洛阳)、南京(河南商丘)、北京(河北大名县)。南宋迁都临安(今杭州)

由上表可推知，当时

A. 各民族之间的交往相当频繁(√)

B. 北方仍具有较大经济优势

C. 区域经济格局发生根本转变

D. 政治中心逐步向北部迁移

本题考查学生对历史空间尺度选择的能力。题干呈现了辽、金、宋政权建都情况，所涉及空间范围广阔，在地域上有交集，反映出基于各民族政权内的空间变化，这是小的空间范围。而从整个中国历史空间来看，则是综合各个民族的活动范围来审视历史时期上的中国，答案选 A，正是基于大的时空尺度进行判断。

(3)不同空间的联系。相关史事的空间联系，意味着发生在不同地区、不同国家或者不同领域(政治、经济、文化、军事等)的事件之间存在复杂的联系。历史命题中经常考查的“古今中外”相互贯通的历史问题就是对不同历史空间联系的测量，这就要求学生对中外史实进行有机的整理和联系，如下例。

例 4-2-13：(原创)自 20 世纪 80 年代初起，我国在对外政策方面作出了重大调整，实行不结盟政策，改善与苏联、蒙古、老挝等社会主义国家的关系，重视搞好与美国、日本、印度、韩国、新加坡等国的关系。此次对外政策调整的依据是

A. 世界格局发生剧变

B. 党的工作重心发生变化(√)

C. 经济体制根本转变

D. 社会主义运动遭受挫折

本题考查空间的联系。20 世纪 80 年代初，中国外交作出重大调整，既改善与社会主义国家的关系，也重视搞好与资本主义国家的关系，这种外交变化正是基于本国改革开放的重大决策，答案选 B。

3. 基于空间的事物描述和阐释

这类试题包括历史空间的表达、地理环境的分析、空间特征的归纳。

(1)历史空间的表达。叙述任何历史事物都会用到空间概念，因为任何

历史人物的活动、任何历史事件的发生、任何历史现象的延续，都离不开特定的空间。借助空间概念表达历史是史学的常用手法，历史命题中常用历史空间的表达概述历史事件，如下例。

例 4-2-14：(原创)蒋介石日记："正午约毛泽东谈话半小时，余示以至诚与大公，允其所有困难无不为之解决，而彼要求编其 28 师之兵数。"这则日记可能写于

A. 国民革命时期　　B. 西安事变时期

C. 重庆谈判时期(√)　　D. 北平会谈时期

本题考查历史空间的表达，从材料可以判断这则日记写于 1945 年国共两党在重庆谈判期间，答案选 C。历史上把 1945 年国共两党的这次会谈称为"重庆谈判"，"重庆谈判"作为专有名词，成为历史书写的特定表达。

(2)地理环境的分析。所有史事的发生都离不开空间，所有重大行动与决策，都要充分考虑空间与环境要素。在历史命题中，地理环境因素也是考查学生空间意识的重要内容，如下例。

例 4-2-15：(原创)元鼎三年，汉武帝将黄河以东、太行山以西的十余个侯国一次性迁出，重新安置于太行山以东地区，此后太行山以西地区不再分封侯国(图 1)。汉武帝此举的目的是

(图 1 黄河及太行山脉示意图，略)

A. 大力削弱王国势力　　B. 维护中央王朝安全(√)

C. 逐步废除分封制度　　D. 加快推行郡县制度

本题考查地理环境的分析。从题干给出的黄河及太行山脉示意图可以看出，秦岭和太行山脉成为西汉政治中心的天然屏障，具有重要的自然优势。汉武帝将黄河以东、太行山以西的十余个侯国一次性迁出，重新安置于太行山以东地区，从空间看与长安所处的位置有关，答案选 B。

(3)空间特征的归纳。历史学中的空间特征是指提炼某个历史空间范畴里某群人的活动特点、某些事物的发展特点，而不仅仅是自然环境等客观

条件的特征。在历史试题测量中，命题者往往会创设情境，考查学生对该情境所处的空间特征的归纳，如下例。

例 4-2-16：(原创)1990—1992 年间，世界各地许多出版商感觉跟不上形势。他们发现有 20 多万个地名索引不得不去掉重排，有数百万张地图都已过时，而地图出版也不得不由五年一版改为一年一版。出现这一现象，主要是因为

A. 世界格局发生剧烈变动(√)　B. 第三次科技革命的影响

C. 经济全球化发展迅速　D. 世界格局多极化趋势加强

本题考查空间特征的归纳。东欧剧变、苏联解体，1990—1992 年间世界版图空间变换频繁，导致地图出版不断更新，这既是时代特征也是政治空间的特征，答案选 B。

4. 基于空间的问题论证和探讨

这类试题包括不同空间的对比、历史空间的变迁、特定空间的历史解释。

(1)不同空间的对比。历史空间不仅包含自然环境等客观条件，而且还包含一切人类活动的因素，诸如政治制度、历史文化、经济社会等，所以历史空间的对比就是基于综合诸多因素上的空间环境的对比，进而寻求历史的共性和差异的原因，如下例。

例 4-2-17：(2021 年广东高考)鸦片战争后的半个世纪里，洋纱输入最多的是产棉稀少的华南、西南地区，而江南地区输入洋纱要少得多，上海附近的松江地区土布店收购土布时声明“掺和洋纱，概不收买”。这说明当时

A. 自然经济解体的程度沿海超过内地

B. 上海尚未成为对外贸易中心

C. 洋纱排挤土纱进程受制于原料成本(√)

D. 民族资本主义经济快速发展

本题考查历史空间的对比。该题通过比较不同空间对洋纱进口与土纱

收购之间的差异，对近代中国经济发展的空间差异性进行对比，考查学生从具体的空间条件下论证和探讨问题历史的能力。

(2)历史空间的变迁。历史空间的变迁既是历史事物变化的原因，也是历史事物自身变化的表现。掌握历史空间的变迁能够还原历史事物发展的空间脉络和变化轨迹。在历史命题中，对历史空间的变迁的考查既可以设置为反映历史发展变迁过程或规律总结，也可以考查其变化的原因，如下例。

例 4-2-18：(原创)中国近代，全国性金融中心不断迁移，基本轨迹是：上海→北京与天津→上海→重庆→上海。这反映出近代

A. 地方派系积极争夺金融中心地位

B. 政治中心与金融中心始终分离

C. 中国金融业受政治环境影响大(√)

D. 列强侵略严重破坏中国金融业

本题考查历史空间的变迁。该题展示中国近代全国性金融中心变迁的空间轨迹，考查学生对全国性金融中心不断迁移的历史认识，答案选 C。历史空间的变迁既是金融中心的变迁，同时也反映了近代中国政治经济的变化，考查学生基于空间的问题论证和探讨的能力。

(3)特定空间的历史解释。将史事定位于特定的空间，意味着学生应该明确历史事物产生的地理位置和区域范围，为探究史事奠定基础，如下例。

例 4-2-19：(原创)

表　1936—1944 年中国国立大学数量及分布

时间	国立大学数量(单位：所)及分布
1936 年	北平 4，上海 3，南京、武汉、广州、杭州、青岛、成都各 1 所
1938 年	云南 4，四川 4，广西、湖南、福建、陕西各 1 所
1944 年	四川 6，云南 3，陕西 3，贵州 2，上海 2，浙江、广东、广西、福建、湖南、江西各 1 所

——据李涛《民国时期国立大学数量及区域分布变迁》

上表呈现的变化反映了

A. 外部侵略造成既有文化格局的改变(√)

B. 当时经济文化发展不充分不平衡

C. 中央政权对文化教育的控制力削弱

D. 当时派系林立、政权分立的状况

本题考查特定空间的历史解释。该题呈现了抗战时期中国国立大学的空间分布，这种分布主要是当时日本侵华，国立大学迁移所致，答案选 C。本题通过对特定空间的史事进行解释，考查学生基于空间的问题论证和探讨的能力。

(三)时空联系选择题命题分层测评例析

如前所述，我们将侧重于时空联系意识的时空观念素养选择题分为五个层次，下面分别就这五个层次的选择题命题形式进行逐一介绍。

第一层：明确时空定位。时空定位是时空素养最基础也是最常见的试题。命题者抓住时间与空间的联系展开命题，一是在题干中提供时间信息，考查相应空间；一是在题干中提供空间信息，考查相应时间。在此基础上对多个历史事件进行时间排序或者空间分布排列。在试题命制中，借助历史地图、历史形势图和年表等材料进行命题是常见的方式，这就要求学生学会看图解表，并从中提取相关信息，如下例。

例 4-2-20：(原创)某时期中共的宣传口号先后包括：“苗人下山来与汉族共同打倒帝国主义和国民党军阀”“保护喇嘛，信教自由”“抗日反蒋，保护回民”“苏维埃分田地牛羊粮食房屋财产给回番穷人”等。这些口号

A. 为国民大革命准备了条件

B. 扩大了中央革命根据地

C. 有利于红军实施战略转移(√)

D. 巩固了抗日民族统一战线

本题考查时空定位。命题者隐藏了时间信息，选取红军长征途中所经过的少数民族地区的宣传口号，渗透空间概念，要求学生提取相关信息作出时间定位，并在此基础上判断当时中国共产党正处于长征期间，这些口

号的提出有利于红军部队的战略转移，正确答案选 C。在选项的设置上，则回应材料的命题意图，按照时间顺序罗列了四个历史时期的史实，与题干的空间信息相呼应。

第二层：理解时空内涵。命题者往往借助文字、地图、数轴、图示等表达时空内涵，首先考查学生对不同时空表达方式的理解，如下例。

例 4-2-21：(2018 年全国高考Ⅰ卷)据学者研究，唐朝“安史之乱”后百余年间的藩镇基本情况如表 2 所示。

表 2　“安史之乱”后百余年间唐朝藩镇基本情况表

藩镇类型	数量(个)	官员任免	赋税供纳	兵额与功能
河朔型	7	藩镇自擅	不上供	拥重兵以自立
中原型	8	朝廷任命	少上供	驻重兵防骄藩
边疆型	17	朝廷任命	少上供	驻重兵守边疆
东南型	9	朝廷任命	上供	驻兵少防盗贼

由此可知，这一时期的藩镇

A. 控制了朝廷财政收入　　B. 彼此之间攻伐不已

C. 注重维护中央的权威　　D. 延续了唐朝的统治(√)

本题考查学生对时空表达方式的理解。题干提供安史之乱之后不同藩镇类型的空间分布及其功能的差异对比，正因为藩镇类型不同，相互作用，最终延续了唐朝的统治，正确答案选 D。该题所提及的“‘安史之乱’后”和“河朔型、中原型、边疆型、东南型”等时空概念正是考查学生对不同时空表达方式的理解，只有在理解这些时空表达方式的基础上学生才能作出正确判断。

其次，理解时空内涵的试题还考查历史事物发展的时空条件，试题中的时空信息往往蕴含着历史事物变化和发展的各种主客观条件，命题者往往利用时空含义中所蕴含的历史条件考查学生对历史事物发展的认识和理解，如下例。

例 4-2-22：(原创)宋元以前，我国江北、江南广大地区农民既种田又养蚕，并按规定上缴谷物和布帛等产品给国家。明朝中期以后杭州、嘉兴、湖州和珠三角一带许多农民专事蚕桑，而其他许多地区“妇女无工于蚕事”。这一变化发生的背景是，明代中后期

A. 政府调整了赋税缴纳方式(√)

B. 环境气候发生剧烈变化

C. 南方已成为全国经济中心

D. 海上丝绸之路逐步兴起

本题考查学生对历史事物发展的时空条件的认识。题目将明朝中期以后的蚕桑业生产情况与宋元以前进行对比，探求这一变化发生的背景。正是由于明代中期政府调整了赋税缴纳方式，实行一条鞭法，采用折银缴税取代实物税，故而促使了蚕桑业生产发生变化，正确答案选 A。试题命制的意图是使学生通过时空对比，寻找促使变化的时空条件。

最后，在这个层次中，学生还要把握一个关键问题，那就是时空观念素养的本质内容——变化。从这一点看，命题者往往会在试题中强调“改革”“转折”“发展”等，考查学生对历史事物变化的认识，如下例。

例 4-2-23：(原创)1898 年 6 月，清政府宣布“废八股，兴西学”，结果在民间引起轩然大波，三个月后清政府恢复八股。1901 年清政府再次宣布废除八股取士，民间反对声浪却大不如前，八股取士得以废除。这一变化说明

A. 侵华战争激发了国人救亡意识(√)

B. 变法图存成为统治阶层共识

C. 西学赢得知识阶层的广泛认同

D. 中体西用思想成为社会主流

本题考查学生对历史事物变化的认识。同样是废除八股取士，1898 年与 1901 年民间反应并不相同，这一变化说明民族危机加深激发了国人救亡意识，最终八股取士得以废除，正确答案选 A。可见，不同的时空环境下，历史事物总是在不断变化和演变。

第三层：总结时空特征。试题命制经常将具体的空间置于特定的事件背景下，要求学生通过对历史事物发展、变迁过程的了解，概括出其发展特征，如下例。

例 4-2-24：(原创)下表反映了晚清有籍可查的驻外公使、领事等外交人才籍贯分布情况：

省籍	广东	广西	四川	山东	江西	河北	福建	湖南	江苏	浙江	贵州	八旗	湖北	台湾	安徽
人数	50	1	1	2	3	1	11	8	28	23	4	16	2	1	16

此表可用于说明晚清

A. 地方政治派系林立

B. 满洲贵族势力逐步被削弱

C. 中体西用思想盛行

D. 沿海与内陆开放程度有差异(√)

本题考查学生对时代特征的总结。题目以晚清有籍可查的驻外公使、领事等外交人才籍贯分布情况，来概括总结出晚清沿海与内陆开放程度的差异，正确答案选 D。由于近代西方列强多数从海上而来入侵中国，中国沿海比内陆更早开放，因此形成不同的开放格局。外交人才籍贯分布既是晚清对外开放的缩影，也是晚清对外开放的时代特征。

第四层：建立时空联系。测量学生能够对比不同时空的历史事物的特点，来反映不同空间历史事物的异同，进而构建不同空间的历史事物的联系。不管是哪一类型的时空联系，命题者所考查的都是要求学生从更长时段、更广空间视角来认识历史事物的变化，强调从不同时空尺度下理解历史事物的变化，形成多元的历史认识，如下例。

例 4-2-25：(2013 年新课标全国高考Ⅰ卷)有俄罗斯学者认为，中国 20 世纪 80 年代的改革属于新版的苏俄新经济政策。这一认识的依据是两者都

A. 处于相似的国内外经济环境

B. 面临着处理计划与市场的关系问题(√)

C. 巩固了农村的集体所有制经济

D. 促进了社会主义工业化

本题考查空间的联系，题目将20世纪80年代中国的改革与20世纪20年代苏俄新经济政策进行比较，抓住两者都面临着处理计划与市场的关系，构建不同时间不同空间的历史事物之间的联系，正确答案选B。通过建立时空联系，有利于考查学生从纵向和横向深化对历史发展的认识。

第五层：探究时空规律。“时空规律其实是指在特定的时空范畴里的历史发展规律”①，探究时空规律主要测量学生在特定的时空框架下分析历史事物的发展规律。历史规律是指多次出现的、具有相似性的历史现象，它具有重复性、层次性和不确定性等特点。② 因此命题者往往会呈现多次出现和具有相似性的历史现象，让学生分析历史事物的发展规律。高考考查时空规律的典型题目较少，下例反映出历史选择题如何考查探究时空规律。

例4-2-26：(原创)2015年，中国学者编写出版了“社会变迁与百年转折丛书”6册：《1840年：被轰出中世纪》《1860年：巨痛与自强》《1895年：大梦初醒》《1901年：慈禧太后的革新令》《1912年：颠沛的共和》《1937年：大灾难与大牵手》。从书名中可见编者认为中国近代的社会变迁

A. 与战争的影响紧密关联(√)

B. 与政治的改革密切相关

C. 从局部地区扩散到全国

D. 突变和渐变交错地进行

本题考查空间规律的探究。命题者在百年中国这个时空中“找到”了四个社会变迁规律，但就材料提供的信息而言，只有A项是成立的，因为每次大的社会变迁都发生在某场战争之后，正确答案选A。

---

① 黄牧航、张庆海：《历史学科核心素养分类分层测评标准例析》，载《历史教学(中学版)》，2019(15)。

② 参阅蒋大椿、陈启能主编：《史学理论大辞典》，93～94页，合肥，安徽教育出版社，2000。

以上为“侧重于时间意识”和“侧重于空间意识”以及“侧重于时空联系”三种试题类型的分类分层测评例析。因为所有的历史问题都跟时空观念相关，所以很难找到一条清晰的层次递进线索。因此，对时空观念素养试题的分类和分层讲解，当中不免有交叉重叠之处，在试题命制中亦不是唯一的分类分层方式。

三、时空观念素养选择题的创新设计

关于时空观念素养选择题该如何进行创新设计，汕头市实验学校的李志彦老师曾经做过探讨，提出了“程度型选择题”“不定项选择题”“扣分制选择题”等创新设计的尝试[①]，为我们开展时空观念素养选择题的命题创新设计提供了借鉴和参考。

（一）程度型选择题

程度型选择题也叫最佳选择题，其结构是几个备选项与题干之间都有不同程度的内在联系、并列关系、包含关系，其备选项的内容一般不是完全错误的，而是含有合理的因素，解题时要区分“程度”之间的差异。程度型选择题主要考查考生对基本概念的准确理解和辩证思维的能力。近年来，上海高考历史选择题在一定程度上借鉴过此类题型。

《课程标准》将时空观念素养划分为四个水平层次，如果在终结性测量中将四个水平层次设计为四个备选项，每个选项分别按四个水平层次分别赋予 1、2、3、4 分，则可以在一定程度上测量考生的时空观念素养。实际上，不仅是“时空观念素养”，其他四个素养也可在一定程度上使用此类考查工具。如下例。

例 4-2-27：(改编自 2017 年全国高考Ⅰ卷第 24 题)周灭商之后，推行分封制，如封武王弟康叔于卫，都朝歌(今河南淇县)；封周公长子伯禽于鲁，都奄(今山东曲阜)；封召公奭于燕，都蓟(今北京)。分封

A. 封国地理上存在空间差异(选此项得 1 分)

---

① 参阅黄牧航主编：《时空观念的教学设计与学业评价》，251～252 页，广州，广东高等教育出版社，2019。

B. 形成了西周时代的地方管理模式(选此项得 2 分)

C. 组成了家国一体的政治结构(选此项得 3 分)

D. 推动了文化的交流与文化认同(选此项得 4 分)

本题不是仅仅测量考生的“时空观念素养”，而是将“史料实证”“历史解释”“家国情怀”等方面的历史学科素养的测量都融入其中，能够很好地进行测量。当然，此类试题也存在缺点，如部分考生容易通过选项的表达方式猜出赋分最高的选项，测量信度上存在一定问题，这就需要命题专家进一步论证此类试题的实用性和科学性。

（二）不定项选择题

不定项选择题是一种在题目给出的几个选项中，至少有一项正确，至多不限的选择题。它是多项选择题的一种特殊形式。当有一个选项的正确性十分明显时，不定项选择题就变为三个(通常有一定联系的)判断题。如果题目有部分分数，可以在有十足把握时才选其他认为正确的选项，否则只选其一即可得部分分数。如下例。

例 4-2-28：(原创)考古发现，汉墓画像石中胡人形象出现较多，主要包括胡汉战争、胡王、胡将军、车马出行图中的胡人先导、胡奴门卫等几种情形。这反映了当时

A. 胡人入主中原的政治现实

B. 胡汉间民族矛盾日益尖锐

C. 民族间文化交流日益频繁(√)

D. 统一多民族国家逐渐形成(√)

(说明：本题满分 4 分，选 CD 得 4 分，仅选择 C、D 项其中一项得 2 分，其他情况不得分。)

考生在作答本题时，须结合所学知识对材料所述“汉墓画像石中胡人形象出现较多”现象作出判断。在无法完全解读材料或知识缺失的情况下，囿于测量赋分规则，部分考生不会武断选择两个选项，仅会选择自己肯定的答案，这实际上就将知识、素养掌握情况良好的考生与一般的考生区分出

来，有利于高考试题选拔性特点的呈现。

（三）扣分制选择题

早在1984年，就有学者建议在外语考试中实行“倒扣分”制度①，实际上倒扣分制度利在于能够最大限度选拔知识、素养最高的考生，弊在于给考生造成了巨大的心理负担，有些考生甚至因此分数扣至一分不剩，这也是终结性测量中需要关注的问题。因此，这也许就是该类试题始终未出现在大型考试中的原因。如下例。

例4-2-29：（原创）1961—1975年，苏联先后在挪威海、北大西洋、北冰洋、地中海、冰岛与法罗群岛之间的海峡、北太平洋等多处展开海上军事演习，演习科目包括反潜、攻击航母、海上封锁、两栖登陆作战等。苏联的系列军事演习目的在于

A. 威慑西方资本主义阵营（√）

B. 应对欧共体的发展和壮大

C. 炫耀重工业取得的成就

D. 与中国组建海上防御体系

（说明：本题满分4分，选择A项得4分，选择其他选项不得分且倒扣4分，依此，选择题部分分数扣完为止。）

此类试题可以在任意单项、多项、不定项选择题中使用，试题命制上没有过于复杂的工作，只需要改变测量规则。如上文所述，利弊立现。

第三节　时空观念素养非选择题的命题思路

历史非选择题题型多样，从现行高考的试题类型来看，试题类型主要是材料解析题和论述题，而论述题的题干往往也是由材料所构成，虽然其所用材料相对会简单一些，但亦可当成材料题看待。因此，本节主要探讨

① 龚长金：《选择题评分法应规定倒扣分》，载《山东外语教学》，1984(1)。

以材料解析题考查时空观念素养的利弊，通过具体试题解读时空观念非选择题的常见类型与形式，并提出时空观念素养非选择题命制的创新设计思路。

一、以非选择题工具考查时空观念素养的利弊分析

材料解析题应该说是非选择题中最具历史学专业特点的一种试题，也是最能考查时空观念素养的试题。非选择题题量少、含义广，侧重于历史写作能力与表达能力。测题效果上鼓励组织、整理和表达自己的观点，在测量时空观念素养的学业质量水平上有着不可替代的优势，具体如下。

一是培养学生的时间观念和空间思维。非选择题较之选择题的定向测量而言，更能够测量考生的时间观念和空间思维。近年来的高考试题，无论是文字材料还是地图材料，都很好地考查了学生在纵向与横向上审视历史的能力，从广度和深度对历史事物的发展演变进行深入的测量，很好地培养了考生的时间观念和空间思维。

二是有利于综合多种类型史料。时空观念素养测量不仅使用传统的文字材料和图片材料，同时还创作出大量的历史地图和时间轴、历史年表等时空工具，极大地丰富了试题的材料类型，调动了学生的思维。

三是多角度地测量知识与能力。就时空观念素养非选择题的命制而言，历史时间的顺序和历史空间的分布与历史时空尺度的选择都极大地拓展了命题所涉及的知识调动和能力运用。命题者往往以一道试题覆盖考查考生的中外历史政治、经济、文化知识储备；以一道试题考查考生提取信息、理解材料、探究原因、归纳概括、分析影响等多项历史学科能力；以一道试题综合考查考生的历史学科核心素养。

四是情境多元以检验核心素养。以非选择题为工具考查时空观念素养，能够培养学生基于特定的时空环境调动相关知识的综合性能力。同时可以结合古今中外、自然地理、风土民俗等多学科知识，有效考查考生对陌生的情境、复杂的史料、开放性的设问的适应性。

当然，以非选择题为工具考查时空观念素养也存在一些显而易见的弊端。

一是史料篇幅冗长。时空观念素养类非选择题在命制时，须通过多则

或多种类型史料的复合呈现以考查考生时空观念素养，材料篇幅冗长，一定程度上会给考生带来心理的焦虑，从而影响测题的难度和信度。

二是史料阅读障碍。命题者在设计时空观念素养非选择题时，往往需要使用原始材料进行考查，而原始材料常是文言文或外文翻译材料。对于语文阅读能力不强的考生来说，史料阅读的障碍就成了影响考试水平发挥的第一道关卡。考生无法作答试题究竟是因为没读懂试题材料还是历史知识掌握不牢靠？尽管阅读能力考查也是历史考试的要素之一，但测题中的史料阅读障碍明显无情地将中层以下考生排除在正确作答的可能性之外。

三是历史地图绘制较难。以时空观念素养作为非选择题的考查重点时，经常需要根据某一特定历史主题绘制相关的历史地图，而历史地图的绘制既需要相关的技术手段，同时还要考虑政治审核，因此难度较大，让许多命题者望而却步，只能退而求其次，选择传统的文字材料进行命题。

二、时空观念素养非选择题的常见类型与形式

在非选择题中，对时空观念素养的考查更为灵活多样，摆脱了选择题的字数限制后，时空观念素养的考查可以使命题者在试题命制时有更大的发挥空间，材料选取更加灵活自由，形式更加多样化。时空观念素养非选择题的命题更多地以新情境下的问题解决为重心，包括学习情境、生活情境、社会情境和学术情境。下面就时空观念的分类分层命题形式进行介绍。

（一）时空观念的分类测量

如前所述，时空观念的分类测量分为“时间素养”“空间素养”“时空联系”三大类。

1. 时间素养非选择题分类测评例析

此处以现行高考《考试说明》“考试目标与能力要求”为依据划分史料的分类较能涵盖所有的时空观念素养，具体如下。

从获取和解读信息的能力要求来看，这类试题包含了历史时间的定位、历史时间的辨识、历史时间的理解和解读。历史时间的定位属于史实性记忆，在非选择题测量中，命题者主要通过设置情境或直接发问的方式，考查考生对史事发生的具体时间的准确识记能力。作为历史学习最基础的技能，时间定位更多的时候是融入试题中进行无形的考查。而历史时间的辨

识、历史时间的理解和解读则主要归属于思维层面。测题方式主要是通过对不同的时间表达方式的含义进行解读和理解，体会历史叙事不同时间表达的意义，如下例所示。

例 4-3-1：(2018 年全国高考Ⅰ卷)

材料

汉武帝的诸多统一政策中，包含年号的制定。此前的纪年方法是，将新君即位后的第二年作为元年，以在位年序纪年。皇帝在位时没有特定的名号，如汉景帝在位的第三年即称为“二年”，与其他皇帝的“二年”难以区分。此外，诸王国各以诸侯王之年纪事，更易产生混乱。汉武帝首次“封禅”泰山时，创制了“元封”年号，将当年称为“元封元年”。朝廷所定的年号通用于全国所有地方，后世根据年号也能明白是哪一年。此后，直到清朝末年，年号制都被沿用，且影响到朝鲜、日本、越南等国。

——据[日]宫崎市定《中国史》等

(1)根据材料，说明汉武帝改革前后纪年方法的区别。

(2)根据材料并结合所学知识，简析汉武帝年号制改革的历史意义。

本题题干材料包含了汉代皇帝的谥号(汉景帝、汉武帝)和年号(元封)，考生必须首先需要辨识谥号和年号的时间特性和具体含义，结合材料所述，作出综合判断，以此来理解古代帝王纪年方式的由来。本题难度相对较低，在解题过程中无明显的阅读障碍，但帝王纪年方式的辨识是试题解答的基础。

同时，题目还呈现出另一种时间表达方式，即“直到清朝末年，年号制都被沿用”，这句话既使用了“清朝末年”的时间表达，也暗含了此后王朝纪年和年号纪年等时间表达方式被公元纪年所取代。至此，不同时间表达方式出现重大转折，也预示着历史发生重大变革。

从调动和运用知识的角度来看，这类试题包括历史时间的划分、时间尺度的选择和时间工具的运用。将历史分期的研究方法渗透于历史时空观念试题的命制之中，往往考查学生对分期的标准或角度的差异，而对于不同的标准和角度，所调动和运用的知识又有所不同，如下例所示。

例 4-3-2：(2014 年广东高考)历史发展阶段可以从不同的角度概述、标识或划分。阅读材料，回答问题。

材料一

18 世纪的学者孔多塞将 15 世纪中叶至 17 世纪初作为一个历史阶段。他对这一历史阶段作了如下概述：印刷术的发明，推广了人类的智慧成就，把教育从各种政治束缚和宗教束缚中解放出来；君士坦丁堡被攻陷后，许多学者迁居欧洲，推动了科学的发展；地理大发现增进了人们的知识；宗教革命促进了思想自由。

材料二

两次世界大战之间(1918—1939 年)的历史被有的西方学者称为“焦虑的时代”。

材料三

1978 年以来的中国历史，有的学者以 1992 年为界将其划分为两个阶段，有的学者以 2001 年为界将其划分为两个阶段。

(1)结合材料一分析孔多塞是从什么角度概述历史的。请从不同于孔多塞的角度，简述“地理大发现”的历史影响。

(2)试从材料二中“焦虑的时代”这一角度，概述两次世界大战之间的世界历史。

(3)推断材料三中两种历史分期各自所用的角度，并结合史实分别加以说明。

本题将历史时间的划分、时间尺度的选择和时间工具的运用三者融为一体，充分展示了如何从侧重于时间意识的角度考查学生调动和运用知识的能力，同时，还渗透了史学研究的基本能力的考查。历史时期的划分主要基于历史研究的需要，不同学者对历史分期的标准和角度有所不同，但最基本的是都需要依靠具体的史实进行划分。第三问的设计中也包含了时间年表的因素，把 1978 年、1992 年、2001 年作为改革开放的三个重要时间节点按顺序进行排列，把时间工具的运用也渗透其中。

从描述和阐释事物的角度来看，这类试题包括历史时间的表达、历史时间的排序、时代特征的归纳。历史唯物主义原理认为，人类历史是一个不断前进的螺旋式上升的过程。历史事物的发展是连续的、非孤立的。中国史的朝代更迭及史事顺序、世界史的不同时段及史事顺序、不同社会形态的演进历程都属于时间顺序的考查范畴。考试命题往往是以“通史”体系为依托进行的，这就要求学生首先能够理解历史事物发展的连续性。如下例所示。

例 4-3-3：(原创)中外历史上都曾流传着“牛皮圈地”传说。以下为中外史籍中关于这一传说的记载。阅读材料，完成下列要求。

材料一

(传说公元前 820—前 774 年)他们(腓尼基人)请求一张牛皮所能够包围的那么大的一块土地以为住所。阿非利加人(非洲人)鄙笑腓尼基人的请求这样微不足道……他们允许了，并且宣誓，保证他们的诺言。于是腓尼基人把一张牛皮，缘着边，团团转，剪成一根很细的长条，包围着现在迦太基的卫城所在的地方，因为这件事情，这个地方叫作柏萨(意为“一张牛皮”)。

——摘自阿庇安(约公元 95—165 年)，古罗马历史学家，著《罗马史》

材料二

(16 世纪后期)有佛郎机(一般指葡萄牙，在这应指西班牙)者，自称干系蜡国，从大西来，亦与吕宋互市(与菲律宾贸易)。……因上黄金为吕宋王寿，乞地如牛皮大，盖屋。王信而许之。佛郎机乃取牛皮剪而相续之，以为四围，乞地称是。王难之，然重失信远夷，竟予地……久之，围吕宋，杀其王。

——摘自张燮(公元 1574—1640 年)，福建漳州人，著《东西洋考》

材料三

(16 世纪后期)时佛郎机强，与吕宋互市，久之见其国弱可取，乃奉厚贿遗王，乞地如牛皮大，建屋以居。王不虞其诈而许之。其人乃裂牛皮，联属至数千丈，围吕宋地，乞如约。王大骇，然业已许诺，无可奈何，遂听之。

——摘自《明史》卷三二三《外国四》(成书于 1645—1739 年)

材料四

天启元年(1621 年)，颜思齐为东洋日本甲螺(头目)，引倭彝(倭寇)屯聚于台，郑芝龙附之。未几，红彝荷兰人由西洋而来，愿借倭彝之地暂为栖止。诱约一牛皮地即可。倭彝许之。红彝将牛皮剪如绳缕，周围圈匝已有十数丈地。……崇祯八年，荷兰始筑台湾赤嵌二城。

——摘自《台湾府志》卷之一《沿革》(成书于1685—1764年)

(1)根据材料并结合所学知识，说明“牛皮圈地”传说传播的背景和过程。

(2)材料二、三记述了同一历史事件，根据材料并结合所学知识评析两则材料的史料价值。

本题以“牛皮圈地”传说为主题切入，第一问要求学生在整理材料的基础上对“牛皮圈地”传说传播的背景和过程进行归纳和梳理。学生需要准确理解材料：从公元1世纪古罗马历史学家阿庇安撰写《罗马史》谈及“牛皮圈地”的传说，到16—18世纪中国民间私人著作、官方史书、地方文献等记载了“牛皮圈地”的传说。学生从对时间顺序的辨析入手，再结合相关史事逐步梳理传说传播的过程。这个过程自然会涉及空间的演变，这也体现了时空相互依存的关系。

从考核目标和能力要求的角度来看，实际上本题已达到了论证和探讨问题的测量难度，但解题过程仍然依托于描述和阐释事物。

从论证和探讨问题的角度来看，这类试题包括不同时间的联系、历史时间的延续与变迁、特定时间的历史解释。历史事物总是随着时间的推移而变化，前一阶段的历史事物与后一阶段的历史事物既存在联系也存在变化，这种变化与特定的时间环境有着密切的关系。如下例。

例4-3-4：(原创)阅读材料，回答问题。

材料

下列是新中国成立以来高考作文试题(部分)

1951　一年来我在课外努力地工作

1953　写一个你所熟悉的革命干部

1954　我的报考志愿是怎样决定的

1955　我准备怎样做一个高等学校的学生

1958　“大跃进”中激动人心的一幕

1960　我在劳动中受到了锻炼

1961　一位革命先辈的事迹鼓舞着我

1963　“五一”劳动节日记

1965　给越南人民的一封信

1966—1976　高考中断十年

1977　我在这战斗的一年里

1978　将《速度问题是一个政治问题》一文缩写

1981　读《毁树容易种树难》写一篇读后感

1982　先天下之忧而忧，后天下之乐而乐

1986　树木·森林·气候

1989　给立志报某重点大学历史系的高三学生的一封回信

1992　清理路旁的脏物

1993　帮同学补课要不要收报酬

1998　坚韧——我追求的品格/战胜脆弱

1999　假如记忆可以移植

2000　以“答案是丰富多彩的”为话题写一篇文章

——摘自章家仪、胡堃《60年来中国高考作文命题的角色预设》

考生任选下列一项要求作答：

(1)材料反映我国高考作文命题的多种趋势，指出其中一种变化趋势并说明形成的历史原因。(说明：要求观点明确、史论结合、史实准确。)

(2)对材料中新中国成立以来我国高考作文命题进行阶段划分，并结合中国现代史的相关史实说明理由。(说明：要求阶段划分明确、史论结合、史实准确。)

本题按时序列举了1951—2000年部分年份我国高考作文题目，要求考生“指出其中一种变化趋势并说明形成的历史原因”。这种变化趋势考查学生对历史事物与时间的联系、延续和变迁的关系，并要求在特定的时间环境下探讨其变化的原因。

2. 空间素养非选择题分类测评例析

第一，从获取和解读信息的能力要求来看，这类试题包括空间的定位、

空间的辨识、空间的理解。空间定位就是要准确判断历史事物发生的地点、区域、范围等，这涉及历史上人类活动的场所和舞台。空间定位是历史学习的重要内容，也是历史测量的基础，几乎所有的历史非选择题都会考查到。

"空间"除了地理学上的含义之外，还包含"历史时间"和"文化空间"的抽象概念，同一空间表达词语在不同的语境中会有不同的空间内涵。考生如能达到这一层次，同样也属于"理解不同的时空表达方式的意义"的学业质量要求。如下例。

例 4-3-5：(2012 年广东高考)词语和概念的变化，可以为探究历史提供重要信息，阅读下列材料，结合所学知识回答问题。

材料一

在中国，对 science 的翻译经历了从"格致"到"科学"的用词变化。中国古代本有"科学"一词，如宋人文集中有"自科学之兴，世为士者往往困于一日之程文，甚至于老死而或不遇"之句。明末清初，受古代"格物致知"的影响，时人将 science 意译为"格致"。19 世纪中叶后，"严格致，营制造者，乘时而起"，"格致"一词大量使用。19 世纪末，梁启超等效仿日本的做法，将 science 译为"科学"，呼吁"从事科学，讲求政艺"。民国初年，学界还将 science 译作"赛因斯"，意在强调科学的理性精神。

——据《近代汉字术语创制的两种类型》等

材料二

随着"代议制民主"概念的兴起和逐渐流传，民主概念发生了重大的转化，不仅古代"直接民主"是"民主"，而且近代"间接民主"也是"民主"。随着后一种民主在实践中的不断扩展和完善，它几乎成了人们所知的西方民主的统一形式，日常使用的"民主"一词，指的已不是古代直接民主。

——据《美国革命时期民主概念的演变》等

(1)材料一中的中国古代"科学"一词与何种选官制度相关？程朱理学中"格物致知"的目的是什么？

(2)19 世纪中叶以后，从"格致"到"赛因斯"，反映了中国向西方学习的内容经历了怎样的过程？分析变化的原因。

(3)结合材料二和所学知识，从西方民主政治发展的角度，简要分析

“民主”概念变化的原因。

(4)从“经济”“中学”“粉丝”3 个词语中任选 1 个，说明其含义或用法的历史变化。

从试题的立意和命题技巧来看，在解题过程中，考生首先需要辨识并理解材料中所述的多个词语在不同的历史时间、文化空间中的含义，并调动所学知识来解释这些词语的含义。从本题的知识覆盖面来看，需要考生调动古今中外的历史事实进行解答，实际上已到达了水平 3 的能力要求，即“能够把握相关史事的时间、空间联系”。但最基础的问题，仍属于“理解不同的时空表达方式的意义”的范畴。

第二，从调动和运用知识的能力要求来看，这类试题包括历史空间的划分、空间尺度的选择、空间工具的运用、不同空间的联系。与历史时间相同，在历史叙述和研究中，历史空间也存在划分。不同的空间划分反映了不同的历史观念和历史研究的立场，如下例。

例 4-3-6：(原创)阅读材料，完成下列要求。

材料一

现代世界史研究仍未摆脱西洋史传统，还没有从“小世界史”范畴中摆脱出来，应该将目光放在整个地球之上。可将地球分为三个世界：(一)“第一世界”指欧亚大陆、北非与印度洋地区；(二)“第二世界”指 15 世纪末航海探险后发现的南北美洲大陆与大西洋地区；(三)“第三世界”指麦哲伦环球航行后至 18 世纪发现的大洋洲与太平洋地区。

——据宫崎正胜《航海图的世界史：海上道路改变历史》(2014 年出版)整理

材料二

“我们常说有两个对抗的世界(自由世界与共产主义世界)，常说它们可能发生战争或能够互相依存等等，却常常忘记还有一个第三世界。这两个世界感兴趣的是如何征服第三世界，至少是如何把它们拉到自己一边。”

——1952 年，法国经济历史学家阿尔弗莱德·索维《三个世界，一个地球》

材料三

1974年2月，毛泽东在会见赞比亚总统卡翁达时第一次阐述了三个世界划分的思想，指出："我看美国、苏联是第一世界。中间派，日本、欧洲、加拿大，是第二世界。咱们是第三世界。""第三世界人口很多。亚洲除了日本都是第三世界。整个非洲都是第三世界，拉丁美洲是第三世界。"

——据《毛主席关于三个世界划分的理论是对马克思列宁主义的重大贡献》(1977年11月1日《人民日报》)

(1)根据材料一并结合所学知识，概括指出宫崎正胜划分世界的标准，并简述他所说的三个世界是如何形成的。

(2)根据材料二、三并结合所学知识，分析指出毛泽东与索维对世界的划分有何不同，并结合国内外背景说明导致不同的原因。

本题展示了不同空间划分方式，考查学生对不同空间划分标准的认识，明白划分标准的不同必然带来空间尺度的选择的差异。同时，考查学生了解对不同的空间划分反映了不同的历史观念和历史研究的立场，进而调动和运用知识的能力。

第三，从描述和阐释事物的能力要求来看，这类试题包括历史空间的表达、地理环境的分析、空间特征的归纳。

首先是历史空间的表达。德罗伊森认为："经过这样的转化，过去的事业，才变成历史。也就是说，那些外在的，有其本身运作原因的事业，被我们的历史意识及理解力掌握后，才变成历史。只有我们记忆所及，才是真正尚未逝去的过去，才是虽然过去却有现在性的事。"①对历史的重构，离不开历史描述，运用恰当的时空术语、合适的时空尺度对不同时段和范围内的历史事实、历史现象、历史事物进行准确的描述，是学科能力的重要体现。如下例。

例4-3-7：(2016年全国高考Ⅲ卷)

阅读图文材料，完成下列要求。

① [德]德罗伊森著，胡昌智译：《历史知识理论》，126页，北京，北京大学出版社，2006。

材料(图略)

近代以来，在列强的压力下，中国被迫开放了一系列通商口岸。自1898年至1910年，清政府又主动开设了30余个商埠。

——据严中平等编《中国近代经济史统计资料选辑》等

从材料中提取一个有关自开商埠的信息，并加以简要分析。

本题材料中提供的清末自开商埠分布示意图展示了1898—1910年清政府主动开设的30余个商埠的分布状况，这种分布体现了时间上、空间上的差异，考生需要结合中国近代史所学知识，运用恰当的时空术语对自开商埠的时间阶段、空间分布展开分析，并得出合适的结论。在纸笔作答过程中，最重要的是需要使用到大量的时间、空间术语，试题本身难度不大，但考生在纸笔作答过程中能否充分使用合理的历史语言作答则有很大的难度。

其次是地理环境的分析。英国史学家约翰·托什指出："所有历史的研究的基本原则是，我们的研究绝不能脱离它的背景……我们必须将我们所知晓的有关过去的每件事都置于它的时代背景下……它通常是将专业历史学家与业余爱好者区别开来的关键所在。"[①]由此可见，关注历史事件发生的背景是研究历史不可或缺的重要考虑因素。在终结性测量中，命题者也侧重于设置"回到历史的现象"一类的问题来考查学生的时空定位能力。如下例。

例4-3-8：(2016年浙江高考)阅读材料，回答问题。

材料一

辛亥革命后的十年间，上海的商业服务业网点遍布全市，密度和广度在全国首屈一指，商业行业应有尽有，无所不包，成为中外闻名的"万商之海"。根据海关进出口统计数据，从1912年到1921年，上海的进出口净值从3.6亿关两增至6亿关两，十年间的平均比重占同期全国总额的40%以上。据《新青年》调查，上海开办的工厂数量逐年上升，到1919年，上海有

① [英]约翰·托什著，吴英译：《史学导论》，9页，北京，北京大学出版社，2007。

各类工厂 2291 家，工人达 18.1485 万人，加上从事交通运输行业的工人 11.625 万人，上海工人总数已近 30 万人，而同期全国工人总数约 56 万人。

——据《上海通史》等整理

材料二

五四运动后，《新青年》编辑部从北京迁回上海。上海的一批马克思主义者以此为阵地，进行社会革命和唯物史观的宣传。1920 年七八月间，上海的马克思主义者成立了中国第一个共产主义小组，促使革命思想和全市工人运动有效地结合，并积极推动北京、武汉、长沙等地共产主义组织的建立，为正式建党做准备。在当年亲历者的记忆中，早期的上海党组织发挥了“临时中央”的作用。1921 年，中国共产党第一次全国代表大会在上海召开。这座城市从此成为党领导人民群众进行革命活动的重要舞台。

——摘自熊月之等《中共“一大”的历史空间》

(1)上海是近代崛起的工商业城市，其经济举足轻重。根据材料一，概括指出上海工商业经济发展的特点。

(2)人类是在特定的空间里创造历史，而历史又在不断地改变着人类的空间。结合上述材料和所学知识，简述中共“一大”在上海召开的原因。

本题极具新课标、新高考特色，尤其是第二问“简述中共‘一大’在上海召开的原因”，简单的一个问题，需要考生结合材料对近代上海社会经济、思想文化发展状况以及五四运动等一系列政治运动的影响等多个历史维度展开思考，得出结论。这道题很容易引发教师的思考：时空观念素养也好，时空定位也罢，不是简单地让学生记住历史事件发生的时间、地点，而是要回到特定的历史时期、历史空间去思考历史事件发生的要件，最终“设身处地”“换位思考”地理解具体的时代背景。达到这一要求，实际上就达到了《课程标准》中关于“理解空间和环境因素对认识历史与现实的重要性”的能力要求。

最后是空间特征的归纳。历史学中的空间特征是指提炼某个历史空间范畴里某群人的活动特点、某些事物的发展特点，而不仅仅是自然环境等客观条件的特征。如下例。

例 4-3-9：(改编自 2011 年广东高考第 17 题)下表是 20 世纪 20 年代农会会员数的变化情况，其内容是当时农民运动的状况的反映。

时间	广东	广西	湖南	湖北	江西	山东	直隶	河南
1926 年 6 月	647766	8144	38150	4120	1153	284	1342	270000
1927 年 6 月	700000	8144	4517140	2502600	382617	284	360	245500

问题：根据材料并结合所学知识，指出当时农会会员的数量变化在空间上有何特征，并分析其原因。

本题要求考生根据材料，概括出 20 世纪 20 年代农会会员数的变化在空间分布上的特征，并分析其原因。此时考生须调动历史知识和空间地理知识来分析当时农会会员数在不同省份变化的差异，在空间分布上大抵呈现“两广人数最多，但变化不大”“长江流域增数最多”“华北地区不增反降”的特征，并结合所学知识分析这种现象与国民革命、北伐战争的历史关联，体现了对学生归纳时空特征的能力考查要求。

第四，从论证和探讨问题的能力要求来看，这类试题包括不同空间的对比、历史空间的变迁、特定空间的历史解释三个方面。在非选择题测试中，这三个方面往往综合在一起考查学生基于空间意识的问题论证和探讨。如下例。

例 4-3-10：(原创)阅读材料，完成下列要求。

材料

中国历代战争分布表(按明代行政区域划分)

序号	省名	战争总数	各历史时期战争次数					
			先秦	秦汉	魏晋南北朝	隋唐五代	宋辽金	元明
1	京师	712	89	73	116	228	60	146
2	南直	841	50	65	343	149	98	136
3	山东	437	141	67	103	85	18	23
4	山西	478	95	35	109	131	33	75
5	河南	820	203	138	271	150	43	15

续表

序号	省名	战争总数	各历史时期战争次数					
			先秦	秦汉	魏晋南北朝	隋唐五代	宋辽金	元明
6	陕西	1281	46	201	432	365	158	79
7	四川	381	6	38	82	107	52	96
8	湖广	406	29	34	148	79	63	53
9	江西	126	1	8	37	14	15	51
10	浙江	208	1	4	20	35	21	127
11	福建	107	0	4	3	13	11	76
12	广东	95	0	2	5	10	17	61
13	广西	123	0	2	0	13	28	80
14	云南	130	0	11	8	31	2	78
15	贵州	47	0	0	0	1	1	45
合计		6192	661	682	1677	1411	620	1141

注：京师指北直隶，以北京为中心，相当于今北京、天津及河北一带；南直即南直隶，以今南京为中心，相当于今江苏、安徽、上海一带。

——据施和金《中国古代战争的地理分布》

请回答：

(1)根据材料并结合所学知识，概括指出中国古代战争在时空分布上的特点，并简析其原因。

(2)与前代相比，明代中后期的战争出现了一些新变化，请结合所学知识予以说明。

本题很好地将不同空间的对比、历史空间的变迁和对特定空间的历史解释综合起来考查。首先是考查中国古代战争在时空分布上的特点，即要求学生在对不同时空进行对比的基础上得出空间分布上的特点，然后在大的时间尺度下观察战争地理中心的变迁和新特征的产生，并结合特定的时空背景作出解释。这是一道空间考查的综合性题目，对学生基于空间意识的问题论证和探讨的能力提出了很高的要求。

以上对侧重于时间意识和侧重于空间意识的时空观念素养非选择题的

命题类型按照分类的形式进行了介绍。因为时间与空间是历史存在的两大维度，所有试题的考查都不可能独立于时间或者空间进行考查，前面所阐述的试题也是时间与空间相互联系的，为了避免相关内容的重复，侧重于时空联系的时空观念素养非选择题的命题类型则按分层形式进行阐述。

（二）时空观念的分层测量

关于时空观念的分层测量主要介绍侧重于时空联系的时空观念素养非选择题命题类型。如前所述，侧重于时空联系的时空观念素养可以分为五个层次，下面分别就这五个层次的非选择题命题形式进行逐一介绍。

第一层：明确时空定位。时空定位是时空观念试题测量的基础。对于地理知识、文史知识相对缺失的学生来说，解决考试测量中的时空定位问题是一个难题。非选择题中测量时空定位的方式较选择题来说难度更高，因为它要求学生拥有较强的空间想象能力，而且需要重新组合各类信息。如下例。

例 4-3-11：（2016 年河北邯郸一模）阅读材料，完成下列要求。

材料

中国古代都城的变迁与影响

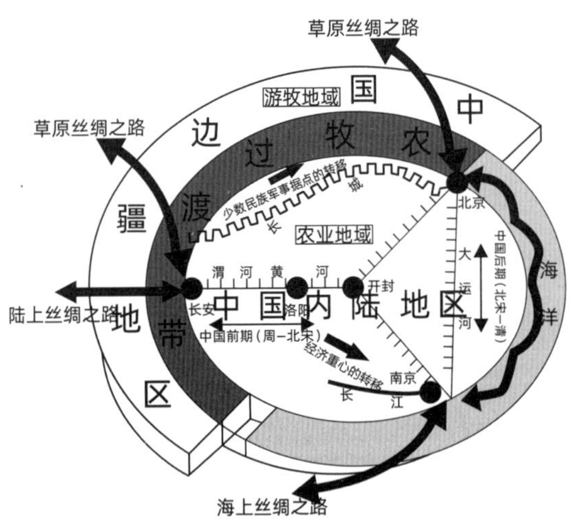

——摘编自李令福《中国古代都城变迁的规律及其启示》

结合中国古代史的相关史实，对上述图片进行探讨。（说明：可以任选一个城市说明其作为都城的原因；也可就中国古代都城变迁的趋势进行论证；或者简析中国古代都城的变迁与中华文明的外向扩展之间的关系。要求观点明确、史论结合、史实准确。)

本题以中国古代都城变迁的原因、趋势，以及都城变迁与中华文明的外向扩展之间的关系进行设问，学生须通过时空定位结合所学知识，理解中国古代都城的大概位置，确定位置后分析都城变迁的原因、趋势以及中外交流的材料背景，调动所学知识综合作答，体现了命题者对学生时空定位能力的测量。

第二层：理解时空内涵。无论是时间还是空间，都是通过一定的符号(如文字、地图、数轴、图示等)表达出来的，学生要掌握的不仅仅是符号的形状，更重要的是符号所蕴含的内容。试题命制过程中，命题者往往借助文字、地图、数轴、图示等表达时空内涵，首先考查学生对不同时空表达方式的理解，如下例。

例 4-3-12：(原创)阅读材料，完成下列要求。

材料一

1572 年，一个西班牙名字为“迭戈”的中国人向西班牙法庭请求恢复其自由人身份。法庭记录写道，迭戈自称来自中国，六七岁时被一个西班牙人从故乡带到利马城(今南美秘鲁)，接着经由陆地到达尼加拉瓜、巴拿马等地，后来又到达葡萄牙里斯本。此后，他因听信塞维利亚有很多中国人，而来到西班牙。在塞维利亚，为了能够返回故乡，迭戈勤奋工作并小有积蓄，但他的主人莫拉雷斯却要将他转卖他人，于是迭戈将其告上了法庭。这场官司前后持续了三年，最后法庭判决迭戈胜诉。

——据龚缨晏、胡刚《16 世纪发生在西班牙的一场“印第安斯人”诉讼案》

材料二

1875 年，18 岁的丁龙被人以“猪仔”的身份从中国贩卖到美国加州。当时的美国正在修建太平洋铁路，大量华工参与铁路建设并在高强度的工作下客死他乡。丁龙在铁路投资者卡朋蒂埃的企业里做工，由于他做事勤恳，赢得信赖，后来成为卡朋蒂埃的管家，并与他结下深厚的情谊。19 世纪末美国排华情势加剧，丁龙遂请辞回国，卡朋蒂埃许诺给予丁龙一个愿望。令人惊异的是，丁龙提出希望把他终生积攒的血汗钱 12000 美元捐献给一所有名的美国大学，建立一个汉学系，来研究他祖国的文化，推动美国人理解和尊重中华文化。在卡朋蒂埃的捐助和努力下，美国哥伦比亚大学设置了“丁龙讲座”和“东亚系”，这里后来成为全美研究中国文化的权威机构。

——据裘伟廷《丁龙——一位创造美国传奇的华工》编写

请回答：

(1)根据材料一并结合所学知识，指出迭戈由中国辗转来到西班牙可能的路线，并概述其历史背景。

(2)根据材料一、二并结合所学知识，简述丁龙被贩卖至美国的历史背景，并说明以迭戈、丁龙为代表的海外华人群体的优秀品质。

本题借助文字表达时空内涵。材料以两个具体的历史任务，叙述了从新航路开辟到第二次工业革命这段时间中西之间的沟通与互动。学生要完成本题的考查，必须理解材料中所表达的时空含义。

其次，考查历史事物发展的时空条件。试题中的时空信息往往蕴含着历史事物变化和发展的各种主客观条件，命题者往往利用时空含义中所蕴含的历史条件考查学生对历史事物发展的认识和理解，如下例。

例 4-3-13：(2013 年广东高考)有学者在研究世界经济贸易关系时提出了以下论点，阅读材料，回答问题。

材料

早在 13、14 世纪，连接欧亚非地区的世界贸易网已经形成，欧洲在其中一直处于边缘地位。这不仅因为欧洲的经济总量远远无法与亚洲的中国、印度相比，还由于欧洲人在从亚洲输入香料、丝绸、瓷器、棉制品等商品时，能向亚洲销售的产品极少，多数情况下只能以金、银等贵金属交易，欧洲的贵金属货币日益紧缺。16 世纪欧洲在世界经济贸易中的这种处境开始改善。但一直到 18 世纪，原有的世界经济贸易格局仍没有改变。随着欧洲人越来越广泛深入地融入和利用既存的经济贸易体系，并在其中发挥日益增大的影响力，到19世纪欧洲终于成为世界经济贸易的中心。

——据《白银资本》等

(1)根据材料，13到18世纪，在世界经济贸易中居优势地位的是哪个地区？并结合所学知识，分析16世纪欧洲在世界经济贸易中处境开始改善的主要原因。

(2)根据材料和所学知识，指出与18世纪相比，19世纪欧洲和中国在世界经济贸易中的相对地位发生了怎样的变化。并分析促成这一变化的政治、经济原因。

(3)结合史实说明第二次世界大战后经济全球化的发展趋势。

该题以13到19世纪世界经济贸易为载体，考查历史事物发展的时空条件，试题中的时空信息蕴含着新航路开辟、第一次工业革命、第二次工业革命等导致世界经济贸易格局变化和发展的各种主客观条件。

第三层：总结时空特征。历史阶段特征是“一个历史阶段区别于其他历史阶段的独特之处”[①]，一般是指人类社会发展的各个不同时期和每个时期的不同阶段的政治制度、经济发展、阶级关系、国际关系、思想文化领域等呈现的带有普遍性的基本特点。“历史阶段特征”是现今高中历史教学的重要组成部分，尤其是单元归纳、时代梳理、试题总结时教师常使用的一种教学工具。学生能否把握特定历史时期的风貌，“再认再现历史的阶段特征”，是教师在教学中衡量学生知识掌握程度的一种方式。尽管新高考历史改革已将这一概念淡化，但教学实践证明，这仍是使学生掌握具体历史事实的一个重要途径。是故，考试测量中也不乏这类试题的出现，如下例。

例4-3-14：(2017年全国高考Ⅲ卷)阅读材料，完成下列要求。

(材料略)

(1)根据材料并结合所学知识，概括荷兰侵占中国台湾与澎湖的历史背景和目的。

(2)根据材料并结合所学知识，简析台湾的收复在哪些方面促进了国家

① 许有恒：《历史阶段特征的理解与把握》，载《中学历史教学参考》，1998(2)。

的统一。

由于材料中提供的多为描述性历史信息，故学生解答本题需要调动一定的历史知识。这里涉及了明清时期的中国和近代西方殖民扩张的历史阶段特征，故学生如掌握这一时代的中外历史阶段特征，就能较好地回答第一问。

第四层：建立时空联系。时空联系指同一时间不同空间的事物联系，也指同一空间不同时间的事物联系，还指不同时间不同空间里的不同事物的联系。不管是哪一类型的时空联系，命题者都要求学生从更长时段、更广空间视角来认识历史事物的变化，强调从不同时空尺度理解历史事物的变化，形成多元的历史认识。

其一，中西历史的横向联系。在非选择题测量中，将中外历史相互关联，是考试测量更上一层楼的能力要求，这要求学生具备一定的空间思维能力，能够对中西历史熟练地进行横向联系，从而准确作答。如下例。

例 4-3-15：(2018 年全国高考Ⅲ卷)阅读材料，完成下列要求。

材料一

19 世纪 40 年代初，上海开始“依港兴市”，租界中“华洋杂居”；60 年代后，上海由一个古老的县城逐渐发展成港口与商业中心；19 世纪下半叶形成了沪东、沪西、沪南等工业区。甲午战争后，民族资本参与上海发展，形成新的商业区。1929 年，由市政府主导，建成以江湾五角场为中心的“大上海市中心区”。1949 年后，上海一直是国家重要的经济中心。十一届三中全会以后，上海作为国际化大都市，世界影响力日益增强。

——摘编自张仲礼编《近代上海城市研究》等

材料二

16 世纪开始，曼彻斯特从军事要塞逐渐发展成为工商业城市。1830 年已有棉纺厂 99 家，并开通世界最早的现代化铁路。1838 年，设立议会和市政府，摆脱了封建管理体制。19 世纪下半期，从传统的棉纺业衍生出许多新门类，开通了通海运河，可通往世界各地。20 世纪初，不断与周围工业社区及城镇连接，发展为大城市。1961—1981 年，因过于拥挤，人口大量外迁，老龄化日益严重，纺织业日趋衰落。20 世纪后期，城市中心被废弃的工业区包围，几个大面积的旧贫民区仍然存在。

——摘编自[英]克拉潘《现代英国经济史》等

(1)根据材料并结合所学知识，概述上海和曼彻斯特发展成为近代大都市的相同因素。

(2)根据材料并结合所学知识，说明 20 世纪中期以后上海相对于曼彻斯特的有利发展条件。

(3)根据材料并结合所学知识，以曼彻斯特为例，简析现代城市发展中应当注意的问题。

本题以近代上海和曼彻斯特的城市发展进程切入，需要考生在作答过程中比较、说明两座城市的发展进程在有利条件上的差异。这就需要考生掌握不同时间、不同空间下中英两国的相关历史背景来作答，体现了命题者对于“中西贯通”的横向联系时空观念素养的考查。

其二，古今历史的纵向联系。古今历史的纵向比较以时间为线索，对各个历史时期、历史阶段、历史发展程度等进行比较。李剑鸣认为，史学家“运用比较方法有相当大的难度，要求研究者具有渊博的学识和广阔的眼界。掌握丰富的知识和充足的材料，是进行比较的前提。研究者对比较的各方都要有深入的了解”①。而对于学生而言，在命题者提供足够的材料之后，丰富的知识就成了古今历史联系与比较的重要基础，如下例。

例 4-3-16：(2017 年全国高考Ⅱ卷)阅读材料，完成下列要求。

(材料略)

(1)根据材料一并结合所学知识，分析清政府在雍正年间与 19 世纪 70 年代矿业政策的差异及原因。

(2)根据材料并结合所学知识，说明与清代矿业政策相比，新中国“一五”计划期间矿业政策的特点，并简析其意义。

---

① 李剑鸣：《历史学家的修养和技艺》，334 页，上海，上海三联书店，2007。

本题以清代雍正年间、晚清19世纪70年代和新中国“一五”计划期间的矿业政策进行纵向比较，学生需要充分提取材料中的历史信息并调动相应历史时期的背景知识进行理解、比较、综合，最后纸笔作答。从命题技巧来看，命题者改变了常规的比较型主观题的特点，不是要求考生宽泛地比较两者的“异同”等，而是限定了作答的角度。

第五层：探究时空规律。探究时空规律主要测量学生在特定的时空框架下分析历史事物的发展规律。从马克思唯物史观来看，所有历史发展都呈现出一定的规律性，关键是命题的时空尺度必须足以呈现不同历史时期多次出现和具有相似性的历史现象，形成有利于学生分析历史事物发展规律的史料支撑。在学术研究中，这样的规律性探究是很合理的，但运用于纸笔测试的命题中，在有限的材料里面要呈现出历史的时空规律性相对较难，同时也存在先有结论再寻找史料的问题，所以高考考查时空规律的典型题目较少。但是我们仔细研究高考试卷，还是能够找出相关的探究时空规律的试题，如下例。

例4-3-17：(2018年全国高考Ⅰ卷)阅读材料，完成下列要求。

中国基层社会治理历史悠久。改革开放以后，村民自治成为中国亿万农民的伟大创造。

材料一

宋代一些地方实行乡约制度。其功能主要是扬善惩恶，制定规约进行道德教化，并建立民间组织和相关的赏罚制度，明清时期，宣讲“圣谕”成为乡约最重要的内容。当时，由地方官吏广泛推行乡约制度，设立乡约组织，每月召集百姓宣讲、教化。康熙九年颁布了乡约组织必须宣讲的《上谕十六条》，内容包含“重农桑以足衣食”“训子弟以禁非为”等。

——据杨开道《中国乡约制度》等

材料二

清末，时人认为“地方自治者，为今世界立国之基础……于救亡之事，至为切要”。1909年，清政府颁布《城镇乡地方自治章程》，地方自治大致按行政区划分城镇和乡两级，设立议事会为议决机关，议员由选民互选充任。

——据张海鹏主编《中国近代通史》

材料三

20 世纪 80 年代后，村民自治迅速发展，到 1997 年底，全国共有 91 万个村民委员会的村干部由村民直接选举产生，大部分农村有 90%以上的选民参加了选举。1998 年颁布了《中华人民共和国村民委员会组织法》，村民委员会是我国农村基层社会的群众自治组织。

——据郭德宏等主编《中华人民共和国专题史稿》

(1)根据材料一并结合所学知识，概括宋代到明清时期乡约制度的变化，并说明乡约制度的积极作用。

(2)根据材料二并结合所学知识，简述清末城镇乡地方自治的历史背景。

(3)根据材料三并结合所学知识，说明村民自治的意义。

本题以乡村治理为主题，呈现了宋代、明清、清末和改革开放新时期乡村治理的不同情况的史料，要求学生基于不同的历史时空进行探究。虽然这道题并没有考查学生探究时空规律的能力，但该题的时空尺度和材料呈现已足以探讨中国乡村治理的某些规律性问题，如“国家制度与官民互动”“乡村自治的发展趋势”。不过规律性认识不仅需要史实依据，还需要相关的理论铺垫，难度更高，这或许也是这类型题目在高考中不易出现的原因。

三、时空观念素养非选择题的创新设计

关于时空观念素养非选择题的创新设计，汕头市实验学校的李志彦老师曾经做过探讨，提出了几种的创新设计。①

（一）地图绘制题

《课程标准》在时空观念素养水平 4 的说明中有如是表述：“能够根据需要并运用相关材料和正确方法，独立绘制相关图表，并加以说明。”这就是说，测量“时空观念素养”，读图识图乃至绘制地图是不可或缺的核心素养。如下例。

---

① 参阅黄牧航主编：《时空观念的教学设计与学业评价》，255～259 页，广州，广东高等教育出版社，2019。

例 4-3-18：(原创)阅读有关马戛尔尼使团访华的有关材料，完成下列要求。

材料

清朝宫廷档案记录：

(一)接英吉利国住澳门大班札称，五月十三日未刻，有本国国王所差贡船，同护送船只共四只，经由澳门口外老万山大洋，托寄口信，乘风随即扬帆径往天津等情。

——广州洋行商人蔡世文向广东巡抚衙门报告，乾隆五十八年五月十三日(即公历 1793 年 6 月 20 日)

(二)定海镇总兵马瑀率兵巡洋，于五月二十七日在内洋巡哨，见有夷船一只……迎上夷船询问，系英吉利国进贡船只。

——据浙江巡抚长麟上奏，乾隆五十八年五月二十七日(即公历 1793 年 7 月 4 日)

(三)上(乾隆皇帝)御万树园(在热河，即今承德避暑山庄)大幄次。英吉利国王正使马戛尔尼、副使斯当东及副使之子多马斯当东等入觐召见，上各加温语慰问，赐英吉利国王玉如意。

——乾隆·内起居注(乾隆五十八年八月初十)

(四)今又不准其留人在京，该国王奉到敕谕后或因不遂所欲，心怀觖望(抱怨)，恃其险远，藉词生事，亦未可定。

拟于(乾隆五十八年)九月初三日即令(英国使团)起身前赴浙江，仍坐原船开洋回国……只须照常供应，不可过于丰厚……倘有藉词逗留等事，应饬令护送官员严词拒绝。

——乾隆皇帝的两道谕旨

英国使团副使斯当东的记录：

(五)特使及随员分乘“狮子号”和“印度斯坦”号船在 1792 年 9 月 26 日从朴次茅斯港(英国港口)出发。

(六)特使及全体随员于 1793 年 8 月 5 日分乘“克拉伦斯”号、“豺狼”号及“勉励”号……穿过沙洲开进(天津)白河。

(七)(1793 年 8 月)21 日，礼拜三，自此行两小时抵北京，在宫门略进茶点，即复前行，以下午三时抵圆明园。……从北京出发前夕，一位高级官员传达皇帝意旨慰问特使(马戛尔尼)。皇帝听说特使近来微感不适，特派他来问候，并叫特使在赴热河的沿途住宿在(皇帝)行宫。

根据对上述材料的整理和分析，绘制马戛尔尼使团来华线路图并加以说明。(要求：文字说明史实准确，语言简练，地图绘制行程路线清晰、有条理。)

本题中考生须根据材料所述，绘制马戛尔尼使团来华线路图并加以说明。这是对多个历史学科核心素养的集中考查，而时空观念素养方面的考查程度更是达到了水平 4 的能力要求。考生需要先读懂材料，调动运用时间、空间观念，并结合相关所学知识对马戛尔尼使团的行进线路进行分析，梳理先后时间，整理定位具体地理位置，随后以纸笔作答方式绘制线路。

在纸笔考试中，对绘制历史地图所需相关地理学科知识和绘图工具的要求较高，难度较大，因此试题主要命制为绘制线路图。而 2022 年山东卷则出现了要求学生解读历史地图绘制的意图，并根据时代主题来设计历史地图的创新型试题，这为我们探讨时空观念素养试题的命制提供了新的思路。

例 4-3-19：(2022 年山东高考)阅读材料，回答问题。

材料(图 6、图 7 略)

(1)概括指出图 6、图 7 的编绘者力图告诉我们些什么。

(2)如果让你绘制一幅 1850 年前后人类文明发展的地图，说说你的设计并说明理由。

本题材料中提供了两幅地图，其中图 6 展示了亚非欧古代文明的发展(公元前 4 千年代—公元 5 世纪)，图 7 展示了 1500 年前后世界上的文化区域。第一小问是考查时空观念素养的一种创新方式，通过要求学生“概括指出图 6、图 7 的编绘者力图告诉我们些什么”，使学生明白历史地图的绘制本身就是一种历史叙述，只不过其叙述历史的载体不是文字而是历史地图。既然是历史叙述，那就带有作者的主观意图，在历史地图的呈现方式上，绘画者就会通过各种方式，比如历史地图的主题、图例、空间分布等要素来表达其叙述的内容。因此，这道题不仅考查了学生辨识历史叙述中不同的时间和空间表达方式、利用历史地图等方式对相关史事加以描述的能力，同时还考查了学生对历史叙述和历史解释的认识，以及在辨别史料作者意图的基础上利用史料的能力。该题目综合考查了多种史学素养和能力，可谓一石三鸟，是时空观念素养试题命制的一种突破。

第二小问则是在解读材料中提供的两幅地图，在引导学生认识历史地图在历史叙述中的作用与价值的基础上，要求学生根据特定的时空主题绘制一幅地图，描述该图的设计并说明理由。该题考查学生对“1850 年前后人类文明发展”这个历史主题的理解，要求学生必须在 1850 年前后这个特定的时空环境下，从人类文明发展的视角，利用历史地图为载体来叙述历史。学生不仅要围绕历史主题调动相关历史事实，同时还要以地图为载体展开历史叙述，最终以历史地图呈现考核结果。这样的命题方式十分新颖，为时空观念素养试题的创新命制提供了更多新思路。

（二）年表制作题

制作年代尺是历史学习的有效途径之一，它能将复杂的历史发展进程较直观形象地展示出来。与绘制历史地图一样，整理相关历史信息，制作历史年表同样达到了时空观念素养水平 4 的能力水平。在历史学习中，学生习惯于阅读、学习年表，而在提供一定材料的前提下，由考生自行制作历史年表，则能够显著考查学生的时空观念素养。如下例。

例 4-3-20：（原创）阅读材料，回答问题。

材料

下表为中国与欧洲国家部分史籍的记载。

中国史籍	书中记载古今地名（部分有争议）	内容概要	西方史籍	内容概要
《史记》 《汉书》	黎軒、大秦（罗马帝国）	模糊指出其地理位置	白里内《博物志》、拖雷美《地理书》、《爱利托利亚海周航记》、包撒尼雅斯《希腊志》等	1. 称呼中国为“赛里斯”但地理位置模糊；2. 记载中国丝绸及丝绸生产过程

续表

中国史籍	书中记载古今地名(部分有争议)	内容概要	西方史籍	内容概要
《后汉书》《晋书》《魏书》等	黎轩、犁鞬、大秦(罗马帝国和东罗马帝国)	1. 地理位置模糊；2. 以神话色彩介绍风土人情；3. 遣使来贡；4. 与中国南方有直接贸易往来	马赛里奴斯《史记》、帕罗科劈斯记录、梯俄方内斯记录、科斯麻士《世界基督教诸国风土记》等	1. 记载与中国的丝绸贸易；2. 中国养蚕织绸，但有错误；3. 记载中国蚕种传入东罗马帝国
《隋书》《旧唐书》《新唐书》《宋史》《元史》等	拂菻、大秦(东罗马帝国)	1. 地理位置逐渐准确；2. 记载通拂菻之道路；3. 以神话色彩介绍风土人情；4. 遣使来贡，有直接交往	席摩喀塔《陶格司国记》、班哲明《游记》、《马黎诺里游记》、《大可汗国记》、《通商指南》等	1. 记载中国政制、城市、风俗但有许多谬误；2. 与中国有直接的商贸、外交、宗教往来、记载宋元中国使用纸币；3. 记载中西海陆交通路线；4. 记载中国物产丝绸、瓷器等
《明史》《皇明世法录》《殊域周咨录》《万历野获编》等	拂菻、佛朗机、鲁迷、意大里亚、和兰、热而玛尼国、依西巴尼亚(东罗马帝国、葡萄牙、土耳其帝国、意大利、荷兰、德国、西班牙)	1. 地理位置相对准确；2. 介绍风土人情但不甚准确；3. 遣使来贡，有直接交往；4. 记载葡萄牙与明军发生战争；5. 介绍来华传教士；6. 记荷兰对台湾的侵略	细尔脱白格《游记》、克拉维局《奉使东方记》、尼哥罗康梯《游记》、赖麦锡《游记丛书》、白斯拜克信函、利玛窦《利玛窦中国札记》、西葡殖民将领日记，以及荷属、英属东印度公司文献等	1. 详细记载明代中国社会各方面状况；2. 与中国有直接商贸、外交、宗教往来；3. 记载中国货币使用状况；4. 记载葡萄牙、荷兰的殖民侵略；5. 记载中国物产、商帮、科技、宗教、习俗等

——据张星烺《中西交通史料汇编》、[英]亨利·裕尔《古代中国闻见录》整理

根据材料结合所学知识，从表中提取相互关联的中外交流的历史信息，选取恰当的时间尺度，制作中西交流历史年表并加以说明。(要求：年表中须有恰当时间尺度、地理信息、中西交流情况简要说明等。)

在本题中，命题者虽按时间提供了中国与欧洲国家部分史籍记载的史料，但考生解答本题，必须阅读、提取材料中有效信息，并调动相关中西历史背景，才能对材料给定信息进行归纳、取舍、整理后按恰当的时间尺度制作历史年表。能够以合理答案呈现的考生，无疑达到了时空观念素养水平 4 的能力要求。

第五章　史料实证素养命题的基本原理与方法

《课程标准》将史料实证定义为："对获取的史料进行辨析，并运用可信的史料努力重现历史真实的态度与方法。"引申来说，从史料出发，以实证为态度，通过科学严谨的论证来探求和还原历史的真实，是史料实证素养养成的重要表征。基于史料实证而形成的严谨科学的思辨意识和思维品质，实事求是、一分材料一分话的科学精神和科学态度则体现了历史学科立德树人的学科功能。试题命制是当前基础教育考试评价体系的关键环节，作为一线教师，命制高质量的试题，掌握命题技术对教育理念、教学思维和教学方式的提高都有着深刻的启示意义。从史料实证素养命题原理和试题特点出发，通过科学的试题设计，测量考生史料实证素养学业水平，有助于培养学生独立思考、独立提出观点、合理展开论述的学科能力，培养学生敢于质疑、敢于批判的思维能力，进而培养"学生的创新思维和意识的'创新性'"①。

第一节　史料实证素养命题原理与试题特点

研究历史必以史料作为基础和依据，梁启超认为："史料为史之组织细

① 教育部考试中心：《中国高考评价体系说明》，41 页，北京，人民教育出版社，2018。

胞，史料不具或不确，则无复史之可言。”[①]历史学的本质之一就是“求真”，以史料为基础研究历史的方式，即为“实证”。

一、史料实证素养的内涵探讨

史料实证素养可以分解为“史料”与“实证”，但两者并非互相独立，而是互为表里、互相作用的。

（一）史料的概念探讨

《辞海》将“史料”一词定义为“研究历史和编纂史书所用的资料”。历史研究离不开对史料的解读、理解、运用。梁启超将史料定义为：“过去人类思想行事所留之痕迹，有证据传留至今日者也。”[②]托波尔斯基认为：“史料的概念包括了历史认识的一切来源(无论是直接的还是间接的)的一切来源，也就是说关于人类过去的一切信息(在信息理论上)——无论这种信息在什么地方发现，以及传递这种信息的方式(信息通道)是什么。”[③]历史的过去性和不可复制性，决定了研究历史需要以过去的人和事的遗迹——“史料”来还原历史的真相。史料类型多样，按表现形式划分，一般可分为文献史料、实物史料、口述史料和声像史料。

一是文献史料。近现代以来，文献史料的类型日益拓展。翦伯赞指出：“我们若更广义地说，则何止‘六经皆史’‘诸子皆史’，‘诸诗集、文集、词选、曲录、传奇、小说亦史’，乃至政府档案、私人信札、碑铭、墓志、道书、佛典、契约账簿、杂志报纸、传单广告以及一切文字的记录，无一不是史料。”[④]这意味着所有文字、符号等记述的内容均可在特定研究需求下成为“史料”。计量史学出现和兴起后，运用自然科学中的数学方法对历史资料进行定量分析，让史学趋于精确，其基于史料整理、统计、计算之上的结果，也可纳入文字史料的范畴。

二是实物史料。它既能比较真实地反映历史，又具有形象直观性。对历史研究有很大的补充作用，顾颉刚认为：“今之学者莫不知史书之不足以

---

① 梁启超：《中国历史研究法》，38 页，北京，中国书籍出版社，2017。

② 同上书，38 页。

③ [波]托波尔斯基：《历史学方法论》，384 页，北京，华夏出版社，1990。

④ 翦伯赞：《史料与史学》，15 页，北京，北京出版社，2005。

尽史，故毕力搜求地下遗物，官署档案，私人书牍，以资实证。”[①]强调地下遗物对历史研究的补充作用。实物史料包括各类文物、古迹、遗址、建筑、碑刻、雕塑和绘画等，这类史料虽然多为片段性的，但却是历史的见证和历史知识的可靠来源，能比较真实地反映历史。

三是口述史料。亦称口碑史料或口传史料。口述史料的类型包括神话传说、民歌、童谣、谚语、回忆录、口述录等。受制于主观情感、价值取向、学识多寡、记忆留存、口传变异、艺术加工等多种因素的影响，口述史料的内容与历史真实之间存在很大差异，这就增加了历史研究的不确定性。但口述史料是其他史料类型的补充，尤其是在缺乏文字史料与实物史料的情况下，口述史料就成了有价值的历史研究资料。

四是声像史料。声像史料是指以胶片、电子计算机、电子存储器、网络云端、网络服务器为载体，运用摄影、摄像、录音放音技术和手段对新旧史料加以记录、保存、复制、传播、检索而形成的一种新的史料类型。

此外，“政俗”“法俗”“民俗”也相对地保留了历史的痕迹，在研究历史时具有一定的证史功能。例如，傅衣凌就主张以社会调查所得资料(诸如反映前代遗制的乡例、民俗、地名等)证史。[②]“政俗”“法俗”“民俗”研究拓展了证史材料的范围。

（二）实证的概念探讨

19 世纪，以法国哲学家孔德、英国哲学家斯宾塞为代表的实证主义哲学开始兴起。孔德强调实证阶段是“唯一完全正常的阶段，人类理性的定型体制的各个方面均寓于此阶段之中”[③]。斯宾塞则认为人们通常认识的概念并非实在的和绝对的，而是现象世界内的相对概念，主张将知识限定在经验的范围内，并借助实证科学获得知识。

实证主义(positivism)的基本观点是：“研究任何事物，都应当从实证的(具体的、确实的、可以检验的)事实材料出发，而不应当从抽象的和先验

---

① 顾颉刚：《中国地方志综录序》，见朱士嘉编：《中国地方志综录》，卷首 1 页，上海，商务印书馆，1935。

② 杨国桢：《序言》，见傅衣凌：《傅衣凌治史五十年文编》，卷首 1～2 页，厦门，厦门大学出版社，1989。

③ [法]孔德著，黄建华译：《论实证精神》，2 页，北京，商务印书馆，1996。

的材料出发。实证主义反对空洞的哲学玄想，重视对具体材料的发掘、观察、实验和比较，强调人们对外界的经验和感觉，提倡对事物先进行分析后作出判断。”[①]从中可见，实证主义提倡使用自然科学的理论和方法，这是19世纪以来科学进步、科学主义普及的结果。

（三）实证主义史学的概念探讨

实证主义哲学的影响力日益扩大，实证主义史学也随之产生，实证主义史学“力图从史料的现象中发现历史规律，以便用规律的绝对性代替历史事实的绝对性。……通过历史规律的解释功能证明自己的工作在解释社会现象方面的卓越价值”[②]。

时至今日，实证主义史学的研究方式已广为历史学界所接受。通俗地说，在科学领域，一切能够被实验所验证的，即为实证，即为科学。史料实证是历史学作为一门社会科学的基本属性之一。以史料为依据，一分材料一分话，遵循孤证不立、论从史出、多元互证、史论结合、史由证来等原则成为历史学家研究历史不可或缺的必备品质。同样，作为历史学科核心素养的养成，也必是学习历史的学生所需具备的。

（四）史料实证素养的概念探讨

前文探讨了“史料”“实证”“史料实证”的概念，仅仅是对相关概念历史学研究成果的粗浅概括。这些概念与基于中学历史教学的史料实证素养固然有许多共同之处，但不能等同看待。

从高考命题的角度来看，史料实证素养的测量首先是也必须是基于中学生认知前提进行的。高考命题者一般会以必备知识为依托，选取历史学术热点或者高校历史研究前沿的内容作为背景材料测量考生的史料实证素养。然而，这些材料不可能是学者研究时使用的原始材料或者档案，因为如果直接使用这些原始材料，会使考生难以理解，不知所云。是故，高考命题者会对原始材料、学者观点、研究成果等，以翻译、节选、摘编、概括等多种方式进行史料处理，使之更符合考生的认知、理解和知识掌握程度。在此基础上才能通过材料的阅读、观察、比较、理解、分析、综合、

① 韩震主编：《历史观念大学读本》，412页，北京，中国人民大学出版社，2008。

② 张广智：《西方史学史》，222页，上海，复旦大学出版社，2000。

探究等不同层级的思维方式展开测量，从而相对科学地测量考生的历史学科核心素养。

从中学历史教学的角度来看，史料实证也并非完全等同于前文所述的史料实证内涵。对于中学历史教师选取课程资源来说，有些史料如画作、雕塑、地图、视频、对话录等作为课程资源开展教学活动是非常鲜活的，能够激发学生的学习兴趣，但这些材料中有很多对于史学研究来说本身不具有太高的价值，甚至有些夸大的、想象的、主观的、先入为主的成分。因此，中学历史教学中的史料实证，相比于史学研究，还是存在很大差别的。中学一线教师开展史料实证的教学设计和学业评价，势必以史学研究为指导，但必然又有别于史学研究，应着眼于学生的理解层次和教学实际。

从中学生角度来看，绝大多数的中学生不可能接触到史学研究所使用的第一手史料，他们更多能够接触到的是课堂教学及教科书、网络阅读、当地博物馆或历史遗迹、通俗历史读物等方面的史料，这些史料是碎片化的、不完整的。

因此，中学历史教学的史料实证素养的养成过程中，教师只需遵循历史学科的科学规律，做到论从史出、以史为证、史证结合，就不必拘泥于是否必须使用第一手史料，而应回归中学教学的实际，鼓励学生寻找和开发科学、通俗、生动的史料开展学习。这既是课程标准设计的要求，也是学业评价与考试测量的需要。

二、史料实证素养试题分类分层考查

广义地说，试题只要引用、使用、整理、涉及了史料，即可视为测量考生史料实证素养；狭义地说，考查学生是否能够运用史料进行辨析、去伪存真，并运用可信的史料努力重现历史真实的态度与方法，可视为具体考查史料实证素养的试题。因此，史料实证素养试题的考查内容主要是以一定的历史知识背景为依托，考查运用史料进行历史叙述、历史解释、历史评价、观点分析、史学范式等方面的历史学科能力。在试题的分类上可以沿着“史料”和“实证”两类进行划分；在试题分层上可以通过“侧重于史料”的逻辑证明层次和“侧重于实证”的史料思维推导进行分层细化。本节只探讨试题的分类与分层特点，具体实例和命题方法在第二节中配以题例加以说明。

（一）史料实证素养试题的分类考查

史料实证素养包含两大要素，一是史料，二是实证。因此史料实证素养可以分为两类：一类侧重于史料；一类侧重于实证。在历史考试命题测量中，选择不同侧重点的考查方式，有助于测量评价学生学习结果和核心素养养成程度。这要求命题者遵循历史学科素养的考查导向和测量需要，选取“侧重于史料”或“侧重于实证”的角度命制试题。

1. 侧重于史料的史料实证素养试题的分类

在具体分类时，可依据教育部考试中心《2019 年普通高等学校招生全国统一考试大纲：文科（历史）》中对试题命题的要求，将考核目标与能力要求划分为“获取和解读信息”“调动和运用知识”“描述和阐释事物”“论证和探讨问题”四个层次。从不同层次出发，划分史料在实证过程中的作用。我们可以此为依据，对侧重于史料的史料实证素养试题进行分类，大致如表 5-1-1 所示。

表 5-1-1　侧重于史料的史料实证素养试题的分类分解表

考核目标与能力要求	史料实证素养分类
获取和解读信息	史料的区分
	史料的获取
	史料的理解
	史料的解读
调动和运用知识	史料的分类
	史料的取舍
	史料的联系
	史料的运用
描述和阐释事物	史料的叙述
	史料的整理
	史料的解释
	史料的印证

续表

考核目标与能力要求	史料实证素养分类
论证和探讨问题	史料的引用
	史料的综合
	史料的考证
	史料的批判

2. 侧重于实证的史料实证素养试题的分类

参照自然科学实证研究基于观察和试验取得的大量事实、数据，并经过严格的经验检验，而且引进数量模型的研究方法来看，历史学史料实证研究必然基于以史料支撑为基础的观察、推断、分析、结论的过程。命制侧重于实证的史料实证素养试题时，大致可以确定为以下思路流程：

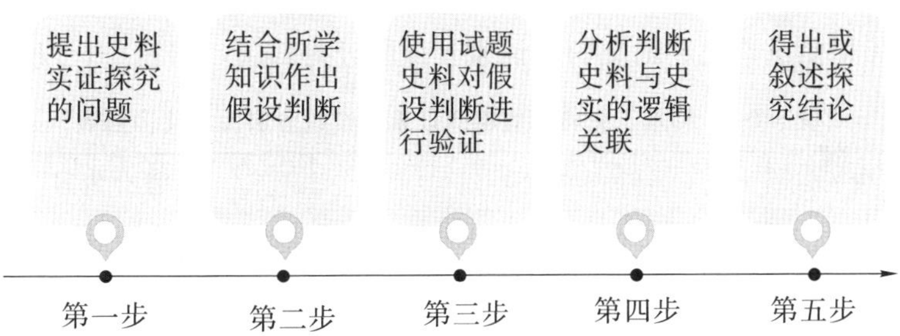

图 5-1-1　侧重于实证的史料实证素养试题的命制思路流程

由此可见，试题中史料的提供成为考试测量中探究问题的必备条件，侧重于实证的史料实证素养试题可按不同的史料分类依据进行细化分解，如表 5-1-2 所示。

表 5-1-2　侧重于实证的史料实证素养试题的分类分解表

分类依据	具体内容
史料表现形式	文献史料、实物史料、口述史料、声像史料
史料作者动机	有意史料、无意史料
史料研究方法	统计分析类史料、调查研究类史料、学术成果型史料、综合叙述类史料、日记档案类史料、评价评论类史料、人物传记类史料

续表

分类依据	具体内容
史料价值差异	第一手史料、第二手史料
史料作者身份	正史(官修史料)、野史(民间记载)
史料语境不同	历史语境、史学语境、历史与史学双重语境
史料产生时地	古代史料、近代史料、现代史料; 中国史料、地方史料、外国史料

(二)史料实证素养试题的分层考查

史料实证素养试题在前文分类的基础上分为“侧重于史料”和“侧重于实证”两大类，并以此进行具体的细化分层。

1. 侧重于史料的史料实证素养试题的分层

此处分层方法沿着两条思路展开，一是史料数量的掌握由少到多的变化，二是史料内容的把握由浅入深的变化，测量难度随着层次的变化加深。据此，可将侧重于史料的史料实证素养试题分为四层，如表 5-1-3 所示。

表 5-1-3　侧重于史料的史料实证素养试题分层及细化内容表

层次	内容	细化内容
第一层：例证	依据一则史料来论证一个观点	运用史料论证观点； 整理史料论证观点； 寻找史料论证观点
第二层：互证	依据两则史料(正面或反面)来论证一个观点	选取史料论证观点； 整理史料论证观点； 运用史料反证观点； 依据不同史料归纳观点
第三层：复证	依据三则以上史料(正面或反面)来论证一个观点	取舍史料论证观点； 辨析史料论证观点； 综合不同史料归纳观点； 综合不同史料反证观点
第四层：辩证	能够分析史料的性质(如来源、真伪等)	有效整理分析史料； 分析批判史料价值； 探究史料作者意图

第一层：使用例证的论证方法，测量考生使用特定史料对任何特定的历史人物、历史事实或历史观点进行说明和解释。命题者通常选取一则史料，或考查学生运用史料论证观点，或考查学生整理史料论证观点，或考查学生寻找史料论证观点。当然，此类试题因只使用一则材料作为观点支撑，易陷入“孤证不立”的历史研究误区，所以多出现在选择题中，命题者也会使用“反映”“体现”“说明”等词汇加以限定。

第二层：使用互证的方法，测量考生依据两则史料（正面或反面）来论证一个观点，依据史学理论中“史料作为证据，有‘正面证据’（确证）与‘反面证据’（反证）之分，对两者都必须慎重对待”①的原则命题。有试题要求考生根据命题者提供的史料，选取合适的史料，论证考生的历史观点；有试题要求整理命题者提供的较长篇幅的两则材料，论证观点；有试题要求运用史料，寻找史料所述与历史事实相左之处，反证观点；有试题则要求依据不同材料所述归纳观点。这几种能力考查在全国高考第42题的命题中时有出现，命题者可以通过复合型设问，要求考生选取其中一种考试要求进行作答。此类试题命题的广度较第一层而言有所拓展，因涉及了“互证”的史学研究方法，可拓展至利用“二重证据法”（考古资料与文献资料）或“文献互证法”等内容进行考查。

第三层：使用复证的方法。复证在史学研究领域一般称为“多重证据法”，即结合不同材料、多种证据对历史研究对象或论证问题进行考证的方法。在考试测量中，命题者通过提供三则以上史料（正面或反面），要求考生论证一个观点或者一个史实。这类试题要求考生取舍、辨析、综合史料论证或反证观点，试题难度进一步提升，历史专业性更强，更接近高校历史研究的要求，体现了高考的选拔性。

第四层：使用辩证的方法，即考生必须通过历史概念、历史知识、史学理论、历史逻辑等思维形式对史料进行客观、全面、系统、完整的审视，找出史料本身可能存在的问题。如前文所述，在前三个层次中，默认史料是可信的，而到了本层次，考生可能还需要对史料的真实度进行质疑、批判和辨析。正如翦伯赞所说：“资料对了，就有进一步审查的基础；资料如

---

① 李剑鸣：《历史学家的修养和技艺》，275页，上海，上海三联书店，2007。

果错了，那就一切都错了。你根据错误的资料得出的结论，必定是错误的结论。”[①]因此，史料中出于各种原因而产生的不可信之处有许多，此类试题要求考生找出史料中互相矛盾之处，并联系所学知识思考史料类型、作者立场、时代背景，以此排除史料中的错误、虚伪、想象成分。

2. 侧重于实证的试题分层

自然科学中，常见的证明方法有综合法、分析法、反证法、归纳法、类比法等，但这些方法之间并不存在层次关系。侧重于史料的史料实证素养试题分层思路是按照史料实证的先后顺序展开——首先是读懂史料，然后是从史料中推断出结论，最后是用结论反观史料和其他历史现象。从哲学上说就是从个别到一般，再从一般到个别的过程，也就是归纳法和演绎法的结合。据此可细化分层内容，如表 5-1-4 所示。

表 5-1-4　侧重于实证的史料实证素养试题分层及细化内容表

层次	内容	细化内容
第一层： 理解史料所包含的信息	读懂各种史料的内容，提取史料的有效信息	区分史料类型； 甄别史料来源； 完整解读史料； 合理解读史料； 准确解读史料
第二层： 从史料信息中推断结论	根据史料的信息推断出相应的结论	由史料叙述史实； 由史料得出观点； 由史料推导因果； 由史料进行评价； 由史料获得启示
第三层： 根据结论分析 其他历史现象	根据结论来印证有史料和其他历史现象	根据结论印证其他史料表述； 根据结论探究史料价值； 根据结论补充其他史料

第一层：理解史料所包含的信息。高考历史科能力要求第一大项就是“获取和解读信息”，具体分解为三条：“理解试题提供的图文材料和考试要求；理解材料，最大限度地获取有效信息；对有效信息进行完整、准确、

① 翦伯赞：《史料与史学》，15～16 页，北京，北京出版社，2005。

合理的解读。”考生需要最大限度观察材料信息点，获取时间、地点、人物、材料出处、作者立场等一系列信息，联想所学知识，综合判断。此外还需区分史料类型、甄别史料来源等。

第二层：从史料信息中推断结论。根据史料获取的结论，可能包含了史实叙述、观点提炼、因果推导、历史评价、历史启示等。

第三层：根据结论分析其他历史现象。这一层属于对推理结论的验证，通常的方法是把结论与其他材料和历史现象相互印证，以此进一步验证结论是否成立。此类试题涵盖了史料实证素养试题中的高难度部分，命题者可能要求考生根据结论印证其他史料表述，或根据结论探究史料价值，或根据结论补充其他史料。

三、史料实证素养试题命题的原则与方法

在中学历史教学中，多数教师侧重于知识体系的建构和历史结论的灌输，忽视了历史材料到历史结论获取的过程与方法的训练。同时，教学过程中也存在教师讲得多、学生思考得少的现象。史料实证素养试题的命制主要针对的就是这一不足，对中学历史教学中重结论、重史实，轻证据、轻分析的弊端展开考查。此处主要围绕史料实证素养试题命制的基本特点、考查内容、命制方法、常见误区等展开说明。

（一）史料实证素养试题命题的基本特点

史料实证素养试题的命制侧重于测量上述目标的养成程度。是故，史料实证素养试题命题多具有以下特点。

一是树立科学实证的思维导向。历史学科作为一门社会科学，其最本质的特点之一就是“求真求是”。而“求真求是”的基础源自史料。史料实证素养试题命制的出发点，就是涵养考生“无证不立”的证据意识，在试题中感悟历史学科严谨的治学原则，从而促进学生养成注重思维缜密、善于逻辑分析、具备发散思维的现代公民素质，回应凝练核心素养理念所要求的正确的价值观念、必备品格和关键能力。

二是学科核心素养的复合测量。历史学科五大核心素养是互为表里、相互交叉的。史料实证素养试题的命制并非独立地考查学生的单独任意一个素养，而是复合测量的。考生以唯物史观为指导，以时空观念为依托，

以历史解释为语言表达，以试题感悟体会家国情怀。

三是能力依托知识的交叉考查。史料实证素养试题以必备知识为依托，通过选取与教科书(所学知识)相结合、相关联而又不拘泥于此的史料，引导考生在阅读中检索知识储备；通过问题设置测量考生的知识迁移能力、史料研习能力、思考探究能力及语言表达能力，从而做到能力的考查和测量。

四是多种类型史料的组合呈现。就一套好的试题而言，多种类型史料组合呈现既能体现命题者材料来源的广泛性，也可同时考查考生应对多种类型史料的解读能力。就近年高考命题来看，试题材料来源丰富，档案、信函、墓志、契约、报刊、广告、画作、讲稿、对话、论著、建筑、雕塑等均有涉及，可谓无所不包。就一道试题而言，命题者可通过多种史料组合呈现，或考查“二重证据法”，或考查史料的相互印证，或考查不同时空史料的异同等，大大拓展了命题的广度与深度。

五是多元分层的试题评分标准。史料实证素养试题的显著特征在于借助知识考能力，透过作答看思维。因此，此类试题问题的评分标准有时不以“踩点式”给分，而采用SOLO分类分层进行评价。“阅卷者寻找的是学生的思维层次，这必须对学生的行文逻辑和总体的表述效果作综合分析才能做出判断。”[①]这就意味着，史料实证素养试题并不禁锢考生的思维，而是通过分层测量的方式选拔考生，使历史考试测量的答案更加丰富多彩。

六是难度、信度、效度冠绝全卷。从中学一线教学和评价来看，史料实证素养试题属于难度最高的历史试题，学生对于此类试题往往束手无策，频频失分。这既是部分教师教学中只重知识、重结论的恶果，也从另一个侧面反映了史料实证素养试题的测量难度。然而，从测量数据来看，史料实证素养试题的测量信度和效度却冠绝全卷，能够准确作答此类试题的往往就是历史素养较高和历史知识掌握较好的考生，这表明此类试题能最大限度地考查考生知识掌握程度和历史学科能力，具有较高的选拔性。

（二）史料实证素养试题的考查内容

史料实证素养试题考查内容覆盖面广，广义地说，涉及史料进行命题

① 黄牧航：《SOLO分类评价理论与高中历史试题的命制》，载《历史教学(中学版)》，2004(12)。

即可视为史料实证类试题。狭义地说，主要是利用一定的历史背景知识作为依托，以史料呈现为题面，考查学生对历史本体论、历史认识论、历史方法论的理解。因此，史料实证素养试题命制多考查以下几个方面的内容。

一是“掌握方法，搜集史料”。掌握搜集史料的方法也许是当前中学历史教学中经常忽略的教学环节。尽管《课程标准》将此纳入学科素养要求当中，但在实际教学中，教师经常代替学生做了获取、搜集史料的工作。因此学生在搜集史料时往往只能依赖于教材、教辅和网络。能够真正在学习中鼓励学生多渠道获取史料的教师寥寥无几。然而，纸笔测试很难真正考查学生搜集史料的能力，测量出考生这方面的史料实证素养。命题者只能通过设置问题，考查学生在具体问题中搜集史料的方法。

二是“注重证据，无证不立”。史料实证素养试题命制遵循“历史无证不立”的原则。“求真”是史学的基本功用，史学研究就是在理解史料、考证史料的基础上，依据史料完成研究任务，研究成果能经得起其他史家的史料检验。此类题型正是基于“证据意识”，要求考生通过史料来树立证据意识，体现了历史学科立德树人的根本任务。命题者在设计试题时必须引导考生遵循从史料到史料的研究路径，对不同类型的材料进行比较、分析、互证和辨伪，确认其中合乎逻辑的成分，重建史实或支撑观点。

三是“大胆质疑，辩证批判”。“尽信书不如无书”，中学历史教学中，不少教师将教材或者书本上所述知识奉为经典，认为这些都是不可更改的内容。而中学生了解历史的渠道除了课堂、教材之外，不外乎互联网、电视等，所获取的历史知识也是良莠不齐，对某些历史事实、历史评价、历史人物、历史认知都是一元化的。这些都造成了师生固化的历史认知。命题者往往以此为突破口，选取与教材、大众认知相左的观点或史实来命题，通过提供突破传统的史料，打破师生固化的历史思维，更重要的是树立师生“大胆质疑，辩证批判”的科学精神。

四是“贯通古今，中外关联”。近年来，由于专题史体例教材的长期使用，不少学生对历史的学习是碎片化的、非体系化的。出于考查考生时空观念素养、培养纵横联系的立体思维的需要，命题者所使用的史料在考试全卷中往往是古今中外史料同时呈现的，而具体到某些试题中，还可能出现不同时空史料集中在一题中考查的情形。

五是“沙里淘金，去伪存真”。史料是过去人们留下的记录、反思、评价历史事件的材料，其形成过程不可避免地因价值立场、时代背景、个人情感、学识多寡等多种因素而与历史事实产生偏差。正如陈寅恪所说：“通论吾国史料，大抵私家纂述易流于诬妄，而官修之书，其病又在于多所讳饰，考史事之本末者，苟能于官书及私著等量齐观，详辨而慎取之，则庶几得其真相，而无诬讳之失矣。”[①]命题者通过提供两则或两则以上观点或史实相互矛盾的史料，要求考生还原真相或比较说明史料价值，是为“去伪存真”。此外，有试题要求考生在提供的材料中找到用于解题的有效历史信息，或者综合一则或多则材料重新阐述历史事实，或者通过较大文字量的阅读解答题目要求，这些都体现了史料实证素养试题“沙里淘金”的特点。

六是“由此及彼，由表及里”。历史研究需要对多则史料进行联系比较，互证互通。史料关联有两个角度，一是纵向角度的联系，也就是提供两则具有纵向(不同时间)关联的史料，通过比较发现变化。二是横向(不同空间)角度的比较，也就是针对同一个内容提供两则不同但具有一定关联度的史料，通过比较差异，探讨史料作者的主观立场、时代风貌，进以培养批判性思维能力，是为“由此及彼”。通过题目设计，使用合适的史料，引导考生深入理解史料讲述内容，如哪些内容可能是真，哪些内容可能是假，是否隐含了言外之意，是否带有作者的偏见和意图，史料说了什么或没说什么，为什么这么说，为什么用这样的语境，为什么使用这样的词汇，等等，理解并深挖史料所蕴含的历史信息，是为“由表及里”。

(三)史料实证素养试题命题的方法

测量学生史料实证素养的学业质量水平，重在两个方面下功夫：一是试题如何体现“实证”；二是试题合理选取“史料”。苗颖认为，一道好题要同时经得起两个层面的分析和评判：一是实测数据分析，如试题难度、区分度、信度、效度是否实现了合理的测量；二是外部表征分析，即评判试题的思想、内容和形式(本体论的维度——从学科的角度观察情境的创设；价值论的维度——从价值诉求的角度审视题目的立意；认识论的维度——

① 陈寅恪：《陈寅恪集：金明馆丛稿二编》，81页，北京，生活·读书·新知三联书店，2001。

从认知规律和思维路径的角度分析试题内部的逻辑。)[①]为避免与本书其他章节内容重合，下文只探讨基于史料实证素养立意的命题方法。基于史料实证素养立意的命题方法可从以下几个方面展开思路。

一是实证立意。史料实证旨在通过辨析史料，运用可信的史料努力实现重现历史真实的态度与方法，重在通过史料进行事实判断，也就是说，实证的目的在于事实判断。因此设计试题的首要立意在于命题者通过提供适合的史料或史料组，要求考生运用史料进行实证(事实判断)，还原历史的真实。

二是史料选择。在实证立意的基础上，选择史料命制试题就有了一定的指向性，可考虑选取与所学知识相冲突的、与主流认知相悖的、存在一定历史争议的一则材料，或选取不同人物说法相左的、不同时空说法不一的、同一历史事件叙述存在差异的、同一事件评价多元的两则或两则以上材料组进行命题。此外，史料的选择应依托学生熟知的历史时段和历史背景，保证一定的必备知识依托，材料背景可以是一个历史事件的细节(如戊戌变法中的公车上书)，也可以是一个涉及中外史交叉部分的频考时段(如明清之际的中国)。

三是材料处理。在选取合适史料的基础上，如何处理已有史料体现了命题者的史学功底。高质量的试题，必然基于具有一定学术价值的材料。这样的材料不一定适合中学生阅读和认知。因此，命题者需要对材料进行一定的处理，剪裁不必要的语言表述，避免或减少阅读障碍，明确材料的时空信息，保留材料中用于发问的历史信息。

四是问题设计。考查史料实证的问题设计多基于观点阐述或事实判断，并尽可能考虑问题设计的合理性。如选择题中，常见“据材料，可以被认定的事实是”“材料所述体现/说明/表明/反映了”“最具说服力的证据是”等问题设计。非选择题中，常见“比较/说明/评析两则材料的史料价值”“选取合适的观点/史料/史实加以说明/论证”“作者/材料所述的目的/意图/主要内容”等问题设计。

---

① 苗颖：《一道好题的三个表征——以高中历史选择题为例》，载《中学历史教学参考》，2019(2)。

五是参考答案和评分标准推敲。在合理的问题设计的基础上，评分标准的推敲需要预设考生的知识储备和思维方向，结合材料和问题的引领进行一定的逻辑推演。以“史料——史述——综合——分析——结论”的过程推敲参考答案时，命题者应重点关注史料到史实再到结论的正向逻辑推演，把握实证的核心要点，也就是从个别到一般，再从一般到个别的过程，此即归纳法和演绎法的结合的示范性评分标准表达。此外，命题者尽可能以思维逻辑层次制定评分标准，即采用 SOLO 分类分层进行评价，测量考生的思维层次、语言表达层次、逻辑清晰程度等。

六是逻辑论证。命题者完成试题命制后，需要通过史料推演结论、结论回溯史料、题干到答案、答案回到题干的方式进行正向和反向逻辑论证。以历史学“史由证来，论从史出”的历史逻辑推理方式进行论证，避免先有结论后有材料的先入为主式争议。

（四）史料实证素养试题命题的常见误区

实际上，高校命题者不可能是历史研究领域的通才，中学一线教师命题者更不是专业的历史研究者，在命制试题时难免不同程度地存在命题误区，从而影响试题质量。具体就史料实证素养试题命制而言，常见以下几个误区。

一是预设结论，寻找材料。不少教师命制试题的思路流程往往是先有考点分布需求后寻找试题，或先预设结论后寻找材料。这本身就违背了历史研究原则。傅斯年认为：“一分材料出一分货，十分材料出十分货，没有材料便不出货。两件事实之间，隔着一大段，把他们联络起来的一切涉想，自然有些也是多多少少可以容许的，但推论是危险的事，以假设可能为当然是不诚信的事。”[①]因此，寻找材料只是为了提供历史研究的依据。若反其道而行之，试题命制的科学性就会大打折扣。

二是材料繁杂，阅读障碍。有的教师认为史料实证重在考查考生历史阅读能力和技巧，于是选取了或长篇幅的，或文言文的，或晦涩的外文翻译材料进行考查。殊不知，考生在阅读材料时即已不知所云，更莫谈从史

① 傅斯年：《历史语言研究所工作之旨趣》，见欧阳哲生主编：《傅斯年全集》第 3 卷，10 页，长沙，湖南教育出版社，2003。

料展开实证论证了。

三是逻辑不清，结论费解。有的试题在命制时，命题者给定的材料不充分、不完整或难以说明问题，却强行给出了令考生费解的答案，尤其是选择题的考查，命题者不合理的逻辑推演常导致结论和材料风马牛不相及。

四是违背学理，人造史料。有教师根据教学或命题需要，人为地制造史料。如秦始皇与汉武帝的对话，工业革命时的工厂主威廉汉姆的创业，鸦片战争前的广州农民阿明的破产等自行塑造的“历史人物”和“历史事实”，并以此设计试题。实际上，早有教师指出，“人造史料”固然可能达到诸如提高学生的兴趣、调动学习的积极性和主动性等目的和效果，但它损害的却是历史教学对史料运用的基本要求，因为“人造史料”从根本上说就是一种“假史料”。① 而且会使历史成为一种凭想象可以描绘“历史情景”的消闲艺术，成了“伪历史”“伪科学”。② 至于史料实证素养的测量，就更不能使用“人造史料”，因为既不利于学生证据意识的培养，也违背“实证”的要求。

第二节　史料实证素养选择题的命题思路

选择题多考查历史知识的理解和应用等较高的能力，形式和考查历史学科能力等方面已趋于成熟。现行高考和绝大多数历史考试测量均使用单项选择题作为考查工具，考生通过阅读命题者提供的有限的、言约义丰的史料，以实证的方式结合所学知识、材料主旨、历史逻辑等进行综合判断，作出选择。

一、以选择题工具考查史料实证素养的利弊分析

单项选择题从测题效果来看侧重于鼓励记忆、理解、分析史料，知识覆盖面较大，代表性好。测量时难度、信度都可以根据命题者的需要和考试的类型进行调整，且客观性较强，评分方式简单、可靠，主观性较小。

---

① 周明学：《历史教学不可运用“人造史料”》，载《历史教学(中学版)》，2009(11)。

② 郭秀平：《历史教学能用“人造史料”吗?》，载《历史教学(中学版)》，2009(1)。

这些都是单项选择题本身在考试测量中所具备的普遍性优势。而就单项选择题考查史料实证素养而言，有以下几个优点。

一是有利于突破历史思维定式。所谓历史思维定式，是指学生在学习历史的过程中对历史事实或历史结论所存在的一种预先准备的心理认知状态，对后继学习活动的趋势、程度和方式存在一定影响。从素质教育的理念来看，想要促使人的全面发展，就一定要关注学生思维品质的培养，打破传统教育过程中思维的定式化发展趋势，还原思维品质提升的个性化特点。① 运用单项选择题测量史料实证素养时，命题者可以通过合适的史料，以突破常规认知的、内部相互矛盾的、与所学知识相左的材料命题，从史料实证的角度出发，形成认知冲突，设置合理的答案，这样有助于突破考生的历史思维定式。

二是有助于定向测量实证思维。社会心理学理论认为，由事实为主导的客观实证思维方式，主要有客观实证与逻辑推演、具体科学与科学理论、行为预期与反馈实效等六种思维方式。② 具体到历史学科而言，实证思维包含了历史逻辑推演、历史结论推断、史料真伪辨析、历史事实判断、历史背景分析、历史原因探究、历史研究方法等多种类型。命题者在命制试题时需要综合考量各种思维能力的考查配比，综合全卷作出衡量。由于历史阐述、历史论证、历史探究等较高的能力层次要求多在非选择题中考查，故而单项选择题可使用不同类型的史料或不同形式的发问词，定向测量考生的实证思维。

三是有助于考查多项学科能力。高考历史选择题只有 12 道，如何在题量有限的情况下最大程度考查学生的历史核心素养和学科综合能力，是命题者需要考虑的关键因素。一道好的试题，正是对考生多项学科能力和多个核心素养的综合性检阅。

四是有助于变换史料测量角度。单项选择题容易变换出题角度，也容易变换角度考查学生的思维能力和分析问题的能力。常见的材料，只要变换角度，即便前人已经使用过，也不影响测量效果。

---

① 陈俏：《运用问题链培养学生的历史学科思维品质》，载《文理导航》，2020(1)。

② 苗启明：《论事实本位的思维方式：实证思维》，载《昆明师范高等专科学校学报》，1999(1)。

当然，以单项选择题作为工具测量史料实证素养也存在一些局限性。早在2008—2009年，聂幼犁教授就在《历史教学(中学版)》中发表了十余篇关于选择题试题的论文，以高校学者和命题者的身份，对比批评了部分高考、模拟考选择题中存在的问题。他较为系统地论述了历史考试选择题命题中的五个问题：知识的游离、标准的混茫、史观之得失、思路的乖张、答案的绑架。[①] 当时也有一些中学一线教师撰文提出不同意见。[②] 选择题的命制常出于种种原因，存在科学性、思维力度、考查信度、考查难度、考查效度的问题，可谓“众口难调”。主要在于以下几个方面。

一是无法定向测量考生思维过程。单项选择题只需选择答案，不需要写出论证过程，因此考生选出正确答案即完成测量，至于考生究竟是猜对的还是凭借史料实证素养答对的则不得而知。由于难以看到解题的思维过程，无法测量考生根据历史事实和历史逻辑推演结论的过程，只能在非选择题中依据考生的作答行文才能明确其思维过程。

二是无法全面考查考生综合能力。囿于选择题对材料和题干字数的限制，命题者不可能以较长篇幅的史料或史料组考查考生的综合能力，这些能力包括了从大文字量材料中提取信息，去粗取精；综合分析材料类型和作者意图；结合所学知识论证问题；等等。这些都是选择题作为测量工具的短板。

三是易出现孤证不立的史学问题。李剑鸣认为，“史家要尽量避免用‘例证’进行论证，因为‘例证’有可能是例外。考据学有一条基本原则，就是孤证不成其为证据”[③]。而以选择题为工具进行测量时，往往囿于篇幅，只能选择一则史料，这使得许多试题设计易出现科学性问题，常出现考试后不少教师对试题结论提出科学性质疑的现象。

四是无法测量考生答题发散思维。选择题由于答案不存在大文字量的纸笔作答要求，无法测量以发散思维为特征的学科能力，如考生的历史解

---

① 具体可参看《历史教学(中学版)》2008年第12期、2009年第1—10期聂幼犁教授的相关文章。

② 具体可参看刘辉：《游离有度又何妨——读〈选择题之偏——知识的游离〉有感》，载《历史教学(中学版)》，2009(2)；李勇：《从历史细节认识历史人物》，载《历史教学》，2009(5)；周明：《与聂幼犁老师商榷命题的“乖张”》，载《历史教学(中学版)》，2009(12)。

③ 李剑鸣：《历史学家的修养和技艺》，274页，上海，上海三联书店，2007。

释思维、信息发散思维、创造能力思维等。

二、史料实证素养选择题的常见类型

史料实证素养选择题的考查可以前文所述的“侧重于史料”和“侧重于实证”两种试题类型进行分类，其中侧重于史料的试题可细化分为“史料信息阅读与提取”“基于史料的知识调动与运用”“基于史料的叙述与整理”“史料的解释与印证”“论证与探讨史料”等几种类型；侧重于实证的试题可细化分为“史料表现形式”“史料作者动机”“历史研究方法”“史料价值差异”“史料作者身份”“不同史学语境”“史料产生时地”几种类型。具体如下。

（一）侧重于史料的史料实证素养选择题的命题形式

1. 以史料信息阅读与提取进行命题

此类试题包含了史料的区分、史料的获取、史料的理解和史料的解读。其中，史料的区分和获取属于历史研究的学习技能，使学生养成搜集史料的习惯，学会运用已掌握的历史知识进行史料识别，得到人文素养的培养。[①] 这属于实践层面，这两种试题都相对简单，如史料的区分，就是命题者提供某种史料类型，由学生区分史料类型，2009 年台湾地区“指考”就有试题考查“《三国志》”和“《三国演义》”的史料类型区分[②]。史料的获取，则是命题者通过设置一定的历史情境，并设置问题如“研究该问题应该寻找的史料是”，引导考生思考在实践层面如何寻找史料来支撑观点或判定事实。

史料的理解和解读则属于思维层面。马克・布洛赫认为：“千言万语，归根结底，‘理解’才是历史研究的指路明灯。”[③]理解历史，解读史料，首先是最大限度观察材料中时间、地点、人物、材料出处、作者立场等一系列信息。其次是回到历史现场，设身处地思考作者的意图、史料产生的背景、史料的可信程度等等。这就对命题者提出一定的要求。此类试题的信息较多或者较为隐晦，需要考生根据题目提供的信息进行全面的理解和解读，如下例所示。

---

① 金海亮：《基于史料实证素养的高中历史教学设计思考》，载《中学历史教学参考》，2019(1)。

② 2009 年台湾地区历史“指考”第 25 题。

③ ［法］马克・布洛赫著，张和声、程郁译：《历史学家的技艺》，105 页，上海，上海社会科学院出版社，1992。

例 5-2-1：（原创）某时期中共的宣传口号先后包括："苗人下山来与汉族共同打倒帝国主义和国民党军阀""保护喇嘛，信教自由""抗日反蒋，保护回民""苏维埃分田地牛羊粮食房屋财产给回番穷人"等。这些口号

A. 为国民大革命准备了条件　　B. 扩大了中央革命根据地

C. 有利于红军实施战略转移(√)　　D. 巩固了抗日民族统一战线

本题重在考查学生的历史时空观念，但也同时考查了学生的史料实证素养中对史料信息进行全面解读的能力。命题者选取了红军长征途中所经过的少数民族地区的宣传口号，实际上命题的思路要点在于借用红军长征的路线和考生关于历史时空观念方面的知识，结合史料实证中的史料信息提取能力命制本题。

2. 以基于史料的知识调动与运用命题

史料是命题者"开门见山"与考生交流的第一步，阅读与提取信息固然重要，但如何提取史料信息，如何"去粗取精"地看破命题者在题干史料中植入的干扰信息，恐怕就取决于所学知识的储备和历史素养的多寡了。史料的取舍就属于这个环节，如下例所示。

例 5-2-2：（2015 年全国高考Ⅰ卷）宋代东南沿海地区出现了一些民间崇拜，如后来被视为海上保护神的妈祖、被视为妇幼保护神的临水夫人等，这些崇拜得到朝廷认可，后世影响不断扩大。这反映出

A. 朝廷不断鼓励海洋开发

B. 女性地位逐渐得到提高

C. 东南沿海经济社会影响力上升(√)

D. 统治思想与民众观念趋向一致

本题就涉及史料取舍的问题。命题者以特定的历史语境切入，提供了很多干扰信息。如果从字面上理解，每个选项似乎都是对的。因为"朝廷鼓励""女性""崇拜认可""东南沿海"等信息题干中均有涉及。但仔细观察发现，题干材料中的史料信息是可以取舍的。如果我们删去题干中"如……等"的内容，试题材料就变成了"宋代东南沿海地区出现了一些民间崇拜，

这些崇拜得到朝廷认可，后世影响不断扩大”。考生很容易得出C项的结论。因此，史料的取舍其实也是命题者考查考生史料实证素养的一部分。

傅斯年认为：“历史的对象是史料，离开史料，也许成为很好的哲学和文学，究其实与历史无关。”①以史料为基础，调动与运用所学知识解题是高考试题命制的基本原则之一。由于史料本身的各种局限性，任意引用一段史料都难以完整说明一个问题，在选择题篇幅有限的情况下，不可能每一道试题都使用史料组来发问，这就要求命题者精心剪裁史料，提供典型的史料进行考试测量。同时，剪裁处理后的史料须既“与所学知识相关”，又“远离教材”；既是经典的史料，又最好是多数师生“未曾谋面”的材料。并且还需要让史料“若隐若现”地呈现出解题的“题眼”和知识的“搭桥”。满足上述几个条件的试题，在进行考试测量时，就可以使考生在阅读、理解史料的前提下，有效调动和运用所学知识解答问题，体现了课标和高考的知识与能力要求，如下例所示。

例5-2-3：(原创)1899年，在清政府拒绝其租借浙江三门湾的要求后，意大利向清政府下达最后通牒并派遣军舰来华威胁。清政府严令沿海各省加强海防并调派北洋水师铁甲巡洋舰南下与之对峙。最后意大利宣布放弃对中国沿海的任何要求。这反映了当时

A. 列强掀起了瓜分中国的狂潮

B. 清政府的国际地位得到提高

C. 政治改革取得了一定成效

D. 战争失利并未中断近代化进程(√)

这道试题典型地体现了上述几个命题的要求。首先，试题的史料情境是多数师生未曾接触过的一个材料，晚清政府和意大利之间关于租借浙江三门湾的相关事件及其后续这样的史实对于多数师生来说是陌生的，所述时间、社会背景确是“来自所学知识”但又“远离教材”的。与此同时，试题

① 傅斯年：《考古学的新方法》，见欧阳哲生主编：《傅斯年全集》第3卷，88页，长沙，湖南教育出版社，2003。

中“1899年”“北洋水师铁甲巡洋舰”这样的历史信息却很容易使考生联想到甲午战后，北洋舰队全军覆没，1895年《马关条约》签订后开始重建，进而推导出“战争失利并未中断近代化进程”这一结论，这道试题无论从题目本身的新颖度、难度还是从测量的信度和效度来说，都是一道基于史料的知识调动与运用的好题。

3. 以基于史料的叙述与整理进行命题

在历史理解的基础上，对试题所提供的史料进行描述和阐释，就产生了历史解释。朱能认为：“在理解中求得解释，在解释中深刻理解，而解释及其文本的形成，也就是历史叙述的完成。”①基于史料的描述包含了史料的叙述与整理。在非选择题中，可以相对全面地考查考生的史料描述和整理能力。而在选择题中，通常则需要考生将史料中提取到的信息结合所学知识，匹配命题者所提供的预设结论。这主要考查学生的史料理解、整理和叙述的逆向思维，如下例所示。

例5-2-4：(原创)元代理学家许衡说：“大而君臣、父子，小而盐米细事，总谓之文；以其合宜之义，又谓之义；以其可以日用常行，又谓之道。文也道也，只是一般。”在此，许衡

A. 全面论证理和道两者的辩证关系

B. 阐发了重视民生日用的个人观点(√)

C. 重申了君臣父子的封建等级观念

D. 批判继承了阳明心学的思想精华

本题考查考生的史料理解与叙述能力。从“大而君臣、父子，小而盐米细事，总谓之文”“以其可以日用常行，又谓之道”可以看出许衡重视民生日用。考生需要定位元代理学家许衡的时间坐标，并理解材料所述内容，从而将其观点与所学知识结合，得出B选项的结论。

4. 以史料的解释与印证进行命题

命制此类选择题，需要提供一段可以用于相对充分地说明历史事实或

① 朱能：《试解“历史理解”与“历史解释”关系之惑》，载《中学历史教学参考》，2016(9)。

相对充分地推出历史结论的材料。通过“知识搭桥”的方式，使考生在理解史料的基础上选择对史料的合理解释(或解释意图，或解释原因，或解释背景)，又或是以史料印证某个历史问题，如下例所示。

例 5-2-5：(2021 年广东高考)15 世纪下半叶，德国艺术家逐渐减少了从圣徒中选择创作主题。骑士、商队、城市市场、大学生活、士兵行军和野营等场景越来越多地出现在作品中。这反映德国

A. 理性主义的产生　　B. 人文主义的兴起(√)

C. 宗教改革的开始　　D. 浪漫主义的发展

例 5-2-5 主要测量的是以史料印证历史结论。题干中以时间“15 世纪下半叶”考查学生的历史时间定位，并以从圣徒中选择创作主题的减少、“骑士、商队、城市市场、大学生活、士兵行军和野营等场景”的增加来反映人文主义在德国的兴起，以史料印证文艺复兴运动在欧洲的扩展。

5. 以论证与探讨史料进行命题

论证与探讨史料的考试测量主要集中在非选择题中，但选择题也可以在一定程度上考查基于史料的论证与探讨，这主要集中在史料的批判上。兰克认为：“为了避免有意或者无意的曲解与偏见继续为害，很有必要为我们的历史叙述寻求一个更为广阔的基础。……历史研究中的每一步骤紧密结合在一起，相辅相成：对权威文献的批判研究、公正无偏见的理解，以及客观的叙述——其目的就是使整个历史得以真实地呈现出来。”①诚如兰克史学所倡导的强调史料考证和批判，历史研究者需要对史料及内容的真伪进行评判考证，从而使历史研究建立在真实、可靠的史料基础上。历史学是以求真为目的的严谨科学研究，因此对史料和史料作者的言论不可不信，也不可全信。在命题测量中，这种思想也会被命题者作为考查论证与探讨史料选择题的切入口，如下例所示。

① [德]列奥波德·冯·兰克著，[美]罗格·文斯编，易兰译：《世界历史的秘密：关于历史艺术与历史科学的著作选》，327 页，上海，复旦大学出版社，2012。

例 5-2-6：(2013 年全国高考Ⅰ卷)1952 年，苏共领导人马林科夫在十九大的政治报告上指出："今年谷物的总收获量达到 80 亿普特，而最主要的粮食作物小麦总收获量比 1940 年增加了 48%。以前认为是最尖锐、最严重的问题——谷物问题，就这样顺利地解决了，彻底而永远地解决了。"这一论断

A. 与实际情况完全相符

B. 成为加快工业化的依据

C. 是对农业改革的肯定

D. 是对苏联模式的维护(√)

例 5-2-6 的材料出自苏共领导人马林科夫在苏共十九大的政治报告，结合所学知识可知，在这一时期，苏联的农业生产出现大幅度倒退，农业问题长期没有得到解决，以致赫鲁晓夫执政时期将农业改革作为重点。命题者通过提供带有主观色彩的材料，有针对性地定向考查考生论证与探讨史料的能力。

（二）侧重于实证的史料实证素养选择题的命题形式

1. 以史料表现形式进行命题

苏渊雷认为："史料是通过一定的文字、实物、口碑，反映出人类不断从事生产实践、阶级斗争过程的业迹，提供我们以各种不同类型的有关政治经济文化活动的原始记录，作为探索社会发展规律的张本。"①不同类型的史料，在考试测量中与试题命制的需要息息相关，一套试题中，丰富多样的史料类型的综合呈现使得历史试题在形式方面显得更加灵活多变，更有利于创设新的情境和在此基础上提出新的问题。例如，文献史料可侧重于历史实证问题研究；实物史料可以佐证文献史料，结合所学知识印证历史现象或历史结论；口碑史料和以文字描述呈现的声像史料可以使试题命制更具有现实感、代入感，引领考生"神入"一定的历史情境。这些都是不同史料表现形式所具备的不同试题测量功能。有的试题还会同时呈现多种史料类型以研究一个问题，如下例所示。

① 苏渊雷：《读史举要》，25 页，哈尔滨，黑龙江人民出版社，1981。

例 5-2-7：(2007 年广东高考)下列选项中，能反映商朝农耕生产的是

殷墟戴刑具陶俑
A

牛耕图
B

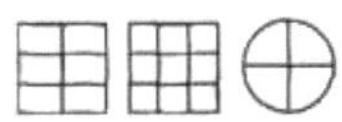

甲骨文
C(√)

铁犁
D

本题同时呈现了文字史料和实物史料，图文并茂，考查考生对商代农耕生产的理解。一般认为，井田制是商代出现的国有土地制度，与当时的农业生产关系密切。考生需要从甲骨文中带有“井”字、“田”字形状的文字象形中解读出对应历史信息。

2. 以史料作者动机进行命题

杜维运对有意史料和无意史料有相对清晰的界定：“分史料为有意史料与无意史料，为近代对史料另一重要的分类。有意史料为史料作者蓄意存留某一部分往事……大凡名流的回忆录、公家的宣传册子，以及肆意颂扬或诋毁的一类文字，绝少不是有意史料。无意史料则为不知不觉中的表现，没有预定的目的、周密的计划，只是自然地流露出来。如报纸中的广告，是无意史料(新闻为有意史料)，俗语、遗风遗俗以及法院公告(判决书)，也都是无意史料。”①明确有意史料和无意史料类型，并以此命制选择题，侧重于考查考生对史料类型判定标准的掌握程度，回应了《课程标准》中对于“运用可信的史料努力重现历史真实的态度与方法”的能力要求，如下例所示。

例 5-2-8：(2016 年湖北黄冈高三一模)彼得格勒起义当晚，军事革命委员会发布的通告称：起义“未流一滴血就取得了胜利”。苏联解体后研究资料也表明，当晚冬宫的防卫长官自己打开了冬宫大门，并把起义者带到了临时政府部长们正在开会的地方。然而此前苏联官方坚称起义者在冬宫发生了一夜的激烈战斗。苏联政府这样叙述历史细节，是为了

① 杜维运：《史学方法论》，113 页，北京，北京大学出版社，2006。

A. 赞扬列宁的英明决策　　B. 证明革命具有残酷性
C. 证明敌人的凶恶顽固(√)　　D. 尽可能还原历史真相

例 5-2-8 中，命题者使用了有意史料和无意史料同时呈现的方式，考查考生对两种不同类型史料的理解和甄别。材料中彼得格勒起义者是和平地占领冬宫的，但是苏联官方坚称发生了激烈战斗，在这个细节上存在巨大差别，只能解释为苏联政府的政治需要。在强调阶级斗争的形势下，要充分证明敌人的顽固与凶恶、不会轻易放弃权力，就必须将攻打冬宫的历史细节加以革命化，这体现了有意史料作者的意图。

3. 根据不同的历史研究方法命题

历史研究方法不可胜数，从原始的日记档案类研究，到综合叙述类史料、评价评论类史料、人物传记类史料、调查研究类史料，都属于传统史学的研究方法和类型。20 世纪以来，随着历史学的发展，历史研究的新领域和新方法也不断被开辟，如社会科学史的研究、比较史学、计量史学、心理史学、口述史学、影视史学等。[①] 而这些新旧历史研究方法和领域也成为考试测量中时有出现的新题型，极大地拓展了命题的空间。以学术成果型史料命题，可将学术研究成果建立在主干知识的基础上，呈现相对复杂的材料语境，深入考查考生的历史专业素养。以日记档案类史料命题，将原始资料建构于基础知识之上，可以帮助考生理解历史的细节，由小见大，理解时代的风貌。以人物传记类史料命题，使用人物传记、回忆录、对话录等作为试题材料，形成试题中形象化的记述方法、生动化的历史场景，乃至人物心理活动的呈现，可以用于考查考生对人物传记类史料的理解和批判。以调查研究类史料命题，命题者通过社会问卷调查、社会统计调查、田野调查报告、大数据的统计分析等资料表现形式，考查考生结合所学知识对调查结果、调查数据的理解和阐释，更可培养考生的调查实证意识。以统计分析类史料命题，在命题中侧重于考查考生的数据分析能力，考生通过对统计表格、统计数据、统计图等统计模型的数据分析，结合所学知识解读数据与历史事实间的逻辑关联，如下例所示。

---

① 参阅张广智主著：《西方史学史》，325～332 页，上海，复旦大学出版社，2000。

例 5-2-9：(原创)唐诗中有丰富的地方风物意象。通过检索全唐诗库四万多首唐诗，发现包含“江”字的诗有 6447 条，包含“舟”“船”的诗共 3313 条，包含“渔”“鱼”的诗共 2784 条，包含“莲”“荷”的诗共 1827 条。这反映了唐代

A. 农业经济发展较快　　B. 水陆交通比较发达

C. 江南经济文化兴盛(√)　　D. 现实主义诗歌盛行

例 5-2-9 中采用现代计算机大数据的统计方式，对全唐诗库中“江”“舟”“船”“渔”“鱼”“莲”“荷”等字词进行词频统计，结合时空观念素养以及对所学知识的理解，得出“江南经济文化兴盛”的历史结论。以词频作为史料命题刷新了考生对历史的解释和对史料的看法，同时也拓展了命题的广度和深度。

4. 以史料价值差异进行命题

傅斯年认为：“凡是未经中间人手修改或省略或转写的，是直接的史料；凡是已经中间人手修改或省略或转写的，是间接的史料①。”在研究历史的过程中，第一手史料(即直接史料)自然比较权威可信，第二手史料(即间接史料)则因转手的缘故容易被更改或删减，史料价值会打折扣。然而，史料的第一手、第二手只是相对而言的，这取决于历史的研究对象。诚如杜维运所说：“原料之价值，恒过于次料，固不待论，但其间亦非有绝对的界线，治史者尤不可不知。”②例如，希罗多德生活在希波战争进行的时代，他的撰述《历史》大部分内容讲述了希波战争的情况，作为时代的亲历者，希罗多德的著作当属研究希波战争的第一手史料。然而，《历史》的记述中有不少道听途说的传闻和民间的传说。从这个角度来说，这些内容应属第二手史料。20 世纪英国史学家哈蒙德撰写《希腊史》，引用了希罗多德的《历史》一书的材料，因此《希腊史》一书属于第二手史料，但它却是研究哈蒙德史学思想的第一手史料。扎克·斯奈德执导的电影《斯巴达 300 勇士》改编自漫画家弗兰克·米勒作品，讲述了希波战争中的温泉关战役，自然属第二

① 傅斯年著，朱渊清导读：《史学方法导论》，4 页，上海，上海古籍出版社，2019。

② 杜维运：《史学方法论》，117 页，北京，北京大学出版社，2006。

手史料，但它却是研究当代美国电影或是扎克·斯奈德本人电影思想的第一手史料。由此可见，第一手史料、第二手史料不过是相对而言的。这一逻辑同样适用于真伪材料和有意史料、无意史料的史学价值区分，如下例所示。

例 5-2-10：(原创)下图为南宋僧人志磐所撰《佛祖统纪》中收录的刻本地图《汉西域诸国图》，学者推断此图主要是根据汉代地理志书绘制，该图东起黄河上游至兰州、河套一带，西至大秦西海(地中海)，南抵石山(昆仑山)，北到瀚海，绘注西域地名 70 余处，描绘了广义西域诸国的位置和河西走廊通往西域的南北两道。该图

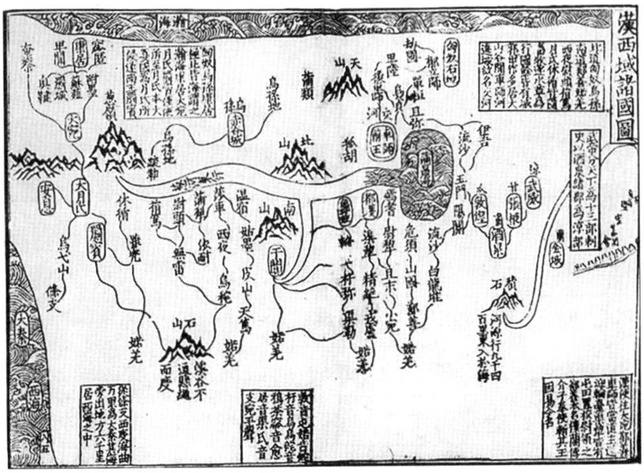

A. 是研究汉代对西域管辖的第一手史料

B. 是研究南宋雕版印刷术的珍贵史料(√)

C. 与汉代地理志书所记载内容相互印证

D. 直接佐证了汉代地理知识认知状况

例 5-2-10 充分说明了前文所述的第一手史料和第二手史料的相对问题，从史料价值的辨析判断入手，以宋人绘制的汉代地图为材料，要求考生思考该地图的史料价值。从史料价值来看，该地图并不是研究汉代历史的第一手资料，但却是研究南宋时人世界观、南宋雕版印刷术的珍贵史料。这体现了史料价值的相对性。

5. 以史料作者身份进行命题

邓之诚在编撰《中华二千年史》时详细阐述了正史和野史的选材关系："斯编取材，首重正史，次及政书，次始及于杂史，再始及于其他。……今人重视野史，斯编乃多取正史者，非谓正史以外无史，亦非轻信前人所信。……正史为体例所限，往往不详，且成于后人，自不能尽得当时真相。野史佳者，多足以辅史阙。然正史据官书，其出入微；野史据所闻，其出入大。正史讳尊亲，野史挟恩怨。讳尊亲，不过有书有不书。挟恩怨则无所不至矣。"①这说明正史和野史作者身份不同、立场不同、标准不同而导致记述上的差异。在命题测量时，命题者多选用正史作为材料，当选用野史时，则一般需要考证野史史料的可靠性。但也有试题反其道而行之，从质疑正史入手，如下例所示。

例 5-2-11：(原创)下表为明代官修史书所载官方统计的三省户数及人口数。

地区	户数			人口数		
	1381 年	1391 年	1393 年	1381 年	1391 年	1393 年
江西	1553924	1566613	1553923	8982481	8105610	8982481
福建	811369	816830	815527	3840250	3293444	3916806
浙江	2150412	2282404	2138225	10550238	8661640	10487567

此表可用于说明

A. 当时南方农业经济增长较快

B. 明代赋役征收制度较为完善

C. 休养生息政策取得较大成效

D. 官书所载史事亦须谨慎考证(√)

本题材料为明代官修史书所载江西、福建、浙江三省人口的数量，考生通过比较数据不难发现，短短数年间，一省人口数、户口数出现了较大幅度的变化，尤其是浙江 1391 年和 1393 年的人口数、户口数都有较大的出

① 邓之诚：《中华二千年史》卷首《叙录》，5 页，北京，中华书局，1954。

人，这表明官修史书也要谨慎考证。诚如司马光所言："若无以考其是非者，则云今两存之，其实录正史未必皆可据，杂史小说未必皆无凭，在高鉴择之。"[①]

6. 以不同史学语境进行命题

李剑鸣认为，"历史语境"由关于过去的知识所构成，我们对它的了解主要依靠源自史料的信息；"史学语境"则由相关的学术观点和研究范式所构成，我们对它的把握须借助源自史料以外的信息。但在实际的史料解读过程中，对两种"语境"的探究乃是相辅相成、相互促进的。[②] 如将两种语境结合在一起，则是历史语境与史学语境的复合产物，成为可以透视史料原意的"棱镜"。如果以此区分历史选择题测量的话，按史学语境划分，大约是这三类居多。以历史语境、史学语境或双重语境为史料命题，是历史考试测量日趋专业化的特点。命题者根据不同的测量需要，选取不同的史学语境，如下例所示。

例 5-2-12：(2018 年全国高考Ⅰ卷)1847 年 6 月，正义者同盟改名为共产主义者同盟，以"全世界无产者，联合起来"的新口号代替"人人皆兄弟"的旧口号，并规定同盟的目的是："通过传播财产公有的理论并尽快地求其实现，使人类得到解放。"这一变化说明

A. 共产主义者同盟接受了马克思的革命理论(√)

B. 马克思主义的诞生推动了无产阶级的斗争

C. 工人运动在欧洲的主要资本主义国家开始兴起

D. 无产阶级与资产阶级的矛盾成为社会主要矛盾

例 5-2-12 属于间接陈述的"历史语境"，命题者以此提出一个复杂的文本语境。历史考试测量中，"所谓文本语境就是通过试题文本词句的组合，

① (宋)司马光：《司马文正公传家集》卷六十三，778 页，上海，商务印书馆，1939。

② 李剑鸣：《历史语境、史学语境与史料的解读——以弗吉尼亚州批准美国宪法大会中一条材料的解读为例》，载《史学集刊》，2007(5)。

设置险象环生的阅读障碍，考查考生辨词析义的思维能力”①。考生需要理解本题设置的情境是近代欧洲正义者同盟接受马克思革命理论的过程，紧扣马克思主义这一在高中历史教学中的主干知识，体现了对必备知识的考查。材料中有三个要点：正义者同盟改名、提出新口号、同盟目的的规定。考生只要掌握和理解了马克思主义的基本内容，特别是《共产党宣言》的基本内容，就可以知道这三个要点与马克思主义的基本内容相符，但仍需结合时间线索进行排除。因此本题考查了考生将特定的历史事实放在特定“历史语境”的范畴内解题的史料实证能力。

7. 以史料产生时地差异进行命题

一套好的历史试题，除了丰富的史料类型外，必兼顾古今中外的史料同时呈现。按史料产生时间、地点划分，我们可以将史料划分为古代史料、近代史料、现代史料、中国史料、地方史料、外国史料等多种类别，根据考试测量的需要使用不同时空下产生的史料命制试题。

三、史料实证素养选择题的创新设计

自 1994 年起高考历史科选择题中开始融入历史材料，1995 年选择题大幅度向考查历史知识的理解和应用等较高的能力上发展，使选择题的形式和考查历史学科能力等方面趋于成熟。② 基于现行高考和绝大多数历史考试测量均使用单项选择题作为考查工具，本节只讨论单项选择题工具对史料实证素养考查的利弊。单项选择题顾名思义只有一个正确答案，考生通过阅读命题者提供的有限的、言约义丰的史料，以实证的方式结合所学知识、材料主旨、历史逻辑等进行综合判断，作出选择。单项选择题从测题效果来看侧重于鼓励记忆、理解、分析史料，知识覆盖面较大，代表性好。测量时难度、信度都可以根据命题者的需要和考试的类型进行调整，且客观性较强，评分方式简单、可靠，主观性较小。这些都是单项选择题本身在考试测量中所具备的普遍性优势。

《中国高考评价体系说明》指出，高考评价体系由“一核”“四层”“四翼”

---

① 张兆金、张海玲：《新时代需要怎样的高考：高考历史试题大家评 2019 年全国卷Ⅰ选择题语境分析》，载《中学历史教学参考》，2019(8)。

② 陈伟国、何成刚：《历史教学测量与评价》，207～208 页，北京，高等教育出版社，2003。

组成，其中，“一核”是高考的核心功能，即“立德树人、服务选才、引导教学”，回答“为什么考”的问题；“四层”为高考的考查内容，即“核心价值、学科素养、关键能力、必备知识”，回答“考什么”的问题；“四翼”为高考的考查要求，即“基础性、综合性、应用性、创新性”，回答“怎么考”的问题。① 由此可见，试题的命制，首先需要成为立德树人的重要载体和推行素质教育的关键环节以及德智体美劳全面培养教育体系的有机组成部分。认准了这一大前提再结合历史学科核心素养，才能找准试题命制的关键方向。

就史料实证素养的养成和测量而言，命题者需要对一手材料或学术研究成果进行符合中学生认知水平的处理，或选取史料中具有考试测量价值的部分，或准确概括史料主旨，或通俗描述历史现象，或浅近呈现学者观点。同时，命题者必须保证整理后的史料不偏离原始资料传递的历史信息，回扣史料实证素养命题的能力要求。以上所述，对命题者的史料信息处理能力和历史专业功底都提出了严格的要求。实际上，史料整理是一种高层次的思维活动，对命题者和受测者而言，都需要一定的理解能力、判断能力、比较能力、分析能力和综合能力。明确了这一点，命题者才能命制出相对科学的试题。

从宏观上来看，一套试题的选择题数量有限，不可能每道试题都侧重考查史料实证素养，故命题者应综合考查历史学科五大核心素养，兼顾必备知识和关键能力的考查。一般认为，在现行高考 16 道选择题题量的背景下，会设置一道显性考查史料实证素养的选择题，在其他试题中以史料呈现和历史逻辑的推导、演绎隐性考查史料实证素养。下面以一道原创试题为例说明史料实证素养选择题的命题流程。

例 5-2-13：(原创)据学者统计，从南北朝到元末的近千年中，东南地区有记载的虎患仅 6 起，到明清时期，东南地区虎患记载则多达 514 起，几乎平均每年都有记录。这反映了明清时期东南地区

A. 人口增长与耕地矛盾突出(√)　　B. 生态环境逐步好转

C. 已逐步成为全国经济中心　　D. 文化教育水平提高

① 教育部考试中心：《中国高考评价体系说明》，1 页，北京，人民教育出版社，2019。

本题以调查研究类史料命题，命题者以学术研究成果为材料，考查考生结合所学知识对调查数据的理解和阐释，以及对必备知识的掌握程度。明清时期东南地区是经济发达地区，同时因为东南地区丘陵山地多、平原少的地理环境特点，人口增长与耕地矛盾突出，对东南地区生态环境的破坏导致人虎争地，虎患频发，故选择 A 项；虎患频发体现出生态环境的恶化，故 B 项错误；明清时期东南地区成为全国经济中心，与虎患频发没有直接因果关系，故 C 项错误；明清时期东南地区文化教育水平提高，与虎患频发没有直接因果关系，故 D 项错误。

汕头市历史学科 20 多年来坚持原创命题，在汕头市教研室组织的各年级历史统考中均使用原创试题，形成了较丰富的命题经验和研究成果。本题也是汕头原创命题团队的教研成果之一，下面以此题为例简述史料实证素养的命题流程，如图 5-2-1 所示。

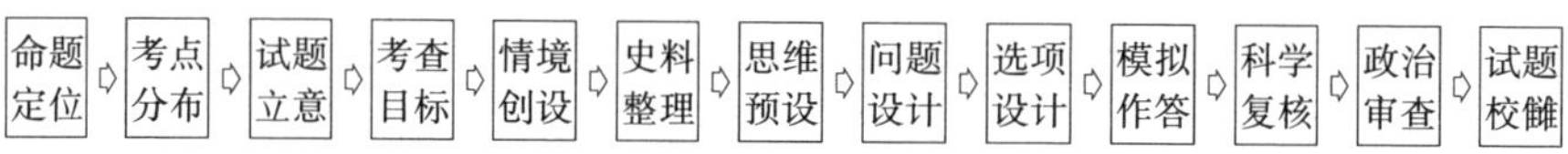

图 5-2-1　史料实证素养的命题流程

从上述 13 个命题流程来看，一道好的历史试题必经过多个流程的反复打磨、论证。

一是命题定位。首先考虑考试的性质。本题应用于地级市高二期末历史科统考测试，试卷面向整个地级市，因此难度设计应保持中等。其次考虑考查群体和试题受众。高二年级因多数情况下学生已完成了历史和物理类的分科，历史学科基础已相对扎实，同时试题又应为高三年级学科教学提供一定的参考标准，即通过考试测量使高三年级教师对学生历史学科基础有一定了解，同时也指导高二、高三年级教师的教学方向。是故，试题的设计总体必须体现一定的选拔性，题目难度定位也应保持在 0.4～0.6，这样既有利于考试选拔，又有利于引导中学教学。

二是考点分布。一套完整的综合性考试试卷一般需要兼顾中外史、古代近代现代各个知识模块的考点分布。本题设置在地级市高二期末统考试卷中，在 24 道选择题的题量设置中为第 4 题。按照现行全国高考卷试题分布来看，16 道选择题中，一般设置中国史 10 道，世界史 6 道，例题考点为中国经济史(明清时期)部分。由此可见，考点分布与题号顺序一般有一定的规范。

三是试题立意。试题立意是一道题目命制的核心和灵魂。立意的正确与否、高远与否、深刻与否决定着试题总体质量的优劣。教育部考试中心在2019年高考历史试题评析中指出，试题命制应坚持三个原则：贯彻全国教育大会精神，体现“六个下功夫”(在坚定学生理想信念、厚植爱国主义情怀、增强品德修养、培养奋斗精神、增长知识见识、增强综合素质六个方面下功夫)；倡导五育并举鲜明导向，对标“德智体美劳”；深化高考考试内容改革，点睛“一核四层四翼”(高考的核心功能是立德树人、服务选才、引导教学，高考评价体系将应该考查的素质教育目标提炼为必备知识、关键能力、学科素养和核心价值)。[①] 由此可见，命制试题需要从党和国家的教育方针、社会主义核心价值观、国家的教育指导理念、高考评价体系出发，通过试题命制与考试测量，给学生树立正确的价值导向，引导中学历史教学落实党和国家对历史教育的要求。此外，还应以学术热点、史学研究动向为依托，给考生树立历史学科的科学导向。具体到史料实证素养选择题而言，则应当通过试题传递注重实据、注重考证、注重批判的思维品质。就例题而言，试题材料叙述了明清时期东南地区虎患记载与前代的数据对比，得出“人口增长与耕地矛盾突出”的结论，引导考生树立生态文明观念，理解人与自然是生命共同体，人类必须尊重自然、顺应自然、保护自然的价值理念，进而认同生态文明建设是关系中华民族永续发展的千年大计和根本大计的国家发展战略。同时试题也呼应了近年来史学界研究的热点问题，包括大数据下的历史学语义词频统计研究、生态文明史的研究以及历史地理学研究的相关知识。

四是考查目标。确定了试题的考点分布和立意后，命题者需要思考试题的考查目标，围绕知识目标和素养目标两方面展开命题思考。一般来说，命题者需要综合考虑考查的知识目标和素养目标的同步达成，同时尽可能在知识的广度和深度、五大核心素养和关键能力的覆盖程度上下功夫。就例题来说，试题考查了考生关于明清时期中国区域经济发展状况、人口激

① 教育部考试中心：《深化考试内容改革，凸显学科育人功能——2019年高考历史试题评析》，载《中国考试》，2019(7)。

增与地理知识等方面的基础知识，同时也考查了学生史料阅读、分析、比较、综合的关键能力。

五是情境创设。高考评价体系中的所谓“情境”即“问题情境”，指的是真实的问题背景，是以问题或任务为中心构成的活动场域。高考评价体系中的“四层”考查内容和“四翼”考查要求，是通过情境与情境活动（指人们在情境中所进行的解决问题或完成任务的活动）两类载体来实现的，即通过选取适宜的素材，再现学科理论产生的场景或是呈现现实中的问题情境，让学生在真实的背景下发挥核心价值的引领作用，运用必备知识和关键能力去解决实际问题，全面综合展现学科素养水平。① 在确定试题立意和试题目标后，依托历史学科核心素养考虑试题的史学情境。情境的设置首先需要符合历史学科理论产生的历史场景或历史情境。在确定考点考查对象为明代社会经济发展后，将人地矛盾作为切入点，考虑试题的历史情境。此时，根据命题者掌握史料的多寡，可以有多种历史情境可供选择，如明代人口与土地统计表、明代社会经济状况的概述类资料、明代人口分布地图、明代地方志、明代高产作物引种和人口激增等历史情境。但这样的历史情境与教材、以往试题多有重合之处，难以测量出学生解读历史情境的学科能力和史料解读能力，是故可通过查找历史资料，寻找前人未涉足的命题“处女地”，以求试题命制在立意上的新颖。但同时，又要避免“为创新而创新”、忽略学生历史认知水平的误区，这就需要命题者选取来源于日常生活或常规认知的“现实问题情境”，试题语言要通俗简练，情境设置要创新，问题情境要易于认知，此三者间的平衡，考验着命题者的史学素养、史料处理能力和试题命制经验。在此要求下，选取“虎患”的记录统计，考查学生对人地矛盾和人虎争地之间的历史逻辑联系的思考，历史情境的创新度和试题的鲜活度立刻就凸显出来了。

六是史料整理。命制选择题首先考虑的是如何将复杂的史料精简化、条理化、逻辑化。命题者在确定了前五个命题流程后，开始搜索相关史料进行试题命制，从学术著作、学术论文、原始资料中寻找史料，通过网络搜索、资料查阅等方式获取资料后，对史料进行合理的整理和剪裁。史料

① 教育部考试中心：《中国高考评价体系说明》，36 页，北京，人民教育出版社，2019。

的剪裁与整理应遵循论从史出的原则，“反对按照某种事先预定的概念取舍、剪裁史料，应避免自己观点一致的材料则取，不一致则舍，乃至为了某种目的而将史料硬加曲解的做法”①。在例题命题时，命题者所获取的原始资料为论文《明清时期东南地区的虎患及相关问题》②。该文作者查阅了东南地区的479种方志，发现明清时期的“虎患”，其发生的频率、地域范围、产生的危害性都超过以往，成为当地严重的野生动物灾害，并认为东南地区之所以出现较严重的虎患，是因为生态环境人为地被严重破坏。论文中的统计表格如下：

表1　明清时期东南虎患的时间分布

时代 省别	明代虎患发生次数	占明清时期该区虎患总数%	清代虎患发生次数	占明清时期该地区总数%	虎患发生次数合计
江苏(含上海)	32	45	39	55	71
浙江	49	36	86	64	135
安徽	24	39	37	61	61
江西	48	30	110	70	158
福建	52	41	73	59	125
东南地区	205	39	309	61	514

此外，论文还指出：“此时期，东南地区出现虎患514次，是前一千年该地区发生虎患次数的85倍，几乎平均每年发生一次。”并引述了宋正海先生的统计：从北魏至元末的近千年中，全国发生虎患16起，属于东南地区的为6起(浙江2起，安徽1起，江苏1起，福建2起)。③

由此材料出发，设计选取东南地区为地理坐标，进行材料剪裁后，可以梳理为：“从南北朝到元末的近千年中，东南地区有记载的虎患仅6起，到明清时期，东南地区虎患记载则多达514起，几乎平均每年都有记录。”

---

① 徐蓝、朱汉国：《普通高中历史课程标准(2017年版)解读》，59页，北京，高等教育出版社，2018。

② 闵宗殿：《明清时期东南地区的虎患及相关问题》，载《古今农业》，2003(1)。

③ 宋正海：《中国古代重大自然灾害和异常年表总集》，485页，广州，广东教育出版社，1992。转引自闵宗殿：《明清时期东南地区的虎患及相关问题》，载《古今农业》，2003(1)。

七是思维预设。完成材料剪裁后，命题者开始“设身处地”地思考考生可能的思维模式。一般而言，考生的思维过程是由低级思维到高级思维，由具象思维到抽象思维。大致可以推测考生的思维过程如下：

首先，定位时空。时间信息：南北朝到元末、明清时期；空间信息：东南地区。

其次，获取信息。虎患的次数由南北朝到元末近千年的6起，转变为明清时期的514起。

再次，调动知识。明清时期社会经济的发展与人口激增、东南地区相关的地理空间知识、虎患的概念、虎患出现的可能原因。

最后，比较、分析、归纳、综合得出最佳结论。

在分析完考生可能的思维过程后，命题者会预设考生的可能性行为如下：

知识盲点：时空知识的缺失或错乱、通史知识的缺失。

能力短板：阅读障碍，如不能理解“南北朝到元末”“虎患”“生态环境”等历史专业术语。无法辨别历史事实与历史解释，如虎患的时空分布差异、明清时期每年都有记载等。

思维定式：学生因做题较多而形成某种思维定式，如看到题干中关于“东南地区”的空间信息表达后，易将思考方向转向“全国经济中心”。

思维瓶颈：学生无法形成由史料到推导再到结论的链式思维逻辑。

通俗地说，此处就是需要命题者以各种能力水平的学生预设代入身份，思考考生是如何做对此题或如何答错此题的。

八是问题设计。史料实证素养选择题的问题设计，一般为命题者定向考查考生对基础性和通用性知识的掌握，综合运用所学知识解决问题的能力，以及发现问题、分析问题和价值选择与判断的能力。问题设计应尽可能做到简洁、直接，能少用一个字的绝不多用一个字。此外，史料实证素养选择题重在考查学生的实证思维，因此，多使用“这反映”“这体现”“这说明”“这表明”等问题设计。

九是选项设计。史料实证素养选择题按现行高考模式，应设计为单项选择题。设计正确选项时，命题者需要谨慎把握材料与结论间的逻辑关系，尽可能自圆其说，以史料说明或反映结论。而对于错误选项，则应该从前述学生的短板、知识的缺失或错漏、常见的思考逻辑或语义指向入手，难度和混淆度由试题的设计难度来决定。例题应用于地级市高二历史期末统考，预设难度中等。因此，正确答案设计为“人口增长与耕地矛盾突出”属于在理解材料基础上调动知识可解决问题的中等难度选项。预设考生可能单从文字上理解问题，设计了“生态环境逐步好转”“文化教育水平提高”的错误选项；预设考生可能出现的知识缺失或混淆，设计了“已逐步成为全国经济中心”的错误选项。此外，命题者还应尽可能查证学术著作或学术成果的历史语境，同时表达方式须使用历史术语、避免口语化。

十是模拟作答。设计完试题后，命题者应该选择性忘却答案，再次以考生的身份代入，阅读试题，调动知识，模拟考生读题、思考、解题的思维过程。在允许的情况下，也可邀请其他命题者试做试题，找出试题中可能出现的语病、错别字或表达模糊、不规范之处，及时进行修改。同时以逆向思维的方式回溯试题，回扣高考评价体系“一核四层四翼”的考查要求，即高考评价体系(是否体现了立德树人、服务选才、引导教学的命题导向)和基础性(是否依据必备知识)、综合性(是否将多个学科能力、核心素养加以融会贯通)、应用性(是否将所学知识学以致用)、创新性(是否考查了考生的创新思维与创新能力)。虽说任何一道试题都难以面面俱到地体现此“一核四层四翼”，但在模拟作答中，命题者(或命题团队)等于第二次验证了试题的命制的质量，如试题与“一核四层四翼”的要求相去甚远，则需要命题者“忍痛割爱”——更换试题了。

十一是科学复核。历史考试试题最重要的合格条件之一是试题的科学性，有时候因为命题者的一厢情愿而出现错误的、不科学的结论，有时候因为所引用的史料本身的问题而出现科学性错误，有时候因为命题者学识的不足而出现史实或结论的“想当然”或“张冠李戴”，这都是可能出现的情形。术业有专攻，命题者不可能是历史学科所有研究领域的通才。因此，这就要求命题者甚至命题团队集思广益地对试题进行科学性复核。以例题探讨的问题为例，此处存在四个问题需要进行科学性探讨：首先，材料中“6起”和“514起”的统计数据是否准确？其次，“明清时期几乎每年都有记录”的说法是否准确？再次，“虎患”究竟和人地矛盾有没有必然的逻辑联系？最后，设计的错误选项有没有正确的可能性？命题者查证了以下学术成果：

(1)蓝勇：《清初四川虎患与环境复原问题》，载《中国历史地理论丛》，1994(3)。

(2)刘正刚：《明清闽粤赣地区虎灾考述》，载《清史研究》，2001(2)；《明清南方沿海地区虎患考述》，载《中国社会经济史研究》，2001(2)；《明末清初西部虎患地区虎患考述》，载《中国历史地理论丛》，2001(4)；《明清时期广东虎患考述》，载《广东史志》，2001(3)。

(3)黄志繁：《“山兽之君”、虎患与道德教化——侧重于明清南方地区》，见李文海、夏明方主编：《天有凶年：清代灾荒与中国社会》，439～464页，北京，生活·读书·新知三联书店，2007。

(4)[日]上田信：《生态环境的变化与驱虎文——18世纪的东南山地》，见王利华主编：《中国历史上的环境与社会》，524～541页，北京，生活·读书·新知三联书店，2007。

(5)郑维宽：《明清时期广西的虎患及相关生态问题研究》，载《史学月刊》，2007(1)。

(6)曾雄生：《虎耳如锯猜想：基于环境史的解读》，载《中国历史地理论丛》，2008(2)。

(7)龚志强、江小蓉：《明清时期庐山虎患及其生态环境问题》，载《农业考古》，2008(6)。

(8)刘兴亮：《明清时期江西境内的虎患及相关问题研究》，载《古今农业》，2009(2)。

(9)袁轶峰：《明清时期贵州生态环境的变化与虎患》，载《农业考古》，2009(6)。

(10)周正庆、曹丕丕：《从虎患看清代广东生态环境的变迁》，载《农业考古》，2011(1)。

(11)曹志红：《老虎与人：中国虎地理分布和历史变迁的人文影响因素研究》，博士学位论文，陕西师范大学，2010。

(12)徐文彬、钟羡芳：《明清福建生态演变与虎患》，载《福建论坛(人文社会科学版)》，2013(6)。

经查证相关学术成果，大致得出如下结论：

(1)“6 起”和“514 起”的统计数据不一定完全准确、完整。由于统计资料的差异、研究方法的不同、“虎患”概念解释的出入、统计模型的差别等，数据有很大的不确定性。

(2)明清时期几乎每年都有记录的说法基本准确。

(3)“虎患”与明清时期人地矛盾激化存在显著的逻辑联系，是学界的主流认知。

(4)其他设计的错误选项不具备成为正确答案的可能性。

基于结论的第一点，即统计数据存在出入的问题，命题者在试题材料中加入了“据学者统计”的材料前缀，以此区分其他不同的统计结果，使试题材料表达更为精确和科学。任何一位命题者都不可能是历史研究各领域的通才，因此命题语言需要慎之又慎，历史选项结论更需要论证再论证，试题背景知识需要查找再查找。人们常说，要教给学生一碗水，教师先要有一桶水。同理，要命制一道试题给学生，教师先要有一万道试题的知识背景。在知识背景不足的情况下，命题者就必须查证所有能够查证的资料，并小心地进行科学性的复核，一旦发现史料来源、历史结论、历史叙述存在科学性问题，就需要修改或放弃试题。

十二是政治审查。完成了前面的试题命制过程，试题就已经是“准成品”了，但是这并不意味着试题命制工作可以大功告成。还需要命题者或命题团队进行严格的政治性审查，研究试题的题干和选项是否存在政治性错误，是否符合党和国家的大政方针、教育理念。同时还应对试题材料作者的身份进行政治性审查，检索该作者是否存在政治问题。这也是考量命题者作为教育者的政治站位和思想政治觉悟的重要环节。

十三是试题校雠。在试题“出厂”前，还应对试题进行严格的最后一次校雠。校雠的过程首先应考虑试题材料是否存在“断章取义”，试题中有否存在错别字、重复的选项字母，有否准确表达史料的内容，试题选项是否设计合理。其次，应对全卷的知识配比权重、知识框架、难度系数等因素进行综合考量。再次，应考虑选择题的答案是否和主观题答案存在一定的关联或知识重复。最后，命题者还应思考单一试题与全卷其他试题相匹配时，有否全面测量考生的各个核心素养和各项学科能力，回溯试题与高考评价体系“四层”的关联，即核心价值、学科素养、关键能力、必备知识与整套试题之间的合理配比，进而考虑是否需要调整试题的难度。

试题命制是当前基础教育考试评价体系的关键环节，作为一线教师，命制高质量的试题，掌握命题技术对教育理念、教学思维和教学方式的提高都有着深刻的启示意义。立德树人、服务选才、以考促学、以考导教是新课标和新教材背景下，教师教书育人和专业发展的重要导向。因此，只有深入研究高考评价体系，依托历史学科核心素养钻研命题技术，提高教育科研能力，才能更好地发挥新时代历史教育的立德树人功能。

第三节　史料实证素养非选择题的命题思路

历史非选择题题型多样，从已出现过的试题题型来看，包括了填空题、连线题、地图填充题、名词解释题、列举题、简答题、材料解析题、论述题等。按现行高考的试题类型来看，绝大多数试题类型是材料解析题。本节主要探讨以材料解析题考查史料实证素养的考试测量。材料解析题应该说是非选择题中最具历史学专业特点的一种试题，也是最能考查史料实证素养的一种试题。它的设计主要是依托一段或多段史料的组合，要求考生在阅读、理解史料的基础上，提取历史信息，调动所学知识，依照命题者的问题引导，按要求作答。

一、以非选择题工具考查史料实证素养的利弊分析

非选择题题量少、含义广，侧重于历史写作能力与表达能力。测题效果上鼓励组织、整理和表达自己的观点，在测量史料实证素养的学业质量水平上有着不可替代的优势，具体如下。

一是鼓励创造性与发散性思维。非选择题较之于选择题的定向测量而言，更能够测量考生的创造性与发散性思维。近年来，“高考历史试题已经由传统的对历史知识的考查转向为对学生的应用能力、创新能力、发散性

思维、综合能力等方面的考查，其总体趋势是向综合化方向发展”[①]。教育学理论认为，创造性思维是组织和改造已经获得的知识，使其适合当前问题，从而解决问题的一种思维活动[②]；发散性思维是指根据已有信息，从不同角度和方向思考，从多方面寻求答案的思维模式[③]。早在2005年，杨宁一教授即对此类试题的理论模型作出一定的阐释：“可以考虑改变评分标准，不采取以往踩点给分的方法，而是根据作答情况反映出的考生的能力，分层次给分。例如，基本知识在一道题目的总分中占一定比例，只要是符合题意的基本知识点，无论是知识点ABC，还是知识点DEF，均可给分。其余的赋分点放在能力的考查上。”[④]由此可见，在测量史料实证素养时，试题的设计和命制可以很好地考虑引导考生“一题多解”“一事多写”“结论多元”的方向，培养考生的创造性与发散性思维。

二是多角度地测量知识与能力。考试测量时，命题者需要综合考虑的要素很多，其中就包括如何多角度、多维度地测量考生的历史学科能力和知识储备。就史料实证素养非选择题命制而言，命题者需要考虑的是如何在试题史料中体现关键信息与能力考查并重，尽可能以一道试题覆盖考查考生对中外历史政治、经济、文化的知识储备，以一道试题考查考生提取信息、理解材料、探究原因、归纳概括、分析影响等多项历史学科能力，以一道试题综合考查考生的历史学科核心素养。由此可见，非选择题可以从史料实证的角度切入，多角度地测量考生的知识与能力。

三是有利于综合多种类型史料。史料实证素养测量的重要前提在于史料的呈现，以材料分析题为工具测量史料实证素养的一大优势就是多种史料的综合呈现。囿于选择题对字数的限制，较难在综合多种类型史料的同时考查考生的史料实证素养。一套试题的非选择题往往使用多种类型的史料，以考查考生的史料实证素养。同时高考命题也偏重使用史家著作，以强调对较权威学术成果的吸收。

---

① 岳燕：《中学历史教学的困境与对策》，载《中学历史教学参考》，2015(6)。

② 顾明远主编：《教育大词典》，34页，上海，上海教育出版社，1998。

③ 邵瑞珍、张人杰主编：《中学百科全书：教育学·心理学卷》，307页，上海，华东师范大学出版社，1994。

④ 穆易宁：《新课标下高中历史学科考试测量命题改革》，载《历史教学(中学版)》，2005(4)。按：穆易宁是杨宁一教授笔名。

四是情境多元以检验核心素养。以非选择题为工具考查史料实证素养，可以有效考查考生对于陌生的情境、复杂的史料、开放性的设问的适应性。高考是选拔性考试，命制试题时，命题者多考虑如何最大限度地选拔考生。因此，越是能够在陌生、多变、多元的试题情境下正确解答的考生，就越能够在选拔中脱颖而出。“历史学科考试命题的‘新情境’包括了学习情境、生活情境、社会情境和学术情境。学习情境以历史学习中遇到的问题为主；生活情境主要指在个人生活、家庭生活、社区生活中可能遇到的情况；社会情境指对社会问题的历史考察；学术情境指历史学术研究中的问题。”[①]因此测量考生史料实证素养和历史学习能力、适应能力，很大程度上就需要借助非选择题多种情境的复合与叠加。

五是有利于史料实证分层测量。史料实证素养的分层测量，在目前高考选择题命制中尚处于实践探索阶段，但在非选择题中已可通过 SOLO 分层评价或 PTA 量表设计[②]的方式实现。现行高考非选择题 42 题的试题设计考查多以示例答案形式呈现参考答案，以分层标准赋分评价的试题设计模式为主。在阅卷评价中，教师也不是以单一的踩分点给分，而是需要通过分类的评分要素和分层的评价标准对考生答案进行评价。这充分体现了以非选择题为工具分类分层考查史料实证素养的优势。

当然，以非选择题为工具考查史料实证素养也存在一些显而易见的弊端。

一是史料篇幅冗长。史料实证素养类非选择题在命制时，须通过多则或多种类型史料的复合呈现以考查考生史料实证素养，这就意味着材料的字数较多，易导致试题史料篇幅冗长，在考试有限的时间里，考生需要阅读大文字量的史料，一定程度上会带来心理的焦虑，从而影响测题的难度和信度。

二是史料阅读障碍。命题者在设计史料实证素养非选择题时，往往需要使用原始材料进行考查，而原始材料常是文言文或外文翻译材料。对于

---

① 徐蓝、朱汉国：《普通高中历史课程标准(2017 年版)解读》，209 页，北京，高等教育出版社，2018。

② 关于 SOLO 评价和 PTA 量表设计可参看黄牧航：《高考历史开放性试题评分技术的新进展》，载《历史教学(中学版)》，2008(4)。

语文阅读能力不强的考生来说，史料阅读的障碍就成了影响考试水平的发挥的第一道关卡。考生无法作答试题究竟是因为没读懂试题材料还是历史知识掌握不牢靠？尽管阅读能力考查也是历史考试的要素之一，但测题中的史料阅读障碍明显无情地将中层以下考生排除在正确作答的可能性之外。

三是偏离知识立意。以史料实证素养作为非选择题的考查重点时，往往知识所起的作用是隐性甚至相对较弱的。考生只要能读懂史料，具有一定的历史学理论常识，就或多或少能够作答典型的史料实证素养非选择题。这类试题往往因为过度关注史料实证的原则，过度偏重能力立意，而忽视或偏离了必备知识的考查，这也不甚符合高考试题“基础性”的命题要求。

二、史料实证素养非选择题的常见类型与形式

非选择题考查史料实证素养更为灵活多样，摆脱了选择题的字数限制后，史料实证素养的考查可以使命题者在试题命制时有“天马行空”的命题空间。有学者曾以多种样本的学生历史学科能力做过量化统计分析，结果显示：能记忆史实及所处的时空结构、读懂历史材料、区分史实与历史观点、知道去图书馆和博物馆等地查找所需史料、能判断可用史料、能用图示说明历史事实，全部样本学生处于中等水平，具备一定探究能力。但全部样本学生的实践应用和创新迁移能力表现普遍较差。[①] 这反映了当前中学历史教学的困境和面临的挑战。史料实证素养非选择题的试题设计多是从实践应用和创新迁移角度入题。

（一）史料实证素养的分类测量

1. 侧重于史料的史料实证素养的分类测量

此处以现行高考《考试说明》“考试目标与能力要求”为依据划分史料的分类较能涵盖所有的史料实证素养。具体如下：

从获取和解读信息的能力要求来看，史料实证素养包括了史料的区分、史料的获取、史料的理解、史料的解读四类。史料的区分、史料的获取侧

---

① 郑林等：《基于学生核心素养的历史学科能力研究》，113 页，北京，北京师范大学出版社，2018。

重于史料实证的学习实践方法，在非选择题测量中，命题者主要通过设置情境或直接发问的方式，考查考生获取史料、分类史料的能力。更多的时候是融入试题中进行无形的考查。而史料的理解、史料的解读则主要归属于思维层面。测题方式主要是截取史料中的某些关键词句，要求考生结合所学知识作出历史解释，如下例所示。

例 5-3-1：(2021 年八省联考广东卷)阅读材料，完成下列要求。

材料一

阿拉伯数字源于印度，起源时间相当于中国汉代，之后流传于印度周边国家，唐时随着阿拉伯帝国的扩张，传入亚洲、非洲、欧洲部分地区。阿拉伯数字包括东、西两种形式，亚洲用东式，非洲、欧洲用西式。“至北宋则西式字渐传于欧罗巴洲诸国，于是名阿拉伯数目字也。历世微加变体，于今犹未废坠，故市井及数学中咸重之，其法与中华算术字码同类。”

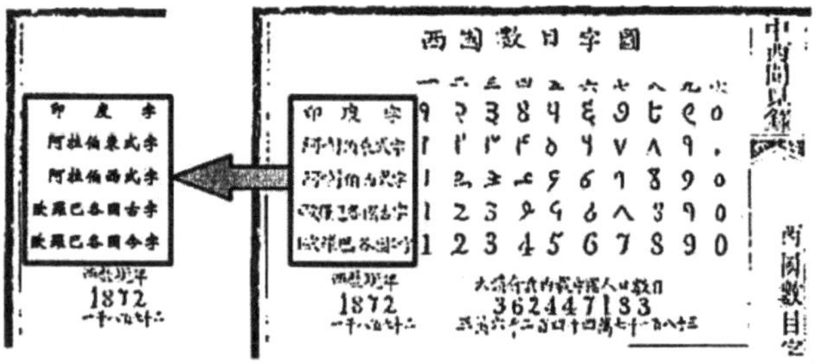

图 1

——据《中西闻见录》

材料二

图 2 为 1957 年陕西西安出土的元代安西王府铁板幻方及上面的数码。

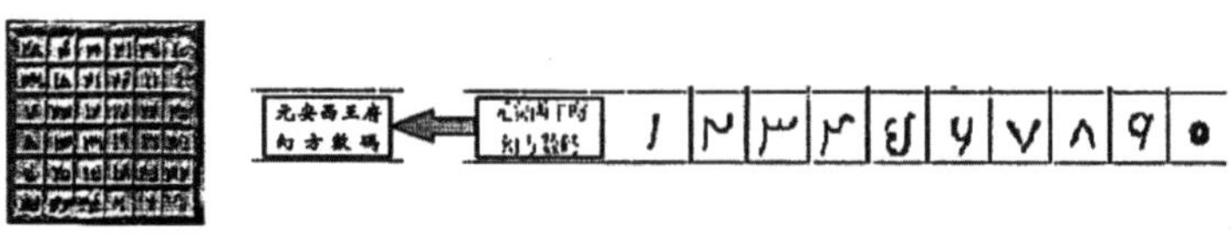

图 2

(1)根据材料一、二并结合所学知识，分别简述两种形式的阿拉伯数字传入中国的路径，并说明原因和结果。

(2)以上两则史料的类型分别是什么？若探究阿拉伯西式字何时传入中国，还需收集哪些材料？

本题恰到好处地融合了史料实证素养的多个层次、多个类别的考试测量。具体到史料获取和解读信息的能力要求来看，第一问、第二问都属于史料信息的理解和解读，考生需要调动中国古代史和中国近代史的相关知识，结合时空观念来梳理阿拉伯东式字和西式字的传播路径，并展开论述。第二问，命题者考查了考生对史料的区分，并要求考生以历史研究者的角度补充收集材料，体现了新课标对学生的能力要求。

从调动和运用知识的角度来看，史料实证素养包括了史料的分类、史料的取舍、史料的联系、史料的运用四个类别。命题者一般通过多种类型的、不同价值的史料的同时呈现，考查考生史料的分类能力。在解决问题的过程中，考生需要调动运用历史学专业理论知识，对史料进行必要的分类。考查史料的取舍，考生需要重点考虑“史料与问题的相关程度，以及史料之间的内在联系。最能说明问题的材料，或是一组同类材料中最有代表性的东西，就是价值较高的史料，是论证中首选的论据”①。命题者提供大文字量的史料，要求考生“去粗取精”地将史料中的关键信息提取出来，对史料进行一定的取舍，通常的设问为“归纳”“概括”“简述”“概述”历史事实、历史特点、历史趋势或历史观点。史料的联系则是指命题者通过提供古今中外相互关联的同一历史话题或学术情境，以比较史学的角度切入，要求考生寻找两则史料的异同。史料的运用则是从试题中所述史料出发，调动所学知识，运用史料论证观点或说明史实。前三类试题在考试测量中最为常见，如下例所示。

例 5-3-2：(原创)阅读材料，回答问题。

材料一

宋代重视医学，政府设有各类医疗机构。宋初设翰林医官院，掌供皇

① 李剑鸣：《历史学家的修养和技艺》，272 页，上海，上海三联书店，2007。

帝医药及承诏视疗众疾，又设太医局，掌疗官吏军民疾病；以“恤贫疗疾”为宗旨的社会救济设施也随之建立，如宋初所设东、西福田院，用以“养京师老疾穷丐者”。同时政府建立了将翰林医官院中医官剩员派往地方行政单位服务的“驻泊医官制度”。政府还经常性地施药济民，尤其在疾疫流行时，更是投入较大的人力和物力诊治灾民。如“淳化三年，汴京疾疫流行，命太医局选良医十人，给钱五十万为市药之资，给以病者汤药、诊视之”。此外，政府重视医官考核和医学人才培养，如“乾德元年，命太常寺考翰林医官技艺，黜其不精者”。为总结前代医学经验，政府也多次下令征集医书、方论，对之进行校订、编辑和刻印出版。与此同时，在商品经济活跃的大都市，医药普及程度已相当高，闹市摆摊卖药、走街串巷行医者、医官药铺数量众多。总之两宋时期，经过政府和民间各阶层的努力，医疗水平进一步提高，医药知识得到普遍推广。

——摘编自朱瑞熙等著《宋辽西夏金社会生活史》

材料二

18 世纪初，英国为穷人提供医疗服务的政策大都由教会或救济院完成，虽然有医生得到政府的公共基金照顾贫民，但法定的医疗政策仍未提出。医疗保健主要还是自由市场和民办组织的事情，但无论教会还是政府提供的医疗服务，对穷人来说都是相对有限的。这一时期，人们可能把多数医疗描述为“等级社会的市场”。内科医生得到贵族信任，外科医生是有权有势者的随从，也可能是为当地贫穷病人或者伤员提供服务的修补工，药剂师出售药物也附带看病。18 世纪后期，医疗制度渐趋完善。政府将改善医疗状况作为完善城市工业经济条件的一项方案。信息传播的改善也使报纸上刊登许多医学专利广告。同时医学也被自然哲学和科学原则为基础的社会有序化所感染，医学开始像牛顿的物理学一样具有确定性。在此基础上私立的医科学校与医科教学制度也被逐步建立。

——摘编自罗伊·波特《剑桥医学史》

请回答：

(1)根据材料一并结合所学知识，归纳宋代医疗状况的特点。

(2)根据材料二并结合所学知识，概括指出 18 世纪英国医疗状况存在的问题及改善的原因。

(3)综合材料一、二并结合所学知识，说明医疗状况改善对社会进步的积极意义。

参考答案：

(1)特点：政府重视医学；设置专门医疗机构；建立社会救济设施；设置地方行政单位的医疗服务；重视疾疫诊治；重视医学人才培养；重视医学经验积累与医书出版；医疗水平与医药普及程度高。

(2)问题：医疗公平的相对缺失；医疗服务忽视弱势群体；医疗专业化程度低；缺乏医疗政策规范。

原因：民主法治的渐趋完善；工业革命的推动；城市化进程的发展；大众传媒及广告业的发展；自然科学技术的进步；政府重视程度的提高；医学教育的发展；人文主义精神的传播。

(3) 意义：提高人口素质；缓解社会矛盾；促进社会公平；带动公共卫生服务水平的提升；巩固统治的社会基础；提高社会的文明程度。

例 5-3-2 很好地诠释了前述三类史料实证素养试题的特点。命题者通过提供学术著作中较长篇幅的史料，要求考生概括提炼宋代医疗状况的特点和 18 世纪英国医疗状况存在的问题。考生需要对冗长的史料进行阅读、理解和取舍，结合所学知识从史料中选取关键词句进行作答。宋代医疗与 18 世纪英国医疗状况本属于不同时空下的同一历史研究情境，而本题以此切入，要求考生说明医疗状况改善对社会进步的积极意义，体现了史料间的相互联系，考生须通读两则史料，找出共性，组织历史语言进行阐述。通过观察参考答案不难发现，解决本题的所有问题，都需要考生一定程度上运用史料中的关键信息，这体现了对史料的运用。

从描述和阐释事物的角度来看，史料实证素养试题包括了史料的叙述、史料的整理、史料的解释、史料的印证。当测题到达第三个考试能力要求时，非选择题测量的思维力度已大大提高了。诚如翦伯赞在叙述搜集整理史料时的形象比喻：“(史料)虽然浩如烟海，但它们不像宝库里的金银聚在一起，可以应手可得；而是和矿石一样，埋藏在我们所不知道的许多地方，需要我们耐烦去探求。”[①]因为面对大文字量的史料，学生需要对史料作出合理的解读、整理、叙述，并对史料作出一定的解释或以所学知识印证史料所述，如下例所示。

例 5-3-3：(2018 年全国高考Ⅱ卷)阅读材料，完成下列要求。

材料

1889 年，两广总督张之洞从英国预购炼铁机炉，有人提醒先要确定煤、铁质地才能配置合适的机炉，张之洞认为不必“先觅煤、铁而后购机炉”。张之洞调任湖广总督，购得大冶铁矿，开始筹建汉阳铁厂，由于找不到合适的煤，耗费六年时间和巨资，仍未能炼出合格的钢铁。盛宣怀接手后，招商股银 200 万两，并开办萍乡煤矿，但由于原来定购的机炉不适用，依然未能炼出好钢，只得贷款改装设备，才获得成功。通过克服种种困难，汉阳铁厂成为中国第一家大型的近代化钢铁企业。1949 年后收归国有。

——摘编自陈真等编《中国近代工业史资料》等

材料提供了一个中国近代企业发展的案例，蕴含了现代化的诸多启示。从材料中提炼一个启示，并结合所学的中国近现代史知识予以说明。(要求：观点明确，史论结合，言之成理。)

从考试目标和能力要求的角度来看，实际上本题已达到了“论证和探讨问题”的测量难度，但解题过程仍然以“描述和阐释事物”为依托。命题者对本题的设计的第一步是考生需要先从材料中提取一个“启示”，这实际上属于对史料所呈现的史实的合理叙述与整理。将复杂的史料简约、浓缩，在此基础上，对史料、观点、启示等进行解释，解释材料为什么这么说。而后，再以史料所述现象印证所学中国近现代史知识。这是一个逆向思维到正向思维再回到逆向思维的过程。而考查的核心仍旧是基于史料的“描述和阐释事物”。实际上，对史料的有效分析、阐释必须建立在全面理解的基础上。通过不同层次的问题由浅入深、由表及里、层层递进。有教师设计了

① 翦伯赞：《史料与史学》，85 页，北京，北京出版社，2011。

这样一个史料理解模型(图 5-3-1)，可供非选择题命题思路和教学实践参考①：

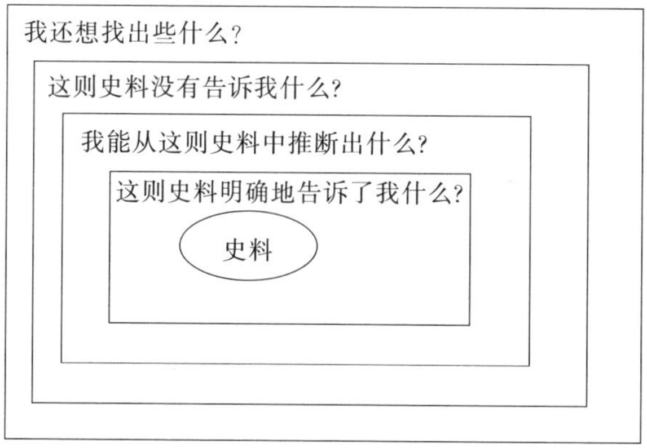

图 5-3-1　史料理解模型示例

从论证和探讨问题的角度来看，命制史料实证素养非选择题可以关注史料的引用、史料的综合、史料的考证、史料的批判四个部分。引用史料论证探讨问题，综合史料论证探讨问题是史料实证素养在考试能力要求中的最高能力要求部分。而考证史料、批判史料则是考查考生“透过现象看本质”的思维能力与史学素养。正如马克·布洛赫形象生动的比喻：“最天真的警察也知道，取证不能仅仅以人们的证词为依据，尽管他对考证的理论一窍不通。同样，人们也早就知道，不可盲目地轻信所有的史料。”②不盲目相信史料，从史料中解读出作者的意图，从史料的差异中进行辨伪，质疑史料的真实性，批判史料中基于时代、立场、背景等因素而产生的偏见，这既是史学家的责任，也是命题者命制试题以选拔考生的依据，如下例所示。

例 5-3-4：(2022 年广东高考)有同学研究明代白银货币化问题，收集了如下材料，阅读材料并结合所学知识，完成下列要求。

① 方勇：《核心素养视阈下的中学历史教学设计》，127 页，上海，上海大学出版社，2019。

② [法]马克·布洛赫著，张和声、程郁译：《历史学家的技艺》，61 页，上海，上海社会科学院出版社，1992。

材料一

表 2　明代财政收入

年份	米麦(万石)	布(万匹)	绢(万匹)	宝钞(万锭)	银(万两)
1430	3979	20.5	94.1	7388.9	32.9
1552	2659	13.3	32.0	2414.4	243.3
1621	2780	12.9	20.6	8.1	755.2

——摘《明实录》

材料二

《醒世姻缘传》、“三言”、“二拍”等小说中有关白银的描述不可胜数，大到如捐官、行贿、购房、买卖人口，小到如日常消费和社交馈赠，处处可见。铜钱的使用只是第二位的，以物易物也不频繁。

——据《醒世姻缘传》等

材料三

吾以为非废金银不可。废金银，其利有七：粟帛之属，小民力能自致，则家易足，一也。铸钱以通有无，铸者不息，货无匮竭，二也。不藏金银，无甚贫甚富之家，三也。……

——黄宗羲《明夷待访录》

(1)分别阐述每则材料对研究明代白银货币化的价值。

(2)综合上述材料，简述明代白银货币化的影响。

(3)除上述材料之外，研究明代白银货币化还可补充哪些类型的史料，请至少列出两种。

本题以明代白银货币化的史学研究情境切入，要求考生回答每则史料用以研究明代白银货币化的价值，并要求考生综合三则材料，简述明代白银货币化的影响，同时列出两种类型的史料予以补充，实际上是要求考生从史料实证素养出发，对史料进行批判理解，从而得出较为合理的结论和补充较为可信的史料。试题的综合性强，达到了运用史料论证和探讨历史问题的测量水平，通过试题设计打破学生甚至教师对史料的固化认知，体现了历史考试测量的教学导向性。

2. 侧重于实证的史料实证素养的分类测量

侧重于实证的史料实证素养测量可从史料表现形式进行分类，以不同类型的史料表现形式进行实证，是史学研究的常见方法。史学家以不同类型的史料研究历史，好比厨师做菜时依据不同的食材、不同的做法选择不同的厨具一样。具体到非选择题的命制来说，不同的命题立意、不同的命题方法、不同的考查需求决定了命题者所选取的史料表现形式。

(1)以史料表现形式命题。史料可以分为文献史料、实物史料、口述史料、声像史料。在非选择题命制中，以文献史料为主。囿于纸笔测试的局限，实物史料、口述史料、声像史料也必须以纸上图文形式呈现。不同表现形式的史料组合的同时呈现，有助于命题者展开命题的空间与维度。口述史料、声像史料多与文献史料结合同时比较呈现；实物史料多用于补充文献史料的不足、与文献史料互证，当然也可用于历史研究方法的纵向比较，如下例所示。

例 5-3-5：(原创)阅读材料，完成下列要求。

材料

我国的历史文化瑰宝(摘编)

图一：甲骨文 	王国维依据图一等甲骨文证实《史记》所载商王谱系除个别次序有误，其他都非常可靠。
图二：利簋 	图二利簋是西周早期青铜器，上有铭文，记载作者随武王伐纣，胜利后受赏的经过。历史学家根据铭文内容，结合其他传世文献计算出武王伐纣的时间为公元前 1046 年 1 月 20 日。
图三：西汉竹简《春秋》 	图三为 2015 年西汉海昏侯墓出土的竹简《春秋》。《春秋》是我国第一部编年体史书，相传为孔子编订，开创了“直书其事，善恶自见”“乱臣贼子惧”的春秋笔法。

续表

图四：宋刻本《资治通鉴》 	图四《资治通鉴》是我国第一部编年体通史，由北宋司马光主编。作者总结出许多历史经验教训，供统治者借鉴，宋神宗认为此书“鉴于往事，有资于治道”。

综合上述材料并结合所学古代史知识，从中提取相互关联的信息，据此提出一个观点并加以论述。

本题使用不同时期的实物史料，以文字说明的形式，确立了“历史记录材质”“中国古代史学”发展等相关历史主题，通过史料组合的呈现，要求考生自拟主题结合材料展开论证，并以“我国的历史文化瑰宝”的主题渗透家国情怀素养的培养。

(2)以史料作者动机命题。基于有意史料和无意史料的差异，通过对同一历史事件下不同的历史叙事立场的比较，要求考生区分有意史料和无意史料。或不说明有意史料、无意史料，由考生根据史料的语境结合所学知识进行判断。通过作答试题，使考生理解“有意史料的价值，远在无意史料之下，是不待繁言的。历史的真相，最需无意史料来表白”①。如下例所示。

例 5-3-6：(原创)史料可以分为“有意史料”与“无意史料”。作者为了左右别人的认识而有意制造的史料称为“有意史料”；人们在没有上述主观故意的情况下形成的史料称为“无意史料”。研究历史时应注意加以鉴别。

材料一

日本《东京日日新闻》登载日军占领南京后，分发饼干、糖果救济难民，受到了南京人民的欢迎的照片(图 8)。

① 杜维运：《史学方法论》，114 页，北京，北京大学出版社，2006。

图 8

材料二

有些(日本)报界人士来到一个难民营入口处，(向中国难民)分发饼干、苹果，并且拿出少许铜板给难民，还为这种“善行”拍了电影。就在同一时间，一伙日本兵爬越大院后墙，强奸了约 12 个妇女。这却没有拍电影带回去。

——正在南京的麦卡伦牧师(美籍)在日记中写道(1938 年 1 月 9 日)

请回答：

(1)材料一能否客观反映日军占领南京后的行为？请结合材料一、二说明理由(可从材料来源及内容方面说明)。

(2)请把以上两则材料按“有意史料”与“无意史料”分类，指出哪类史料更具有证据力，并说明理由。

本题围绕“侵华日军的暴行”选用了两则史料，一是日本《东京日日新闻》摆拍的照片，用于日军的虚假宣传，属于当事方为特定目的有意制造的材料；二是美籍麦卡伦牧师的日记，记录了当时其在南京亲眼所见的事情，属于无意史料。两则材料之间存在内在关联，即作为美籍人士的麦卡伦牧师所记录的事件恰好揭露了日军企图制造虚假事实、美化侵略的可耻行为。材料一是日军亲自制造，存有左右别人认识的主观故意，材料二属于第三方人士并且是见证者的日记，并不存在左右别人思想的意图。通过本题的作答引导学生辨析史料、批判史料，理解史料的不同价值及区分史料作者的立场与意图。这就做到了马克·布洛赫所希望的：“一旦我们不再完全相信前人的文字记载，而执意从中发现他们不愿意说出的东西，那就更有必要质疑问难、反复论证，这肯定是正规的历史研究的首要前提。”①当然，“有意史料”虽不及“无意史料”价值更高，但如果转换视角，用于研究有意史料制造者的思想态度，那么“有意史料”就成为了“无意史料”。

(3)以史料研究方法命题。命题者通过选取不同的历史研究方法的史料，可以全面考查考生的史料实证素养。命题者通常会根据全卷的组卷比例，呈现使用不同研究方法的史料，以考查考生应对多种类型史料的能力。历史考试测量中，考生首先要读懂史料，可以说史料就是命题者与考生思想交流的途径。非选择题测量中，不同类型的史料考查的侧重点各不相同。统计分析类史料侧重考查考生理解数据、调动知识解释数据的能力；调查研究类史料侧重考查考生从实证调查的思路出发，理解调查研究者的调查目的、调查手段及调查结果与所学知识间的互动关联；学术成果型史料侧重考查考生对学术研究成果的理解，基于学术研究观点多元的特点，命题者甚至可能提供不同于教材或主流认知的观点，以此突破考生“非黑即白”的固化认知；综合叙述类史料适用于复杂或陌生情境创设时的试题话语，通过综合多种观点、多种学术成果、多种统计数据、多个历史事件，说清楚命题者希望考查的试题情境，侧重于考查考生的历史理解和历史解释能力；评价评论类史料多用于非选择题的观点评析，命题者通过提供历史人物或学术观点，要求考生评析观点的合理性、局限性及观点产生的原因；人物传记类史料多适用于历史人物的评价、生平介绍或观点陈述，考查考生辩证评价历史人物的能力；大数据统计史料使用特定历史语义的词频统计，考查考生结合所学知识理解词频与历史本质的逻辑关联，侧重考查考生的历史数理思维；日记档案类史料取材于第一手资料，多用于考查历史事件的细节，通过以小见大、以细微见整体的历史情境的创设，考查考生见微知著的历史分析能力。如下例所示。

例 5-3-7：(2021 年广东高考)阅读材料，完成下列要求。

材料一

关于英国工业革命对工人阶级的影响，以下两种观点颇具代表性。

---

① 马克·布洛赫著，黄艳红译：《历史学家的技艺》，51 页，上海，上海社会科学院出版社，1992。

观点一	强迫工人、儿童每天工作16小时，将工人挤入贫民窟里，降低了他们的生活水平，摧毁了传统的手工行业，剥夺了工人们的尊严，将他们扔进没有灵魂的工厂和城市。
观点二	创造了许多充满机会的城市，给千百万人提供了工作，提高了他们的生活水平和教育程度，并给予他们较大的自由，使他们在政治上和文化上有更大的作用。

——摘编自[美]克莱顿·罗伯茨等《英国史》

(1)结合材料和所学知识，分别指出两种观点有何局限，并就英国工业革命对工人阶级的影响谈谈你的看法。

本题材料一使用了两种关于英国工业革命对工人阶级的影响的史学观点，呈现了对工业革命的负面和正面评价，要求考生分别指出两种观点的局限性，并要求考生就英国工业革命对工人阶级的影响谈自己的看法，实际上是基于史料实证和历史必备知识的历史话语重构。本题的最大难点在于历史认知的冲突，因为不少教师往往只向学生讲授工业革命如何“改变世界”或推进生产力的飞跃式发展，而忽视了介绍工业革命对工人群体的影响。对历史语境的陌生以及知识的缺失，导致不少考生难以理解材料要旨或重新进行历史叙述。基于史料实证出发的史学观点争鸣和历史话语的重构，仍是本题在试题命制中的创新之处。

(4)以史料价值差异命题。梁启超就第一手史料(直接史料)与第二手史料(间接史料)的关联作了形象的比喻：“譬诸纺绩，直接史料则其原料之棉团，间接史料则其粗制品之纱线也。”[①]实际上，呈现在历史考试中的史料，绝大多数属于命题者处理过的第二手史料。不过，命题者也会将两者并列，此时多要求考生比较第一手史料和第二手史料的史料价值差异。此外，这种方式还可以用于两者的互证或辨伪，如下例所示：

例5-3-8：(《课程标准》典型试题)阅读材料：

材料1

1899年1月，康有为在回忆“公车上书”时说：“再命大学士李鸿章求

① 梁启超：《中国历史研究法》，79页，北京，中国书籍出版社，2017。

和，议定割辽台，并偿款二万万两。三月二十一日电到北京，吾先知消息，即令卓如(梁启超)鼓动各省，并先鼓动粤中公车，上折拒和议，湖南人和之……时以士气可用，乃合十八省举人于松筠庵会议，与名者千二百人，以一昼二夜草万言书，请拒和、迁都、变法三者……并日缮写，遍传都下，士气愤涌，联轨察院(都察院)前里许，至四月八日投递，则察院以既已用宝(光绪帝批准和约)，无法挽回，却不收。”许多论著据此认为康有为发起和组织了“公车上书”，并将之视为资产阶级改良派走上政治舞台的标志。

——摘编自《康南海(康有为)自编年谱》等

材料 2

20 世纪七八十年代以来，史学界对康有为的说法提出了诸多质疑。茅海建详细查阅清朝军机处《随手档》《早事档》《上谕档》《电报档》《洋务档》《收电》《交发档》《宫中电报电旨》等档案，提出：“从二月二十七日至四月二十一日，在不到两个月的日子里，上奏、代奏或电奏的次数达 154 次，加入的人数超过 2464 人次……在各省，封疆大吏电奏反对者(反对签订和约)已过其半数；在京城，翰林院、总理衙门、国子监、内阁、吏部官员皆有大规模的联名上书；举人们的单独上书也达到了 31 次，加入的人数达到了 1555 人次；举人们参加官员领衔的上书为 7 次，加入人数为 135 人次。”“四月初八日(5 月 2 日)，即康有为所称‘不收’其上书的当日，都察院代奏了官员举人的上书共计十五件。”“由此可以证明，康有为组织的十八行省公车联名上书，并非都察院不收，而是康有为根本没有去送。”

——摘编自茅海建《戊戌变法史事考二集》

(1)评析材料 1、2 论点所依据的不同类型史料的价值。

(2)根据材料 1、2，概述士大夫阶层对甲午战争失败的反应。

本题是一道极具思辨性的试题，材料 1 是康有为自编年谱，属于个人回忆录，加之康有为本人是戊戌变法的亲历者，当属第一手史料；材料 2 是学者茅海建的史学研究，依据为清代军机处档案，属于第二手史料。原本来说，第一手史料(直接史料)应该更可靠，但通过本题的史料比较不难发现，康有为的叙述存在夸大或作伪的可能性。正如戊戌变法亲历者梁启超所承认的：“吾二十年前所著《戊戌政变记》，后之作清史者记戊戌事，谁不认为可贵之史料？然谓所记悉为信史，吾已不敢自承。何则？感情作用所支配，不免将真迹放大也！治史者明乎此义，处处打几分折头，庶无大过矣！”[①]由此出发，考生通过史料综合，作答第二问的内容，才能中立客观地进行叙述。

(5)以史料作者身份命题。命题者可以通过提供正史(官修史料)和野史(民间记载)，要求进行比对，从中寻找差异，结合所学知识作出判断和叙述。正史也好，野史也罢，史料作者的政治立场起到了很大的作用，而命题者关注的恰恰也是正史的这个特点，如下例所示。

例 5-3-9：(原创)阅读材料，完成下列要求。

材料一

洪武元年明太祖召孔子后人孔克坚(任元朝国子祭酒)觐见，克坚称疾不往。明太祖敕谕：“朕率中土之士，奉天逐胡，以安中夏，以复先王之旧。虽起自布衣，实承古先帝王之统……天命所在，人孰违之？闻尔抱风疾，果然否？若无疾而称疾，则不可。谕至思之。”孔克坚急忙觐见。明太祖说：“尔年几何?”孔克坚说：“臣年五十有三。”明太祖说：“尔年虽未耄，而疾婴之，今不烦尔官，但尔家先圣之后，为子孙者不可以不务学。朕观尔子资质温厚，必能承家，尔更加诲谕，俾知进学，以振扬尔祖之道，则有光于儒教。”过了几天，又召见孔克坚说：“尔祖明先王之道，立教经世，万世之下，君君、臣臣、父父、子子，实有赖焉。故尔孔氏高出常人。常人且知求圣贤之学，况孔氏子孙乎？尔宜勉尔族人，各务进学。”又说：“朕不授孔克坚以官者，以其先圣之后，特优礼之，故养之以禄而不从之以事也。”

——整理自《明太祖实录》卷三十一(当时史官记录)

材料二

洪武元年十一月十四日臣孔克坚，谨身殿内对百官，面奉圣旨：“老秀才近前来，你多少年纪也?”对曰：“臣五十三岁也。”上曰：“我看你是有福快活的人，不委付你勾当。你常常写书与你的孩儿，我看资质也温厚，是

① 梁启超：《中国历史研究法》，88页，北京，中国书籍出版社，2017。

成家的人。你祖宗留下三纲五常垂宪万世的好法度。你家里不读书，是不守你祖宗法度，如何中？你老也常写书教训者，休怠惰了。于我朝代里，你家里再出一个好人呵不好？”二十日于谨身殿西头廊房下奏上位：曲阜进表的，回去。臣将主上十四日戒谕的圣旨，备细写将去了。上喜曰：“道与他，少吃酒，多读书者。”前衍圣公国子祭酒克坚记。

——孔克坚所记录撰写的石碑原文(今存孔府)

(1)根据以上材料并结合所学知识，分析明太祖宣召孔克坚觐见的原因。

(2)请从两份记录中提取可信内容，简述上述召见的概况，并指出这两份记录的不同之处。

例 5-3-9 将正史的政治性体现得淋漓尽致，材料一作为官修正史明显对明太祖相对口语化的语言进行了美化，而材料二作为孔克坚的私人记述则相对完整地记述了明太祖和孔克坚的口语化对白。考生必须通过选取史料中的可信部分，综合后以相对中立客观的语言叙述明太祖召见孔克坚的概况。正如荣孟源基于马克思主义史学立场所说：“剥削阶级总是按照当时的政治要求来叙述历史……服从当时封建统治者的政治需要。”①实际上，以今之眼光检读荣孟源之言，不难发现其历史文本语境实质上也带上了鲜明的政治性和时代性。

(6)以史料语境不同命题。不同情况下，命题者所使用的试题语境千差万别，有基于史料信息的过去的知识所构成的“历史语境”，有基于历史学术观点和研究范式所构成的“史学语境”，也有将两者叠加共同研究的“历史与史学复合语境”。当三者同时出现时，试题的阅读难度会陡然上升，考生作答水平也就高下立现，如下例所示。

例 5-3-10：(2021 年广东高考)作为中国共产党思想路线的“实事求是”，植根于中国优秀的传统文化。阅读材料，完成下列要求。

材料一

汉武帝时，广开献书之路。河间献王好儒学，从民间收集经过秦火保

① 荣孟源：《史料和历史科学》，42～43 页，北京，人民出版社，1987。

留下来的《尚书》《礼记》等古文先秦旧书，经考辨将正本献给朝廷。《汉书》评价献王“修学好古，实事求是”。唐代颜师古作注解释为：“务得事实，每求真是也。”与之形成对比的是，淮南王亦好书，但“所招致率多浮辩”，故颜师古说他“言无实用耳”。

——摘编自《汉书》等

材料二

清代学者阮元批评宋明理学家“自遁于虚而争是非于不可究诘之境”，而清儒“束身修行，好古敏求，不立门户，不涉二氏(即佛、道)，似有合于‘实事求是’之教”。阮元进一步评论道，“实者，实事也。圣贤讲学，不在空言，实而已矣”。近人梁启超也认为清儒“以实事求是为学鹄，颇饶有科学的精神”。梁启超笔下的科学精神，是指“善怀疑，善寻间，不肯妄徇古人之成说与一己之臆见，而必力求真是真非之所存”等。

——摘编自梁启超《论中国学术思想变迁之大势》等

(1)结合材料一和所学知识，概括汉武帝“广开献书之路”的背景，并简析河间献王被评价为“实事求是”的原因。

(2)结合材料一、二和所学知识，概括阮元批评宋明理学家的原因，并指出梁启超所述“实事求是”的新内涵。

观察例 5-3-10 不难发现，材料一属于历史语境，材料二属于学术语境或史学语境。同时叠加在一起，要求考生根据材料一、二结合所学知识，概括阮元批评宋明理学家的原因，并指出梁启超所述“实事求是”的新内涵，则属于“历史与史学复合语境”。考生需要理解两种历史语境，并将之叠加后进行一定的思维重构，指出原因和新内涵。

(7)以史料产生时地的差异命题。不同时空之下，历史语言的语境表达千差万别，命题者根据需要，可以选取不同时空下的史料命题。当然，这种选择有时基于学术规范，如命制中国史的试题，多使用中国史料，命制世界史的试题，则多使用外国史料。但也有反其道而行之的，这就可能是“异域视野”(foreign field of vision)考查的需要了，即使用中国人看待外国或外国人看待中国历史事物的史料，乃至于 A 国人对 B 国历史事物的看法等。正所谓“当局者迷旁观者清”，“异域视野”在比较史学的框架下，呈现出别样的魅力。近年来，如《帝国的回忆：〈纽约时报〉晚清观察记》、《遗失在西方的中国史：〈伦敦新闻画报〉记录的晚清（1842—1873）》、E. A. 罗斯所撰《变化中的中国人》等大量著作当属此类。以此类材料命制的试题不仅可以测量考生的史料实证素养，而且涉及相关的中外历史背景的知识会在答题中被调动，时空观念素养也随之被测量。同样，命制古代史的试题时，运用近现代学术著作的观点或叙述命题，有时也体现了命题者希望考生突破时间界限，思考今人叙述古人相关史料的时代性。以上都体现了历史考试测量中对“贯通古今，中外关联”的命题诉求，如下例所示。

例 5-3-11：（2008 年广东高考）阅读材料，结合所学知识回答问题。

材料一

在启蒙时代，中国形象变为了启蒙思想家手中的一个武器，启蒙思想家普遍认为，用道德治理国家是中国的一大特征。道德与宗教、法律、礼仪、民俗合为一体，成为上至皇帝，下至小民自觉遵守的行为准则，国家因而长治久安。

——据韦克吕耶斯《论十七、十八世纪法国文学中对中国现实的取舍》和许明龙《18 世纪法国思想家论中国的德治》

材料二

几乎每一位西方作者写到中国社会状况时，毫无例外地都要描述一番中国人吸食鸦片的方式及其对道德与身体的危害。于是，在一般印象中，中国就是抽鸦片的国家。

——*Western Concepts of China and the Chinese，1840-1876*，转引自周宁《鸦片帝国》

材料三

1958 年美国人伊罗生出版的《浮光掠影——美国关于中国与印度的形象》一书，将美国对中国的总体看法分为六个阶段：①尊敬时期（18 世纪）；②轻视时期（1840—1905 年）；③乐善好施时期（1905—1937 年）；④赞赏时期（1937—1994 年）；⑤清醒时期（1944—1949 年）；⑥敌对时期（1949—）。

——袁明《略论中国在美国的形象》

问题：

(1)材料一中的“中国形象”是什么？结合法国当时的情况，说明启蒙思想家将“中国形象”作为武器的目的。

(2)材料二中的“中国形象”是什么？形成这种形象的原因是什么？

(3)简要分析材料三中的第④和第⑥两个阶段“中国形象”形成的政治背景。

(4)从“中国形象”的变化中，你获得了哪些启示？

例 5-3-11 以中国形象的变化，考查了不同历史时期西方人的中国观，调动了中国史和世界史的相关知识，试题的立意高远，恰逢当时北京奥运会的举办，回应了当时的时政热点和史学关注点，同时也极大地拓展了命题的深度与广度。

（二）史料实证素养的分层测量

无论是教学还是考试测量，单纯针对某种素养来进行的情况不多。在考试测量中大多数题目同时考查多种素养，但在分析和确定特定的测量目标的时候，我们可以把史料实证素养的分层抽取出来做专门的研究。在实行分层测量时，可以依据史学理论、思维层次以及考试要求进行细化分层。依据所运用的史料，史料实证素养可以分为按照论证逻辑层次区分的侧重于史料的分层测量和按照思维层次区分的侧重于实证的分层测量。

1. 侧重于史料的史料实证素养分层测量

以史料为依据，按照史料数量的多少以及辩证认知史料的科学态度来对论证逻辑层次进行分类，可以将之划分为四层，分别是例证、互证、复证和辩证。前三个层次是逻辑证明的三种不同的等级，第四个层次上升到质疑、批判史料的思维高度。命题者可单独选择某个层次进行测量，或以一道非选择题的不同层级的设问，覆盖第一至四层的试题测量，如下例所示。

例 5-3-12：(原创)中外历史上都曾流传着“牛皮圈地”的传说。以下为中外史籍中关于这一传说的记载。阅读材料，完成下列要求。

材料一

(传说公元前820—前774年)他们(腓尼基人)请求一张牛皮所能够包围的那么大的一块土地以为住所。阿非利加人(非洲人)鄙笑腓尼基人的请求这样微不足道……他们允许了,并且宣誓,保证他们的诺言。于是腓尼基人把一张牛皮,缘着边,团团转,剪成一根很细的长条,包围着现在迦太基的卫城所在的地方,因为这件事情,这个地方叫作柏萨(意为“一张牛皮”)。

——摘自阿庇安(约公元95—165年),古罗马历史学家,著《罗马史》

材料二

(16世纪后期)有佛郎机(一般指葡萄牙,在这应指西班牙)者,自称干系蜡国,从大西来,亦与吕宋互市(与菲律宾贸易)。……因上黄金为吕宋王寿,乞地如牛皮大,盖屋。王信而许之。佛郎机乃取牛皮剪而相续之,以为四围,乞地称是。王难之,然重失信远夷,竟予地……久之,围吕宋,杀其王。

——摘自张燮(公元1574—1640年),福建漳州人,著《东西洋考》

材料三

(16世纪后期)时佛郎机强,与吕宋互市,久之见其国弱可取,乃奉厚贿遗王,乞地如牛皮大,建屋以居。王不虞其诈而许之。其人乃裂牛皮,联属至数千丈,围吕宋地,乞如约。王大骇,然业已许诺,无可奈何,遂听之。

——摘自《明史》卷三二三《外国四》(成书于1645—1739年)

材料四

天启元年(1621年),颜思齐为东洋日本甲螺(头目),引倭彝(倭寇)屯聚于台,郑芝龙附之。未几,红彝荷兰人由西洋而来,愿借倭彝之地暂为栖止。诱约一牛皮地即可。倭彝许之。红彝将牛皮剪如绳缕,周围圈匝已有十数丈地。……崇祯八年,荷兰始筑台湾赤嵌二城。

——摘自《台湾府志》卷之一《沿革》(成书于1685—1764年)

(1)根据材料并结合所学知识,说明“牛皮圈地”的传说传播的背景和过程。

(2)材料二、三记述了同一历史事件,根据材料并结合所学知识评析两则材料的史料价值。

例 5-3-12 完成了侧重于史料的史料实证素养的非选择题测量的设计，命题者首先直接告诉考生“中外历史上都曾流传着‘牛皮圈地’的传说”，需要考生结合所学知识，对材料所述进行判断与整合。考生阅读材料一，进行理解和论证时，就已经完成了第一层“例证”的测量，通过整理史料，运用所学知识，大抵理解了“牛皮圈地”传说最早可能源自古罗马的历史传说。阅读材料二时，时空转向了明清时期的中国，《东西洋考》的记述清楚地表明，类似的历史传说出现在了明清中国周边的菲律宾，尽管主角更换了，但是“牛皮圈地”的故事梗概大抵相同，这实际上就到达了第二层“互证”的要求了。阅读材料三、四时，时空转向了明清时期的台湾，考生需要依据三则以上的史料，对“牛皮圈地”的传说进行再度验证，这就到达了“复证”的层次。在前三个层次的测量中，考生需要对史料作出一定的解读，提取关键信息并对史料所述进行一定的整合，选择恰当的时空表述方式，对“牛皮圈地”传说传播的背景和过程进行合理的叙述。而第二问则上升到了测量的新高度，试题要求考生对材料二、三的史料价值进行比较，并说明两则材料间的关联。考生需要对材料进行可信性分析和局限性分析，主要从材料的距今时间、作者的情况、是私修还是官修以及史实记载的准确性等角度分析，并从两则材料的成文时间、行文表述以及讹误相袭的情况，判断两则材料可能在历史记述上存在后者对前者的参考。能作答出第二问的考生，无疑到达了第四层的要求，即辩证地看待史料，辨别史料的来源、真伪等。

2. 侧重于实证的史料实证素养分层测量

由实证角度出发，从史料中提取信息、推断结论，进而根据结论分析其他历史现象，是侧重于实证的史料实证素养试题测量的分层。在非选择题中，可以单独考查某一个层次的素养，也可以综合考查，如下例所示。

例 5-3-13：(2009 年广东高考)下表是某中学研究性学习课上，三个研究小组展示的材料和所得的结论。

(材料略)

请回答：

(1)上述各组的结论，哪些是从材料可以直接推导出来的?

(2)上述各组的结论，哪些是不能从材料直接推导出来的? 你认为应补

充怎样的材料或者修改成怎样的结论，才能使结论与材料相符？（若修改结论，不得照抄材料）

(3)本堂课的主题是“中国传统思想的演变”。请结合所学知识，紧扣主题，重新分析各组的材料，建立材料与主题的联系，说明中国传统主流思想在东汉、宋代、晚清三个时期的变化。

观察例5-3-13的问题组设问不难发现，其测量的层次主要是围绕思维的三个层次进行的，分别是现象性思维、推断性思维和综合性思维。从试题先给定结论(正误皆有)后回归史料的考查方法来看，又考查了考生的逆向思维和发散性思维。结合试题来看，第一问要求考生根据各组结论，说明哪组结论可以由材料直接推导出来。问题看似简单，有三分之一的正答概率，但依旧是建立在考生读懂各种史料的内容、提取史料的有效信息的基础上的。从分层测量的角度来看，属于第一层的能力要求，即理解材料包含的信息。考生需要将自己理解的信息与结论同材料结论进行一一比对，方能选择正确的一组。第二问要求考生补充材料或修改结论，同样离不开由史料到结论的推导过程，正如何炳松所说：“历史研究法自直接观察所得之史料入手，自此以一种复杂之推理进程以达于吾人所欲知之事实。是故此种方法与其他各种科学方法根本不同，其事实研究也，在于根据史料而加以间接之推理，非直接之观察也。所有历史之知识均属间接之知识，故历史之为学实属推理之科学，其方法乃一种用推理进程之间接方法。”①考生在推理过程中，发现缺失材料或结论有误，则会逆向反推得出答案，这就是第二层中根据史料的信息推断出相应的结论或依据结论反推史料缺失的测量层次。在完成第一、第二问的回答后，考生还需结合所学知识，对东汉、宋代、晚清三个历史时期的儒学发展情况进行梳理和简述，也就是根据历史结论分析其他历史现象的第三层的能力要求。

三、史料实证素养非选择题的创新设计

前文已述史料实证素养选择题的分类设计和例析，此处则探讨史料实证素养非选择题的命题方法与创新设计。史料实证非选择题的测量可以从

① 何炳松：《通史新义》，2～3页，上海，上海古籍出版社，2012。

多个命题角度展开，有试题以比较史学的角度切入，建立“比较模型”，以不同时空的多则史料考查考生以实证态度验证史料的能力，这里需要命题者选取适当的“比较模型”，“所建立模型的全面或正确与否往往决定了比较研究的质量”①。有试题以同一历史事件的不同表述切入，考查考生结合所学知识和史料以实证态度进行综合、分析、比较、考证、辨伪、批判的学科能力，这需要命题者选取既超脱于教材，又与所学知识相关的历史主题，建立适当的“主题探究模型”，通过多则史料的呈现，最终接近历史的真相，回扣史料实证的素养要求。下面以例 5-3-14 为例说明史料实证素养非选择题的命题流程。

例 5-3-14：(原创)“双屿港”一般认为位于今浙江宁波六横岛，阅读 16 世纪中西方有关该港材料，回答问题。

材料一

双屿曾是葡萄牙在东方最大的居留地。1542 年，因一葡萄牙人的胡作非为，双屿在片刻间被夷为平地。当时那里有 3000 多人口，其中 1200 为葡萄牙人，据说葡萄牙在这里的买卖超过 300 万金，这里比印度任何一个葡萄牙人的居留地都更加壮观富裕，在整个亚洲规模也是最大的。那天，中国巡按御史派出由 300 艘中国大帆船及 80 艘双桅帆船、60 万大军组成的大军，在不到五个钟头内摧毁了一切。据说，仅在白银、胡椒、檀香、豆蔻花、核桃及其他货物上就损失了 15 万金。

——摘编自[葡萄牙]费尔南·门德斯·平托《远游记》(文学自传，成书于 1576 年)

材料二

(倭)寇屯双屿，引西番人交易。嘉靖二十七年(1548 年)四月，都御史朱纨遣都指挥使卢镗率兵船三十只、兵一千七百九十名捣双屿港贼巢，镗入港，毁贼所建天妃宫及营房战舰，贼首李光头就擒。五月，聚木石筑寨港口，贼舟不得复入。而二十年盗贼渊薮之区，至是始空矣。

——摘自(明)郑若曾《筹海图编》(明海防军事图集，成书于 1562 年)

---

① 王加丰：《史学理论与中学历史教学》，65 页，合肥，安徽大学出版社，2011。

材料三

市舶之开，惟可行于广东。盖广东之去西南之安南、占城、暹罗、佛朗机诸番不远，诸番载来胡椒、象牙、苏木、香料等货……故市舶之利甚广。数年前，有徽州、浙江等处番徒，勾引西南诸番，前至浙江双屿港等处买卖，逃免广东市舶之税。及货尽将去时，每每肆行劫掠，故军门朱(纨)虑其日久患深，禁而捕之。

——摘自(明)俞大猷(抗倭名将，1503—1579年)《正气堂集》

材料四

防海之禁，斤斤明于国初，然寇未尝绝，何也？夷夏有无之互通也……嘉靖初市舶罢，流臣严其所私请，商市渐阻……寇势盛，隐泊于官前澳、南纪澳、双屿澳……寇盗不已，何也？寇与商同是人也。市通，则寇转为商；市禁，则商转为寇。始之禁禁商，后之禁禁寇。

——明廷刑部主事唐枢，摘引自(明)王鸣鹤《登坛必究》(成书于1599年)

请回答：

(1)根据材料一、二结合所学知识，叙述材料记述事件，并比较两则材料的史料价值。

(2)根据材料，以16世纪的中西方社会背景为中心，评析明代“海禁政策”。

参考答案：

(1)叙述：16世纪初，浙江双屿港是亚洲地区规模较大的中西方贸易港口。1548年，明朝官员朱纨派遣军队捣毁双屿港，堵塞港口，结束了双屿港贸易港口的历史。

价值：①材料一属于文学自传，存在一定的虚构和想象成分，材料二属于明代官方文件，史料可信度较高；②材料一、二中关于港口规模及明军出兵人数存在一定差异，根据材料二记载可以推断材料一记述存在一定的夸大成分；③材料一、二均提及了双屿港存在中外贸易及双屿港覆灭的情形，相互印证，是研究双屿港兴衰的重要依据。

(2)评析：16世纪，中国商品经济和民营手工业有了长足发展，海外市场广阔，葡萄牙等国开辟了到达东方的新航路，也需要与中国东南沿海商人开展商贸往来。明代闭关锁国政策的实施，在一定程度上阻碍了中西方商贸交流，不利于中国融入世界，使中国逐渐落后于世界潮流；葡萄牙殖民者和倭寇在东南沿海逃避赋税、劫掠百姓的活动，不利于中国的社会稳定和中央集权统治。然而闭关锁国政策的实施，也在一定程度上打击了海上走私、海盗行为及西方殖民者的侵略活动，对沿海地区的稳定起到了积极作用。

相比于选择题，非选择题的试题命更加复杂，下面以此题为例，简述史料实证素养非选择题的命题流程，如图 5-3-2 所示。

命题定位 ⇨ 考点分布 ⇨ 试题立意 ⇨ 考查目标 ⇨ 情境创设 ⇨ 史料整理 ⇨ 思维预设 ⇨ 问题设计 ⇨ 答案预估 ⇨ 模拟作答 ⇨ 试题校准 ⇨ 科学复核 ⇨ 政治审查 ⇨ 试题校雠

图 5-3-2　史料实证素养非选择题的命题流程

一是命题定位。从考试类型来看，本题定位为地级市高三文综历史科考试模拟试题，需要一定程度上模拟高考试题的难度和题型，同时还需要适当关注高考中未出现过的试题类型，在考查方式上需要有一定的创新。从试题分值来看，本题对应的考试题型为高考模拟试题，模拟对象为全国卷文综历史科试题，试题位置为第 41 题，分值为 25 分。从难度设计来看，命题者需要根据考试类型定位试题难度，由于考试对象为已经过系统复习的高三年级考生，因此试题难度定位在 0.3～0.5，体现一定的考试选拔性。

二是考点分布。试题的考点分布一般依据命题者期望的考试内容和考查范围而定，一般来说，考点的分布需要基于整套试题的合理比配来考虑。空间维度方面须关注中国史、世界史的合理比配；时间维度方面须关注古代史、近代史、现代史的分值分布；专题内容方面须关注政治史、经济史、文化史乃至社会史的试题比例。就本题而言，考查的主题与时段选取了“明清时期的中外交流”，空间维度为中外关联，时间维度是明清时期(16 世纪左右)，专题内容方面主要涉及经济史模块。试题选取的考查时段属于高频考点，有利于考查考生中外关联的时空观念素养，更重要的是通过同一历史事件的不同历史叙述，考查考生的史料实证素养。此外，还应关注选择题与非选择题在整套试题组卷过程中尽可能不存在考点重复，这也是考点分布环节考虑的重要因素。

三是试题立意。高考历史试题是高校选拔人才的重要依据，试题的命制应服务于“立德树人、服务选才、引导教学”的核心功能，以推进学生的思想道德水平和综合素质发展。教育部考试中心在2018年高考历史试题评析中系统地介绍了2018年试题的命题立意和原则。一是聚焦立德树人，发挥历史学科育人导向作用：引导考生树立正确的国家观、民族观、文化观、历史观；汲取人类优秀文明成果，引导考生塑造健全人格，形成正确的世界观、人生观和价值观；为高校选拔具有家国情怀的学生；引导中学落实党和国家对历史教育的要求，培养社会主义合格的建设者和接班人。二是落实依纲考试，凸显考试与素质教育要求的内在联系：强调必备知识，避免“偏、难、怪、深”；找准关键能力，支撑学生终身发展；注重学科素养培养，引导学生适应时代发展要求。三是优化考试理念，体现素质教育基本要求：夯实学习基础，考查学科主干内容；古今贯通，中外结合，考查知识的整合、迁移能力；注重历史对现实的关照，以史为鉴；创设新情境，提高对历史与现实的认识水平。① 可见，命制试题需要关注党和国家的教育方针，学术热点和时政热点，联系中学历史教学的实际，并依照《考试大纲》和《课程标准》命制试题。就例5-3-14而言，从育人导向方面来看，该试题以人类文明史的高度考查了16世纪的中外经济交流的话题，呼应了近年来建设“新丝绸之路经济带”和“21世纪海上丝绸之路”的合作倡议提出的时代背景，从“中国与早期经济全球化”的角度关注了明清中国与世界的联系，使学生理解中国东南地区是历史上海上丝绸之路的主要发祥地，与海外交流互动频繁，从而激发考生将自己历史学习所得与新时代中国特色社会主义建设、新时代中国搏击于经济全球化大潮等伟大使命相结合，坚定学生对党和国家的“一带一路”建设和全面深化改革开放的制度认同，有利于选拔出具有家国情怀、国际视野和全面发展的优秀人才，并引导中学历史教学落实党和国家对历史教育的要求。从落实考纲与素质教育要求方面来看，试题材料通过多则史料的比较、理解、批判、综合与分析，具体落实和生动体现了素质教育提倡的培养批判性思维，学会发现问题、提出问题、分

① 教育部考试中心：《激扬家国情怀 传承时代精神——2018年高考历史试题评析》，载《中国考试》，2018(7)。

析问题、解决问题，大胆创新、学会创造等。从知识结构与考试理念来看，试题材料的选取不仅能够反映出近代早期新航路开辟、大航海时代殖民扩张与明清中国政治、经济政策等重大史实，而且将阅读多种类型史料与实证考据联系在一起，强调对考生完整思维过程的考查。通过创新型的设问方式，引导考生从史料实证的角度切入，最大限度地发挥实证精神进行思维发散，反映出透过历史现象看本质和独立得出历史结论的考试能力要求。

四是考查目标。在确定试题立意和难度后，命题者需要考虑的就是考查的知识目标与素养目标。就本题而言，知识目标考查考生对明清时期中外关联的时代特征和必备知识的掌握程度。素养目标则侧重于考查时空观念素养和史料实证素养。

五是情境创设。命题者需要根据考查的目标和试题的立意以及掌握的史料，从学习情境、生活情境、社会情境和学术情境中选取适当的情境进行创设。本题以学术情境入题，通过提供四组关于双屿港的原始材料的节选，创设了明代中后期双屿港兴衰的历史，要求考生整理材料，对双屿港兴衰、明代海禁政策有全面的理解和阐释。

六是史料整理。一道好的历史试题，必经合理地、严密地按照学术规范进行史料整理。不可断章取义，不可曲解史料，更不可捏造或篡改史料。囿于试题文字的篇幅，允许对史料进行省略、删节、摘取或摘编，但这些方法都不能违背史料的原意，否则轻则贻笑大方，重则可能出现近年来一些地区中学历史试题受到知名学者甚至史料作者本人的声讨的现象。因此尽管史料浩如烟海，但命题者处理史料时，须慎之又慎，尽可能通篇阅读史料，并参考更多学术观点和史料记述，再行“笔削”之事。牛顿曾经说过一句名言：“我之所以比别人看得远一些，是因为我站在巨人的肩膀上。”同样，命题者在选取材料时，之所以能够得心应手，游刃有余，离不开无数历史研究者呕心沥血的学术研究。史料实证素养非选择题材料均出自学者的研究著作和史料选编。“双屿港兴衰”是近年来学术界研究的一个热点问题。金国平、贝武权主编的《双屿港史料选编》四册为本题的命题思路和史料选择提供了丰富的资料来源。

七是思维预设。命题者完成了史料的整理与剪裁后，对史料的总体把握已有了初步的框架，此时命题者须侧重以不同层次的考生进行思维预设，通过身份的代入，思考考生阅读史料后可能形成的思维模型。一般而言，需要预设考生从具体思维到抽象思维的思维过程。

八是问题设计。钟启泉教授指出，倘若把儿童现今达到的水准视为“既知”水准，而把儿童得到教师支援、同教师一起能够实现的水准视为“未知”水准，那么，教学就是教师在这两个水准之间，引领儿童走向“最近发展区”的活动。在“既知”与“未知”之间的设问，承担着引领学习的一种作用，即凸现儿童课题中不理解的部分与理解的部分。① 多数命题教师可能有这样的经验：试题的质量高低固然首先取决于史料选取的新颖与否，情境创设的得当与否，试题立意的高远与否，但很多时候，好的试题更取决于巧妙的问题设计。同样的史料在不同的问题设计引领下，呈现出多样的“韵味”。一道好的试题，在巧妙的设问下能够有效地激发学生的发散性思维和创造性思维。同时，基于非选择题的答案不唯一的特点，问题设计时须将答案限定在一定的作答范围内，即限定角度或使用不同的发问动词。本题以明清时期中外联系切入，考查考生对该时段经济史必备知识的掌握程度；以史料的理解与重新叙述切入，考查考生解题技能的适应性盲区；以史料价值的比较设问，考查考生的史料实证素养；以限定角度的评析“海禁政策”考查考生的论证和探讨问题的学科能力。可谓“多点开花”，有利于选拔知识、技能、素养和能力兼具的考生。

九是答案预估。完成问题设计后，命题者按照考生可能的思路预设和拟定的问题设计对试题答案进行预估，给出参考(示例)答案。首先，答案设计应体现试题的综合性，即对“必备知识与关键能力、学科素养、核心价值之间紧密相连，形成具有内在逻辑关系的整体网络；基础知识内容之间、模块内容之间、学科内容之间也应相互关联、交织成网”②。其次，参考答案应尽可能鼓励学生的创新性思维，不拘泥于标准答案，鼓励基于历史事实和材料主旨的相似的语义替代。再次，参考答案应尽可能基于学术语言和历史语境，使用基于教材历史语境的表达方式，并尽可能基于学生的历史认知进行表述，不可过于深奥。以本题为例，试题参考答案综合了新航

---

① 钟启泉：《最近发展区：课堂转型的理论基础》，载《全球教育展望》，2018(1)。

② 教育部考试中心：《中国高考评价体系说明》，33页，北京，人民教育出版社，2019。

路开辟、殖民扩张、闭关锁国、传统手工业，以及史料互证、辨伪等方面的必备知识，将关键能力、史料实证素养等方面内容融入其中；参考答案不拘泥于标准，鼓励考生作答时使用相似的语义替代，同时历史语言表述规范，符合高中生的历史学习认知。

十是模拟作答。完成了问题设计和答案预估后，命题者需要邀请命题团队或其他教师参与模拟作答。虽然命题者已对试题完成了从材料到设问到答案预估的全过程，但这仅是命题者的个人见解，可能存在思维的误区或命题的错漏。因此就需要集思广益，通过不同命题教师间的认知冲突，即从不同思维方式引出观点的碰撞，以此验证试题的科学性。

十一是试题校准。在不同教师进行模拟作答及观点碰撞后，试题的许多问题可能也就“浮出水面”了，这时需要命题者对试题的内容进行校准。校准的内容包括了试题材料引用是否规范科学、是否有更好的设问方式、参考答案是否科学合理等，俗称“磨题”。通过模拟作答中发现的问题，对试题进行校准纠偏，并对材料、设问和参考答案进行修订或补充，以确保试题的合理性和科学性。

十二是科学复核。完成了试题校准后，试题已经接近“成品”了，但是仍需对试题进行全面的科学复核。由于命题者不可能是所有历史研究领域的通才，因此需要参考相关学术著作，对试题进行科学复核。复核材料是否尊重原文，是否存在学术争议，是否存在其他可能性答案。以本题为例，“双屿港兴衰”是近年来学术界的研究热点，可供参考的资料很多，命题者查证了许多相关史料、著作及学术成果，对试题进行了全面的科学复核，从不同的学术观点和研究成果出发，对双屿港的位置表述加上了“一般认为”，对《远游记》的史料性质加上了“文学自传”，为方便学生阅读和理解，也对其他引用材料添加了成书时间和书籍类型的注释。

十三是政治审查。相较于选择题的选项导向性而言，非选择题的答题空间较大，存在一定的政治风险，同时非选择题的材料作者、材料语言等方面的内容，也都需要命题者在试题完成后再次以负责的态度、高度的政治使命感，严格依照党和国家的政策方针、教育理念和历史学科考试立德树人的根本前提进行政治审查。命题者要对试题中存在或可能存在的政治问题进行严格的审核，以确保正确的政治导向。

十四是试题校雠。命题者在命题过程中参考了大量纸质资料和电子资料，许多材料需要命题者打字誊录。此外，问题的设计、参考答案的制定过程，都是命题者打字完成的。这个过程中难免会出现错字、漏字等方面的问题。因此，基于科学的态度和严谨的治学精神，需要命题者或命题团队对整道(套)试题进行仔细的校雠。

第六章　历史解释素养命题的基本原理与方法

历史解释实质上属于“阐释学”(又称“诠释学”)，是关于历史意义的理解与解释的理论与哲学，是说明历史、人生与世界的基本意识活动。正如有学者指出的那样，“人生每时每刻都卷入理解，并在别人的理解中引发自己的理解，由自己的理解判明他人理解的正误”①。历史解释与历史理解连在一起，解释基于理解，理解构成解释的前提。

按照《课程标准》的定义，“历史解释是指以史料为依据，对历史事物进行理性分析和客观评判的态度、能力与方法”。同时，《课程标准》也明确提出：“所有历史叙述在本质上都是对历史的解释，即便是对基本事实的陈述也包含了陈述者的主观认识。人们通过多种不同的方式描述和解释过去，通过对史料的搜集、整理和辨析，辩证、客观地理解历史事物，不仅要将其描述出来，还要揭示其表象背后的深层因果关系。通过对历史的解释，不断接近历史真实。”从上述定义看，历史解释在属性上既是“态度”，也是“能力”，还是“方法”；从上述阐释看，历史解释涵盖了史料的搜集、整理、辨析，以及描述事实、揭示因果、形成价值判断等认知环节。它与时空观念、史料实证、历史理解、唯物史观以及历史价值观密不可分，无法切割。从历史解释的一般过程看，它往往是在历史观和价值观的影响下，按照一定的表述原则和表述方法，对零散、杂乱、众多的史料进行编排、采撰，勾画出人类社会变迁的过程。因此，历史解释是历史学科核心素养的综合

① 刘建明主编：《宣传舆论学大辞典》，105页，北京，经济日报出版社，1993。

体现。[①] 历史解释在内涵及属性上比较复杂，给考试评价，特别是考试命题带来诸多困难，因而对其进行分层分类研究，寻找其内在规律极为必要。本章将基于分类分层测评理论对历史解释素养的内涵、特征进行分析，进而提出试题设计的新思路。

第一节　历史解释素养命题原理与试题特点

历史解释是历史学科核心素养的综合体现，其内涵相较其他四方面的学科素养更为复杂。唯物史观是历史解释的理论保证，时空观念是历史解释的前提，史料实证是历史解释的途径与方法，家国情怀是历史解释的立场与价值准则。历史解释是诸素养达成的外在显现。学生是否掌握唯物史观，是否具有时空观念，是否能运用史料实证，是否有家国情怀，这些都属于心理和思维层面的问题，必须通过历史解释才能予以表达和评价。因此，学生历史解释的水平在一定程度上反映了历史学科核心素养的整体表现。厘清历史解释的基本内涵才能明确学业评价的目标与尺度，才能更有效地指导历史原创命题。

一、历史解释素养的基本内涵及教育意义

英国学者阿特金森在《历史知识与解释》等著述中，将历史解释归结为以下三大类：定律解释、理性解释、叙事解释。所谓定律解释，也就是将历史视作自然科学一样，认为其遵循一般的普遍的经验规律(法则)。[②] 解释者往往以已有的"历史规律""历史经验"解释具体的历史现象，带有演绎思维的特征。例如，以某种史观或研究范式解释历史的演变与发展等。所谓理性解释，是以历史理解为基础，依据可靠史料，注重说理，重视逻辑的解释方式。它带有归纳思维的某些特征。所谓叙事解释，即承认历史叙事

① 徐蓝、朱汉国：《普通高中历史课程标准(2017年版)解读》，65页，北京，高等教育出版社，2018。

② 冯一下、占心磊：《试述历史解释的基本方式——"历史解释与历史教学"专题研究之三》，载《中学历史教学参考》，2017(4)。

是历史解释的一种形式，历史叙事不可避免地兼容历史解释。普林斯顿大学历史学教授劳伦斯·斯通认为："叙述是以富有想象力和创造性的原则为指导的，它拥有主题和论证。没有任何历史学家……(能)完全避免分析"，"放弃推测，人们就不能讲故事"[①]。因此，叙述者选择、组织、排列、论述的过程，事实上体现了叙述者本身的历史理解与认识。

历史解释本身属于阐释学的范畴。历史留下的史料、信息都是碎片化的，需要人们对其组合、编排，重构事实，并且阐发其意义。历史解释能够反映人们对历史的认知过程，遵循事实判断、因果判断到价值判断的一般规律。历史解释素养是在历史学、阐释学基础上融合教育学、心理学而提出的学科教育概念和主张。

历史解释素养具有"态度"的属性。从心理学的角度看，态度是个体对特定对象(人、观念、情感或者事件等)所持有的稳定的心理倾向。在历史解释的过程中，主体(解释者)对客体(历史表象)持有何种稳定的心理倾向，有时直接决定了方向与结论。历史解释素养应包含哪些正确态度？我们认为以下几方面是观察历史解释素养水平的重要指征。

首先，历史唯物主义既是历史学原理也是历史解释的根本态度。一切神学、玄学及封建迷信等唯心主义历史解释都会将人引入歧途。坚持历史唯物主义才能保证历史解释沿着正确方向进行，才能保证历史解释符合实际，体现人类认知的价值。

其次，家国情怀是个体对国家、民族、文化的情感归依和心理认同，是历史解释者的立场也是态度。历史解释的主体具有多样性，决定了历史解释的多样性。历史解释的主体无法摆脱自身所处的社会、文化和环境，以及在这些条件下形成的既定思维方式，因而解释者无法避免无心理倾向地解释历史。学生的历史解释素养必定要以事实为基础，基于中国立场、中国态度，才能立足中国，放眼世界，形成正确的价值观和历史认知。

再次，历史解释者应坚持理性客观的态度。历史解释涉及对历史事实的澄清，对因果关系的分析，对性质、特征、意义及影响的认识和对事物价值的评判，这需要解释者小心求证、实事求是、理性分析、辩证看待和

① 韩震、董立河主编：《历史学研究的语言学转向》，99、105页，北京，北京师范大学出版社，2008。

客观评判。

最后，历史解释应坚持发展的眼光和态度。历史解释应该建立起过去、现在和未来意义上的勾连，从而服务于“人的发展”和“人类的发展”。坚持发展的态度，是历史解释价值的重要体现。

历史解释素养是历史学科能力的综合体现。《课程标准》对历史解释素养提出了四个层次的能力表现：

水平 1：能够辨别教科书和教学中的历史解释；能够发现这些历史解释与以往所知历史解释的异同；能够对所学内容中的历史结论加以分析。

水平 2：能够选择、组织和运用相关材料并使用相关历史术语，对个别或系列史事提出自己的解释；能够在历史叙述中将史实描述与历史解释结合起来；能够尝试从历史的角度解释现实问题。

水平 3：能够分辨不同的历史解释；尝试从来源、性质和目的等多方面，说明导致这些不同解释的原因并加以评析。

水平 4：在独立探究历史问题时，能够在尽可能占有史料的基础上，尝试验证以往的说法或提出新的解释。

如果将上述能力要求的行为动词提炼出来，包括阅读、辨别、发现、分析、选择、组织、运用、提出、描述、结合、分辨、说明、评析、探究、验证等行为能力要求。如果对上述行为能力进一步降阶分解(如描述能力可以进一步分解为概述、叙述、阐述和论述能力)，则涵盖的学科能力范围更为广泛。由此可见，历史解释素养确实是历史学科核心素养的综合表现。

历史解释素养也是历史研究方法的综合体现。历史解释的过程同时也是历史研究的过程，历史解释的方法与历史研究方法多有交织。庞卓恒指出：“研究历史的方法很多，根据它们在研究过程中的功用的不同，可分为两大类，即搜集史料、史实和辨识其是非真伪的方法，又称考实性、技术性的方法；以及探寻历史事实和现象之间的相互联系或因果规律性的方法，又称理论导向性的方法。”①考实性方法主要是技术层面的，如文献综合法、

① 庞卓恒主编：《史学概论》，164 页，北京，高等教育出版社，1995。

考古学方法、训诂学方法、二重证据法、多学科综合研究法(如生物学、分子生物学、化学、地学、物理学、天文学、材料学等)。在中学历史教育中，上述考实性方法除文献综合法简单涉及外，其他方法均不作过高要求。中学历史教育更多关照的是理论导向性的方法，或者说更多关注的是思维层面的方法。例如，互证、反证、概括、归纳、分解、综合、比较、推理、演绎、移情、想象等分析和解释问题的方法。

前文从历史解释素养的属性出发分析了其基本内涵，有利于明确历史解释素养命题的方向与目标。历史解释是历史教育的核心环节，也是历史教育价值得以彰显的主要途径，具有重要的教育意义。

首先要思考的是，历史需要不断被解释吗？历史事实并不能为自己说话。E. H. 卡尔说："只有当历史学家要事实说话的时候，事实才会说话：由哪些事实说话、按照什么秩序说话或者在什么样的背景下说话，这一切都是由历史学家决定的。"[①]这就是说，如果历史事实是客观独立于人的精神之外的，那么就其本身而言并没有任何意义。历史事实之所以产生价值与意义在于人们对它的解释。英国历史学家乔治·克拉克在《剑桥近代史》第二版总论中评论阿克顿及其同伴时写道："他们认为通过一代代心灵流传下来的往昔知识已被他们'加工过'，因此，不可能有任何没有经过改动而保持原样的、与个人感情无关的细微材料……解释似乎是无止境的，一些没有耐心的学者求助于怀疑主义，或者说至少求助于这样一种学说：既然全部历史判断都涉及不同的人和不同的观点，而且此人的观点与彼人的观点又各有千秋，因此，并不存在'客观的'历史事实。"[②]当然，彻底否认历史事实的存在是怀疑主义和虚无主义的，但是历史事实大多时候确实存在于历史叙述中，需要不断被发掘并且重新解释。

其次，历史解释是落实立德树人根本任务的支柱。一些学者认为"历史就是选择"，另一些学者认为"历史就是解释"。这两种观点都有其合理性，实际性上两者都指出了历史解释的多样性。固然，历史事实具有客观性，但选择说什么和选择不说什么，以及如何解释，其价值意义截然不同。历

① [英]E. H. 卡尔著，陈恒译：《历史是什么?》，93页，北京，商务印书馆，2007。

② 转引自[英]E. H. 卡尔著，陈恒译：《历史是什么?》，88页，北京，商务印书馆，2007。

史学科的根本任务是立德树人，但历史事实因为本身“无法说话”，也就无法实现立德树人。只有基于历史事实和家国情怀的历史解释才能实现立德树人。进一步说，历史解释的过程实际上是情感、态度和价值观引导的过程，就是立德树人的过程。

再次，历史解释是“学史明智”的心理过程。识记大量史实并不是历史教育的主要目的，部分自闭症儿童有惊人的记忆能力，能记住海量的信息，但却无法关联和建构这些信息之间的意义，因而建构事实的意义才是学史的重点。这里的“智”，既包括“智力”，也包括“智慧”。按照一般的理解，智力是指人认识、理解客观事物并运用知识、经验等解决问题的能力，包括记忆、观察、想象、思考、判断等。至于智慧，在历史学习中主要表现为对复杂历史事物、历史情境的感悟力和洞察力。历史解释需要分清真伪，辨明因果，建构意义，从而形成自己的人生观、历史观、价值观。

最后，历史解释是深度学习的重要途径。瑞典的马顿(F. Marton)曾做过一个心理学实验比较“深度学习”与“浅层学习”的差异。他让大学生阅读教科书中的某些章节与新闻报道，询问他们是怎么阅读的，分析他们对教科书与新闻报道的理解。实验将5～6周之后的记忆保持作为学习成果来进行分析，借以揭示阅读方式与学习成果之间的关系。研究表明，学生的阅读方式大体可分为两种类型：其一，并未深度理解教科书和新闻报道的内容，仅发现问题点，着眼于文章的某个侧面。这种学生的学习成果是不充分的；其二，着眼于作者的写作意图或是新闻报道的要点是什么，以及从中可以得出哪些结论，这是一种把握教材知识内容和新闻报道整体意义的阅读方式。这种学生的学习成果是优异的。钟启泉教授对上述实验进行分析后认为，两者的差别在于深度学习是寻求意义与知识、经验的链接，探讨共同的范式与原理，琢磨证据的检验与讨论的批判性，认识自我理解的水准；而浅层学习是作为碎片化知识的记忆与再现，意味着无意义、无目的的学习。① 由钟启泉教授对深度学习特征的归纳看，历史解释需要将碎片化的知识、经验与其意义链接，需要探讨历史解释的原理、范式与方法，需要对证据进行检验、讨论与批判，需要对自我的历史叙述进行反思，是

① 钟启泉：《深度学习：课堂转型的标识》，载《全球教育展望》，2021(1)。

典型的深度学习的体现。

二、历史解释素养命题的三维框架与试题特点

历史教学中，历史解释的主体是学生(而非教师)，客体是各种历史现象。在历史原创命题活动中，情况要复杂一些。原创命题的主体是试题开发者(教师)，客体是考试内容(历史教学内容)，载体是历史试题，受体是应试的学生。原创命题首先要明确区分并处理好这几者之间的关系。在设计历史解释素养试题时既要充分考虑试题开发者自身的影响因素，又要考虑考试内容的内涵结构，还要考虑受试学生的认知发展状况，同时对试题样式(评价工具)的精心设计也必不可少。因此，历史解释素养试题的设计是融合了历史学、教育学、认知心理学及考试测量学等多学科知识的复杂的创造性活动。在充分考虑上述影响因子并充分解读历史解释素养内涵的基础上，我们建构了历史解释素养原创命题的三维框架(表 6-1-1)。以下从该框架结构的三个维度，即水平层次、对象类型、试题设计进行阐释。

(一)维度一：历史解释素养水平层次的区分

《课程标准》已经对历史解释素养进行了四个水平层次的划分(见前文)，为什么我们还要对水平层次进行划分？需要说明的是，提出我们的划分思想并非要另起炉灶，颠覆课标的水平划分，而是对课标进行解释、深化和提升，以便于适应中学教学与命题的需要。《课程标准》主要描述了诸素养各层次的水平表征，教师可根据各表征判断学生达到的水平层次，但《课程标准》没有论述水平划分的理论依据，并且缺乏概括性和系统性。《课程标准》的水平划分缺乏认知科学的依据，没有阐述为什么如此分层。例如，为什么“能够辨别教科书和教学中的历史解释”属于水平 1，而“能够分辨不同的历史解释”属于水平 3？这一划分有没有认知学上的依据？《课程标准》对每个水平层次描述了系列表征，但没有对每个水平层次进行一个整体上的、理论上的概括。同时，四个水平层次表征在逻辑上的相互关系是怎样的？《课程标准》也没有回答这个问题。上述因素就是促使我们对《课程标准》的水平划分进行适应性改造的原因。我们希望在《课程标准》水平划分的基础上，归纳出每个水平层次的认知特征，从而进行理论概括，并且建立每个水平层次之间递进的逻辑关系。

历史解释的对象类别繁多，根据这些对象作出的解读也千差万别。然而，具体的解释虽然没有绝对的正误之分，但解释的能力和水平却有高低深浅之分。如果对《课程标准》中历史解释目标的层次进行分析，总体上有如下特征：一是要求学生能够运用多种方法理解历史，能够对所学重要史事的基本情况作出有条理的、清晰的描述，能够准确阐释史事发生的前因后果；二是能够区分历史叙述中的史实与解释，知道对同一历史事物会有不同的解释，并能对各种历史解释加以评析和价值判断；三是能够从不同的视角观察历史、运用多种方式表述历史，能够运用历史术语对重要历史事件和历史人物进行阐释与评价；四是能够选择、组织和运用相关材料和信息，准确地运用历史术语来建构自己对历史的解释，能够以全面、客观、辩证、发展的眼光评判和看待现实问题。① 我们对以上水平表征进行了认真分析，在此基础之上，提出了历史解释原创命题的层次划分建议，即现象性解释、内涵性解释、本质性解释、联系性解释和规律性解释五个层次。从原创命题角度看，我们认为这四个水平层次统一于同一系统之下，五个水平层次之间的逻辑关联性强，符合人的一般认知规律，便于命题设计。基本界定如表 6-1-1 所示。

表 6-1-1　历史解释素养原创命题的三维框架

<table>
<tr><th colspan="3" rowspan="2">试题设计</th><th colspan="5">水平层次</th></tr>
<tr><th>现象性解释</th><th>内涵性解释</th><th>本质性解释</th><th>联系性解释</th><th>规律性解释</th></tr>
<tr><td rowspan="8">对象类型</td><td rowspan="4">史料辨析</td><td>文本解读</td><td rowspan="4">概括</td><td rowspan="4">归纳</td><td rowspan="4">分析</td><td rowspan="4">说明</td><td rowspan="4">综合</td></tr>
<tr><td>史料辨识</td></tr>
<tr><td>证据梳理</td></tr>
<tr><td>史实重建</td></tr>
<tr><td rowspan="4">历史叙述</td><td>辨别历史叙述</td><td rowspan="4">概述</td><td rowspan="4">叙述</td><td rowspan="4">阐述</td><td rowspan="4">阐释</td><td rowspan="4">论述</td></tr>
<tr><td>区分史实与阐释</td></tr>
<tr><td>描述史事</td></tr>
<tr><td>建构历史叙述</td></tr>
</table>

① 徐蓝、朱汉国：《普通高中历史课程标准(2017 年版)解读》，65 页，北京，高等教育出版社，2018。

续表

<table>
<tr><th colspan="3" rowspan="2">试题设计</th><th colspan="5">水平层次</th></tr>
<tr><th>现象性解释</th><th>内涵性解释</th><th>本质性解释</th><th>联系性解释</th><th>规律性解释</th></tr>
<tr><td rowspan="11">对象类型</td><td rowspan="5">理性认识</td><td>因果判断</td><td rowspan="5">事实</td><td rowspan="5">概念</td><td rowspan="5">判断</td><td rowspan="5">推理</td><td rowspan="5">提出</td></tr>
<tr><td>影响分析</td></tr>
<tr><td>意义阐释</td></tr>
<tr><td>客观评判</td></tr>
<tr><td>提出新观点</td></tr>
<tr><td rowspan="6">价值评判</td><td>情感取向</td><td rowspan="6">发现</td><td rowspan="6">了解</td><td rowspan="6">理解</td><td rowspan="6">批判</td><td rowspan="6">运用</td></tr>
<tr><td>区分立场</td></tr>
<tr><td>辨明态度</td></tr>
<tr><td>辨别价值观</td></tr>
<tr><td>辨别历史观</td></tr>
<tr><td>形成历史评价</td></tr>
</table>

首先，学生如果能够用准确、简明的文字叙述某历史事物的基本史实，这属于现象性解释水平；其次，学生如果能够叙述该历史事物出现的背景、原因、条件、内容和结果(影响)，这属于内涵性解释水平；再次，学生如果能够指出该历史事物的表象与其内在属性之间的关系，这属于本质性解释水平；又次，学生如果能够找出与该历史事物相关的其他历史事物，并叙述它们之间的关系，这属于联系性解释；最后，学生如果能运用历史唯物史观分析该历史事物的发展演变规律，这属于规律性解释水平。

（二）维度二：历史解释素养对象类型的分类

需要注意的是这里所指的对象类型并非指历史解释的对象类型，而是指历史解释素养原创命题的对象类型，这是一个教育问题而非历史学问题。任何历史事物或历史学上的事物都可以成为历史解释的对象，或者说历史解释的对象涵盖任何性质的问题，对其划分类型意义不大，而难度却很大。因此，我们立足于命题的角度进行分类，根据《课程标准》对历史解释的定义及水平要求，我们将历史解释素养原创命题的对象类型分为四大类十九项内容。这四大类分别是史料辨析、历史叙述、理性认识和价值评判。

史料辨析包括文本解读、史料辨识、证据梳理、史实重建四个项目。历史解释必须以史料为依据，才能做到以事实为基础解释事物。从文本中解读前人的历史记录，去伪存真，并加以辨识，在充分梳理证据的前提下根据史料重建史实，这是历史解释的基础环节。历史解释原创命题者可以设计试题考查学生如何解读前人的历史叙述（史料），如何分辨史料的信度并说明原因，如何整理和综合各种证据，以及如何基于证据使用自己的叙述重建史实。从分层的意义上讲，史料辨析可以分别设计出现象性解释、内涵性解释、本质性解释、联系性解释和规律性解释的各种水平层次的试题。

历史叙述既包括辨识他人的历史叙述，也包括形成自己的历史叙述。这里将其具体细化为辨别历史叙述、区分史实与阐释、描述史事、建构历史叙述四个项目。从某些角度看，“历史就是叙述”，因此辨识他人的历史叙述、区分叙述中的史实与解释，对于学生掌握史实、解析文本的主观意图有重要作用。学生掌握了基本史实面貌后，需要学会历史叙述。这里包括两个方面：一是学会如何按照时空顺序和因果关系描述史事；二是如何基于历史原理及自身的立场、价值观在历史叙述中表达自己的历史理解。

理性认识即基于人的经验理性的分析过程，包括因果分析、影响分析、意义阐释、客观评判、提出新观点五个项目。因果关系是引起与被引起的关系，看似简单实则非常复杂。历史的因果关系极其复杂，历史唯心主义有唯心主义因果分析方法，历史唯物主义也有自身的唯物主义分析方法。即便都是唯物主义的因果分析，也存在着偶然与必然、内因与外因、动机与目标、直接与间接、局部与整体等复杂问题。对历史影响、意义的分析和阐释也同样需要借助理性思维方法才能实现，才能做到客观评判。

价值评判包括情感取向、区分立场、辨明态度、辨别价值观、辨别历史观、形成历史评价六个项目。历史解释最终是走向价值评判的。历史解释中必然会伴随主体的情感、立场、态度、历史观和价值观念，学习者不但要会辨明他人的价值观，也要学会表达自己的价值观。

（三）维度三：历史解释素养试题设计的方向

这里提供的试题设计方向不是唯一的，仅作为示例与建议。从表 6-1-1 可见，对应四个对象类型，我们分别提出了命题设计的提示词语。这些提示语在类别上与史料辨析、历史叙述、理性认识和价值评判的特征相适应，在水平层次上力求与现象性解释、内涵性解释、本质性解释、联系性解释和规律性解释对应。以历史叙述为例，对应的试题设计提示语为概述、叙述、阐述、阐释与论述。这五个提示语的水平能力要求是不一样的。“概述”要求学生能够叙述历史事物的基本史实；“叙述”要求学生能够叙述该历史事物出现的背景、原因、条件、内容和结果等；“阐述”要求学生能够指出该历史事物与其内在属性之间的关系；“阐释”要求学生能够找出并说明与该历史事物相关的其他历史事物，能综合其他知识解释并叙述它们之间的关系；“论述”要求学生在前面四个层次的基础上运用历史唯物史观分析该历史事物的演变规律，形成自己的规律性认识，并能结合历史事实等予以论证和说明。

三、历史解释素养试题的命题思路与方法

明确历史解释素养的概念，且具体划分了历史解释素养的层次及对象类型，具体到完整试题的命制，则应当在定义的基础上，参照分层分类划分，充实试题内容。从目前许多权威、成熟的试题来看，考查历史解释素养的试题的模式，基本是以材料创设情境作为考查依据，已抛弃直接问答，让考生可以通过背诵记忆直接解题的套路。

所谓情境，指某一事件开展的背景化信息。历史事件的发生发展往往是延续背景当中的若干方面，产生有新的变化。因此，提供给考生历史情境，既是给考生一定的线索提示，也是给考生限定了范围，让考生在其中运用所学的知识方法，针对设问方向作出历史解释。情境的内容均与考生所学过的知识相关，但材料是教材所未收录的，这便是情境“新”的方面之一。再有，情境切入知识的角度也可能与教材、教师讲授的角度不同，这是第二处可以设置的“新”角度。即使材料可能是学生比较熟悉的，亦可以联合其他材料，要求考生在新的层面、新的领域作出解读。主要是做到情境搭建时，材料关键信息可以与考生所学知识相联系，一旦考生根据材料关键词把握住该情境涉及的所学知识点，就表明其能力素养已经达到一定要求，若进一步理解材料与设问的指向，那么顺利解题便水到渠成。以情境进行考查的做法，目的也在于破除历史科学习单靠记忆背诵就可学好的

思维，使学生具备能够在陌生环境中运用所学，分析与解决问题的能力。在《课程标准》中，“情境”一词共出现了28次，可见其对“情境”设置的重视。因此在教学与训练中，应当对“情境”尤其是新情境给予充分的重视。在命题过程中，更应当多方式多角度地创设新情境。常见的试题情境基本有以下四类。

类型一——史实分析类。分析历史事件的原因、过程、影响，对历史事件作出评价，往往是试题所针对的考点。那么，在题干中不直接点明该事件，而是对这一历史事件前后关联的事物片段进行截取，或者对该历史事件的代表性细节进行截取，让考生推导出涉及的具体事件，再按设问对该事件进行分析。这种以片段推出事件，对事件进行分析的命题设计，便是史实分析类情境的样式，该类情境的试题十分常见，如下例。

例6-1-1：(2022年广东高考)17世纪的荷兰画家作品中经常呈现如下场景。整齐的城市、房舍、家具，妻子和儿女们的漂亮服饰，宴会上盛大的排场，海员的英勇，商业的辉煌以及穿梭于各大洋上的荷兰商船。这反映了当时荷兰

A. 海外贸易丰富了艺术题材(√)

B. 浪漫主义艺术风靡一时

C. 商业公司垄断新航路贸易

D. 启蒙运动塑造社会风貌

上述例题中，荷兰画家作品中的常见场景是受到某一具体历史事件的影响，这一影响的内容如经济的发展、海洋贸易相关事物的频繁出现，可以让考生推断出与荷兰成为海上贸易强国相关，进而明了本题考点，选出正确答案。这种情境考查考生对历史事件之间的相互关联的分析推理能力，也是对历史解释素养的针对性考查。

类型二——角色体验类。在创设题干情境时，尤其突出重要的历史人物，让考生根据特定时空信息及人物的特点，领会、感悟人物的言行举动，进而推断出人物相关现象的原因背景，或者人物行为的目的影响，评价人物行为的性质，如下例。

例 6-1-2：(2020 年全国高考乙卷)16 世纪的思想家蒙田从教育要培养“完全的绅士”理念出发，强调要注重培养身心和谐发展的“完整的人”，即不仅体魄强健、知识渊博，而且具有良好的判断力和爱国、坚韧、勇敢、关心公益等优秀品质。蒙田的教育主张

A. 体现了文艺复兴思想对人的认识(√)

B. 推动了资产阶级革命的高涨

C. 反映了启蒙运动生而平等的理念

D. 摆脱了宗教观念的长期束缚

例题中，材料交代情境时间，并且以人物的思想主张作为情境的主要内容，提供了充足的信息，让考生推断该人物行为的性质、可能造成的影响。材料的内容是绝大部分考生感觉陌生的，教材未曾涉及，但材料的时间定位和人物行为观点提供了足够线索，让考生能够识别出该人物思想蕴含的人文主义精神，进而推断出 A 选项正确。从试题命制的角度来看，历史是研究人的学科，提供足够的材料线索，让考生尝试去理解历史人物，与历史人物产生共情，进而对历史人物作出恰当的历史解释，是情境设置与历史解释素养考查的一种有机组合。

类型三——主题引导类。通过一个话题，对一道题目的方向进行圈定，在此范围内对相关的知识进行考查，也是为考生创造了一个情境。这一主题可以是一个事物类型，进而在题目中对同类事物进行陈列与比较；也可以是一个问题，引导学生进行探讨思考，进而对相应知识点进行考查，如下例。

例 6-1-3：(2022 年广东高考)有同学研究明代白银货币化问题，收集了如下材料，阅读材料并结合所学知识，完成下列要求。

材料一

表 2　明代财政收入

年份	米麦(万石)	布(万匹)	绢(万匹)	宝钞(万锭)	银(万两)
1430	3979	20.5	94.1	7388.9	32.9

续表

年份	米麦(万石)	布(万匹)	绢(万匹)	宝钞(万锭)	银(万两)
1552	2659	13.3	32.0	2414.4	243.3
1621	2780	12.9	20.6	8.1	755.2

——摘《明实录》

材料二

《醒世姻缘传》、“三言”、“二拍”等小说中有关白银的描述不可胜数，大到如捐官、行贿、购房、买卖人口，小到如日常消费和社交馈赠，处处可见。铜钱的使用只是第二位的，以物易物也不须繁。

——据《醒世姻缘传》等

材料三

吾以为非废金银不可。废金银，其利有七：粟帛之属，小民力能自致，则家易足，一也。铸钱以通有无，铸者不息，货无匮竭，二也。不藏金银，无甚贫甚富之家，三也。……

——黄宗羲《明夷待访录》

(1)分别阐述每则材料对研究明代白银货币化的价值。

(2)综合上述材料，简述明代白银货币化的影响。

(3)除上述材料之外，研究明代白银货币化还可补充哪些类型的史料，请至少列出两种。

上述例题中，题干很明确地表述，该题是由一个主题即明代白银货币化统领的，再由该主题展开呈现史料、设置问题。这类情境的设置，可以将考查的知识范围具体化，在特定范围内对不同的材料或者主题进行比较，这不仅涉及特定知识点的内容，还考查考生比较异同能力、归纳概括能力，最终可以根据难度的设置，考虑是否将题目的落脚点设置在对整个主题的历史解释尤其是历史评价上。这种命题方式在选择题与非选择题的命制上都十分常用。

类型四——学术探讨类。情境的创设可以不直接陈述历史现象，而是展现学者对历史的评价，由学者的观点带出具体的历史事物，并引导考生或是对历史事物本身进行分析，或是对学者的评价进行分析，完成历史解释的过程，这类情境往往以“有学者认为”开头作为题干，如下例。

例 6-1-4：(2020 年全国高考甲卷)有学者认为：“在政体形式这个关键问题上，只有完全的一致，或者多数派强大到近乎全体一致的程度，即使那些不完全赞同的人也必须尊重这种政体，才能让政治激情不至于造成流血，同时让国家所有权威部门受到人们充分而自如地平和批评。”这一论述可以用于说明

A. 雅典民主政治(√)　　B. 僭主政治

C. 罗马共和政体　　D. 寡头政治

上述例题陈述了某学者的观点，要求考生从学者的观点中抓住所评价历史事物的显著特点，直接在备选项中挑出相关联的答案，难度并不高。该类试题命制时，主要是筛选适合的学术观点作为情境的基础，进而根据题目的预设难度丰富设问的落脚点。

从题目的组成部分看，情境设置大多在题干部分完成，为设问方向及选择题备选项设置提供基本信息。除了上述四种类型，其实还可以从虚拟介入的角度入手，即选择真实的历史时空，虚拟任务让考生在情境中完成，这一思路可作为试题创新的方向。

总体而言，情境所包含的多方位信息，使得试题考查更具发散性，也使得试题的考查不仅仅是若干知识点，还可以涉及若干能力素养，或者单个素养的若干水平层次，这也是与历史解释素养试题自身特点相契合的。

上文指出，历史解释素养的考查离不开唯物史观的指导，其实，除了唯物史观，历史解释素养还可以和其他历史学科核心素养结合，这就使得历史解释素养的试题具有两大特点：一是能够进行综合性评测，一道试题考查多个素养；二是能够弹性地结合其他素养，使试题难度有较大弹性。五大历史学科核心素养，本就是经过历史学科学习后必备的价值观、思维方式和能力要求，在应对历史问题时是自然而然运用、无法绝对区分的。一道历史解释素养试题，总会有一定的时空信息，考生需据此得出结论，这就涉及了对考生时空观念素养的考查；考生对一道历史解释素养试题进

行回答，是否有足够的例证证明其观点，这就涉及了对史料实证素养的考查。《课程标准》指出，历史解释是历史学科“诸素养中对历史思维与表达能力的要求”，对各项核心素养水平程度的测量，都需要考生通过历史解释表达出来。可以说，历史解释素养试题是考查考生其他诸素养水平的必经路径。因而历史解释与其他诸素养的结合考查，是出于历史解释素养本身具备的“兼容性”，也是试题设计必然的方向及思路。

再者，历史解释素养的考查，可以运用的材料形式众多，大致分为三类：文字材料、图表材料与复合性材料。文字材料从表达方式划分，可以分为中国古代文言文表达、中国近代白话文表达、中国当代规范汉语表达、外文翻译话语表达。材料不同，考生解读的难度就有差异。其中，考生最熟悉的表达方式是中国当代规范汉语表达，那么，其他类型的表达方式便在无形中使考生解题时多了一层理解障碍。因此陌生表达方式材料的选用，便可以一定程度上增加试题的难度。文字材料在内容上可以划分为史实细节、史实描述、史实评析、史观规律陈述。以史实细节作为材料，注重以细节中的线索让考生进行推导，得出相关史实事件，并作出历史解释；以史实描述作为材料，则涉及的历史事件是比较直观的，但要求根据描述倒推描述者的史观，或者顺推该事件产生的影响；史实评析作为材料，即上文情境设置类型中的学术探讨类；史观规律作为材料，可以引导考生就规律本身进行历史解释，或者在选择题中找出与该规律对应的史实，或者在非选择题中用自身论证对该史观规律进行解释。

图表材料又可分为绘画、漫画、照片、数字表格、文字表格等。绘画多为艺术家的精心创作，可用于反映创作时代的背景史实，绘画风格也在一定程度上由创作者所处时代决定。漫画则是近现代的史料，漫画本身用夸张的手法讽喻真实，要求考生通过漫画夸张甚至荒诞的画风形象，领会历史背景及作者创作的意图。照片史料一般比较客观地呈现历史场景，当然是历史场景的某个细节，那么照片中突出的文字信息、时代性物品便成了命题的抓手，也是考生解题的关键。表格其实也可以算是文字材料的一种，然而数字表格中数字发展趋势的极值、拐点，可以直观地隐含历史信息，这便可以是设置考点的地方。

上述材料虽然种类繁多，但都有命题的方式和调节难度的杠杆。当材料信息与考点明显关联时，可以选择裁剪材料，隐去部分关键信息；但要注意，裁剪的结果不能影响甚至歪曲材料原本要表达的意思。而如果材料包含的信息较少，仅仅提供材料，题目难度较大，则可以在题干中添加提示语对材料进行解读和提示。例如，对文言文史料关键词做注释，非选择题材料的出处、答题方向的明确，哪怕表格表头名称的编辑，均是材料中的提示语言。

具体到命制试题的步骤，一道试题的成型无疑需要在上述多个观念原则的基础上分步骤思考、推敲、定型，再对比、打磨，不断调整，形成初稿。命制一道题目时，第一步是要对该题在全卷中的角色有所定位，即这一道试题所针对的考点，该题目大致的难度也可以先初步确定，包括这道试题在试卷中是放在较靠前的位置，引导学生由易到难，还是作为全卷难度系数较高的题目，筛选出能力优秀的学生。还要考虑这道试题的命制，是要具体考查考生哪一项能力，要引导考生运用什么手段、以什么方式体现出来，即确定考查的目标。

第二步，在第一步的设想基础上，命题人根据该题考查方式、考查目标的定位，确定题目所要运用的材料的类型，进一步确定该题的形式，是对一段文字材料进行解读，还是对图表材料进行解读。通过试题形式和考点指向，从具体知识点所涉及的历史事件、历史人物或者历史理论出发，采取各种手段查询资料。题干设置时，是运用教材涉及的历史事件，但未呈现过的事件材料进行考查，还是运用教材未涉及的历史事件，但呈现了相关知识点的材料进行新情境创设？在这一过程中，需要根据对题目难度的预估，对手头搜集到的材料进行改造整理，包括删减、丰富，如果是外文资料是否需要进行翻译，等等。还要考虑设置一定的误导、干扰的表达，即设置“陷阱”。除了材料的运用，要在多大程度上补充对材料的解读，意味着给考生一些另外的提示。材料部分构建成型，紧随其后的是初步的设问指向，最终使得情境框架成型。

第三步，结合考查方向、考查目标、能力要求等方面的预想，命题人对情境所能得出的结论进行逻辑推理，包括对考生可能的作答思路进行预演，然后根据逻辑思路中的某一环节或某一方面进行具体明确的问题设置。问题设置之后进行“自问自答”，拟出答案回答自己创设的问题，至此，试题的雏形呈现。

然而这离一道试题命制正式完工还有一定距离。试题初稿出炉后，需要回过头对试题的各个环节进行复核，从最基础的字句标点、语序的准确与否，到时空定位及推理结论是否与意识形态要求、客观事实相符，包括材料选用、情境设置、设问是否科学，答案与材料的逻辑关联是否正确，所设置的“错误选项”是否与题意无关，等等。还要确认本题与最初打算落实的知识点是否吻合，预计的考查目标是否实现，考查难度与预估是否有偏差，进而对试题进行反复、多人次的校验修改，严重偏离预期的情况下甚至要舍弃试题；也可以在具体的过程中通过协调全卷，调整考查目标与题目的指向，最终对题干和完整的参考答案定稿。一道考查历史解释素养的试题命制就此完成。在整个试题命制的过程中，命题者应当注意以下几点。

第一，通过对材料的选择，在题干设置上便对题目的难度进行把控。人类历史发展至今，史料典籍也好，考古实物也好，其数量都达到了惊人的程度，而不同形式的史料，对考生而言，解读难度也不同。以历史观点类的史料而言，其来源可以是中国古代学者、中国近代学者、外国学者所述观点。其中，中国古代学者采用的表达形式是文言文语法，对考生而言有一定的解读难度；外国学者的观点经过翻译呈现出来后，语序和用词会与考生习惯的中文语境不同，考生理解语意自然也会有一定难度。那么，命题者在材料的选择上，便要综合考量试题可能达到的难度，适当进行调控。

第二，在材料的处理上，可能会有删减、丰富、联合其他史料等多种手段，但注意均不得篡改材料原意，时刻注意对材料本意的把握与保留，保持对历史事实的基本尊重，避免引发误解与纠纷。有争议的材料不采用，与主流认知相违背的材料不采用，涉及敏感话题的材料尽量不采用，以严谨扎实的态度筛选出实用而又具有诠释空间的材料。

第三，历史解释素养试题强调创设新情境，也可以对一些传统的历史认知进行新角度的挖掘理解，但是新情境、新角度要注意不能一味强调“新”，知识内容、涉及角度不应该是考生完全未学习、未接触过的，具体知识范围应当参考课标要求与教材内容，在题干当中应适当给到考生提示，使考生能够与自己所学的知识理论结合，从而对问题进行解答。

第四，试题创作时，在材料选择、价值观引导、语言表述与思维引导等方面，应时刻绷紧政治正确这根弦，符合唯物史观与家国情怀素养的基本要求。当下的历史教育，应全面贯彻党的教育方针，切实落实立德树人的根本任务，因而其呈现的样貌应当是符合主流认知、符合所学知识、符合社会主义核心价值观的。史料的选择也应该是在考生所学所知的范围内，确保考生有一定的能力与知识作为依托。

第五，试题的答案不仅要考虑是考生所学所知的内容，还应当是考生的分析能力、眼光眼界可以达到的高度。既要让试题有一定的难度和区分度，又要明确这一道题目考生运用所学、结合材料是可解的。历史解释素养试题讲究对情境的分析和材料的解读，那么答案的设置便要求严谨科学，既不过分推导，角度方向又要尽可能全面不遗漏。由材料到参考答案所体现的解题方法，应当与试题所要考查的能力水平、考查目标紧密结合。

上文强调，历史解释素养的试题答案，不仅有对历史判断的正误问题，还有关于历史看法的程度深浅问题，是区分考生答题能力水平高低的重要标准。因而表 6-1-1 对历史解释进行水平层次划分，作为判定标准。命制试题时，亦可通过设问和备选项设置，区分考生历史解释素养所达到的能力等级，尤其是五个水平层次可以作为命题难度的五个档次，对象类型可以作为试题考查的不同方式。五个水平层次的内涵依据及命题模式分析如下。

现象性解释作为最基本的层次，是其他层次的基础和依托，对其进行考查，既可以单独出题，亦可融合在其他题目当中。单独考查现象性解释的试题，多采用史料描述作为题干，创设具体情境，要求学生判断、填补出历史事件中具体的主语、影响等细节，故而备选项设置也较为简单，多是直截了当的单个名词或史实性的语句，而非需要理解的语句，如下例。

例 6-1-5：（2022 年全国高考甲卷）汉晋时期有多种文本记载，帝尧之时，“天下太和，百姓无事”。有老者“击壤”而戏，围观者称颂帝尧。老者歌云：“吾日出而作，日入而息，凿井而饮，耕地而食，帝何德于我哉！”上述记载所体现的政治理念最接近

A. 孔子　　B. 老子(√)　　C. 韩非　　D. 墨子

该例题材料“吾日出而作，日入而息，凿井而饮，耕地而食”体现了当时人与自然的和谐，反映了老子“顺应自然”的思想，“百姓无事”“帝何德于我哉”反映了百姓生活较少受到干预，反映了“无为”的思想，结合所学可知B项正确①；孔子主张仁、礼、以德治国，韩非主张加强君主专制和中央集权，主张法治，墨子主张兼爱、非攻、尚贤等思想，材料均没有体现，与题意不符。这一试题难度不高，要求考生理解材料主旨精神，直接作出判断即可，是现象性解释考题的基本类型。

在达到现象性解释的基础上，考生能否根据提供的史料，对历史事件、历史人物的生平作出更全面深入的描述，这是从深入认识历史事物的角度来衡量考生历史解释素养的能力。因这一层次测评考生对历史内涵进行探究挖掘的能力，故可称之为内涵性解释。内涵性解释的考题，一般会通过材料提供的新信息，考查学生对历史事件前因后果的认知，在非选择题对内涵性解释的考查中，会要求学生指出历史现象的背景或者产生的影响。从近几年高考题的考查趋势来看，选择题亦多如此呈现，如下例。

例6-1-6：(2018年全国高考Ⅰ卷)五四运动后，出现了社会主义是否适合中国国情的争论，有人反对走俄国式的道路，认为救中国只有一条路，就是“增加富力”，发展实业；还有人主张“采用劳农主义的直接行动，达到社会革命的目的”。这场争论

A. 确定了新民主主义革命的道路

B. 使思想界认清了欧美的社会制度

C. 在思想上为中国共产党的成立准备了条件(√)

D. 消除了知识分子在救亡图存方式上的分歧

该例题的题干是对历史现象进行描述，可题干并未直接陈述中国共产党成立的相关字眼，而是通过社会的一次思想争论，从中体现出马克思主义对中国的影响，对应到中国共产党成立的背景条件——马克思主义在中

① 参阅高毅哲：《突出导向作用 促进教考衔接——教育部教育考试院命题专家解析2022年高考历史试题》，载《中国教育报》，2022-06-09。

国的传播。这一题目考查的知识是考生学过的，但材料是陌生的，考生需要根据关键词句，把握材料主旨，在所学知识中搜索，明确题目考查的知识点，并选出正确选项。具体来说，尽管本题题干一开始提到的便是“五四运动”，考生脑中对这道题目的时空定位可能很快确定在1919年的中国，但恰恰“五四运动”只是本题提供的一个事件引入点，并非考查的主要知识点，学生需要对历史事件——中国共产党成立有熟练的掌握，并与相关背景事件建立起紧密的逻辑联系，快速反应，才能正确作答这一题目。

如若考生能根据历史的种种表现与内涵，探寻事物的内核本质，对历史上的事件、人物进行定义和定性，这就意味着该考生对历史的认识进入了更深的层次，这一层次的历史解释水平可称为本质性解释。这一能力层次已不再是单纯对历史表象及现象的关联进行描述，而是将历史叙述上升到了理论分析的高度，从抽象理论的角度解释事情的来龙去脉。因此，本质性解释的试题，题干可以单纯地叙述与呈现史实信息，根据设问或者选项设置让考生对题干作出本质性解释；也可以摆出对事件的历史解释，根据这一解释中的线索，让考生联想起对应的史事或举出符合该解释的史实。如下例。

例6-1-7：(2022年广东高考)18世纪后期英国机器费用昂贵，工厂主想方设法让工人尽可能多干活。原来在工作中习以为常的唱歌、打瞌睡、喝酒、嬉戏等行为一概被禁止。这可以用来说明，当时

A. 机器出现使工业结构发生根本变革

B. 生产方式的转变推动了社会分化(√)

C. 蒸汽时代手工工人的生活境遇恶化

D. 物价上涨制约了工业革命的发展

题干当中描述的是英国在工业革命后的一些社会变化，属于因果逻辑式的事件呈现，题目设问为“可以用来说明”，意在引导考生思考材料内容所反映的事件本质。选项也均采用理论化与抽象的概念组织语句，是本质性解释表述的样式，考生从中选出符合题意的选项，属于上文提到的根据史实选择本质性解释的类型。根据某一历史认知主体所提出的本质性解释，

要求考生辨别对应的历史事件，上文提及情境创设时引用知名学者或历史人物的观点作为材料的学术探讨类，便与本质性解释试题这类模式对应。本质性解释类试题要求考生对历史事件的认识达到比较深刻的程度，考查的灵活度与难度都比较高，“意在”“目的是”均为该类题目常用的设问词。2021 年广东高考历史科的试题，选择题第 14 题以漫画的形式对本质性解释进行了考查。

例 6-1-8：(2021 年广东高考)图 1 漫画可用来说明当时美国

(该图原文为英文)

图 1

A. 货币贬值已缓解了经济危机　　B. 经济模式改弦易辙势在必行(√)

C. 社会保障制度已经建立　　D. 国家干预政策初见成效

该例题考查美国经济大危机时期美国政府的措施。漫画中胡佛总统延续采取小范围干预的措施，仍是希望市场能够自我调节摆脱经济危机，而此时罗斯福即将入主白宫，这是从漫画中可以得出的信息。然而这些信息在备选项中都没能找到对应，这就需要考生结合所学对这些结论作进一步的深化：胡佛延续自由放任的经济政策，未能解决经济危机，应当由政府对经济进行全面、大规模的干预，方能较为有效地带领美国走出经济危机的阴影，因而美国的经济模式应当有所改变，这也是罗斯福上任后实施新政的理念，则 B 选项是符合材料的。C、D 两个选项的时间均与材料不符，而 A 选项的内容则与材料无关，“已缓解了经济危机”也与史实不符，故而本题选择B选项。解题的关键是对材料进行初步解读分析后，还需要进一步对结论进行深层次挖掘，即作出本质性解释，方能选出正确答案。

待考生对单个历史研究对象挖掘到一定程度后，设置若干对照物，考查考生能否从时空角度、性质角度或其他角度，将历史对象与其他相关的对照物相联系，乃至进行比较，从而对历史事件、历史人物进行评析，不失为以广度促深度的一种好方法。这一历史解释的层次可称为联系性解释。联系性解释类试题多以古今贯通或中外关联的样貌呈现，蕴含了历史联系的逻辑，这也是这一类试题的主要命题思路。从命题的角度上讲，除了所联系的角度如何选取，还有便是要找到能连接不同时空的关键话题。话题可能从属于政治、经济、文化等方面，但必然有一定的线索联系，并且能够较好地与所学知识相联系。联系性解释类试题还可以通过提升综合性增加其难度，以联系性解释为形式，在设问时深挖历史事件联系之间的因果内涵，进而引导考生在此基础上对历史事件作出本质性解释或总结规律，使得考题涵盖历史解释素养的多个层次考查。

考生对历史问题能有一定深度的理解，并能在一定的广度上联系多个方面评析历史，说明该生在历史解释素养方面的水平达到了比较高的层次。然而这些都是根据历史现象得出的结论，能否从林林总总的历史现象中看透历史现象背后的共同点，进而归纳出历史发展的规律，这一能力要求可以称为规律性解释。规律性解释作为历史解释素养相当高的水平层次，其考题难度基本也是最高的。这一类试题往往形式多样，或通过材料的引导使考生得出结论，或抛出现有规律让考生评析解读，形式和内容都极其多变。对于规律性解释的题目而言，在考查难度上亦可以通过单纯写出规律、叙述推理逻辑、论证规律等几个层次来设置题目的难度，不过，由于规律性解释属于高层次高难度的考查，命题时要注意该类考题在试卷题目中所占的比例，以作为选拔高水平考生的重要依据。如下例。

例6-1-9：(2019年全国高考Ⅰ卷)阅读材料，完成下列要求。

(材料略)

(1)根据材料一并结合所学知识，分别说明四个国家钢产量的总体发展趋势及基本原因。

参考答案：

(1)趋势：

美国：产量长期稳步增长，到20世纪70年代中后期出现下降现象。

日本：20世纪50年代中期到60年代末产量增长迅猛，70年代放缓。

苏联：稳步增长，20世纪70年代中后期放缓。

中国：快速增长。

原因：

美国：国家采取大力干预经济政策促进经济发展，受滞胀影响。

日本：采取引进技术等方式促进经济高速发展，20世纪70年代在经济滞胀冲击下，经济发展减速。

苏联：国家优先发展重工业，后经济发展逐渐停滞。

中国：重视发展重工业。

本题问的是“趋势”和“原因”，似乎没有涉及规律问题。其实，从参考答案可以看出，本题考查了两个规律：一是钢产量都有一个从增长到放缓的过程；二是钢铁生产作为重工业，要取得迅猛发展，必须依靠国家的大力投入。尤其是第二点，属于重要的规律。重工业跟轻工业不同，离开了国家的重视和投入，是很难有大的发展的。这就属于规律性解释。

除了题目总体样式上的区别，在设问用词上命题人也可以根据考查层次的不同，设计不同的措辞表达。总的来说，历史解释素养试题要求考生对材料作出诠释，多会采用“试分析”“这说明”“合理的解释是”等设问词进行提问，意在通过发问，指向明确地引导学生进行解读分析。但当题目涉及内涵性解释的考查时，则可以采用“导致了”“对此”等设问词，引导考生作答时集中于对材料情境的内容、后果作出历史解释。而如果使用了“这反映”“这说明”，则往往需要考生对材料情境进行深入分析，若涉及一些抽象概念，那么该题可能考查本质性解释的能力。这些既是明确命题人的考查意图，也是让考生通过对设问词的审读，明确题意，获得提示，寻找答题方向与思路。

通过本节的叙述，历史解释素养的试题结构、各水平层次特点和命题思路已基本罗列清楚了。总的来说，历史解释素养相关试题，与其他核心素养试题相较，形式灵活，层次丰富，又可以与多个核心素养综合考查，应当是未来高考命题重点关注与频繁考查的。

第二节　历史解释素养选择题的命题思路

选择题一直是历史考试题目的重要形式之一，由题干和备选项两部分组成，备选项中会同时存在符合题意的正确选项和干扰项，因其答案必然为符合题意的某些选项，固定客观，故该类题目又称为客观题。选择题用以考查历史解释素养，具有一些独到的优势，本节将简要介绍历史解释素养选择题的类型与形式，并就其未来可以尝试的方向提出设想。

一、以选择题考查历史解释素养的优势分析

历史解释素养选择题，尤其是单项选择题，是近几年高考试题中频繁出现的考查历史解释素养的工具之一。将选择题作为历史解释素养的重要测量工具，既发挥了选择题自身的形式优势，又十分契合历史解释内涵的特殊要求，在高考试卷结构、难度设置和能力素养针对性考查方面都发挥出很独特的优势。

从高考试卷结构上讲，如今高考试题一般分为选择题与非选择题两大部分。选择题的优点在于降低了阅卷与答题的复杂程度，又能通过选项设置尽可能覆盖更深或更广的知识范围。而历史解释素养试题所要考查的，恰恰是考生如何解读、评价历史，包含了考生对历史事物的深入认识和时空联系程度。因此选择题无疑是考查历史解释素养的重要手段，通过材料的选取和备选项语句的组织，可以很好地实现这些要求。

历史解释素养和选择题除了考查形式相契合外，从整张试卷的难易度比例要求上来讲，二者结合亦能达到良好的考查效果。高考作为以程度区分和人才选拔为目的的考试，试卷的难易结构自然是易、中、难各占一定比例。历史解释素养基本上考查学生对历史事物的观点、看法，而除了基本观点之外，将观点的论证过程叙述出来或者举例论证得出观点，是规律性解释等题目难度较高的一种考查要求。但这种要求很少以选择题的形式

实现，因为完成选择题仅要求选出备选项中的正确项，本身不要求写出思考过程，也不要求以一定篇幅的文字作答。从这个角度上讲，选择题的形式可以使历史解释素养选择题的难度有一定程度的降低，这样就可以用于调节试卷的难易结构，也使得在历史解释素养上达到一定的认识程度，但表达能力却不够的部分考生也可能得到相应程度的分数。

从历史解释呈现的内容来看，该素养也十分适合通过选择题来考查。因为历史解释的角度众多，内容纷繁，带有一定的主观性，加上选择题篇幅有限，呈现史料可能较为单一，得出的结论容易有争议。哪些答案能够获得分数，哪些答案最符合材料内容，通过选择题的形式可以尽可能减少答案合适与否的争议。选择题的形式决定了考生只能从备选项中选出与材料关联最紧密且符合客观事实的选项，而备选项通过内容的编排，本身便将考查指向限定在一定范围内，再通过干扰项内知识性错误或关联性强弱的设置，在特定范围内就只有一个选项本身说法是符合史实与逻辑的，或者是与材料关联更大的，此为正确选项，亦叫最佳选项，选中即可获得该题的分数。这一形式既使历史解释素养能够以一种争议性较小的方式考查，亦能具体考查学生对知识的掌握程度。

再者，选择题因为给出备选项供考生选择，所以内容上多多少少可能给到考生一些提示或启发。对于历史解释素养这一素养，备选项也可以看作是命题人对材料所作的不同的历史解释，或者提供的符合材料逻辑的论据。考生选出正确选项的过程，便是结合所学钻研思考，判定他人的若干历史解释逻辑是否合理，进而从若干观点中选出合理答案的过程。

综上所述，历史解释素养自身的要求与选择题的形式具有很高的契合度，既能实现素养自身的测评效果，亦能调节试卷整体难度结构、思维结构。从近几年高考试卷历史解释素养选择题反复地考查，且考题内容不断创新这一情况来看，历史解释素养选择题依旧是接下来高考命题重点关注的对象。

二、历史解释素养选择题的常见题型与命题思路剖析

选择题作为历史解释素养考查的常见方式，其命题有一种基本的思路，即考生面对一段历史材料，能否辨别其所关联的历史事物，区分题干中的

史实与历史解释，进而理解、分析、解释该材料，这一思路对应的题干形式大致遵循这样的模式，即“材料(客观材料/主观历史解释/前二者结合)+(提示语)+设问(要求考生作出相应的历史解释)”。其中，材料由史实和对史实作出的历史解释构成，形成新情境，提示语视情况而定，可以略去。我们可以通过例题进行分析。

例 6-2-1：(2019 年全国高考乙卷)有研究认为，美国独立后不到半个世纪，拉丁美洲经过独立战争，推翻了殖民统治，但拉美国家并没有像近邻美国那样独立后进入现代化的快车道，而是发展停滞，究其原因，殖民统治难辞其咎。“难辞其咎”主要是指殖民者在拉丁美洲

A. 奴役掠夺土著居民　　B. 建立的殖民统治最早

C. 进行了大量的移民　　D. 移植了本国生产方式(√)

在这道题目的题干中，史实与研究者作出的历史解释并存。通过题干前半部分可以得到一些基本史实信息，即时间——18 世纪末 19 世纪初，涉及地域——拉丁美洲，历史现象——拉美国家独立后经济发展较为落后，而“究其原因，殖民统治难辞其咎”显然属于研究者的历史解释。题干要求可理解为：假设这一研究成立，那么支撑这一结论的原因是什么？简言之，便是要求考生理解一个具体的历史结论得出的过程，并还原这一过程中的合理论据。本题属于上文所述对抽象的历史理论进行历史解释的试题，具体类型为对历史观点进行解释。材料中的因果推导构成了考生未直接学习过的新情境，对此，设问指向是要求考生寻找出这一观点得出的依据。结合所学知识，得出 D 选项正确，因为殖民者将自己本国的生产方式移植到拉美国家，这些生产方式相对已经落后，因而成为拉美国家进入现代化快车道的阻碍。

审视这一模式可以看出，这一模式结构明晰，符合选择题题干比较简短的要求，又能够为考生设置新的情境，并且用精简的史料，加上一些提示语适当引导，迅速与所学知识搭建起联系，考查学生历史知识获取能力、历史思维能力。这一模式的结构也决定了，放置于题干的材料类别不同，该试题所考查的历史解释的思维便有一定变化，方向自然也有细微的差别。

下面以另一具体的历史解释对象为例作进一步的说明。

例 6-2-2：(2019 年全国高考Ⅱ卷)

表 1　苏联 1970 年计划完成情况(单位：吨)

类别	1961 年对 1970 年的预测或计划任务	1970 年实际产量
钢	1.45 亿	1.15 亿
煤	3.9 亿	3.35 亿
肉	2500 万	1230 万
蔬菜与瓜类	4700 万	1300 万

表 1 可以说明当时苏联

A. 经济发展的问题积重难返(√)

B. 经济政策保持了连续性

C. 经济改革的重点转向农业

D. 社会生活需求发生变化

在上例中，材料提供的是数据表格，性质较为客观，可以视作客观材料的呈现。根据数据，考生可分析出，20 世纪 70 年代的苏联，工业实际产量基本能完成计划的大部分，但是农业的实际产量与计划相差甚远，表明此时苏联农业较为落后，工业较为发达。根据所学，苏联长期采取的经济发展模式具有农业、轻工业、重工业的比例严重失调的特点，片面发展重工业，忽视农业，尽管后期有作出改革，但仍未能打破这一模式，对应题目的数据正好吻合，故选择 A 选项。在该题中，题目通过提供数据呈现出一种历史现象，要求学生结合所学就这一历史现象作出历史解释，可能是追溯原因，可能是分析影响。而例 6-2-2 与例 6-2-1 的最大区别在于，题干中基本没有提示性语言，单纯呈现一个图表，要求考生据此分析。当题干以漫画或表格数据的方式呈现时，往往题干的提示语会很少甚至没有，因为材料已然包含足够多的信息，这些信息之间的联系足以给到考生答题的提示，并且该类题目对考生挖掘材料的能力考查力度更大，因而试题模式发生了微妙的变化，但总体的架构和对素养的考查依然是固定的。

尽管历史解释素养选择题材料样式繁多，但都要求考生在题干设置的情境中，区分出史实信息和主观诠释的信息，从中抓取关键点与所学知识建立联系，根据要求运用所学知识解题。而在试题命制时，命题人除了掌握历史解释素养选择题的基本模式，筛选材料，增减题干构成，搭建起情境之外，还应当注意到以下几点。

第一，新情境的设置要尤其注意材料支撑。直接反映历史事件的材料往往在教材和考生日常的习题当中已有所运用，因而命题者不妨从目标历史事物发生的某一特有细节入手，或者从背景、影响这些侧面入手，通过一些可以见微知著的片段，或者非直接相关的事件，抑或他人的评价，利用材料暗藏的线索特征，引发考生思考，与所学知识建立关联，进而按要求作出历史解释。

第二，命题人不应当预设某一选择题的正确选项，然后去寻找符合这一选项的材料作为题干。哪怕这一结论出自教材，是学界公认的结论。因为这种思路违背了正常的命题思维，即使命制出来的题目检查不出错漏，也不应当提倡。命制试题对于命题人本身而言也是一种思考和探索，命题人自身在这一过程中按照步骤获得正确答案，才能真正证明这一题目是可行的，是可以落实考查测量的功能的。因而，命题人在命题之初，应当有的是试题命制的大致方向和考点，而不是确切的结论。

第三，通过组织题干语句和错误选项，在选择题中充分设置干扰信息。命制选择题时，由于篇幅限制，题干部分的语段最多由三到四个句子组成，简短的可以两三个句子即完成。但在进行语言组织时，应当充分利用其中的材料、对材料的补充说明甚至设问进行干扰信息设置。或谈及与题目指向无关的内容形成干扰，或植入材料类似历史事件的信息让考生产生对材料所指事件的误判，或对某些关键信息进行模糊化处理，使考生能够判断题干所指历史事物的突破口变少，这些都是在题干中设置干扰的常见方法。对于选择题而言，目前高考常见的是单项最佳型选择题，即每道选择题有且只有一个选项最符合题意，其他选项只是相较而言未能符合题意，并不意味着它们都是错误的表达，因而在每道选择题三个非正确选项的命制中，也是有策略和常用方法的。从历史解释素养的考查角度，历史叙述应当尽量客观、公正，因而绝对化词语的使用，如“完全”“已经”“开始”等词，还有表示完成的“了”，往往使得表达过于强烈，导致历史解释失去客观公允的立场，与题意不符，这是常见的非正确项的命制方式。此外，对材料进行片面解读，抓住材料无关信息并且扩大化，看似未脱离材料的情境，其实并不是解读材料的正确角度，这种处理也是非正确项的命制方式之一；而且，许多考生往往难以直接判断其为非正确项，执着于它片面符合材料的部分产生误判。还有将材料事物陷入强加因果、因果倒置、时空错乱等误区进行解释，这些手法都会运用到材料信息中，与题干创设的情境似是而非，其误区的暴露程度也随着这一题目的需要进行调整，使该题目最终符合命制要求。

第四，题干中的干扰信息与提示信息应当均衡搭配。当材料与设问都难度较高时，可以适当利用提示语进行解读与引导，降低试题难度；当材料与设问较易时，可以减少提示语或者将材料外的语言表述为干扰信息。提示语按照所处题干位置不同，可以分为材料解读语和设问提示语。其中，材料解读语又分为文字材料解读语和图表解读语。文字材料解读语即当文字材料较难理解，如文言文史料，出现生僻字或专用名词术语时，作出一定的翻译或解释。图表解读语即对漫画、表格、数据进行背景信息补充，最基本的表现为交代图表材料来源出处、作者信息、图表内容所反映的时代背景乃至主题等，让考生阅读时能获得一定的基本信息，从而更好地理解材料主题和内容。所谓设问提示语，即在设问时，通过明确要求考生作答的方面，比如要求学生选择的历史解释，是根据题干中材料作者意思得出的，还是根据所学知识得出的，或者对考生选择答案的性质作出规定，如选择“主要原因”“根本原因”，也可以提示考生正确作答。因此，命题人在命制题干及设置选项时，应当灵活地设置干扰信息与提示信息，根据全卷难度分配和考点的需要，调整题目的难度。

以历史解释素养的水平层次分类作为标准，基本上可以形成五种历史解释素养选择题的类型。依据前文所划分的历史解释素养五个层次，主要是在设问和备选项设置上体现水平层次，下面将借助例题，分别叙述各层次选择题的命题思路。

第一层：现象性解释。在近年高考试题中，现象性解释的试题并不鲜见，如下例。

例 6-2-3：（2022 年广东高考）1946 年 6 月，中共中央致电各军区负责人说："观察近日形势，蒋介石准备大打，恐难挽回。我军必须战胜蒋军进攻，争取和平前途。"因此中共中央向解放区军民发出的号召是

A. "武装自卫"（√）　　B. "向敌后发展"

C. "救亡图存"　　D. "解放全中国"

该题利用时间及历史主体创设具体情境，考查考生对中国近代史尤其是新民主主义革命各时期目标口号的记忆。考生根据"1946 年 6 月"与"中共中央"这一历史主语判断出题目考查的是解放战争时期，由于国民党即将挑起内战，中共中央提出的口号，这部分知识属于日常学习中的识记内容。根据情境线索，联系具体时空主语，得出相应的选项，属于现象性解释类试题的史实重建这一类题目。一般而言，此类试题难度层级较低，可用于平衡全卷的难度，对考生的基础能力、基础知识进行考查。

第二层：内涵性解释。关于内涵性解释选择题的命制，可以通过呈现历史现象，在现象中突出某一方面信息，由此引导考生探究其背景或影响，如下例。

例 6-2-4：（原创）1993 年，我国对"八五计划（1991—1995 年）"进行了调整，主要修改了经济增长目标，提出深化粮食流通体制改革，按市场需求调整农业结构，大力发展乡镇企业，加快交通运输发展，扩大利用外资规模等。党中央做出上述调整的背景是

A. 改革开放遇到了重重阻力

B. 国际政治局势比较稳定

C. 已明确经济体制改革目标（√）

D. 国民经济比例极不协调

该题考查"八五计划"的历史背景，题干描述历史现象时尤其突出"八五计划"作出调整的新内容，旨在引导考生结合调整内容的共性特点，明晰调整变化的因素是经济体制改革目标的确定。除了直接提问历史现象的背景、影响，题干设问还多采用"表明""说明"等词语，如下例。

例 6-2-5：(原创)

——张光宇，《磨去胜利剑上的锈痕斑斑》，《广西日报》，1944 年 5 月

以上漫画表明，作者

A. 反对国民政府的内战政策　　B. 批评了国民党消极抗战

C. 主张推翻国民党腐朽统治　　D. 要求整肃吏治坚持抗战(√)

该题从材料对象上划分属于漫画类选择题，题干仅提供一幅漫画与漫画的创作信息，设问简单直接，达到了内涵性解释中的理性认识这一层次。题目四个备选项看似都是对漫画内容的解读，与漫画内容某处细节挂钩，这就要求考生准确定位时空，理解漫画并推断漫画所反映的真实历史状况。

上述两道题目，例 6-2-4 的备选项分别从国内政治、国际政治和国内经济角度尝试提出解释，例 6-2-5 的备选项则分别从国民政府应对内战的政策、态度和统治状况等角度出发组织备选项语句，因而，内涵性选择题的命题方法，在备选项的设置方面，从多个角度尝试对题干进行内涵性解释，解释的角度可以从题干涉及的历史事件的背景、内容、影响入手，亦可以从其中某一过程的不同主体、不同侧面入手。

第三层：本质性解释。本质性解释选择题可以在题干中呈现历史观点，备选项呈现本质性的历史解释；亦可以在题干中呈现历史现象，通过备选项对题干作出本质性解释，使得这一题目的能力考查方向指向考生本质性解释的能力。本质性解释选择题的备选项必然是对历史事件进行深入的分析，以本质性解释的形式组织备选项行文，多表现为以抽象的理论作为备选项，且正确选项的内容应注意一点：针对题干所作出的本质性解释不仅能合理解释题干内容，还应当具有一定的客观性，即还要能够符合客观的历史认知，如下例。

例 6-2-6：(2022 年全国高考甲卷)康熙年间，多次令各地举荐山林隐逸，又令官员推举博学鸿儒，吸收学行兼优之士。开设明史馆，召集文人编纂明史，还进行多部儒经传注的修纂，编成《康熙字典》。上述措施的主要目的是

A. 承续华夏传统(√)　　B. 倡导疑古辨伪

C. 弘扬程朱理学　　D. 保存历史文献

在该题中，命题人给考生提供了一个情境，要求考生对这一历史现象中的历史主体的目的进行分析，而且，这一分析不能仅就事情的表象去分析其因果，这样的话本题就停留在内涵性解释的层次上了。命题人在组织备选项的叙述时，选择以抽象的概念和理论化的表达来挖掘材料的因果内容，这也是本质性解释选择题的命题关键——材料内容可以是历史现象或历史解释，而备选项尤其正确选项必然是深入理论层面分析材料的。若以本质性解释作为题干，选出符合这一解释的历史现象也是可以的，这是此类题目的另一种命题模式。

第四层：联系性解释。联系性解释选择题在题干命制上，与上文提到的几种层次的选择题的命制方法略有不同。该类型选择题的题干当中起码要涉及两个历史主体，并且从材料、设问到备选项都与至少两个历史主体相关。可以以其中一个历史主体作为联系与参照，对另一个主体的内涵、性质作出更加深入的认识；也可以将两者作为平等的关系进行比较，升华到对两个主体所处时代特征的认识。如下例。

例 6-2-7：(原创)有学者认为，《诗经》多反映黄河流域的劳动与爱情、战争与徭役、压迫与反抗、风俗与婚姻、祭祖与宴会等；《楚辞》则多反映楚地神鬼巫术、自然崇拜、山川人物、历史风情等。这反映了当时

A. 南北方之间的社会经济发展差异(√)

B. 北方政治动荡社会经济发展受限

C. 南方物产丰富经济发展水平较高

D. 祖先崇拜以及宗法制度影响扩大

在上例中，命题人将同一时代背景下的两大文学作品的内容风格进行比较，以时间将两个历史主体联系起来，又以文学作品的风格这一话题将二者进行比较，考查学生对春秋战国时期社会情况的认识. 本题的考查立意比较微观，但涉及同一领域下两个主体的比较，属于联系性解释选择题。命制该类试题时，可以选定考点，依照这一思路拟出题干与备选项。

第五层：规律性解释。规律性解释选择题在命制时，可以遵循这样的模式：在题干中呈现原始材料，并附上对这些材料的若干解读，要求考生从这些解读中总结出一些规律，这一过程必须运用并符合历史唯物史观的方法理论。这是近几年全国卷高考试题、各地模拟题较为常用的模式，如下例。

例 6-2-8：(原创)

<table>
<tr><td rowspan="2">濞则招致天下亡命者盗铸钱，煮海水为盐，以故无赋(不向百姓收赋)，国用富饶。
——司马迁《史记·吴王濞列传》</td><td>甲：吴王刘濞威胁了中央统治。</td></tr>
<tr><td>乙：刘濞治理有方，体恤百姓。</td></tr>
</table>

甲、乙二人对史料的不同解读说明

A. 文献史料具有不确定性　　B. 历史解释要以事实为依据

C. 人们无法了解事实原貌　　D. 历史解释受价值立场影响(√)

该题以表格的形式呈现材料，实则是将原始史料和对应史料的两则历史解释分别展现，对同一史料得出了两个有所差异的解读，是两个不同的历史观点。要判断出这背后说明了怎样的历史哲理，考生应先从题干表格的史料入手，明白“甲”和“乙”之所以会得出两种不同解读，是因为他们站在材料所涉及的不同历史主体的立场对材料进行解读，从而明白变换立场，对史料的解读会有偏重，会作出不同的历史解释，进而选出 D 选项。这一过程考查了考生通过对历史材料的不同解读，认识其背后蕴含的规律，符合唯物史观的基本理论和方法。这一类型的试题在命制时，备选项通常以陈述历史规律的形式呈现，而正确选项一般既要符合唯物史观的理论，亦要符合材料的指向。命制规律性解释选择题，亦可以在题干中呈现学者已提出的历史规律，备选项设置为对题干的不同解读，让考生选出最贴近他们想法的选项。规律性解释的选择题既涉及对考生具体历史知识的考查，也涉及对考生历史价值观、历史理论的考查，考点范围、考查思路都非常灵活，并且具有一定的思维深度和综合能力要求。

总而言之，从分类的角度来讲，尽管历史解释素养选择题根据考查对象可以分出若干类别，不过各类选择题的架构基本以“材料＋(提示语)＋设问(作出相应的历史解释)”为模式，不同类型的材料主要是使解题的思维模式有相应的不同，而选择题命制的关键在于利用新材料创设新情境，主要在题干上下功夫，并利用提示语或干扰信息调节试题难度。历史解释能力分层的不同则更多体现在备选项的设置上，以备选项叙述方向与体现层次的不同，考查考生对知识的掌握程度和能力素养的层次。另外，不同考查对象与不同能力水平的考查并不冲突，因而，一道历史解释素养选择题中，有可能涉及考查对象与不同能力层次的搭配，也可以若干能力层次同时进行考查，尤其在命制有一定难度的选择题时，经常考虑采取这一方法。

三、历史解释素养选择题的创新设计

从近几年高考全国卷及自主命题地方卷的题型来看，单项选择题是渗透历史核心素养、考查考生历史知识的选择题主要形式。在不改变单选题这一模式的前提下，仍然可以通过设置得分的方式使选择题的考查形式得以创新。历史解释素养有不同的水平层次，因而在备选项的设置上，亦可以设置错误项和若干正确项，关键在于正确项之间体现出层次水平深浅的不同。选择对材料进行更广泛联系、更本质解释的选项，可以获得更多的甚至该题全部的分数；选择比较浮于表象的，或者对仅对部分材料进行解读的选项的考生，获得该题部分的分数。如下例。

例 6-2-9：(原创)相传，在巴黎和会上，中国代表顾维钧做出了“中国不能失去山东，正如西方不能失去耶路撒冷一样”的精彩发言，这一事件被不断地传诵复制，更被拍成电影片段。但学者们查遍资料档案，却找不到这

句话的明确出处。对此，作为中学生可以持有的态度是

A. 这句话反映了国人的心声，仍具有史学价值

B. 宁信其有，不排除以后会找到相关资料证据

C. 文艺影视作品的演绎、渲染是正常合理的

D. 研究顾氏从法理上驳斥日本的材料更有意义

该题为考生设置了一个史料研究的情境，要求考生对这一情境作出价值判断。对于这一情境，是可以有不同的观点的，即可以作出不同的历史解释，但从怎样看待与解读这一情境的反应中，是可以体现考生历史解释素养的水平高低的。在该例题中，D选项回到了研究历史问题这一出发点，并表明在这一事件中尽管外界说法纷繁，但研究者仍应抓住根本。如何进行研究，可以说，应是作为学术研究后继者的中学生最应当具备的观念，故而选择D选项的话，该考生应当获得该题的所有分数。B选项带有个人主观色彩，不符合唯物史观的研究方法，从历史研究的角度看有明显的错误，故选择该选项的考生不得分。A、C两个选项并没有完全从材料的核心问题出发去评价解读，而是仅从部分材料出发，发表对这一事件的看法，这种方式并不是最全面、最贴近事件本质的解读，但是并不是对这一事件的错误解读。当题干设问是“可以持有的态度”时，A选项与C选项由于并未犯史学错误，甚至A选项的观点还有一定的新意，因而完全不得分并不符合题意。可以考虑给选择这两个选项的考生一定的分数，以体现他们与选择最佳选项、选择错误选项的考生的区别。

事实上，一道单项选择题，可以设置不同分值的备选项，让考生有可能获得该题部分或者全部的分数，某种程度上也是承认，对于一则历史材料，从不同的角度、不同的水平层次会得出不同的历史解释，这些历史解释可能有水平层次深浅之分，但是没有绝对的正误之分。因而，符合题目材料的正确解读可以不止一个，就历史解释这一素养的选择题而言，还可以充分考虑采用双项选择题、多项选择题甚至不定项选择题的形式进行考查。

以不定项选择题为例子，历史解释素养在这一题型的命制上，由于选择题的阅读、理解耗时有一定限制，题干的篇幅不宜过长，故题干所包含

的信息量比较稳定。不过，因为对材料的解释可以从不同角度、不同水平层次进行，都可以形成符合材料内涵的解读，所以在备选项的设置上便可以尝试融入不同主体视角，继而遵从唯物史观理论、符合基本史实信息的解释，都可以作为正确选项。如下例。

例 6-2-10：(原创)1969 年，尼克松在关岛发表非正式讲话时指出，美国将继续发挥自己在亚洲的重要作用，同时鼓励其亚洲盟友自己承担国内安全和军事防务的责任，美国此举的背景是

A. 美国已深陷战争泥潭(√)

B. 日本军事力量迅速增强

C. 中美实现关系正常化

D. 苏联推行积极进攻战略(√)

该题考查材料呈现的历史事件的历史背景，属于内涵性解释选择题类型。一般来讲，历史事件是由复杂的历史时局的多种因素共同作用产生的，其影响往往不局限于单个方面，因而备选项设置更容易存在多个正确选项。当然，因为材料与思路的丰富性，考查历史解释素养的不定项选择题可以涉及多种史料类型和层次水平，如本质性解释、联系性解释均可以配合这一类型的选择题进行命制；设问上可以指向更加宽泛，如“据此，下列说法正确的是”这样的设问，使得考查的素养内容更加丰富。

第三节　历史解释素养非选择题的命题思路

非选择题作为历史高考中的另一种必考题型，也叫主观题，一般由材料与若干问题组成。非选择题与选择题的区别在于：非选择题提供给考生的材料篇幅更长，字数更多，阅读与理解的难度都增大了。另外，针对一则或者由某一逻辑联系起来的若干则材料，非选择题的设问往往不止一个问题，并且呈现广泛考查、层层深入的特点。再有，非选择题的答案完全由考生思考并组织语言，相较于选择题而言，没有备选项的干扰或提示，

考生基本以自己的想法为主且要精准地表达出来，因而非选择题的答案往往没有绝对固定的表述，而是通过考生答案呈现出的思路是否准确、关键词是否涉及、提出观点是否能够自圆其说来判断其能力层次达到怎样的水平，并给予考生相应的分数。

一、以非选择题工具考查历史解释素养的优势分析

以非选择题作为测量工具考查考生的历史解释素养，与历史解释素养自身的内涵要求是十分契合的。相较于选择题而言，不论是单项选择题，还是不定项选择题，均设置有一定的备选项，选项的内容可能是扰乱考生思绪的陷阱，亦有可能给予考生一定的方向引导和内容提示。非选择题则要求考生根据材料、设问与所学知识，自行组织语言作答，并不会给出除材料外的其他提示。因而，考生的答案即是考生根据其对设问的理解，对材料所作出的历史解释，亦能比较充分地体现出考生历史解释素养的水平层次。在非选择题的作答中，考生往往有比较充裕的篇幅组织答案，将自己所学与考试时所想更充分地表达出来，因而考生的思路能够得到广阔的延伸，也可以从多个角度作出历史解释。这样，考生答案中便有可能出现命题人未曾料及但是符合情理的要点，故而非选择题在阅卷批改时往往会根据考生答案是否言之成理酌情给分，而不是以参考答案要点作为绝对的标准。非选择题尤其是历史解释素养非选择题的命制，应当尽量做到让主观题更“主观”，真正让考生运用自己的能力和所学知识表达自己对历史的理解。考生在答案中展现的错误内容，也直接反映出考生对材料的理解偏向于哪一错误方向，从而直接为教师的纠错教学提供内容。

再者，非选择题本身包含若干则材料，且材料的篇幅较长，对于命题者想要传递的主题内容，可以有更丰富更详尽的表达，也可以分不同方面进行展示，因此非选择题材料本身便可以是内容层次较为复杂的史料。从分类的角度看，材料可能对同一类型的不同阶段、不同方面分别进行了呈现，无形中形成了对照与比较；或者对同一类别进行了深入的内涵剖析，条分缕析地说明了问题的前因后果。这些既可以给考生更多的答题提示，也会由于信息的混杂多样而给考生造成一定程度的干扰，因而可以调节试题难度，考查考生不同的历史解释素养水平。从分层的角度看，材料可能

具备了现象性解释、联系性解释、内涵性解释等多个水平层次材料的基本要求，而历史解释素养的其他层次亦可以通过设问来体现。故而非选择题考查历史解释素养的另一个契合点在于，非选择题的体裁能够很好地将若干项历史解释素养的水平层次一并考查，而多层次合并考查也正是考验考生能否综合、灵活运用历史解释素养能力的重要手段，如下例。

例 6-3-1：(2022 年全国高考乙卷)阅读材料，完成下列要求。

材料

解读史料，获得历史认识，探寻史料表象背后的意蕴，是历史学的魅力所在。下表为史书所载东汉时期几位良吏的事迹。

姓名	任职地	事　迹
刘陵	安成 (今属江西)	先时多虎，百姓患之，皆徙他县。陵之官，修德政，逾月，虎悉出界去，民皆还之。
法雄	南郡 (今属湖北)	(郡)多虎狼之暴，前太守赏募张捕，反为所害者甚众。雄乃移书属县曰："凡虎狼之在山林，犹人民之居城市。古者至化之世，猛兽不扰。皆由恩信宽泽，仁及飞(禽)走(兽)……其毁坏槛阱，不得妄捕山林。"是后虎害稍息，人以获安。
刘平	全椒 (今属安徽)	县多虎为害，平到修政，选进儒良，黜贪残，视事三月，虎皆渡江而去。
童恢	不其 (今属山东)	民尝为虎所害，乃设槛捕之，生获二虎。恢闻而出，咒虎曰："天生万物，唯人为贵……汝若是杀人者，当垂头服罪；自知非者，当号呼称冤。"一虎低头闭目，状如震惧，即时杀之。其一视恢鸣吼，踊跃自奋，遂令放释。吏人为之歌颂。

——据《后汉书》等

阐述从上述材料中发现的历史现象，并得出一个结论。(要求：现象源自材料，结论明确，史论结合，表述清晰。)

该题最为明显的特点，是若干良吏故事在内容上有相近的叙事逻辑，在东汉南方这一时空背景下，材料中良吏们面对的治理区域均是"多虎"且"虎暴为害"，虎患似乎成为一种象征，而经过良吏们以仁德为指导思想的治理，老虎们最终都离开不再为害该处。这样相似的历史现象可以引发思考，并探究出背后的叙述逻辑。这一固定叙述模式的形成，应当与主流思想儒家文化的影响分不开①，这是正面看待、解答该题的思路(本题还可以从其他线索入手，如关注到这些良吏都为官于南方，由于开发程度有限，南方虎患严重等，没有固定答案，本处论述思路仅为较常见的思路之一)。可以认为，本题的作答，至少涉及对历史解释素养三个能力层次的考查：首先，考生需要以现象性解释的能力将良吏们的事迹阅读理清；其次，从材料出处、叙述细节初步探究行文风格的成因，这达到了内涵性解释的层次；最后，将良吏们的事迹进行比较，探求其背后的共性，将结论深度上升到官方正史的史观与叙述方式套路上。考生达到哪一层次，都是可以从其作答的叙述行文中判断出来并给出相应分数的，这样就实现了既综合考查又分层给分的设计初衷。在这一非选择题中，命题人以若干有隐藏联系的材料呈现，并于史料出处、栏目设置作出提示，既给了考生自主探究、发散思维的空间，又考查了考生基本的知识，还较好地区分出考生的能力水平层次。可见历史解释素养自身的性质与非选择题题型的样式，如一组榫卯，自身结构恰好符合对方所需，形成的组合也能发挥二者应有之义，使试题考查达到更好的效果。

二、历史解释素养非选择题的常见题型与命题思路剖析

历史解释素养非选择题的考查，主要是通过材料、设问方式和参考答案组织等方面体现历史解释素养的层次与能力要求，因而非选择题的命制，命题人亦主要在这些方面下功夫。

历史解释素养非选择题的题干材料，即考查对象，其分类同样满足上文所述历史解释素养试题分类的情况。由于非选择题的题干要求与材料的字数可以较长，叙述内容自然比较丰富，这意味着对“情境”的构建也就更加细致深入，可能包含的考点和考查方向，包括考查的水平层次就更多。而历史解释素养非选择题的特别之处在于，其“情境”可以表现为一个明确的“主题”，如“中外文明交流”“民族团结”“依法治国”“社会救济”等。这些主题应该是命题人在对各类史料有了广泛的涉猎后提炼而成的，是既与考

① 参阅孙正军：《中古良吏书写的两种模式》，载《历史研究》，2014(3)。

生所学知识有联系，又能凸显出一定的思维层次的总结感悟。在这样的主题统领之下，可以展开与这一主题相关的不同方面，如不同时段这一主题的具体现象，不同空间这一主题的具体表现，某一时空下这一主题现象产生的具体原因、若干影响，等等。因此，历史解释素养非选择题往往是若干类型一起考查，对考生的综合分析能力要求更高，如下例。

例 6-3-2：(2018 年全国高考Ⅱ卷)阅读材料，完成下列要求。

中国基层社会治理历史悠久。改革开放以后，村民自治成为中国亿万农民的伟大创造。

材料一

宋代一些地方实行乡约制度。其功能主要是扬善惩恶，制定规约进行道德教化，并建立民间组织和相关的赏罚制度，明清时期，宣讲“圣谕”成为乡约最重要的内容。当时，由地方官吏广泛推行乡约制度，设立乡约组织，每月召集百姓宣讲、教化。康熙九年颁布了乡约组织必须宣讲的《上谕十六条》，内容包含“重农桑以足衣食”“训子弟以禁非为”等。

——据杨开道《中国乡约制度》等

材料二

清末，时人认为“地方自治者，为今世界立国之基础……于救亡之事，至为切要”。1909 年，清政府颁布《城镇乡地方自治章程》，地方自治大致按行政区划分城镇和乡两级，设立议事会为议决机关，议员由选民互选充任。

——据张海鹏主编《中国近代通史》

材料三

20 世纪 80 年代后，村民自治迅速发展，到 1997 年底，全国共有 91 万个村民委员会的村干部由村民直接选举产生，大部分农村有 90%以上的选民参加了选举。1998 年颁布了《中华人民共和国村民委员会组织法》，村民委员会是我国农村基层社会的群众自治组织。

——据郭德宏等主编《中华人民共和国专题史稿》

(1)根据材料一并结合所学知识，概括宋代到明清时期乡约制度的变化，并说明乡约制度的积极作用。

(2)根据材料二并结合所学知识，简述清末城镇乡地方自治的历史背景。

(3)根据材料三并结合所学知识，说明村民自治的意义。

该题题干明显有一句提示语，表明了该题讨论的主题是“中国基层社会治理”，而材料分别呈现了不同时段——宋代、清末和改革开放后中国基层社会治理的情况，属于古今贯通类型的非选择题。而从设问也不难看出，题目要求学生在明确各个时段历史现象的基础上，分析其不同与变化，这其实是命题人通过设问一步步引导考生如何由浅入深地分步骤理解这则材料，在此基础上，分析这一制度起到的积极影响，这属于对历史现象、历史关联作出历史解释。而且每一个问题的答案，都不止一个知识点可以得分。第一个问题“变化”的参考答案为“宋以道德教化为主，明清增加了宣讲‘圣谕’的内容；乡约组织从民间自发建立到由地方官吏推动设立”，有两个得分点；“积极作用”的参考答案为“有利于维护社会秩序，加强基层社会治理；有利于发展生产；促进了儒家文化和传统道德的传播”，一共是三个得分点，综合了现象感知、搭建关联、比较分析等步骤。第二个问题要求考生将材料二的时序往前推移，分析其历史背景。在前两个问题较为基础的能力考查过后，第三个问题显得宏观，考查了更深层次的思维能力，即近代背景下村民自治的意义，能力要求达到了该题最高。三个问题层层递进，将能力的层级宽度和层次深度都考查到了，考查水平更显综合与全面。

此外，历史解释素养非选择题还具备以下特点，也是该类非选择题命制时应当注意的。

第一，题目的材料可以以单则材料出现，也可以以多则材料呈现。由单则材料构成一道非选择题，则材料内涵必然较为丰富，可能详细叙述了某一历史事件的起因、经过、结果，或者对一个历史问题进行了多方面的分析，即语段内部具有特定的逻辑联系。如若题干以多则材料的形式呈现，则可以在材料之间的相互关系上下功夫。多则材料的呈现本身就有对照比较的逻辑关系，上文提到的情境创设类型——主题引导类便往往应用于这一类题型当中。多则材料的历史解释素养非选择题的题型有若干种，一种是以一个主题串起若干材料，每一则材料具体的情境可以不同，如所述的历史时期可以不同，所述的地域国家可以不同，但所针对的具体内容应当是同一方面的。这样，多则材料的历史解释素养非选择题，在形式上可以有同一主题下不同时期的表现，如上文提到的古今贯通类的试题；可以有同一主题下不同国家不同地域的表现，如上文提到的中外关联类的试题。时间和空间是历史事件最关键的两大因素，也是历史研究的两大基本维度，因而据此来组织材料，也能考查考生对时空的敏感程度。在这一类非选择题的命制上，命题人可以针对这一主题在不同时空下的呈现，要求考生结合所学对事件的背景、影响或事件的本质方面进行分析解答，且通过阅读材料，以主题为切入点对不同主体的情况进行对比。如下例。

例 6-3-3：(原创)阅读材料，完成下列要求。

材料一

杜环，唐朝人，生卒不详，著有旅行游记《经行记》一书。公元 751 年，杜环随高仙芝西征石国(今乌兹别克斯坦境内)。唐军兵败于怛逻斯，杜环及两万余人被大食(阿拉伯王朝)俘虏。杜环被俘后曾跋涉数万里，游历了中亚、西亚、阿拉伯及北非等地，并于公元 762 年乘商船从海路回到广州。游历巴格达(今伊拉克首都)时杜环曾记下一条重要信息：“(巴格达)绫绢机杼，金银匠、画匠、汉匠起作画者，京兆人樊淑、刘泚，织络者河东人乐环、吕礼。”许多学者据此认为，被俘的唐军中有大量汉族工匠，他们将唐朝的建筑、手工、绘画、纺织及造纸术等传播至中亚、西亚，从而远达欧洲。

——据张一纯《经行记笺注》编写

材料二

1971 年春，第 32 届世界乒乓球锦标赛在日本名古屋举行。比赛期间，一位叫科恩的美国业余乒乓球队员上错车，坐到中国队车上。中国运动员庄则栋主动与科恩交流，并送给他一幅“黄山风光”的织锦。中美两国运动员走下车时，这令人惊奇的一幕被日本记者拍到，成为轰动性事件。毛泽东主席听说此事后说：“这个庄则栋不仅球打得好，还会办外交，此人有点政治头脑。”此后，中美两国开展了“乒乓球外交”，推动了中美关系的正常化。

——据翁明《小小银球，旋转乾坤——记中美乒乓球外交》编写

(1)根据材料一并结合所学知识，概述唐朝前期中西交流的状况。

(2)根据材料二并结合当时历史背景，分析说明毛泽东称赞庄则栋有政治头脑的原因。

(3)根据材料一、材料二并结合所学知识，围绕“普通人与历史”谈谈你的启示。

在该题中，命题人确定了“中西方交流”这一主题，之后分别选取了唐朝和20世纪70年代两个时间段的截面作对比，多则材料呈现，既实现了古今贯通，也探讨了中外关联。要求考生在答题时对事件的来龙去脉以及材料之间的关系有综合的考量及深入的思考，并且通过设问，对考生历史解释素养进行多层次的考查，属于历史解释素养非选择题的典型例题。

另外，还可以选择针对同一话题作出不同评价或发表不同见解的若干材料作为题干内容。这一学术话题其实便是一个主题，对于不同见解之间的差异，可以引导考生作出自己的历史解释，发表自己的观点，或与材料的看法一致，或与之截然相反，或许某些内容可以商榷，考生可以通过分析形成自己的看法并在作答中表现出来。在这一类试题的命制上，主题的选择可以在角度上不断创新。

第二，非选择题的设问一般会分为若干问题，或者答题的时候有若干个步骤，每一个环节的分值不固定，相较于选择题而言，体现出了灵活分配分值的特点。可以针对一则材料进行多方面的剖析与考查，也可以将考点细化，允许一个问题的答案多元，言之成理即可得分。历史解释素养渗透之下，更多地要体现不同的主体对同一历史对象的不同看法，以及对这一历史对象的认识是否深入、全面。因而，将非选择题的分值根据考查需要灵活分配，通过分值比重体现考查侧重，根据答题步骤的要求赋分，体现历史解释素养的内涵，如下例。

例6-3-4：(原创)阅读材料，完成下列要求。

材料

欲使世界史昌盛于历史学者当中，需要拆除三座堂皇的壁垒。第一座壁垒透过单独的民族国家孤立地思考过去。这种陈旧的思考方式通常带有民族主义或例外论的色彩，而这种情绪有时甚至也存在于历史学家当中，以致令他们难以对自己的国家进行批评。

世界史研究的第二座壁垒则是将自己在地球所处的这个区域看作一切事物的中心。历史学者往往竭力追问哪个地区更好，为何此地区成功而彼地区失败，为何西方衰落而东亚崛起等问题。很多学者在反对国家中心主义的同时走向区域中心主义，但后者也可能成为必须被克服的另一个盲点。

……至此，我们遭遇了第三座壁垒，阻碍我们完成一部包罗万象、真正意义上的"世界"史：人类中心主义。它在漫长的历史中，一直定义着我们这一学科的特征，而今，如同古老的民族中心和西方中心主义一样，遭受到挑战。在新一代史家看来，世界史应当不仅聚焦于"人类之网"，也应关注"生命之网"，亦即这个星球的生态。

——摘编自[美]唐纳德·沃斯特《什么是世界史》

长期以来，人们对世界史的认识历经了一个漫长的变化过程。请从材料中提取任意一个观点加以评析并形成新的见解(要求：见解明确，史论结合，表述清晰。)

评分标准：

评分标准赋分情况表

提取观点	准确理解材料观点；清晰表达材料观点。
评析观点	判断所提取的观点是否有史据或理据支撑(整体、部分、都不)；能提出2个以上相关史实论据。
	逻辑清晰，史论结合，揭示史实与观点间的关联；能对所评析观点定性。
提出新观点	能在前文分析的基础上提出新观点(例如：从"怎么办"角度提出新见解；或修改、完善所提取的观点)。

该题的评分标准如上表所示，右栏每个层次要求分别赋分，作答能达到越多要求者获得分数越高。

在这一例题当中，题目材料较长，展开了一个历史观点的多个层次，层层相扣，每个细节都有一定的思考与讨论空间，属于对历史观点进行解释的非选择题，而题目的设问正是要求考生从材料中提取任意一个观点加以评析并形成新的见解，还要求论述过程史论结合。对此，考生可以发表自己的见解，如在同意沃斯特观点的基础上，提出"当今世界应该以人类命运共同体理念书写新的世界史”的观点，或者对沃斯特的观点提出异议，认为“世界史研究应立足国家，关注区域发展，关注人类面临的共同问题”等。接下来在论述当中，只要论述的逻辑与表达规范化，体现学术性，便可对照评分标准的分层要求获得相应分数。因而命制历史解释素养非选择题时，可以在其本身具有较高分值的基础上，分要点、分步骤赋分，引导考生多角度、多层次思考，更细致地考查考生对知识的理解。

第三，历史解释素养非选择题的命制上，不同形式的材料组合更加灵活，设问方向也更加发散。历史解释素养非选择题具有多种形式的材料可以组合运用的特点，除了传统的文字材料之外，数据表格、图像图画等信息载体也可以出现在题干中，使试题表现形式更加丰富的同时，进一步考查考生对信息的获取及概括能力。考生需通过数据的极值、发展趋势，通过图画的形象、手法理解材料原作者想要传达的历史信息，根据题目要求作出自己的历史解释。另外，由于材料内容字数更多，叙述更加详细，设问的方向也更多元，从背景到经过中的各个主体，再到结局、影响，均可以进行设问，加上基本的设问方向——比较、直接解读等，使得历史解释素养非选择题从材料数量到设问方向都多元化。这也使得历史解释素养非选择题，可能一道题中涉及若干考查对象，分别对应各分类层次，考查不同难度，如下例。

例 6-3-5：(2019 年全国高考Ⅰ卷)阅读材料，完成下列要求。

材料一

1950—1980 年部分国家钢产量变化表　　（单位：万吨）

年份	中国	美国	苏联	日本
1950	61	8785	2733	484
1955	285	10617	4527	941
1965	1223	11926	9102	4116
1975	2390	10582	14134	10231
1980	3712	10080	14800	11141

——摘编自《1949—1984 中国工业的发展统计资料》

材料二

20 世纪 80 年代以来，我国钢产量迅速增长，1983 年达到 4002 万吨，1986 年达到 5205 万吨，至 2002 年达到 18224.89 万吨，钢产量已连续 7 年保持世界第一。2002 年全行业完成固定资产投资比 2001 年增长 39.30%，2002 年重点大中型钢铁企业科技活动经费筹集总额比 2001 年增长 33.82%。钢材品种结构继续改善，国民经济发展需要的特殊品种和高附加值品种大幅增加。

——摘编自《中国统计年鉴》等

(1)根据材料一并结合所学知识，分别说明四个国家钢产量的总体发展趋势及基本原因。

(2)根据材料二并结合所学知识，简析改革开放以来中国钢铁业发展的主要原因。

在该例题当中，材料一采取数据表格的呈现形式，材料二采取文字描述的形式，共同点是在材料信息中，数据都起到史实信息传递的作用，不同的是，材料二由于文字描述穿插其间，起到了更多提示的作用，如揭示了“连续 7 年保持世界第一”“钢材品种结构继续改善，国民经济发展需要的特殊品种和高附加值品种大幅增加”等数据之外的信息。两则材料结合，要求考生分析并得出相应结论。考生在处理这两则材料时的解题思维也不同，材料一只有表格数据，那么考生需要先分析数据表明的四个国家钢产量的起伏变化，明确总体发展趋势，再结合具体时空，调动所学知识，探讨变化原因，作答时要分别回答四个国家的情况。材料二则展现了中国改革开放后特定时段下发展的情况，那么考生需要捕捉具体时间点，结合时代背景，调动所学知识，答出相关原因。而除了背景，事件的经过、异同比较、影响也同样可以设计并进行设问。事实上，该题目虽然没有明确指出，但是对原因的分析，已然要求考生对数据表明的相关历史事件有所了解。可见，历史解释素养非选择题的命制形式灵活，考查的能力也可以更综合，是考查、呈现考生历史解释能力的重要阵地。

根据上文提及的历史解释素养的五个水平层次的划分，考查该素养的非选择题题目设问也有相对应的特点。现象性解释一般融合在其他水平层次的设问中考查，如基本的材料梳理、概括史实，对材料的历史叙述能够捕捉重点、概述等；内涵性解释在设问时，会直接涉及材料提及历史事件的背景、经过、影响等，要求考生对史事进行完整叙述，较好地区分材料中的史实与阐释，对历史的因果逻辑有初步判断。例如，2020 年全国高考Ⅰ卷在第 40 题第一问中，要求考生“根据材料一并结合所学知识，概述 20 世纪 50—70 年代中国与民主德国、联邦德国关系的变化及其原因”。这一设问直接指向材料所提及历史事件的背景及经过，在这一素养层次题目的命制上，材料应当叙述历史事件的部分内容，而且对历史事件的背景或影响有部分留白，或者对历史事件客观信息有所加工，使得考生需要抓住材料信息去判断历史事件的真面目。这样，考生在作答时需要一番思索，而不是仅仅从材料中就可以直接得出答案。再者，材料的选择可以有一定角度的偏向，例如，关于启蒙运动的背景，可以从多个角度多个层面来分析，而在命题的时候，可以选取侧重于思想领域引发启蒙思潮的分析材料，也可以侧重于科技革命对人们理性精神的塑造从而引发启蒙运动的解释。设问要求考生根据材料并结合所学答出启蒙运动的背景，那么参考答案在设计上便会更侧重于材料所提供的信息点。也可以将材料所提到的主题(如上文提到的思想领域或科技革命)，更加细致地按照材料叙述细化为若干得分点，从而将内涵性解释的考查较好地落到实处。

本质性解释非选择题的方向主要集中在考查考生对史料的分析、对史实的因果判断、对材料价值立场观念的理解这些方面，因而在命题的时候，最好是选择叙述历史现象的材料，要求考生从历史现象中分析出本质。这种模式的非选择题，考生对历史事件的来龙去脉能够整合清楚，即达到了内涵性解释的层次；进一步尝试厘清事件的特点，最终分析出事件的本质，便达到了本质性解释的层次。命题人可以根据需要选择特定历史事件的某一过程进行设问，尤其是如果需要降低试题难度，可以采用内涵性解释过渡到本质性解释层次的考查方式。如若题目选择史论型的材料，内容是学者对历史事件的讨论，那么材料内容本身就可能涉及历史事件的本质，这对考生分析判断的能力要求较高。考生自身对学过的历史事件需要有过深入的思考，掌握一定的分析历史事件的基本方法，善于运用唯物史观基本原则，审视其他历史解释是否正确，对材料中历史事件的讨论有自己的综合判断并最终得出自己的结论。本质性解释要求对历史事物有较为深入的看法，但范围较局限于材料讨论的历史事物本身，因此设问和参考答案的设置均要加以推敲限制，与其他素养层次的考查相协调配合。

在历史解释这一素养当中，联系性解释这一层次尤其适合通过非选择题来进行考查。因为联系性解释需要考生将古今中外历史发展的某些相同层面联系起来进行比较，所以在材料当中呈现足够的信息是必要的，即材料需要篇幅较长、字数较多，而非选择题的形式可以较好满足这一要求。另外，非选择题的答案可以涵盖的内容和数量并未被选项所局限，这也符合联系性解释可以多点联系的特点。故而，命制联系性解释非选择题时，在材料选择上应当涉及不同的主体，并且材料叙述的是同一个主题，就不同主体在统一话题下的表现异同进行比较。材料需要有一定的篇幅，在参考答案的组织上也需要设置多个得分点，涵盖不同主题不同方面，让考生的联系性解释水平得以全面体现。当然，设问时应当要求考生答出材料涉及的不同主体之间的关系，或对不同主体就某些层面进行比较，如下例。

例 6-3-6：(原创)阅读材料，完成下列要求：

材料一

表 1　古代计时：一天划分成十二时辰

地支	子	丑	寅	卯	辰	巳
时辰	夜半	鸡鸣	平旦	日出	食时	隅中
生活				出工	朝食	
对应现时	23—24	1—2	3—4	5—6	7—8	9—10
地支	午	未	申	酉	戌	亥
时辰	日中	日昳	晡时	日入	黄昏	人定
生活			夕食	收工		入眠
对应现时	11—12	13—14	15—16	17—18	19—20	21—22

表 2　清末计时：一天划分成 24 小时

<table>
<tr><td colspan="4">京张铁路开行时刻表（清末）</td></tr>
<tr><td colspan="4">京门枝路</td></tr>
<tr><td colspan="3">第七次下午</td><td rowspan="5">往西行车</td></tr>
<tr><td>十点</td><td>开</td><td>西直门</td></tr>
<tr><td>十点四十三分</td><td>到</td><td rowspan="2">三家店</td></tr>
<tr><td>十点四十八分</td><td>开</td></tr>
<tr><td>十点五十四分</td><td>到</td><td>门头沟</td></tr>
</table>

请回答：根据以上材料并结合所学知识，指出清末中国人时间观念的变化。

参考答案：

变化——时间观念越来越精准化；时间意识逐渐增强；接受了近代西方计时方式；融入了世界统一的计时系统（与世界接轨、与世界加深联系，意思相近即可）。

在上述例子中，材料以时间观念为主题，将古代与近代的中国历史在这方面的表现串在一起，并以表格的形式呈现。设问时要求考生答出后者相较于前者所发生的变化，暗含将二者进行比较之意，属于联系性解释非选择题。在答案设置上，从多个角度进行分析，多方位建立起材料两个主体的联系，比较完整地体现和落实了联系性解释的考查意图与规范。

规律性解释在非选择题命制中亦有很大的施展空间。一种常见的命题方式是在联系性解释的基础上，要求考生在对若干历史主体的异同进行比较后，从它们的发展轨迹、历史表现中得出一些规律，做到运用价值判断，提出理性认识。这就要求命题人在选择材料时，不是仅以一个主题将多种维度下的材料统合，而是要有自身的内在逻辑，以逻辑轨迹去搜寻材料。考查过程中要以材料内容呼应逻辑，一般由若干问题引导铺垫，可以有一定的循序渐进的思维过程，让考生能够得出符合材料的历史规律。另一种是通过对历史观点的评析、感悟，得出一定的历史规律。这种模式下，命题人在材料选择上应当尤其关注材料的语境、可供讨论的余地以及考生知识水平能够达到的程度，如下例。

例 6-3-7：(原创)阅读材料，完成下列要求。

材料

学者们对于如何看待与编纂世界近代历史有着不同的见解，以下罗列其中部分观点：

观点 1　世界近代史是西欧各国发展为现代化发展树立标尺，后发国家效仿借鉴西欧国家的历史发展过程。

观点 2　近代史中的所谓东方是由西方国家创造的一个概念，带有殖民主义色彩。

观点 3　世界近代史是由英美法德日俄等大国创造的国别体汇编。

观点 4　人类文明有超越国家的共性，国家不是单独存在的，气候、食物、资本的传播影响也可以展现近代世界历史。

观点 5　世界近代史便是一段人类不断打破局限的历史。

上述观点给了你哪些启发，请根据你的看法拟定一个论题，并结合所学知识加以评述。(要求：观点明确、史实准确、史论结合)

在这一例题中，命题人呈现出同一主题之下五种不同的学术观点，每种观点都可以从学生所学知识中找到一定的论据。同时，不同观点的呈现，既给了考生一些提示，其中迥异的部分也要求考生作出一些深入的思考和抉择，从而要求考生表达出自己的看法，这种看法就有可能是规律性的总结和表达。考生对世界近代史的历史事件、发展过程是学习与钻研过的，因而这个话题在他们的能力范围内，但因为考生自身历史素养水平与思考程度不同，本题也能够有一定的区分度，从而在让考生自行组织的一次对历史规律的探究中，较好地落实了规律性解释这一水平层次的考查。

三、历史解释素养非选择题的创新设计

历史解释素养非选择题因其题目样式形式特点，较选择题而言可以更加灵活，发挥的空间更大。目前历史解释素养试题的命制多从史料史论出发，构造情境，通过设问引导考生答出对材料的分析和所学知识点以获得

分数。史料解读固然是历史学科基本功之一，也是通过学习历史应当掌握的技能，不过若是仅有这一种命题思路和模式，对于考生而言容易通过题海战术训练出某些答题模式，且从通过考试反向促进教学的角度，也容易导致教学形式僵化，一味强调材料与解读，难以让学生对历史产生更多的兴趣。

基于此，命题人可以也应当谋求一些创新。事实上情境的设置，可以做到让考生迅速进入情境中，并且让考生去理解，进而猜想、表达在特定情境下历史人物的做法应该是怎样的，更加摆脱对史实的死记硬背，但又无形中以史实为基础，能“共情”式地理解历史人物的做法和历史事件的发展，这无疑也是一种历史解释素养的培养与表现。

根据这一思路，可以对现有的非选择题模式，结合历史解释素养进行创新，形成任务式写作的一类新题型。这一想法也是在本章第一节情境类型分类时提出的创新设想——虚拟任务类，如下例。

例 6-3-8：(原创)阅读材料，完成下列要求。

子法是战国末期法家成员，已学有所成，面对当时的局面，他打算前往某一诸侯国游说国君进行变法，请你以子法的身份和口吻，任选战国时期一诸侯国，写一封信向该国国君畅言你的见解，内容要求向国君交代所处的局势，依照法家思想进行变法的若干具体措施，以及这些措施施行的理由。

(要求行文以现代文语法表达，观点明确，论述逻辑清晰，史论结合。)

在这一例题中，考生作为某一特定的历史人物，需要在给出的历史情境中完成具体的任务，通过作答反映出对这一时期知识的掌握与运用程度，并获得相应的分数。这样的试题，可以对春秋战国时期的时代特征、法家思想内涵和诸子百家多学派的比较这几个知识点一并进行考查，并且不是以呆板的分点作答形式呈现，而是要求考生能够组织语言并真正把知识用起来，通过实用的文体表现出来，这对于考生而言是另一程度的考验。考生呈现出来的答案，即这一封信的内容，也就是他对这一时期的看法，属于对这一时期的一种历史解释。信的行文并不是以战国时期的语法、文字样式组织的，并不完全符合历史原貌，甚至可能其中有许多天马行空的想象，但历史试题答题过程不完全是进行历史考证的过程，而在于呈现出考生对历史的把握、认知到了怎样的程度，因而如果有较好的角度与创意，这一方式不失为考查历史解释素养的一种创新模式。

同样类型的题目如让考生参与设计广告，参与近代某次思想论战并写一篇发言稿、演讲稿，对于考查知识的深度和知识联系广度便可以作进一步的调整，使得对历史解释素养的水平层次划分也渗透到试题要求当中，同时考虑完成题目的时间以及评卷的标准，搭配全卷的难度和题型，作为一种情境任务式的新类型题目考查考生的历史解释素养。

任务式试题包括上文提到的创新型试题，也包括类似于全国卷历年来要求学生自拟角度，表达观点并做到史论结合的论述题。在阅卷评分时，应当对过往注重形式、踩点给分的赋分方式进行一定的改革，因为踩点给分的形式比较注重的是考生是否掌握了题目所考查的具体知识点，能够答出参考答案提供的概念、对应的名词，则该生获得分数，否则很可能就不得分。这种方式在测量知识上是可行的，但在反映考生是否具备历史解释素养或者其他素养上是有欠缺的。当然这类题目可能在材料与设问上便体现出考查历史解释素养，考生必须具备这一素养才能对题目作出正确的解答，然而，对于上文提到的创新类试题，以及全国卷的论述题，以历史解释素养的水平分层作为阅卷给分的评判标准，会更加妥当。曾有建议认为试题可以采用 SOLO 分层赋分按照考生答案的层次深度给分，因为分层次给分是按照考生对历史、对这一道考题理解到哪一层次来给予考生相应分数，这种方法下历史知识点依旧是考生必须掌握的，但是也顾及了在答案行文中展现的考生的能力，在强调历史核心素养的教育新形势下，尤其是考查历史解释素养的任务式试题，建议以分水平层次，尤其以上文一直贯彻的历史解释素养五种水平层次作为划分标准。仍然以例 6-3-8 为示范，以历史解释素养五种水平层次作为评分标准，可以将赋分情况划分为五种情况与类别：

第一类——考生能够叙述出一些基本历史情况，但是其他要求未能达到，归为类别一，得分最低；

第二类——考生能够将所面临的基本时局叙述清楚，联系时局形成的过往背景及变法可能产生的影响，归为第二类，得到比第一类更高的分数；

第三类——考生能够在叙述过程中，对历史现象和提出的措施等内容本质进行分析，加强说服力，归为第三类，得到比第二类更高的分数；

第四类——考生在说理过程中，能够联系其他变法或与其他学派思想相比较，突出自身变法措施的特点与优点，归为第四类，得到比第三类更高的分数；

第五类——考生在说理行文中，能够在前四类的基础上，归纳出一定的道理、规律，使信件内容说服力极强，文章有一定主旨，归为第五类，本题可以得到满分或者接近满分且比第四类高的分数。

以这一标准作为评分细则，可以明显看出考生在作答该题时，不仅要以史实知识点作为答案内容，还要依据一定思维素养组织答案的逻辑顺序。评分标准关于五种情况的分类，分别对应着历史解释素养的五种水平层次，其中既考虑到了考生对知识的掌握，也对应了历史解释素养的水平层次分层考查。作为考查历史解释素养的非选择题，这样的设计能够比较好地对考生的这一素养进行评价。

试题创新并非完全抛弃过往，应当结合当下教育形式的新要求，作出适当的修改与调整，试题创新需要天马行空的想象，也需要延续传统落实教育的初衷，希望本章内容能够提供给一线教师、命题教研的专家学者们一些灵感或启发，对新教材、新课标、新高考下的教研命题活动有所裨益。

第七章　家国情怀素养命题的基本原理与方法

历史是过去发生的事情，具有客观性，但历史不会重现也不会说话，需要被人们揭示与表达，从而有了语言文字表现的“历史”。“它相对于客观的历史而言，是一种主观的东西，包含着人的好恶是非、价值判断。”①《周易・大畜・象》指出“君子以多识前言往行，以畜其德”，就是说要多学习前人积极的言行以完善自身的“德”。可见历史学科天然与世界观、人生观、价值观紧密相连。白寿彝先生也曾指出：“历史教育是为了培养下一代，为祖国做出贡献。”②由此可知，历史教育不仅是历史知识的传授，也是道德、思想与情感的教育。《课程标准》明确指出：“家国情怀是诸素养中价值追求的目标。通过诸素养的培育，达到立德树人的要求。”也就是说，家国情怀是历史学科核心素养培育的根本目标，立德树人是历史教育的根本任务。家国情怀素养在历史学科诸素养中具有特殊性。首先，家国情怀素养是诸素养价值追求的目标，起到总领的作用。其次，前四个方面的素养建基于历史学科思维、方法与能力，而家国情怀素养建基于历史教育的目标与要求。再次，前四个方面的素养作为学科思维、方法与能力，通过纸笔考试一定程度上可测量、可评价。而家国情怀素养指向人的心理活动、情感认同、行为方式，涉及“知”与“行”的问题，在水平区分和考试测评方面存在较大困难。为更好地厘清家国情怀素养命题的相关问题，本章将对家国情

---

① 庞卓恒主编：《史学概论》，1 页，北京，高等教育出版社，1995。

② 《白寿彝史学论集》上册，253 页，北京，北京师范大学出版社，1994。

怀素养的内涵进行分解，运用分类与分层方法加以剖析，从而明确家国情怀素养的考试内容、测评方式，进而提出家国情怀素养命题的基本原理与方法。

第一节　家国情怀素养命题原理与试题特点

《课程标准》列明了学业水平考试命题的三项主要原则，即“以历史课程标准为依据”；“以考查历史学科核心素养的具备程度为目的”；“以新情境下的问题解决为重心”。这三项原则分别指明了命题依据、考查内容和目的以及考试命题方法。《课程标准》是总纲，学界已对其进行了较充分的研究与解读，但对后两项原则的研究与讨论并不充分。就家国情怀素养而言，哪些方面的内容与素材是有价值的？如何选取有价值的内容与素材进行考查？如何才能考查学生“是否发现”“是否认同”“是否知道”“是否认识到”“是否具备了”“能否把握了”“是否形成了”“是否表现出”“能否反思”“能否汲取”“有无立志”等目标？家国情怀素养的水平如何测评？家国情怀的新情境包括哪些？如何设计以问题解决为重心的家国情怀素养试题？

一、家国情怀素养的基本内涵及教育意义

家国情怀素养命题的前提是命题者需要明确家国情怀素养的内涵及其教育意义。这对于命题者选择有价值的考试内容和命题素材具有重要意义。以下将对家国情怀素养的基本内涵及教育意义简要加以阐述。

《课程标准》对“家国情怀”的概念作出如下界定：“家国情怀是学习和探究历史应具有的人文追求，体现了对国家富强、人民幸福的情感，以及对国家的高度认同感、归属感、责任感和使命感。”也就是说，家国情怀的目标是追求国家富强、人民幸福，其教育目的是培养学生对国家和人民的认同感、归属感、责任感和使命感。从《课程标准》对家国情怀素养的水平划分看，前两个水平层次强调学生对家乡、民族、国家、文化、道路的认同和对世界优秀文化的尊重，这属于感性认知层面。后两个水平层次强调学生能从理性上分析中华民族多元一体的发展趋势和世界历史的进步历程，

能从历史与现实中汲取经验教训，能在行动和实践中为中华民族伟大复兴作出自己的贡献。这一界定，涵盖了感性与理性、历史与现实、中国与世界、认知与行为、理论与实践等多个方面。

从“家国情怀”字面意义看，容易将其内涵界定于“家国”的狭义范围，但《课程标准》又进一步指出“学习和探究历史应具有价值关怀，要充满人文情怀并关注现实问题，以服务于国家强盛、民族自强和人类社会的进步为使命”。这就将“家国情怀”的内涵拓展到对人类社会的关怀的广义范畴。或许我们可以将其范畴理解为“立足家国，放眼全人类”。我们认为从较宽泛意义上理解“家国情怀”更有利于开展历史教学与历史考试命题。这是因为历史是一门综合性较强的学科，具有较全面、丰富的德育资源，许多学科的德育内容在历史学科中也能很好实现。

“文化传承与理解”是语文学科的核心素养之一。历史学科相比于语文学科具有独特的优势。通过纵向的中国通史教育，可以引导学生继承和弘扬中华优秀传统文化、革命文化、社会主义先进文化；通过横向的世界史教育，可以帮助学生理解和借鉴不同民族和地区的文化，拓展文化视野，增强文化自觉，提升文化自信。

“文化意识”是英语学科的核心素养之一。在文化意识方面历史学科有独特价值。对一国文化的理解建立于对该国历史的了解基础上。这种了解不仅仅是知道一国的历史文化，更重要的是能从整体上把握人类发展的规律，从而形成跨文化认知，尊重文化的多样性，增强对本国文化的认同与自信，树立人类命运共同体意识。在“文化意识”教育上历史学科不会缺位。

“科学态度与责任”是物理学科核心素养之一。物理教育能从科技角度培养学生个人品格与处事态度；历史教育能从更长时段的视野引导学生树立起正确的科学伦理，深刻认识科学之于人类的重要意义，从更广阔的视野认识科学技术与社会责任、人类发展的关系。

“科学态度与社会责任”是化学学科核心素养之一。历史也是一门科学，与自然科学有诸多相同之处。化学等自然科学需要严谨求实的科学态度，向广阔的自然世界探索未知，服务未来。历史学科也需要严谨求实的科学态度，向已成过去的人类世界探索未知，服务未来。“实事求是”和“严谨客观”的科学态度同样是历史教育的应有之义。

“社会责任”是生物学科核心素养之一。生物学科从横向的人与生物、人与环境的角度诠释了人与自然是如何紧密相连、相互依存的。历史学科从纵向的人类经济发展历程认识人与自然的联系，能从对过往经验总结的基础上树立正确的发展观，增强社会责任感。

“人地协调观”是地理学科核心素养之一。地理学科倡导的“人地协调观”同样能在历史学科中得到补充。历史学科在环境变迁与历史现象之间搭建桥梁，使学生能认识到人地协调对于人类发展的重要意义。

思想政治学科四个方面的核心素养在历史教育中均能一定程度实现。近代史教育是培养学生政治认同的优质教育资源；国际共产主义运动史与中国共产党历史教育是培养学生科学精神（科学世界观）的重要载体；国家制度与社会治理专题史教育是培养学生法治意识的重要内容；近代政治史教育能激发学生公共参与的热情。政治学科的价值观教育要求同样是历史学科的责任。

综上所述，除数学学科外，各学科从学科特征出发均有相应的价值观教育内容。这些价值观教育内容与历史学科价值观教育在本质上是一致的。历史学科的参与弥补了各学科只有一个维度的不足，使价值观教育具有了二维结构，从而使价值观教育能更好落地。这些价值观包括了“个人品格”“社会责任”“心理认同”“人类关怀”“生命价值”“自然和谐”等诸方面内容。以下就上述价值观内容进行分层分类剖析。

二、家国情怀素养分类分层及试题设计

正如前文所述，家国情怀内涵丰富且具有重要的教育意义，但在教育实践和命题实践中，《课程标准》的相关表述还不足以适应现实需要。因此对家国情怀素养进行深度剖析，建立起分类分层模型显得尤为必要。以下基于《课程标准》对家国情怀的界定和分类分层思想的指导，从教育命题需要出发对其进行分解与细化，尽量使其变得可实践、可操作。

《课程标准》在“课程目标”部分明确了立德树人是历史学科的根本任务，同时指出了历史学科的育人目标和德育内容：

在树立正确历史观基础上，从历史的角度认识中国的国情，形成对祖

国的认同感和正确的国家观；能够认识中华民族多元一体的历史发展趋势，形成对中华民族的认同感和正确的民族观，具有民族自信心和自豪感；了解并认同中华优秀传统文化、革命文化、社会主义先进文化，了解中国各个历史时期的英雄人物，传承民族气节、崇尚英雄气概，认识中华文明的历史价值和现实意义；了解世界历史发展的多样性，理解和尊重世界各国、各民族的文化传统，具有广阔的国际视野，树立正确的文化观；认同社会主义核心价值观，认同走中国特色社会主义道路是历史的必然，树立中国特色社会主义道路自信、理论自信、制度自信和文化自信；能够确立积极进取的人生态度，塑造健全的人格，树立正确的世界观、人生观和价值观。

我们可将历史学科的育人目标和德育内容视同“家国情怀”素养的主要构成。对以上德育内容进行分析，我们发现大致可将其分成六个维度，这六个维度大致对应六种身份，也就是作为个体的人、作为中国人、作为中华民族的子孙、作为社会主义接班人、作为身处世界的人、作为人类的一分子。人具有多重身份，每一种身份都需要正确价值观的指导，这样才能更好地“为人处世”。“认识我自己”，明确自己的身份，树立正确的价值观是人生发展的重要内容。

胡中锋教授等编写的《教育测量与评价》提出：“学生品德结构可从两个方面去考察：一是从社会方面看，学生的品德结构应由政治品质、道德品质和思想品质组成，因此，学生品德测评指标体系应包括这三方面的基本内容，三者缺一不可。二是从心理方面看，学生品德结构应由知(道德认识)、情(道德情感)、意(道德意志)、行(道德行为)四个要素组成，四者不可缺一。”[①]胡教授等人搭建了一个学生品德结构的基本框架，对于分析家国情怀的构成也有一定参考价值，但这一结构是“静态”的，无法体现家国情怀的形成过程。基于对《课程标准》德育目标的认识，也参考了上述品德结构的思想，本书将家国情怀素养的内容分成了三类，即“对生命价值的尊重”、“对家乡、民族、国家、文化的感情”和“树立起人类命运共同体意识”。在这三类之下，又进一步细化为对自我生命意义的尊重、对他者生命

① 胡中锋、李方编著：《教育测量与评价》，366页，广州，广东高等教育出版社，1999。

意义的尊重、对家乡的感情、对民族的感情、对国家的感情、对中国文化的感情、具有国际意识、懂得文化尊重、具有人类关怀意识、敬畏自然伦理十个方面。为更有效地指导家国情怀素养命题，我们将这十个方面的家国情怀素养内容与价值形成、试题设计结合起来设计了表 7-1-1，期望建立三者之间的关联，进一步指导命题。

表 7-1-1　家国情怀素养内涵分解及试题设计三维框架

<table>
<tr><td colspan="3" rowspan="4">试题设计</td><td colspan="10">价值形成</td></tr>
<tr><td>第一层
（直觉）</td><td colspan="8">第二层（自觉）</td><td>第三层
（主动）</td></tr>
<tr><td>价值
判断</td><td>事实
判断</td><td colspan="6">价值澄清</td><td>价值
认同</td><td>价值
践行</td></tr>
<tr><td>判断</td><td>概括</td><td>归纳</td><td>分析</td><td>比较</td><td>综合</td><td>论证</td><td>批判</td><td>认识</td><td>实践</td></tr>
<tr><td rowspan="10">价值内容</td><td rowspan="2">对生命价值的尊重</td><td>自我</td><td rowspan="10">人物
观念
行为
事件</td><td rowspan="10">事实
背景
过程
依据</td><td rowspan="10">特点
规律
观点
原则</td><td rowspan="10">因果
变迁
目的
立场</td><td rowspan="10">程度
环境
关系
性质</td><td rowspan="10">梳理
分解
整合
创新</td><td rowspan="10">引证
反证
例证
理证</td><td rowspan="10">评估
反思
批评
改善</td><td rowspan="10">情感
态度
信念
立场</td><td rowspan="10">自律
责任
示范
奉献</td></tr>
<tr><td>他者</td></tr>
<tr><td rowspan="4">对家乡、民族、国家、文化的感情</td><td>家乡</td></tr>
<tr><td>民族</td></tr>
<tr><td>国家</td></tr>
<tr><td>文化</td></tr>
<tr><td rowspan="4">树立起人类命运共同体意识</td><td>国际意识</td></tr>
<tr><td>文化尊重</td></tr>
<tr><td>人类关怀</td></tr>
<tr><td>自然伦理</td></tr>
</table>

表 7-1-1 分为三大部分内容：一是对家国情怀素养内涵的细化分解；二是厘清家国情怀素养形成的一般过程；三是提出家国情怀素养试题设计的途径。

（一）家国情怀素养内涵的细化分解

1. 对生命价值的尊重

“人”具有多重身份，每一种身份都应具有其人文追求、价值评判标准以及行为方式。“对生命价值的尊重”即作为个体的人应具备的价值观念与情感态度，它应包括“对自我生命意义的尊重”及“对他者生命意义的尊重”。

“对自我生命意义的尊重”应包括健康稳定的心理、健全的人格以及实现自我价值的自信心与意志力。长期以来，我们对作为社会的人关注较多，而往往忽视对个体的人的心灵关怀。没有对学生心灵的关怀，就很难让学生形成健全的人格。历史教育应更多关注个体心灵的健康，使学生能正确认识自我生命价值，正确面对成功与挫折，正确调节自我情绪，全面客观认识世界，坚定实现自我价值的意志力。在历史命题中可选择合适内容及典型材料，使学生体悟自我生命的意义，学会自我心理调节，达到考试育人的目的。

“对他者生命意义的尊重”至少应包含两个方面：一是对个体的、具体的人的生命意义的尊重；二是对整体的、抽象的“人”的生命意义的尊重。我们的历史教育应将这两个方面统一起来，防止出现相互割裂的情况。在观念上尊重抽象的“人”，在行为上却漠视个体的人，或只尊重个体的人，却漠视整体意义上的“人”，这两者在德育过程中都是不可取的，不利于生成家国情怀素养。历史课程中有丰富的资源可以开展生命教育、人文教育，也有合适的评价工具对此进行考试测评。

2. 对家乡、民族、国家、文化的感情

“对家乡、民族、国家、文化的感情”包含了对家乡、民族、国家、文化的认知、认同、内化和行为。这是家国情怀素养的主体意义所在，也是立德树人的根本要求。从广义上讲，这四个方面都涉及文化的认同问题。按照文化民族学的理解，文化至少包含三个层次。第一层次表现在建筑、服饰、习俗等外在物品的影响上；第二层次表现在对人的价值观念的影响上；第三层次表现在对人的知觉、思维、情感、行为方式的影响上，属于无意识的作用。借助文化民族学的思想，可以将“对家乡、民族、国家、文化的感情”进一步细化分解，具体情况如下。

“个人对家乡的感情”表现为对家乡自然环境的熟知与热爱，对家乡历史的兴趣与认知，对乡土文化的理解与情感认同，对家乡发展的自觉维护，对家乡事业的自觉行动。

“个人对民族的感情”表现为知道多元一体的中华民族如何形成，知道统一多民族国家的历史是由汉族和各少数民族共同创造的，认同中华民族，坚定立场，自觉维护民族团结，为中华民族的伟大复兴作出贡献。

“个人对国家的感情”涵盖的核心内容是爱国主义，表现为拥护中国共产党，理解中国共产党的领导是人民和历史的选择，认同中华人民共和国，自觉维护国家利益，知道统一多民族国家的形成与发展历程，自觉维护国家统一，了解近代中国人民反侵略反封建、开展现代化运动的伟大历程，认同中国特色社会主义制度，坚定中华民族伟大复兴的信念，为国家发展贡献力量。

“个人对中国文化的感情”表现为了解中华优秀传统文化、革命文化和社会主义先进文化的基本内容，认同中国文化，形成中国文化的价值立场、审美意趣，自觉践行和发扬中国文化。将“对家乡、民族、国家、文化的感情”进行细化分解有利于将家国情怀内涵与历史学科知识结合起来，便于选择合适内容展开原创命题工作。这样，考试内容的选择有参照，命题的目的更清晰，考试育人的效果更好。

3. 树立起人类命运共同体意识

“树立起人类命运共同体意识”包含了对待和处理国与国、文化与文化、人与“人”、人与自然的情感态度、价值立场、交往准则等思想意识。我们将其细化为具有国际意识、懂得文化尊重、具有人类关怀意识、敬畏自然伦理四个方面。

所谓“国际意识”，指对跨国事务或国际事务的了解、认识及价值观念。这些价值观念包括反对霸权、倡导法治、维护和平、主权平等、互相尊重、国际合作、共同发展等。考试命题时可选择历史上国与国交往的史事为切入点分层设计问题，启发学生的历史认知，培育学生的国际意识。

所谓“文化尊重”，指在跨文化交往中，立足于自身的文化立场，承认文化的多样性，协调文化冲突，对其他文化表现出理解与尊重。文化尊重是以认同中国文化、立足中国文化和树立文化自信为前提的，在此基础上承认、辨别、欣赏、学习世界优秀文化，在发生文化冲突时能坚守原则，以开放包容的态度协调文化冲突。文化尊重应包含文化自信、开放包容、文化扬弃、理解与尊重、文化吸收与传播等价值观念及态度。文化没有先进与落后之分，要反对文化歧视、文化霸权和文化中心主义，更要反对将一国文化强行施加于他国的做法。要认识到民族、文化与生境是相互适应的，国情不同，政治文化、历史传统、思想艺术也会不同。高中历史的学习内容中就专门设有选修课程“文化交流与传播”。在教学与考试中，教师应通过具体内容的教学，引导学生树立正确的文化观念、文化态度。

所谓“人类关怀”，指具有人类命运共同体意识，能从全人类历史发展和全人类共同利益的角度评判事物，规范行为。它包括肯定人类价值、开展人类互助、保护人类生存环境、解决人类共同问题、服务全人类利益等内容。就历史学科而言，可以从人类发展史、全球史、文明史视野出发，也可以从人类面对贫困、疾病、战争、环境危机、种族歧视、恐怖主义等共同问题出发，引导学生树立人类命运共同体意识。

所谓“自然伦理”，指人与自然和谐相处的价值观与伦理观。一般认为，伦理的实质是人类行为的自我约束，而自然伦理观的实质是人类对待自然善意的态度及利用自然资源和开发自然中有节制的行为观念。自然伦理要求我们摆脱“人类中心主义”立场，正确处理好人与自然、人与科技、环境与发展、今天与明天、此处与彼处等一系列复杂的关系。命题者可在人类社会发展的历程中选择合适的事例对人与自然、科技与伦理等一系列问题进行深入探究，培养学生正确的自然伦理观。

（二）家国情怀素养形成的过程

家国情怀素养试题可以分为三个层次，第一层是对涉及价值观念的历史现象进行价值判断；第二层是阐明判断的依据与理由；第三层是将理由与依据用于实践分析。上述三个层次刚好对应表 7-1-1 价值形成的三个层次。第一层次，要求学生能对历史人物、历史观念、历史行为及历史事物(事件)进行感性的价值判断，亦即明辨是非。第二层次要求学生能对所评判的价值观念进行理性认识，即展开事实判断，进行价值澄清，形成价值认同。第三层次要求学生在形成价值认同的基础上能运用理性思维对新的实践情境问题进行分析和解决，亦即价值践行。以下从价值观念形成的过程出发对这三个层次进一步细化阐述。

1. 关于第一层次价值判断问题

我们认为就历史学科的价值判断而言，即要求学生能解决某历史事物“有无价值”“有多大价值”“对谁有价值”“衡量价值的标准是什么”等一系列问题。这些问题表现在历史学习中，就是能辨别历史事实与历史解释，能对历史观点、历史人物、历史行为及历史事物(事件)的意义、立场、视角进行准确识别与判断。学生既要能判断正确的价值观念，也要能正确揭示错误的价值观念。这一层次属于人的直觉阶段。

2. 关于第二层次价值形成问题

我们认为家国情怀教育不应仅依靠教师的思想灌输，而应遵从事实判断、价值澄清到价值认同的德育形成路径。这一层次属于人对价值的自觉阶段。

其一，基于感性的家国情怀具有波动性。教师通过设计情境、营造氛围，确实能激发学生的家国情怀情感，但这种基于感性的情感是不稳定的，具有波动性。基于感性的家国情怀，在外界和群体刺激下可以非常强烈，把握不当有宣泄情绪的可能；而在没有外界和群体刺激的背景下可以很平静，甚至极端情况下表现为麻木不仁。

其二，基于感性的家国情怀并不稳固。如果教师只是灌输家国情怀情感，学生只是被动接受，那么一旦碰到价值冲突，学生的情感、态度、立场、价值观就有可能发生动摇。例如，在鸦片战争评价问题上，如果教师只是强调反侵略的正义性，而不回答“为什么要反侵略”“反侵略为什么是正义的”“反侵略为什么是当时最上位的价值之一”等问题，那么，一旦别有用心的人宣扬西方侵略促使中国走向现代化、中国应该感激西方等谬论，学生的立场就有可能发生动摇。

其三，基于理性的家国情怀具有稳固性。家国情怀素养的培育，不应只是告诉学生应该具有何种情感、态度、立场和价值观，更应该从历史事实出发，摆出事实，展开理性分析，通过概括、归纳、分析、比较、综合、论证、批判等方式进行价值澄清，让学生知道“我们应具有何种价值观”，让学生理解“我们为什么会具有此种价值观(自在)”“我们为什么要具有此种价值观(人为)”“我们最上位的价值观是什么”“我们的价值观是感性与理性共同选择的结果”。学生经历了价值澄清的过程，促使情感与理性统一，面对各种价值冲突时能始终坚定自己的价值信念，甚至能进一步批判其他价值观念的矛盾与问题。

其四，价值澄清不应回避与掩盖历史。每个国家的历史都有光明灿烂的一面，也有黑暗痛苦的一面。这都是民族的经历，是历史的重要组成部分。全面认识中国历史，能让我们感受到中华民族创造的辉煌和经历的苦难，更能筑牢家国情怀的根基。正如前文所述，要形成稳固的家国情怀素养，必须基于历史事实，经过价值澄清才能形成价值认同。价值澄清是理性分析的过程，因此家国情怀素养的培育就不能只呈现历史正面的部分，还应呈现与解释历史反面的部分。否则，学生一旦接触大量反面的历史材料，就会产生被欺瞒感，从而发生价值观动摇。目前，在历史教学中，一线教师往往只选择历史上“伟大”“崇高”“光明”“辉煌”“灿烂”的事例开展家国情怀素养教育，而不愿理性认识历史上“黑暗”“卑劣”“落后”“残暴”等历史的阴暗部分。从价值澄清的角度看，这种做法并不可取。其实，从正反两面认识民族历史更能形成稳固的价值认同。对待本民族历史的阴暗部分，重点问题不在于是否要回避，而在于如何解释。在家国情怀素养的试题设计中，可以按照价值形成的路径，选取正反两方面的历史材料，帮助学生澄清价值观。需要强调的是，不回避历史并不是指命题者可以专门挑选负面价值的材料入题，而这就从一个极端走向另一个极端了。

其五，通过价值澄清区分上位价值与下位价值。价值观并非永恒的、绝对的、平等的，它有存在的特定社会条件。每一个历史时期、每一个社会单元都有一系列价值观。这些价值观构成一个价值序列，各种价值观在此序列中的位阶各有不同。不同时期、不同背景下价值观有上位价值与下位价值之分。例如，古代中国倡导的“忠”“孝”“敬”“爱”价值观就有先后之分和层次之分。通过历史的方法进行价值澄清，分析特定时期、特定背景下的价值观，澄清当时的上位价值与下位价值，能解决价值冲突的问题。正如前文所述，试图以列强侵略附带的经济效应来掩盖其侵略的本质，根本就是颠倒了上位价值与下位价值。当然，区分上位价值与下位价值并不代表可以突破下位价值的道德底线，也并不能说明可以为了上位价值而不择手段践踏下位价值。对此，我们应有清晰的认识。

3. 关于第三层次价值践行问题

价值践行主要表现在学生面对“现实矛盾冲突时作出何种选择”“以何种

价值标准规范个人行为”“以何种价值理念作为个人人生追求”等方面。前两个层次属于心理层面，而价值践行属于实践层面，因此运用纸笔考试测量价值践行是一个难题。但价值实践也并非完全不可测量，通过科学设计实践情境，纸笔考试仍然可部分反映学生的实践行为。这一层次属于人完成价值认同、主动实践价值观的阶段。

（三）家国情怀素养的试题设计

表 7-1-1 列出了家国情怀素养试题设计的多种途径，对三类十个方面的价值内容及价值形成的三个环节、十个方面、四十个方向提出试题设计建议。下文以“对家乡、民族、国家、文化的感情”类别下“对国家的感情”命题为例加以阐述。需要说明的是，为方便理解，本章我们仅抽取表 7-1-1 所列十项家国情怀价值内容中的“对国家的感情”作为考查目标，设计系列试题，目的是完整呈现“对国家的感情”在不同方面、不同层次和不同方向的试题设计形式，其他九个方面试题设计的方式大致与此相同。

“对国家的感情”的核心内容是爱国主义，表现为拥护中国共产党，理解中国共产党的领导是人民和历史的选择，认同中华人民共和国，自觉维护国家利益，知道统一多民族国家的形成与发展历程，自觉维护国家统一，了解近代中国人民反侵略反封建、开展现代化运动的伟大历程，认同中国特色社会主义制度，坚定中华民族伟大复兴的信念，为国家发展贡献力量。根据上述要求，选取相应内容作为家国情怀命题目标。确定考核目标后，可按照价值形成的过程分别讨论问题设计方向。

1. 第一层次：关于价值判断的问题设计

家国情怀素养试题的第一个层次要求学生能对涉及价值观念的历史现象进行价值判断。在表 7-1-1 中，价值判断对应的问题设计提示语为“判断”。命题者可围绕《课程标准》中相应的知识内容，选取能体现价值冲突的相关人物、观念、行为、事件等设计问题，考查学生是否能对其作出初步的价值判断，如下例。

例 7-1-1：（原创）

<table>
<tr><td rowspan="2">濞则招致天下亡命者盗铸钱，煮海水为盐，以故无赋（不向百姓收赋），国用富饶。
——司马迁《史记·吴王濞列传》</td><td>甲：吴王刘濞威胁了中央统治。</td></tr>
<tr><td>乙：刘濞治理有方，体恤百姓。</td></tr>
</table>

甲、乙二人对史料的不同解读说明

A. 文献史料具有不确定性　　　　B. 历史解释要以事实为依据

C. 人们无法了解事实原貌　　　　D. 历史解释受价值立场影响(√)

本题设计的情境属于历史学习情境，即甲、乙二人探讨吴王刘濞行为的价值意义。甲从维护国家统一的角度评判刘濞的行为威胁了中央集权，得出负面结论。乙从减轻百姓负担的角度评判刘濞的行为，得出正面结论。该题的立意包含以下几方面内容：一是通过该题使学生理解不同的价值立场对同一历史人物、历史观念、历史行为、历史事物会得出截然不同的结论。二是引导学生辨析各种历史结论的角度与立场。三是在准确判断对象观点价值立场的前提下，选择自己所认同的观点。四是通过该题使学生认识到正确的价值观念在不同时期不同背景下有上位价值与下位价值之分。当然，这个选择的心理过程已经属于价值澄清的层次，不是第一层次的要求了。

2. 第二层次：关于价值形成的试题设计

家国情怀素养试题的第二层次要求学生能阐明作出价值判断的依据与理由，也就是能从感性上升到理性，进行价值澄清。在此过程中，如果涉及的价值观不正确，则被否定；如果正确，则上升为理性认识，得到巩固。因此，价值澄清的目标是价值认同。为体现上述过程，表 7-1-1 将价值形成分成递进的三个阶段，即事实判断、价值澄清、价值认同。

事实判断是价值澄清的前提。求真务实、尊重事实，这是历史教育的应有之义。家国情怀素养包含的基本观点和基本论述必须建立在充分的事实依据之上。大量的历史事实能够帮助学生建构自己正确的历史叙述，从而形成稳固的价值认同。就历史考试测量而言，即要求学生能确定哪些是历史事实，哪些是历史解释，要求学生能准确概括指出所涉及历史结论的背景、过程及依据(证据)。

价值澄清的过程非常复杂，需要学生经历头脑风暴，经过归纳、分析、综合、比较、论证、批判等各种思维方法的检验，最终“认识我自己”，作出理智的价值选择。表 7-1-1 列明了六个方面的试题设计提示语：归纳相关历史现象及材料的特点、规律、观点、原则；分析所涉及价值观及历史现象的因果、变迁、目的、立场；比较所涉及价值观念的程度、环境、关系、性质；对所涉及的历史问题进行梳理、分解、整合、创新；提出新见解，并运用引证、反证、例证、理证等方式论证自己的观点；通过评估、反思、批评、改善等方式对所涉及的价值观开展批判，并区分上位价值与下位价值；经过归纳、分析、综合、比较、论证、批判，在此基础上形成理性认识，在情感、态度、信念、立场方面形成价值认同。这六个方面共二十四个试题设计提示语指明的是家国情怀素养命题可供设问的方向，而非指每道家国情怀素养试题必须完成的要求。价值澄清试题设计可从以下几个方面着手。

其一，归纳是价值澄清的重要思维方法。所谓归纳，即从个别到一般、从特殊到普遍的研究方法。归纳法有利于学生透过历史现象抓住历史的本质，对历史问题的特点、规律和所涉及人物的观念形成深刻认识，是学生自我建构家国情怀的重要步骤。

例 7-1-2：(原创)下表是辽、金、宋政权建都情况。

辽	上京(今内蒙古巴林左旗)、中京(今内蒙古宁城西)、东京(今辽宁辽阳)、南京(今北京)、西京(今山西大同)
金	上京(今黑龙江哈尔滨)、东京(今辽宁辽阳)、西京(今山西大同)、南京(今河南开封)、北京(今内蒙古宁城)、中都(今北京)
宋	东京(今河南开封)、西京(今河南洛阳)、南京(河南商丘)、北京(河北大名县)。南宋迁都临安(今杭州)

由上表可推知，当时

A. 各民族之间的交往相当频繁(√)

B. 北方仍具有较大经济优势

C. 区域经济格局发生根本转变

D. 政治中心逐步向北部迁移

本题将时空观念与家国情怀素养综合起来考查。本题考查的基础知识是辽、宋、金民族政权的并立，考查的家国情怀内容仍然是“国家统一”与“民族交融”的价值观念。试题创设的情境属于历史学习情境。材料列出了辽、宋、金三个政权的建都地点，需要学生归纳历史现象，发现历史问题。

通过对材料的分析，可发现辽、宋、金的都城多有重复，且地点既涉及北方边疆又涉及中原地区。学生结合历史知识可推知，当时华北一带既被汉族政权长期统治，也曾多次作为少数民族政权的统治中心，汉族和少数民族长期杂处，民族交往相当频繁。学生由此可归纳出在我国古代统一多民族国家发展进程中民族交融是历史发展的趋势。运用归纳的思维方法命制家国情怀素养试题的优势在于，它承认家国情怀素养是学生自我建构而非教师灌输而形成的。学生通过归纳历史现象，认识历史趋势，揭示表面现象，认识历史本质，自我建构其家国情怀的情感与价值观。

其二，分析问题也是价值澄清的重要手段。通过分析历史现象的因果、变迁以及所涉及人物的目的、立场，能够使学生认识问题更深刻、更全面、更客观。历史分析的方法主要有历时性分析和共时性分析两种。所谓历时性分析，即将历史发展看成一个动态发展的演进过程，分析其发展与变化；所谓共时性分析，即将具有共同特征的事物置于同一个历史阶段进行结构分析。下面试以对诸葛亮形象变化的分析为例，阐述“分析”方法如何促进价值澄清。

如果从动态上对诸葛亮形象进行历时性分析，可以揭示不同时代背景下诸葛亮形象的变化，这些变化反映出各时代的价值观念。陈寿曾对诸葛亮作出了一分为二的评价，既肯定了诸葛亮是“治世之良才”，又指出其“应变将略，非其所长”的局限性。一方面，学生可以从陈寿的人生经历出发进行分析，认识到其评价结论与其自身经历密切相关，从而理解其评价立场。另一方面，学生可以从陈寿所处时代与诸葛亮接近的事实出发，认识到陈寿笔下的诸葛亮形象更能代表时人对诸葛亮的看法，更加符合诸葛亮的“原始形象”。其后，诸葛亮形象不断发生变化，经历了一个“层累”的过程，而每次形象变化都与当时的社会背景、意识形态密切相关。至南宋时期，由于北伐的需要，诸葛亮形象就成为维护国家统一、忠君与智慧的符号。这种历时性分析让学生深刻认识到“维护国家统一”的价值观念不是空泛的政治要求，而是中华民族历史发展的自然选择，是历史必然。这个辨析过程就是价值澄清的过程，也就是家国情怀素养的形成过程。同时，也可以从静态上描述诸葛亮南征时实施的民族政策，从而考查学生是否能以“维护民族团结，促进民族交融”的价值观念分析具体问题，进而使学生在价值澄清的基础上跃升至价值认同的层次。

其三，历史比较有助于厘清价值观形成的社会条件。历史比较主要有两种形式，一是纵向上不同阶段的比较，二是横向上不同主体的比较。不管是纵向比较还是横向比较，其核心都是揭示时空条件与价值观的关系。以历史比较的方式命题，有助于学生形成尊重国情、具体问题具体分析的历史精神，是价值澄清的重要方式。

例 7-1-3：(原创)对同样的历史活动，不同地域的人或不同时代的人可能有截然不同的认识。阅读材料，回答问题。

材料一

昔洪武年间，广东人陈祖义等全家逃于此处(指“旧港”，在今印度尼西亚境内)，充为头目，甚是豪横，凡有经过客人船只，辄便劫夺财物。至永乐五年(1407 年)，朝廷差太监郑和等统领西洋大宝船到此处。有施进卿者，亦广东人也，来报陈祖义凶横等情，被太监郑和生擒陈祖义等，回朝伏诛。

——(明)马欢《瀛涯胜览》(马欢曾随郑和三下西洋。本书成书于 1451 年)

材料二

弗朗西斯·德雷克于 1577—1580 年期间作环球航行，不断地作战与抢劫。他带回大量的战利品，被(英国)伊丽莎白女王封为贵族。1585 年，与西班牙的战争再起，德雷克在加的斯港摧毁了敌国船队，后又率领舰队于 1588 年与“无敌舰队”作战。

——[法]德尼兹·加亚尔《欧洲史》

材料三

旧港(在今印度尼西亚境内)番舶长张琏，广东潮州饶平县人。张本大盗，明嘉靖末作乱，扰广东、江西、福建三省。西籍言嘉靖间有海寇张士流夺据葡人之澳门，殆即琏也。中国人之胜西人，自是始。琏后为官军剿平。已报克获，万历五年，商人诣旧港者，见琏列肆为番舶长。漳、泉人多附之，犹中国市舶官。盖琏虽不称王，实握王权矣。

——梁启超《中国殖民八大伟人传》

请回答：

(1)据材料一、二，陈祖义和德雷克都曾海外劫掠，两者的结局有何不同？请结合史实，说明造成不同结局的原因。

(2)历史记述能反映记录者的观点和立场。请比较材料一和材料三关于民间海外活动的记述，指出陈祖义与张琏的共性，分析马欢和梁启超观点的差异及产生差异的原因。

上题的立意为“对同样的历史活动，不同地域的人或不同时代的人可能有截然不同的认识”。15—16 世纪，中国与英国都出现了从事海上走私与武装劫掠的群体，但对上述群体及其行为，当时中、英采取了截然不同的应对措施。明朝政府将其定义为海盗予以剿灭，而英国政府则利用其为英国的殖民扩张服务。中、英不同的态度不仅反映了社会背景的差异，也体现了价值立场的不同。明朝以维护阶级统治和中央集权为主要目的，以儒家思想为价值准绳，将海上武装群体定性为盗寇，而英国从服务殖民扩张政策出发，定义其为爱国行为。材料三中梁启超对上述群体的行为又作出了与明廷完全不一样的判断，认为张琏占据旧港，击退葡萄牙人，是中国的殖民伟人。梁启超从自身反对列强侵略、救亡图存的角度出发，倾向于将陈祖义与张琏的行为定性为爱国行为。试题设计者运用了历史比较的方法，横向上进行了中英对比，纵向上进行了时代对比。通过该题，学生认识到个人行为与国家现实是密切相关的，不能脱离国家实际抽象地评价个人行为。从内容方面看，上题比较了双方价值观产生的环境因素及其性质，也比较了社会环境与价值观念的相互关系。通过历史比较，学生能更加深刻地认识历史问题，更好地澄清自己的家国情怀价值。

其四，综合思维是厘清价值观的重要思维方式。通过对历史材料的梳理、分解、整合和创新，学生能明确事实依据，形成历史认识。所谓梳理，即对历史材料以时序法或类叙法进行整理。所谓分解，即对历史问题进行结构性分析，从整体到部分。所谓整合，即从部分到整体，归纳特征，把握规律。最后是创新，即要求学生能在前期工作的基础上提出自己的见解。综合思维在主观题设计中经常被运用，也特别适合设计开放性试题。

其五，论证问题是家国情怀形成的必要环节。一般而言，论证问题的方式有引证、反证、例证、理证等多种方式。所谓引证，指引用有价值的史料及前人的学术成果作为证据。所谓反证，即假定观点成立，然后推出其与已知条件相矛盾之处，从而证伪观点的方法。所谓例证，指举出具体历史事实以佐证观点的方法。至于理证，庞卓恒曾对此予以阐释："前代的事未必皆有记载，或原本有记载现已亡失或销毁，找不到任何证据，需要以学理作为判定是非的根据，这就是理证法。梁启超又称之为'高度的推论法'，主要是正确运用逻辑推理，达到考证出史事真伪的目的。"①论证问题很重要的一点是要分清"全部"与"局部"。列举历史事实以证明观点时要考虑全部事实，并且把握结论的广度及程度，否则会犯逻辑错误。综合运用这几种论证方法，能将家国情怀价值观念加以强化。命题者在设计试题时可选择一种或数种论证方法科学设计试题，试举例如下。

例 7-1-4：（原创）

事实一	商代青铜器为铜、锡、铅之合金。
事实二	地质矿产普查显示，迄今中原一带尚未发现有可供开采的锡矿。
事实三	金正耀先生在殷墟青铜器中发现有 5 件含高放射性成因异常铅。目前仅在云南东北一带发现此种异常铅矿。

——据魏国锋《古代青铜器矿料来源与产地研究的新进展》

由表格所列事实依据可推知，当时

A. 殷地青铜器产于西南地区　　B. 西南已纳入商王统治范围

C. 殷商与周边地区联系密切(√)　　D. 初步形成统一的国内市场

上题将家国情怀素养考查与史料实证素养考查相结合，综合运用了引证、例证及理证的方式设计试题。试题选用了考古发现、科学普查、实验证据等多种事实性材料，要求考生综合运用上述事实依据进行逻辑分析与推理，从而认识到早在商周时期，我国广大地区已形成广泛联系的交流网络。该题通过事实依据及严密的论证，使学生对"多元一体的中华文明"的

① 庞卓恒主编：《史学概论》，176 页，北京，高等教育出版社，1995。

体悟从情感态度上升到理性认识。

其六，批判性思维是学生分辨价值观正误、树立价值信仰的重要思维工具。本文将批判性思维分成四个步骤，即评估、批评、反思、改善。所谓评估，即要求学生能判断对象观点(价值观)是否有足够的史据和理据支撑，能判断对象观点的程度是否恰当，能判断对象观点的广度是否适切，能判断对象观点的推论过程是否符合逻辑。所谓批评，即要求学生能揭示对象观点的事实错误、理据缺陷及逻辑谬误。所谓反思，指学生在评估与批评的基础上进行选择和扬弃，并形成自己的认识(价值认同)。所谓改善，即学生对已有的认识(价值观)进行修正和完善，是价值观巩固和深化过程。2014年全国高考Ⅰ卷第41题提供了1960年我国中学历史教科书中“抗日战争”内容的目录摘编，要求考生对目录提出一条修改建议，并说明修改理由。该题需要考生以批判性思维对20世纪60年代我国中学历史教科书呈现的抗日战争史观进行评估、批评、反思与改善。首先，考生需要评估该教科书目录的体系结构是否有充足的事实依据及理据，对国共两党的历史定位在程度上是否合适，在史实选择的广度上是否适切等问题。其次，考生需要发现该目录的不足之处，能对此进行批评。再次，考生需要结合1960年的时代背景对此进行反思与理解、解释。最后，考生需要提出修改的意见建议，从而改善原有的抗日战争史观。经历了批判性的思维过程，考生的家国情怀素养得到深化与巩固。

价值认同是家国情怀教育的首要目标，它建立在事实判断、价值澄清的基础之上。学生在心灵上经历了是与非、真与假、美与丑、善与恶等价值判断，在教师正确引导下最终在情感、态度、信念、立场上形成价值认同。学生具有什么样的情感，以何种方式处事待人，坚定何种信念，站在何种立场认识事物，这就是家国情怀教育应该回答的问题。在试题设计上，如何测量情感、态度、信念、立场？这值得学界进一步探索。就历史学科而言，评价历史人物、评价历史事件是常用的命题方法。需要注意的是，历史评价试题必须协调开放性与价值正确性的关系，不是说只有“伟大、光荣、正确”的答案才是唯一答案。其中的拿捏很能考量命题者的水平。当然，历史评价题也不是考查价值认同的唯一方法，从观念史(心理史)的角度设计试题，也能考查学生所具有的情感、态度、信念、立场。以下就以

“认同”观念的变化来说明从观念史角度设计试题如何考查学生的价值认同。

例 7-1-5：(原创)“认同”在《辞海》中的解释是“承认同一”，如民族认同、国家认同、文化认同、阶级认同等，它既是一个心理问题，也是一个严肃的社会问题。阅读下列材料，并回答问题。

材料一

中国者，中国人之中国，孰为中国人？汉人种(族)是也！

——革命派报纸《警钟日报》1904 年 7 月 14 日

材料二

辛亥革命之后，种族认同因内在的局限被剥离出去，政治上的主权在民的共和观念成为新的认同基础，并最终上升到法理的高度……最终确立了民主共和国成为中华民族(指中国境内各民族)共同的政治认同符号。

——许小青《辛亥革命与近代民族国家认同》

材料三

迄今为止的欧洲一体化历史表明，欧洲似乎已经“在政治传统、法律传统、文化遗产和象征主义等方面的历史中，有希望找到把欧洲作为一个共同体而与世界其他地区区分开来的整体经历和集体记忆，找到为欧洲各民族提供了共同参照的东西”。

——[英]安东尼·史密斯《民族认同与欧洲统一观念》

材料四

全世界无产者(指“无产阶级”)联合起来！

——《共产党宣言》

请回答：

(1)材料一与材料二在民族国家的认同上有何差异？结合历史背景分析产生这种差异的原因。

(2)根据材料三并结合所学知识，近代以来欧洲各国在政治制度、经济体制以及精神文化方面有何共同点？欧洲在“政治传统、法律传统、文化遗产”方面存在集体记忆，请结合古希腊罗马史谈谈你的理解。

(3)材料四的认同观是什么？与材料一、二、三的认同观相比有何特点？对 1949 年以后的中国以及二战后的世界格局产生什么影响？

(4)20 世纪 90 年代以来，世界上许多人对本民族、国家、文化的认同日渐迷失，请简要分析其原因。

本题从观念史的角度设计试题，涵盖了民族认同、国家认同、文化认同、阶级认同等情感和价值。通过对认同观念进行历时性考查，引导学生认清认同心理如何形成、如何发展，以及学生应该以何种立场认识民族、国家、文化与阶级问题。试题的第一问要求考生比较材料一与材料二民族认同观的差异并分析原因，隐性考查了考生是否具有正确的民族观。材料一反映了早期的革命派认为“中国人就是指汉人”，而材料二指出辛亥革命后人民普遍认为“中国人指的是中华民族”。考生如果对“中华民族”的内涵不了解，是无从发现早期革命派的民族观所存在的问题的，更无法从当时的背景出发理解“中国人就是汉人”的民族观的实质是反对满洲贵族的专制统治。

以上部分，我们将家国情怀价值形成的过程按照事实判断、价值澄清、价值认同三个阶段分别提出了试题设计的思路与建议。以下部分，我们将进一步探讨第三层次关于价值践行的试题设计问题。

3. 第三层次：关于价值践行的试题设计

第三层次要求学生能将理由与依据用于实践分析，并能展现出自律、责任、示范、奉献的精神状态与实践行为。自律是在正确价值观的指导下个人层面的行为表现，责任、示范、奉献是在形成家国情怀素养的前提下，在社会层面的行为表现。它们与“修身、齐家、治国、平天下”的传统文化精神一脉相承。如何进行价值践行的试题设计？我们认为应该从以下几个方面着手：一是创设实践或问题情境，在历史情境中考查学生如何处理复杂的价值观问题。二是设置开放性问题，考查学生能否在实践情境中提出具体对策，即回答“怎么做”的问题。三是明确解决问题的主体，即在具体实践情境下，作为个体的人如何面对？作为社会的人如何面对？作为中国人如何面对？作为“地球村”的人如何面对？作为人类如何面对？作为自然生命的一部分如何面对？明确了实践主体，就能分别设计问题考查学生在不同身份下的实践态度与行为方式。

例 7-1-6：(原创)阅读材料，完成下列要求。

材料一

杜环，唐朝人，生卒不详，著有旅行游记《经行记》一书。公元 751 年，杜环随高仙芝西征石国(今乌兹别克斯坦境内)。唐军兵败于怛逻斯，杜环及两万余人被大食(阿拉伯王朝)俘虏。杜环被俘后曾跋涉数万里，游历了中亚、西亚、阿拉伯及北非等地，并于公元 762 年乘商船从海路回到广州。游历巴格达(今伊拉克首都)时杜环曾记下一条重要信息："(巴格达)绫绢机杼，金银匠、画匠、汉匠起作画者，京兆人樊淑、刘泚，织络者河东人乐环、吕礼。"许多学者据此认为，被俘的唐军中有大量汉族工匠，他们将唐朝的建筑、手工、绘画、纺织及造纸术等传播至中亚、西亚，从而远达欧洲。

——据张一纯《经行记笺注》编写

材料二

1971 年春，第 32 届世界乒乓球锦标赛在日本名古屋举行。比赛期间，一位叫科恩的美国业余乒乓球队员上错车，坐到中国队车上。中国运动员庄则栋主动与科恩交流，并送给他一幅"黄山风光"的织锦。中美两国运动员走下车时，这令人惊奇的一幕被日本记者拍到，成为轰动性事件。毛泽东主席听说此事后说："这个庄则栋不仅球打得好，还会办外交，此人有点政治头脑。"此后，中美两国开展了"乒乓球外交"，推动了中美关系的正常化。

——据翁明《小小银球，旋转乾坤——记中美乒乓球外交》编写

(1)根据材料一并结合所学知识，概述唐朝前期对外交流的状况。

(2)根据材料一并结合所学知识，分析是哪些群体推动了当时的文化交流与传播。

(3)根据材料二并结合当时历史背景，分析说明毛泽东称赞庄则栋有政治头脑的原因。

(4)根据材料一、材料二并结合所学知识，围绕"普通人与历史"谈谈你的启示。

上题体现了个人或普通人在国家发展与时代大背景下的作用。第一问

要求了解基本事实。第二问要求分析是哪些群体推动了当时的文化交流与传播，其设计意图是体现普通个人（劳动者）对人类文明发展及历史发展起到的推动作用。第三问要求分析毛泽东对庄则栋的评价及其意图，体现普通个人在历史的重要时刻往往也能发挥重要的历史作用。第四问要求学生围绕“普通人与历史”谈谈自己的启示，上升到价值实践层面，即回答作为普通个人在国家发展进程中应该以何种行为方式发挥作用，作为“地球村”的成员，该以何种方式促进人类文明的交流与发展。第四问的设计意图是要求学生在回答前三问的基础上，将自己的判断及理由用于实践分析，明确自己的身份，并厘清自己的行为是否符合国家利益及历史发展的需要。

三、家国情怀素养试题的命题原则

至此，以“对国家的感情”为例，我们对家国情怀素养三个层次的试题设计进行了较系统的梳理，并提出了试题命制的建议。家国情怀素养试题考查的是学生的情感、态度、立场及价值观念，与其他四个方面的素养相比具有特殊性，因此在试题命制时要明确坚守若干原则。以下从宏观方面就家国情怀素养试题的命题原则与特点作进一步阐述。

第一，坚持立德树人。考试是育人的重要环节，在考试中渗透家国情怀内容是立德树人根本任务的具体要求。教育部考试中心制定的《中国高考评价体系》指出：“高考作为连接基础教育和高等教育的关键环节，必须以习近平新时代中国特色社会主义思想为指导，全面贯彻党的教育方针和全国教育大会精神，强化理想信念、爱国主义情怀、品德修养、知识见识、奋斗精神、综合素质等方面的考查要求，引导学生培育和践行社会主义核心价值观，弘扬中华优秀传统文化、革命文化和社会主义先进文化，树立正确的历史观、民族观、国家观、文化观，切实增强中国特色社会主义道路自信、理论自信、制度自信、文化自信，从而全面彰显高考的育人功能。”[①]由此可见，教育部考试中心充分重视考试的育人功能与作用。家国情怀素养试题就是实现考试育人功能的主要支点，因此家国情怀素养试题命制时应当弘扬核心价值，发挥方向引领的作用。教育部考试中心制定的核

① 教育部考试中心：《中国高考评价体系》，10页，北京，人民教育出版社，2019。

心价值指标体系，主要包含了“政治立场和思想观念（理性信念、爱国主义情怀、以人民为中心的思想、法治意识）”“世界观和方法论（辩证唯物主义、唯物辩证法、历史唯物主义、实事求是）”“道德品质和综合素质（品德修养、奋斗精神、责任担当、健康情感、劳动精神）”等指标内涵。[①] 家国情怀素养试题命制者可以将家国情怀素养分层分类模型与核心价值指标体系相结合，以便更好地落实立德树人的根本任务。

第二，坚持“基于事实之全部”的原则。这里有两个关键词命题者需重视，即“事实”与“全部”。历史学科是基于事实的学科，一切历史结论或历史认识都必须基于“事实”，没有事实依据的只能是历史虚无主义。家国情怀素养命题应坚持从事实到结论（认识）的原则，避免从结论推导结论，从概念考查概念。从结论推导结论是中学历史教学常见误区，且贻害无穷。一些从结论出发的推论看似逻辑清晰、环环相扣，但恰恰忽略了历史学最重要的东西——“事实”。例如，有一道有关张之洞的试题，其基本逻辑是“近代封建地主阶级阻碍了中国近代化进程，张之洞是地主阶级的代表人物，因此张之洞必然阻碍了历史发展”。这一推论是不符合历史学科规律的。要证明张之洞是否阻碍了历史发展，只能依据张之洞所作所为的全部历史事实，并加以综合判断才能得出结论，而不是看他属于哪个阶级。这里还要强调另一个关键词——“全部”。命题者要清醒认识到，不是所有基于事实的历史认识（价值观）都是正确的，还要看这一认识是不是基于“事实之全部”。仅仅依据个别事实或部分事实得出片面结论是最常见的命题误区。

第三，家国情怀素养考查的目的是育人而非思想审查。尽管家国情怀素养试题与心理学测试题一样涉及的是人的心理与情感，但在目的上却有根本不同。家国情怀素养试题以育人为目的，而心理学测试以评价为目的，这两者绝不能混淆。基础教育的对象是未成年人，未成年人的思想往往还不健全，因此家国情怀素养考查的目的不在于审查学生的思想，尤其不能据此评价学生的思想道德。每一道家国情怀素养试题都是综合能力的体现，如基础知识的掌握程度、获取和解读信息的能力、历史思维能力、历史探究能力、历史表述能力等，不是只限于学生的价值观范畴。这也就是说，

① 教育部考试中心：《中国高考评价体系》，15～17页，北京，人民教育出版社，2019。

影响得分的因素非常复杂，高分考生不见得家国情怀素养水平就高，低分考生不见得家国情怀素养水平就低，以分数高低评价学生的价值与情感是不科学的，是有害的。

第四，坚持在价值认同的基础上百花齐放。家国情怀素养培育本质上是价值观的统一过程，这是必要的，也是立德树人的根本要求。这就要求命题者在家国情怀素养试题命制过程中既坚持原则立场，又允许观点开放，协调统一性与开放性的矛盾关系。如果命制的试题过于僵化，只有唯一正确答案，有可能导致思想复制的情况出现，扼杀学生的思想与思维，家国情怀教育也将流于形式。

第五，坚持在历史情境中考查家国情怀素养。由于家国情怀的内容与其他学科德育内容交叉、互通、叠加，如果脱离历史情境考查家国情怀内容就会失去历史学科的独特价值，而变成纯粹的德育考查。因此，家国情怀素养试题的情境素材必然要基于历史背景。之所以将坚持在历史情境中考查家国情怀素养作为命题原则提出，还有一个重要原因是为了避免家国情怀素养考查陷入记忆复制的误区。历史经验表明，考查学生对政治立场、价值观念的识记并不会有效促进情感、态度和价值认同的形成。家国情怀认知基于人的心灵，因此不能将家国情怀的内容当作基础知识来简单处理。如果将历史认识当作历史知识考查，就会对学生的思想、思维和心理造成强制和压迫，有可能引发学生的逆反心理。进一步研究发现，学生在具体的情境和任务中所表现出的情感、态度、立场和价值观更为真实，学生也更能够接受具体情境中所表达的情感和价值观。因此，家国情怀素养试题的命制要致力于创设鲜活的问题情境和任务情境，引导学生进入试题情境，在解决问题、完成任务的过程中考查学生的情感与态度。我们对历史情境进行了初步研究，提出四种类型的历史情境，对家国情怀素养试题的命制有一定的参考价值。这四种情境分别是历史事件情境、历史学习情境、历史实践情境和历史研究情境。教师在命制家国情怀素养试题时可参考以上四种任务情境，通过鲜活的材料创设试题新情境，分别考查学生在历史事件情境中是否能对古人之价值情感产生历史理解，在学习情境中是否能表现出家国情怀的情感与态度，在实践情境中是否能践行核心价值观，在研究情境中是否能表现出科学的、理性的、批判性的思维能力与思维方式。

第六，坚持内容与形式的协调统一。本章第一节详述了家国情怀的基本内涵，涉及的内容比较广泛。落实对这些内容的考查，需要认真选择合适的历史内容，并采用与之相适应的试题形式，做到内容选择与试题形式相统一。试以本书第五章有关有意史料与无意史料的试题(例 5-3-6)为例。该题考查的家国情怀内容是近代列强侵略与中国人民反侵略斗争，渗透的是爱国主义的情感，选择的历史内容是南京大屠杀事件。该题材料一是当时日军为美化侵略、掩盖南京大屠杀的罪行而有意制造的“伪事实”，在形式上似乎“有图有真相”。由于材料一是美化日军罪行的材料，充满了欺骗性，如果采用不恰当的命题形式，不但不能培育学生的家国情怀素养，反而可能误导学生。对于上述美化日军罪行的史料内容，该题恰当地运用了史料实证的命题形式，通过对比“有意史料”与“无意史料”的价值，通过史料证伪的方法，以麦卡伦牧师的“无意史料”揭示了材料一的虚伪性，从而使学生确定了事实，进行了价值澄清，最终形成了价值认同。试想，如果没有从史料实证的角度设计试题，只是孤立使用材料一要求学生分析日军进入南京后的所作所为，那么对学生价值观会造成什么样的恶劣后果？学生即便凭借对课本知识的记忆指出了南京大屠杀的事实，也有可能会误认为材料一为真。由此可知，选择什么内容和材料设计家国情怀素养试题并不是最重要的，最重要的是试题形式必须适合内容，两者必须协调统一。

第七，不能以所谓“客观持平”突破底线。历史教育鼓励学生全面客观持平并能从多角度讨论历史问题，但也要清醒认识到在“客观持平”的大旗下，并不是所有问题都可以拿来给学生探讨。在重大原则问题上，命题者应该立场坚定，旗帜鲜明，绝不能以所谓“客观持平”冲击底线。有教育界人士撰文指出：“一些牵涉大是大非的题目，例如侵略、屠杀、种族清洗等，完全不应引导基础教育阶段学生讨论其正面价值，也不可能有国家会放在课本，甚至试题中让学生讨论其利弊，这是基于人类良知的共识，也是学生对承受惨痛经历民众同理心的教育。”[①]上述评论可谓切中要害。历史探究倡导的全面客观持平是有前提的，这个前提就是基于人类的良知和家国情怀的情感、态度和价值观念。以“客观持平”为幌子，诱导学生对本民

① 康陈翠华：《历史教育所为何事?》，见香港特别行政区教育局网站。

族苦难的历史以旁观者自居，是冷血的，也不利于学生道德的养成。

第二节　家国情怀素养选择题的命题思路

选择题的类型主要有四种，即单项选择题、多项选择题(包括双项选择题)、不定项选择题及差别赋分题。单项选择题结构相对简单，主题集中，考查目标明确，逻辑也比较清晰。多项选择题功能相对全面，可以考查思维的全面性，但考核目标相对分散，主题不够集中，较难考查学生的深度思维。不定项选择题综合了单项选择题和多项选择题的优势，但实际上也具有多项选择题的局限性。差别赋分题形式上是单项选择题，但学生选择不同的选项得分会不同。这类试题的优点是能区分学生思维的水平层次，但命题者很难保证四个选项层次划分的科学性，因而命题难度大，其科学性也值得探讨。考虑到家国情怀素养的特殊性，我们认为在选择题的四个选项中区分情感、态度、价值观的水平层次并不合适，而多项选择题目标相对分散，用于考查家国情怀素养也不适当。综合来看，从保证科学性、便于操作等角度看，单项选择题比较能符合现实需要。下文将以单项选择题为例，对家国情怀素养选择题进行程序性解构，并从内容选择、材料类型与命题方向、提问方向与用语、命题原则等方面加以阐述，提出家国情怀素养选择题的命题思路。

一、家国情怀素养选择题的程序性解构

一般而言，选择题的两大要素是必备知识和关键能力，而家国情怀素养选择题具备三大要素，即必备知识、关键能力和情感态度价值观。这三大要素应该是相互融合、互为前提、缺一不可的。调动、运用必备知识需要关键能力，关键能力的形成需要掌握必备知识，而健康的情感和正确的态度、价值观是学习知识、提升能力的思想前提。反过来说，丰富的知识和突出的能力又有利于促进价值澄清，形成价值认同。明确了家国情怀素养选择题三个要素之间的关系，有利于指导我们科学设计试题。要厘清选择题的设计思路，我们先要将选择题“解剖麻雀”，对其思维运作的过程进

行程序性解构，以便精心设计每一个环节。

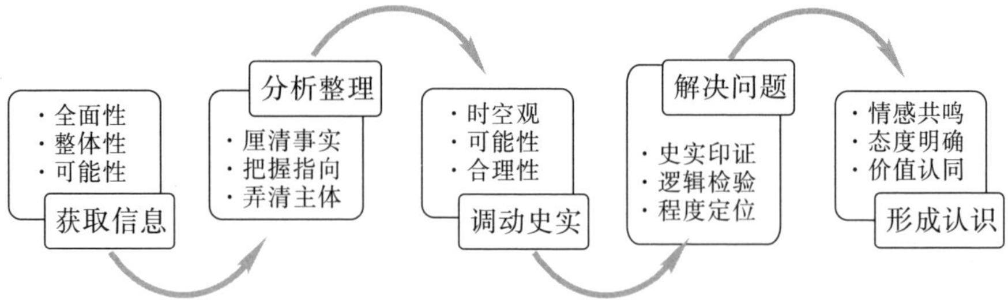

图 7-2-1　家国情怀素养选择题思维运作程序解构

图 7-2-1 将家国情怀素养选择题思维运作的过程解构为五个环节，即获取信息、分析整理、调动史实、解决问题和形成认识。其中，调动史实考查的是必备知识，获取信息、分析主旨、解决问题考查的是关键能力，而形成认识考查的是情感态度价值观。每一道优质的家国情怀素养选择题必定同时具备这三个要素。

五个环节中，每个环节都提供了试题设计的方向。在获取信息阶段，通过精选试题材料，考查学生能否全面获取有效信息，能否整体理解材料信息，能否从各种可能性中分析出有效信息。在分析整理阶段，考查学生能否运用概括、归纳、分层、分类、分解等方法对材料进行分析整理，从而厘清事实，把握材料的指向性，弄清问题的主体。在调动史实阶段，要求学生调动头脑中储存的历史知识，使之与材料的现象建立联系。这一过程包含了两个思维上的任务，即"该现象(观点)与哪些历史知识有关""该现象(观点)与这些历史知识是何种关系"。解决问题阶段是学生进行史实印证、逻辑验证和程度定位的过程，也就是学生在四个选项中作出选择的过程。这个过程在思维上既包含了论证也包含了批判。对疑似正确答案，学生会试图在史实上和逻辑上予以论证。对疑似错误答案，学生会试图在史实上(举反例)和逻辑上予以批判。最后是形成认识阶段，也就是学生经历了事实判断、价值判断、价值澄清的阶段后，在情感、态度与价值观上形成同情和认同(历史认识)。形成认识有两种表现形式：一是直接呈现历史价值的选项，学生作出判断与选择；二是试题中并没有价值认识的选项，但学生做完该题后在思想深处自发形成价值认识。后者尽管在考试结果上并没有展现出来，但仍有较大的教育意义。如果对实践中所有的家国情怀素养试题进行分析，那么大部分应该属于后者。这也说明，家国情怀素养试题的作用主要是教育而非考试测量。明确了以上五个环节的功能定位，接下来我们以一道单项选择题为例阐述家国情怀素养试题的设计思路。

例 7-2-1：(原创)图 1 为湖广总督张之洞于 1894 年 7 月 3 日视察武汉汉阳铁厂时拍摄的老照片。张之洞拍摄该照片的目的可能是

图 1　张之洞视察汉阳铁厂

A. 表达对环境污染的忧虑

B. 展现近代化运动的成就(√)

C. 鼓舞清军对日作战的信心

D. 鼓励民族资本主义发展

上题创设的是历史事件情境，要求学生置身于当时的事件背景下理解历史人物的行为及心理。本题融入的家国情怀内容为“近代列强侵略与中国人民的反侵略、救亡图存运动”，其思想内涵包括爱国救亡思想。该题要求学生准确把握时代思想的主题，区分同时代的上位价值与下位价值。我们将上题的思维运作过程进行程序性解构，分成五个思维环节，然后分别设计每个环节的考查落点。

第一个思维环节考查学生获取信息的能力。学生需要在图文材料中发现有价值的历史信息。这些信息从内容上划分包括历史时空信息、人物信息、事件信息、图片信息等，从呈现方式上划分为显性信息(直接信息)和

隐性信息(间接信息)。获取信息的过程实际上是学生关注点的定位过程，能否敏锐关注到哪些信息有价值，有什么价值，是学生综合能力的体现，也是洞察力的体现。每道试题所包含的信息总是多于解题必需的，因此必然有些信息是有价值的，而有些信息则对解题没有价值。命题者在处理命题素材时，一方面要务求精简达意，尽可能去除过于庞杂的无效信息，但另一方面也需要适当保留部分干扰信息。需要强调的是，考查学生获取信息的能力要特别关注学生的全面思维和整体思维，以及对隐性信息的把握能力。以上题为例，学生需要获取的显性信息有“1894 年”“张之洞”“汉阳铁厂”，隐性信息有“张之洞遥望汉阳铁厂”“汉阳铁厂烟囱林立”等。这些都属于有价值的信息，学生必须全面获取，缺一不可。同时，学生也必须具有整体思维，能从图片的整体意境出发，获取图片背后的隐性信息。

第二个思维环节考查学生对材料的分析整理能力。在此阶段，学生需要结合试题的任务要求对所获取的碎片化信息进行概括、分析和整理。就上题而言，学生需要将文字材料中的显性信息和图片材料中的隐性信息整合，从而得出“1894 年张之洞于山巅之上远眺烟囱林立的汉阳铁厂”的主旨大意。

第三个思维环节考查学生掌握必备知识的情况及调动运用史实的能力。命题者在此阶段可设计一些具有时空特征的材料信息以便考查学生的时空观念。一般而言，试题的时空信息也有显性和隐性之分。隐性时空信息往往通过附有时空意义的人名、物名、概念等呈现。同一时空发生的事件往往不是唯一的，因此学生要准确定位时空、调动史实并不容易。上题中时间信息是显性的，即“1894 年”。符合“1894 年”这一时间信息的事件有很多，应该调动哪一史实解决问题反映了学生的知识水平。

第四个思维环节考查学生解决问题的能力。在此阶段学生需要对试题的四个选项作出判断。一是判断其是否符合史实，二是判断其是否符合逻辑，三是判断其程度是否恰当。经过前三个阶段的思维过程后，学生可以推测出“张之洞对自己创办的汉阳铁厂烟囱林立的景象倍感自豪”的结论。这一结论符合洋务运动的相关史实，也符合常理与逻辑。因此，可进一步得出张之洞的目的是“展现近代化运动的成就”。命题者并没有将正确选项设计为“展现洋务运动的成就”，其目的是考查学生的历史理解能力及调动知识的能力。

第五个思维环节是形成历史认识(家国情怀)。就考试而言，学生经过前四个思维环节已经能够作出正确选择。问题是，前四个阶段的思维过程及选项中并没有包含家国情怀的价值内容，那上题是否仍属于家国情怀素养试题？我们认为答案是肯定的。家国情怀素养试题可以分成两种：一是显性考查家国情怀，即选项中有相关价值观内容；二是隐性开展家国情怀教育，即考生做完试题后形成潜在的历史认识。后者以教育而非以考查为目的，以“随风潜入夜，润物细无声”为手段。就上题而言，学生在权衡救亡图存价值观与环保价值观时必定要进行上位价值与下位价值的区分，并从当时的背景出发判断张之洞关注的是近代化成就而非环保。经过命题者的有意设计与引导，学生在完成上题后自然感受到时人致力于挽救中国的爱国情操，自然形成“不同时期有不同主流价值观念”的历史认识。

二、家国情怀素养选择题的内容选择

家国情怀素养选择题的内容选择包含了家国情怀价值内容的选择和历史学科内容的选择。如果只是单独命制个别试题，家国情怀的内容选择可以是任意的；但如果是命制整份试卷，那么家国情怀的内容选择须注意以下几个方面。

第一，要注意兼顾三个类别的内容。“对家乡、民族、国家、文化的感情”(第二类)是家国情怀素养的主体和核心，是内容选择的重点；“对生命价值的尊重”(第一类)是家国情怀素养形成的前提，是价值观教育的重要组成部分；“树立起人类命运共同体意识”(第三类)是家国情怀素养的延伸，是家国情怀考查的必要组成部分。命题者应注意三个类别的内容在试卷中合理分布，建议以第二类为考查重点，兼顾第一、第三类的价值内容。第一类的价值内容在中国史和世界史的教学内容中都能找到合适材料，第二类的价值内容可与中国史相关教学内容相结合开展命题，第三类的价值内容比较容易与世界近现代史和中国近现代史教学相融合。

第二，要注意兼顾三个层次的水平要求。前文将家国情怀素养划分成价值判断、价值形成、价值实践三个层次。这三个层次构成家国情怀素养的完整体系，是家国情怀素养形成的必要途径。因此，在家国情怀素养试题命制过程中应注意兼顾三个层次。一方面，命题者可在同一道试题中体现三个层次的思维过程。就单项选择题的特性而言，同时考查三个层次有一定困难，但一般能够同时考查两个层次。例如，将提问语设计为“上述(历史人物)观点产生的背景是……”即可同时考查价值判断和价值形成两个层次。学生首先需判断是何观点，其价值立场是什么；其次才运用历史事实对此观点进行分析、比较与论证。另一方面，命题者也可在多道试题中分别侧重考查不同的家国情怀层次。

第三，要选取有充分事实依据的价值内容。历史学科命题的重要原则是要“基于事实之全部”，要尽量避免缺乏充分事实依据、结论先行的情况出现。例如，要求学生在选项中选出蒋介石建立的南京政权属于哪种性质，这样的提问就不太合适。如果以这种方式命制家国情怀素养试题，学生需要记住大量的历史结论，而不需要从历史事实出发分析这些观点。学生对所识记的价值内容是否真的理解，是否真心认同？这一切值得怀疑。历史事实具有客观唯一性，但历史认识是丰富多彩的。只要是基于历史事实的、健康的、符合核心价值的观点，都应该得到尊重。

三、家国情怀素养选择题的材料类型与命题方向

一般而言，家国情怀素养选择题的材料可以划分为观点性材料和事实性材料。当然，这两者并非泾渭分明。有些观点性材料本身也是事实性材料，而有些事实性材料也包含了观点。例如，历史人物的观点就是事实的一部分，而历史学家对事实的选择性记载也包含了观点。命题者要善于从不同类型的材料中发现历史信息，并据此设计问题。

对于观点性材料，我们又可将其分为时人的观点材料、后人的观点材料以及外人(跨文化的评价者)的观点材料。时人的观点材料因为与研究对象处在同一时空环境下，往往能反映出当时的价值观念以及利害关系。例如，司马光认为王安石变法是“与民争利”，而王安石回应说自己是“为国理财”。这样的材料就可以反映出司马光与王安石的利害关系，以及“民本”与“国本”两者之间价值观的冲突。时人的观点性材料可以是原始史料，也可以是经命题者处理之后的材料，但处理时必须遵循原意。

后人的观点材料一方面可以丰富对评价对象的认识，另一方面也能反

映评价者(后人)自身的价值观念及所处的时代背景。例如：

> 然秦以区区之地，千乘之权，招八州而朝同列，百有余年矣。然后以六合为家，崤函为宫，一夫作难而七庙堕，身死人手，为天下笑者，何也？仁义不施攻守之势异也。
>
> ——司马迁《史记·秦始皇本纪》

司马迁作为后人对秦朝灭亡提出了自己的见解，一方面丰富了对秦亡原因的认识，另一方面“仁义不施攻守之势异也”又可反映出司马迁的价值尺度以及当时的思想文化状况。

所谓外人的观点材料，在此指跨文化或跨国的评价者对某历史问题的认识。外人的观点材料为我们观察中国史提供了不一样的角度，但受文化观念与国际关系的影响，也必然反映评价者自身的价值立场和所处历史环境的特征。因此，运用这种类型的材料考查价值观念，可从主体与客体两个方向设计问题，从而考查学生价值判断的能力。例如：

> 中华帝国是一个神权政治专制国家。家长制政体是其基础；为首的是父亲，他也控制着个人的思想。这个暴君通过许多等级领导着一个组织成系统的政府。……个人在精神上没有个性。中国的历史从本质上看是没有历史的，它只是君主覆灭的一再重复而已。任何进步都不可能从中产生。①
>
> ——[德]黑格尔(1822 年)

上述历史评价的主体是黑格尔，评价的客体是中国。命题者一方面可从中国古代政治制度的特点出发提出问题，考查学生对中国古代政治制度的认知；另一方面也可从黑格尔的角度出发提出问题，考查 1822 年西方世界的思想观念、政治背景，从而引导学生对黑格尔的言论作出价值判断。受时代环境的影响，黑格尔对中国历史的认知集中在“专制”的片面认识之

① 转引自[法]阿兰·佩雷菲特著，王国卿等译：《停滞的帝国——两个世界的撞击》，卷首插页，北京，生活·读书·新知三联书店，1993。

上，而忽略了中国在国家统一、社会治理、文化创造方面的伟大成就，反映出了他那个时代西方的价值观念。

对于事实性材料，命题者可从探讨历史事实的选择性、辨别历史叙述、分清整体与局部等角度引导学生作出立场与价值的判断。历史事实是客观的，不以人的意志为转移，但选择记述什么以及不记述什么是主观的，体现了记录者的价值观和历史观。历史学家无法摆脱自身的观念局限从而书写纯粹客观的历史，因为一件事情是否有价值，是否值得历史学家记录，本身就是价值判断的过程。

与事实选择一样，历史叙述仍然逃离不了立场与观念的束缚，甚至无法摆脱语义方面的局限，因此辨析历史叙述背后的角度、立场、态度和价值观显得非常必要。例如：

（邓世昌坠海后）此刻，邓世昌所养的一只狗名为"太阳犬"者，亦凫到身边，用嘴叼住他的发辫，使其不能沉入海中。邓世昌誓与舰共存亡，毅然用手将狗头按入水里，自己也随之沉没于波涛之中。①

——据来远舰水手陈学海口述(1956 年)

Captain Tang had a large dog of a most vicious temper, unruly at times even with his master. After the ship sank Captain Tang, who could not swim, managed to get to an oar or some small piece of wood—enough to have supported him had not his dog swum to him, and, climbing up on him, forced him to release his grasp and thus miserably drown, the brute sharing his fate—perhaps the only case on record of a man drowned by his dog. ②

——[美]菲里奥·诺顿·马吉芬回忆(时任镇远舰帮带，亲历黄海海战)

以上两则史料均叙述了黄海海战中邓世昌殉国的事迹，也都描述了邓世昌与爱犬落水的经过。两位作者都曾亲历黄海海战，但历史叙述却有显

① 转引自戚其章：《北洋舰队》，114 页，济南，山东人民出版社，1981。

② McGiffin, Philo N., "The Battle of the Yalu: Personal Recollections by the Commander of the Chinese Ironclad 'Chen Yunn'," *The Century Illustrated Magazine* (*1881-1906*), Vol. 50, issue 4 (Aug 1895), p. 585.

著差异。陈学海作为清军参战士兵，基于中国立场与爱国情感，赞颂了邓世昌撞击敌舰与爱犬一同殉国的爱国行为。因此，陈学海的历史叙述实质上反映了中国人民反抗列强侵略、渴望英雄的时代特征。马吉芬作为一个美国人也亲历了黄海海战，但他历史叙述的重点却并非描述邓世昌撞击敌舰殉国，而是将其描述为邓世昌与狗争夺木板导致人犬俱沉，其描述笔法充满了讥讽与嘲笑。殊不知，邓世昌之所以是民族英雄，乃是他率舰撞击敌舰的行为所决定，而非因为他与犬同沉。马吉芬的叙述关注末节(且未必真实)，而忽略实质，其笔法与语气反映了西方人的傲慢与对中国近代海军的蔑视。命题者明白了历史叙述背后所隐藏的价值观念，便可以由此出发设计问题以考查学生辨别历史叙述的能力。例如，可以从“两种历史叙述反映了各自的立场有何不同”的角度提出问题。

对于事实性材料，命题者还需要分清整体与局部，并作出程度判断，否则试题的科学性就会存在问题。判断是否属于整体性材料有时也并非易事，往往需要确定史料适用范围。从本质上说，任何材料都有其适用边界，一旦超出这个边界，其证据力就会出现瑕疵。家国情怀属于观念的一部分，研究某时期的观念变化尤其要重视上述问题。例如：

上年业经公推予议长，予因被贼剪发，力辞其职，今又公推予长(掌)此会，阖邑之人望予甚深，予则恐之焉，惴惴焉不胜其任，畏负邑人之望也。[①]

——山西太原县乡村知识分子刘大鹏日记(1913 年 2 月 14 日)

以上材料属于事实性材料。1912 年中华民国成立后，民主价值观和共和制的价值认同是否形成？当时的中国社会思想观念有何特点？刘大鹏日记对探讨上述问题有重要史料价值。同时，作为历史研究材料，他的日记也有自身的适用范围。这就要求命题者在设置正确选项时务必予以清晰界定。刘大鹏的日记属于“局部”的材料，可对其作出如图 7-2-2 所示的空间适用性分析(时间维度也相同)：

一般而言，史料的时空适用范围与史料的价值是矛盾对立的。时空适

① 刘大鹏：《退想斋日记》，176 页，太原，山西人民出版社，1990。

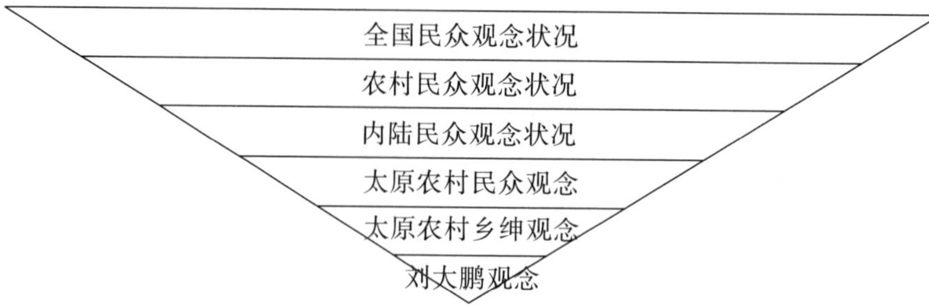

图 7-2-2　史料的空间适用性分析案例

用范围越窄，其科学性越高，但其史料价值会相应降低。要保证史料运用的科学性，势必要限制史料的适用范围，从而降低史料发挥的价值；要充分发挥史料价值，势必要扩大史料的适用范围，从而牺牲史料运用的科学性。历史研究的目标往往在于追求“普遍性”，即希望从个别现象总结出普遍规律。因此，研究者经常会不经意扩大史料的适用范围，以期求得普遍性的认识。命题者要恰当把握史料的适用范围，以实现科学性与史料价值之间的平衡。由刘大鹏日记可得出以下几种价值认同的结论：

(1)当时全国范围内民主共和并未得到广泛认同。

(2)当时农村民众尚未接受民主共和思想。

(3)当时内陆民众尚未接受民主共和思想。

(4)当时太原农村民众尚未接受民主共和思想。

(5)当时太原农村乡绅并未广泛接受民主共和思想。

(6)当时刘大鹏在思想上反对民主共和。

从以上六种结论可知，空间范围越大，该历史结论显得越有历史价值。第六种结论科学性最强，但仅局限于研究刘大鹏个人的思想状况。刘大鹏作为一个普通人，研究其个人的思想观念在研究价值上似乎意义不大。命题者如果将选择题的正确选项设计为“当时刘大鹏在思想上反对民主共和”，则缺乏历史研究价值。命题者如果将正确选项设计为“当时全国范围内民主共和并未得到广泛认同”，这一结论的历史价值陡然抬升，但却以偏概全，缺乏“科学性”。刘大鹏生活在山西太原县(今太原市晋源区)，且终身未出山西，其思想并不能代表沿海地区及政治中心地区民众的观念，因此将结论扩大至山西或太原以外则科学性大打折扣。刘大鹏作为农村旧知识分子

（乡绅），与一般民众不同，其思想也不能代表普通农民的主流思想观念。但他作为有影响力的乡绅，被“公推”为当地议长，能代表大部分推举他出任议长的人的思想观念。因此，将上述史料的空间适用范围界定为“清末民初太原农村乡绅”较为恰当。这样既肯定了刘大鹏能代表某地某群体的思想观念，保证了研究价值，又限制了史料的适用范围，保证了结论的科学性。

四、家国情怀素养选择题的提问方向与用语

家国情怀素养选择题的性质是由内容决定的，因此没有特定的提问用语，但我们可以将常见的选择题提问用语与价值观内容结合起来，以便明确提问方向。为便于命题者参考，我们将常见提问方向、提问用语与价值观的结合列表并举例如下。

表 7-2-1　家国情怀素养选择题常见提问方向与用语

提问方向	与（家国情怀）价值观的结合	提问用语
背景	某价值观念产生的背景	上述观念产生的背景是
史实	某历史认识（家国情怀内涵）的史实依据	其史实依据是
原因	与某价值观相关的历史现象形成的原因	这主要是因为
目的	通过分析在某价值观影响下形成的政策、措施、言论考查价值观内容（例如维护统一）	这一举措（言论）的目的是
影响	某价值观念产生的影响；某历史现象对价值观产生的影响	上述现象（观念）导致
变化	某价值观念发生的变化；某价值观与时代变化的关系	上述变化说明；导致上述变化的原因是
差异	比较不同价值观的差异；比较不同价值观的背景	与某（人物、国家）相比，某……
趋势	通过长时段或众多历史现象反映历史认识（家国情怀）	这表明；这反映了
特点	体现家国情怀思想的政治、经济、文化现象的特征	这反映了；由此可知
意义	在家国情怀立场上对某观念、情感、态度、人物、事件、制度等进行历史性评价	对此理解正确的是；这一举措（评价对象）促进了……

例 7-2-2：（2022 年全国高考甲卷）康熙年间，多次令各地举荐山林隐逸，又令官员推举博学鸿儒，吸收学行兼优之士。开设明史馆，召集文人编纂明史，还进行多部儒经传注的修纂，编成《康熙字典》。上述措施的主要目的是

A. 承续华夏传统（√）　　B. 倡导疑古辨伪

C. 弘扬程朱理学　　D. 保存历史文献

上题从考查的家国情怀内容看，主要涉及中华优秀传统文化、民族文化交融以及中华民族共同体意识等方面。从考查的层次看，属于第二层次，即学生能将史实依据与价值认知相结合进行事实判断，进而澄清自己的价值认知，从直觉上升至自觉阶段。从设计方式看，命题者按照"家国情怀内容——举措——目的"的思路进行设计（见表 7-2-1 第四项"目的"）。试题提供清朝前期学习汉族文化、制度、传统的多项政治举措，既体现了清朝统治者对优秀传统文化的重视，又体现了其治国方略与中原文化的交融。

表 7-2-1 仅列举了家国情怀素养选择题常见的提问方向、结合方式与提问用语。试题命制形式多样，我们鼓励命题者锐意创新，切不可囿于上述模式导致作茧自缚。在使用各种提问用语时，命题者必须对其内涵加以区分，从而提高试题的科学性。"这说明""目的是""这反映了"是常用的提问用语，下面以此为例加以说明。

所谓"说明"，指对一个事件、一项行动之如何可能以及为何发生的分析，亦即将不知的事物变成已知的事物，其遵循的方式一般是"A 发生乃因 B 已发生"，又指陈述某一主张所依据的理由。在历史试题命制中，"说明"一词一般有两种使用情况。一是命题者提供结果（结论），要求分析其条件及因果（史据与理据），一般在非选择题中常见；二是材料提供比较充分的条件（史实），要求分析结果（得出结论），一般在选择题中较常见。在选择题命制时使用"这说明"作为提问用语必须非常谨慎。这是因为这一提问语要求试题提供的材料必须是充分条件，否则容易犯以偏概全的错误。

所谓"目的"，指通过分析行动者的意向，从而构建行动与意向的因果关系，其遵循的方式一般是"行动者试图让 B 发生，所以才让 A 发生"。在历史试题命制中，"目的"一词的使用一般也有两种情况。一是命题者提供

行动内容，要求学生分析行动者目的；二是命题者指出行动者目的，要求学生指出行动者为此采取的行动内容(措施)。这两种情况都适合运用于历史选择题的命制，其提问用语往往是“其目的是”和“……为此”。

所谓“反映”，一般指由某事物的一定状态和关系而产生与它相符的现象，在历史试题命制中，往往指由此推彼，由现象推出本质，由特殊推出普遍。以“这反映了”作为提问用语时，往往是命题者给出个别历史现象，要求学生推出普遍性结论。这种情况下材料可以不必是充分条件。

五、家国情怀素养选择题的命题原则

家国情怀素养选择题与其他类型选择题相比，既有共性也有特性。唯物史观、时空观念、史料实证和历史解释主要是从历史学科特征出发凝练而成的，而家国情怀属于历史教育的任务和目标，回答了应该以什么立场和思想指导历史教育的问题。因此，家国情怀素养选择题既要遵从历史学科的特性，也要遵循各学科德育的普遍性。家国情怀素养试题的考查内容是主观的情感、态度与价值观问题，应该基于人的心灵设计问题而非基于知识来设计问题。为此，我们认为家国情怀素养选择题的选项设计应遵循以下几条原则。

第一，区分历史认识与历史事实。历史事实是客观的，具有唯一性；历史认识是主观的，具有多元性。命题者须严格加以区分，避免将主观的历史认识当作客观的历史事实来考查。命题者如若区分不清，就会让学生产生被强制接受的观感，导致的后果是学生要么识记结论，要么心理抵触。

第二，坚持形式创新而非价值创新。单项选择题的特性之一是封闭性，在形式上比较固定，在思维上比较封闭，命制出高质量的试题难度较大，因此追求创新性是命题者考虑的重要问题。单项选择题的创新一般可从内容与形式等方面入手。形式创新包括选择新材料、创设新情境、设置新任务。内容创新主要指呈现新观点、考查新成果、提出新的能力要求等。由于家国情怀的本质是“认同教育”，因此家国情怀素养选择题应该坚持形式创新而非价值创新。部分命题者盲目追求创新，往往以自己的个人价值或观点代替主流价值观，考虑到单项选择题答案的唯一性，这是极其不合适的。

第三，命题语言应遵循学科语言规范。家国情怀素养选择题的重要任务是贯彻情感、态度与价值观的教育，因此不少命题者使用了大量情感色彩浓烈的形容词，运用了大量排比句式，作出了过多的定性表达，这其实并不符合历史学科语言和命题语言规范。历史价值观教育的重点并不在于强烈的语气、充沛的情感和感人的氛围，而在于一切基于事实，用事实说话，用科学说话。

第四，注重逻辑的严密性。选择题是一个闭环结构，学生只能从中作出选择，如果出现四个选项均不严密的情况，有可能导致逆向淘汰，也就是发现预设答案存在问题的学生反而被淘汰掉，而这部分学生恰恰是更优秀的学生。家国情怀素养选择题本身就具有极强的主观色彩，因此，命题者更应从理性思维出发命制试题，确保证据充分，解读准确，推论严密，结论符合家国情怀价值要求。

第三节　家国情怀素养非选择题的命题思路

前文已对家国情怀素养选择题的命制提供了若干建议，接下来我们将对家国情怀素养非选择题命题展开探索。按照一般规则，定义必须是肯定的，应揭示被定义对象所具有的特殊属性，也就是应揭示被定义项是什么，而不应当揭示它不是什么，所以定义一般不应当是否定式的。但“非选择题”的概念属于否定式定义，因而其内涵与外延极其广大，以至于很难描述出“非选择题”的共性，更不用说从理论上阐述其命题原理和方法了。“非选择题”的概念不能反映自身所具有的属性和种差，因此只能作为一种分类方式而非严格的学术概念。正因如此，对于本章所论及的“家国情怀素养非选择题”，我们需要作出自己的界定。

本章所谓“家国情怀素养非选择题”，指的是以考查家国情怀为目标或有利于生成家国情怀素养，考生需要借助语言文字、符号、图像等工具来自主表达知识与思想的历史试题。这个界定包含以下三个要件：其一，有利于学生生成家国情怀素养(无论是否以家国情怀内容为考查目标)；其二，学生需要借助语言文字、符号、图像等工具进行表达；其三，学生的表达具有自主性(选择题是封闭性的)。这个界定总体上是比较宽泛的，其目的是鼓励命题者创新家国情怀素养非选择题的命题形式，将纸笔考试的效能和边际扩展至最大。也就是说，命题者可以打破传统非选择题的各种观念和形式束缚，可以显性考查家国情怀，也可以隐性考查家国情怀；可以用语言文字进行表达，也可以用符号、图像等多种方式进行表达；可以考查客观历史知识，也可以考查主观思想认识。以下从上述界定出发，分别从家国情怀素养非选择题的命题环节、命题原则和实践创新三个方面加以阐释。

一、家国情怀素养非选择题的命题环节

尽管非选择题的形式可以五花八门，但从命题过程看，都是经历了材料选择与改造、材料整理与编排、问题设计、评价标准设计等相同的环节。以下将围绕这几个命题环节，分析如何在各环节中渗透家国情怀内容。

（一）材料选择与改造

命题“材料”不等同于“史料”，“材料”的范畴更大些，包含了原始史料，也包含了经过命题适应性改造的史料，还包含了命题者自身创设的情境化、生活化材料。或许可以这样说，所谓材料，是指改造过的史料。那为什么要改造史料呢？原因是多方面的，如学生在面对部分原始史料时存在理解上的困难，大多数原始史料与纸笔考试命题不适应，当然还有考试意图的实现、课标的要求，等等。与大学生相比，中学生接触更多的其实是材料，而高考命题中大量出现的也并非一手史料，而是改造过的材料。家国情怀素养非选择题可以选用原始史料，可以在保证科学准确的前提下改造史料，也可以使用命题者自己创设的材料。

哪些材料适合于家国情怀素养非选择题？一般而言，家国情怀素养非选择题常见的材料有人物事迹材料、历史观念材料、历史观点材料、历史评价材料、文化艺术材料、地图与图表材料等，不一而足。其实，任何类型的材料都有可能设计出家国情怀素养试题，决定试题是否属于家国情怀素养试题的关键不是材料而是问题设计。正因如此，我们不必对家国情怀素养非选择题材料进行分类，但需要提出一些选择材料的原则。

1. 应明确材料的价值立场是否正确

在选择材料时命题者首先要判断该材料所表达的立场、价值观，以及

是否违背客观事实，是否反映整体情况。笔者调研时曾发现某校练习册上有一道不当试题，其材料部分指出“中国古代有杀婴的传统”。该题就属于典型的选材不当、表达不准确的错误试题。“杀婴”作为一种历史现象，在古代的物质生活水平、医疗卫生条件下，广泛存在于世界各地。虽然是历史事实，但这一现象并不是中国特有的，更不能称之为“传统”。选择“杀婴”现象入题，危及人伦，不利于学生心理健康，并错误引导学生对古代中国的憎恶，形成偏激的历史观。

2. 符合事实，不偏离历史情境

不同于思想政治课，历史学科是基于事实的学科，必须从历史与事实的角度出发开展家国情怀教育。因此，家国情怀素养非选择题应该选择基于历史事实的材料，聚焦于历史事实本身。如果脱离历史事实谈价值就有虚无化倾向。同时，历史家国情怀素养非选择题的材料要具有历史色彩，也就是材料要么是“史料”，要么是研究历史事物、表达历史观点的材料，而不仅仅是立场性材料。例如，在历史试题中直接引用或要求学生默写二十四字的社会主义核心价值观，就是偏离了历史情境，事实上效果也不好。

3. 注意显性信息与隐性信息的搭配

命题者看到某条材料适合命题时往往会说“这是一条好材料”，那么命题材料“好”的标准是什么？一般而言，它至少符合以下几个特征：一是材料呈现形式适合纸笔考试命题要求；二是材料中包含的历史信息符合考试要求且非常丰富；三是材料中的历史信息符合命题者自身的历史认识、教育思想和审美要求；四是材料有较大的可塑性且能给予学生较大的自主开放空间。其中，第一个特征是先决条件，不适合纸笔考试的材料，信息再丰富也不能选择。例如，音频、视频材料，目前还没能进入历史学科命题材料范围。在符合第一个特征的前提下，剩下的三个特征中，第二个就起决定性作用了。历史信息越丰富，材料的命题价值就越高。这里的历史信息当然指的是课标与考纲规定的考试内容。历史信息在材料中以什么方式呈现？主要有两种呈现方式——显性和隐性。显性信息指材料明示的历史信息，隐性信息指需要学生调动历史知识才能从材料中提炼出来的信息。对于命题材料而言，显性信息越多试题越容易；隐性信息越多试题越难，能力要求越高。好的命题材料，要兼顾显性信息与隐性信息，不能走向两个极端。

（二）材料整理与编排

挑选到比较好的命题素材后，接下来就需要对材料进行整理和编排了。所谓“整理”，也就是对素材进行适应性改造，如对篇幅、语言、表现形式等进行调整与修改，以使考查目标更清晰，更适合纸笔考试。整理材料的一般原则是不改变材料的原意，删减冗余信息，使材料的历史信息更加集中；编译文字，大幅降低阅读障碍，以适合中学生的知识结构和思维状况。所谓“编排”，也就是按照一定主题或线索，对挑选出来的多则材料进行重新组合，从而突出命题意图，引导学生的价值观念。编排的实质是选择和排列。通过选择什么、不选择什么，通过不同的排列组合，命题者表达了自身的历史认识和命题意图。命题者可以对试题材料进行分层与分类，也可以按时序组合，或是以数据表格、图形列表、流程图、组织结构图、地图等多种方式呈现出来。多则材料的编排方式，大部分情况下可以划分成三类：一是按时序编排，即长编法；二是按类别编排，即类叙法；三是既有长编也有类叙，如表格的纵向轴与横向轴很多时候就是时间维度和事物类型的结合。总之，整理的目的是提升适应性，编排的目的是体现命题意图。家国情怀价值引导往往可以在编排材料的环节中融入贯彻。

（三）问题设计

问题的题干由什么组成？英国人麦克·格尔森对设问方式的研究非常有价值。他指出：“问题题干是问题的开始部分。它是命令部分，指示我们希望应答者参与的流程。它之后跟随着问题的主题部分，表明了我们希望应答者应用这个主题的内容。问题题干是通用的，可用于多种情况，而主题部分却是具体的，根据学习的主题不同而变化。”[①]麦克·格尔森还罗列了常见提问方式清单，包括知道类题干、理解类题干、应用类题干、分析类题干、综合类题干、评价类题干。这些常见的提问方式对于家国情怀素养命题具有重要参考价值。

明确了问题的构成要素和类型，我们可以进一步探讨具体的设计策略。

---

① ［英］麦克·格尔森著，汪然译：《如何在课堂中使用布卢姆教育目标分类法》，125页，北京，中国青年出版社，2019。

问题设计的首要前提是命题者能否发现材料的命题价值和家国情怀教育价值。这考验着命题者的历史视野、教育理念以及历史洞察力。同样的素材，不同命题者设计的问题在思维深度上有天壤之别，如下例所示。

例 7-3-1：(原创)

材料

“彼之所恃，只在炮利船坚……一至岸上，则该夷无他技能，且其浑身裹缠，腰腿僵硬，一仆不能复起，不独一兵可手刃数夷，即乡井平民，亦尽足以制其死命。……”①

——林则徐给道光皇帝的上书(一八四〇年八月初四)

命题人甲设计的问题：

根据材料并结合所学知识，指出当时中国知识分子阶层对世界的认知有何局限，这种思想状况给中国带来了什么影响。

参考答案：

局限：闭目塞听，对世界缺乏了解。影响：导致中国近代落后于西方，在鸦片战争中失败。

命题人乙设计的问题：

(1)以上材料属于什么类型的史料?

(2)根据材料并结合所学知识，指出以上史料产生的背景。

(3)根据材料并结合所学知识，试推测林则徐向道光皇帝强调“不独一兵可手刃数夷”的目的。

上题史料，一线教师往往用于说明鸦片战争前后中国士大夫闭目塞听，不知世界大势的思想状况，并作为反例引导学生形成国际意识，树立对外开放的价值观，达到培养家国情怀素养的目的。命题人甲即从上述认识出发，得出当时中国知识分子阶层闭目塞听，对世界缺乏了解的结论。在问题设计不具有开放性的条件下，这种设问与引导实有不当之处。这是因为，

① (清)文庆等编：《筹办夷务始末(道光朝)》卷十四《林则徐奏英船据定海拟用民众杀敌片折》，第1册，432页，北京，中华书局，1964。

命题人甲只发现了该史料局部的文本信息价值，而没有发现文本以外的历史信息。例如，文本的作者是林则徐、文本的阅读对象是道光皇帝、文本产生的背景是鸦片战争刚刚爆发、文本作者的写作目的是主战等信息都被命题人甲忽略了。同时，命题人甲也忽视了林则徐强调“一兵可手刃数夷”“即乡井平民，亦尽足以制其死命”的目的。正因如此，命题人甲简单得出了“闭目塞听，对世界缺乏了解”的结论。此时林则徐已在广州与英人交涉一年半，往来密切，且文本中也指明英国“炮利船坚”，岂有不知“一仆不能复起”？如果命题者结合文本以外的信息，将该文本置于当时的复杂背景下，可能得出的结论会有所不同。例如，林则徐属主战派，是否存在因担心道光皇帝怯战而故意轻敌的可能？命题者乙正是超越了文本信息，从文本以外的历史信息着手设计问题，这样，命题的立意便完全不同。前者以文本来印证既有结论，而后者将文本本身作为研究对象，思想更深刻，立意更高远。从家国情怀的角度看，与命题人甲突出国际意识不同，命题人乙将家国情怀的落点放在林则徐的爱国思想上。两者都有利于培养家国情怀价值，但命题人乙的设计更具理性色彩。

我们已阐释了非选择题问题设计须兼顾文本信息与文本以外信息，以及充分发挥材料价值的问题，接下来我们将阐述家国情怀素养非选择题的问题类型。家国情怀素养非选择题的问题设计形式多样，以下仅举数例予以阐释。需要说明的是，以下几种问题设计并没有统一的分类标准，有些方式可能相互交叉，你中有我，我中有你。例如，开放式问题设计与任务式问题设计只是侧重点不一样，开放式问题可以是任务式的，任务式的问题也可以是开放式的。

类型一：多角度问题设计

历史不应该是一维或二维的，而应该是多维的，这也就意味着对历史的研究角度越多，我们对历史的认识越可能趋于全面。家国情怀素养非选择题的问题设计如果能从多个角度呈现不同的价值、立场、视野，能促使学生对问题认识更理性、更趋向本质，教育效果更好。多角度问题设计可从以下几个方面着手。

一是分类，即将历史事物群按一定特征分门别类，以考查学生对事物共性与特征的把握能力，如下例所示。

例 7-3-2：(原创)

20 世纪 20—30 年代的思想文化论争

时间	思想文化论争
前阶段：20 年代初至 20 年代末	孔教之争、东西文化之争、白话与文言之争、新旧文学之争、科学与玄学之争、工化与农化之争、问题与主义之争、无政府主义之争、社会主义之争
后阶段：20 年代末至 30 年代初	中国社会性质论战、中国社会史论战、唯物辩证法论战、民主与独裁之争、以农立国与以工立国之争、中国本位与全盘西化之争、社会主义与资本主义之争

问题：根据材料并结合所学知识，说明前后两个阶段思想文化论争的主题有何变化。

参考答案：

从文化之争为主转向道路之争为主。

上题即以分类的思想对一系列思想文化论争活动进行区分，要求考生把握各阶段论争的共性与特征，从而把握事物的本质。从家国情怀素养考查目标来讲，学生自然能得出“马克思主义是人民与历史的选择”这一结论。以分类思想设计家国情怀素养试题，有利于学生自我生成价值认同，其效果是灌输教学无法比拟的。

二是分解，即将单个事物的构成结构加以区分。当家国情怀素养非选择题所考查的是一个比较复杂的体系时，命题者可尝试将其分解，从各构成要素出发设计问题，从而服务于整个主题。以例 7-1-5 为例，该题围绕价值认同的主题，将其分解为民族认同、国家认同、文化认同、阶级认同等几个构成要素分别设问，引导学生全面认识“价值认同”的深刻内涵。

三是区分立场，即引导学生对观点进行价值判断。以例 7-1-3 为例，命题者指出“对同样的历史活动，不同地域的人或不同时代的人可能有截然不同的认识”，从明代统治者将陈祖义、张琏等人定性为“海盗”，而近代梁启超将其定位“殖民伟人”进行设问。学生必须结合背景知识，区分其各自的价值立场，从而认识到梁启超反侵略的爱国主义思想。

四是明确视角，即明确自己和他者观察事物的角度，并尝试从他者的角度分析问题，如下例所示。

例 7-3-3：（2007 年广东高考）

（材料略）

(1)按照材料一的研究角度来研究中国近代史，可能会对 1840—1911 年间的哪些重要事件评价较高？

(2)按照材料二的研究角度，评价辛亥革命。

(3)综合材料一和材料二的观点，分析中华人民共和国建立的影响。

该题引导学生分别从“反帝反封建”和“现代化”两个不同角度看待中国近现代史，并尝试用不同的角度分析历史问题，从而认识中华人民共和国建立的重大历史意义。

五是区分时段，即从短时段和长时段观察历史事物，得出不一样的历史认识。例如，对秦朝的历史认识，一方面可从短时段设计问题，得出秦朝“不施仁义”的结论；另一方面可从长时段设计问题，使学生认识到秦朝对于我国统一多民族国家发展的重大意义。

六是区分维度，即同时从纵横两个维度认识历史事物。唯物史观认为，社会发展在纵向上从低级向高级发展，在横向上从分散向整体发展。从纵、横两个维度设计问题，有利于深化学生对唯物史观的认识，如下例所示。

例 7-3-4：（2011 年广东高考）阅读材料，结合所学知识回答问题。

材料三

20 世纪 60 年代以来我国出版的世界通史教材，对世界近现代史的分期先后出现两种主要做法：①近代史开始于 1640 年，现代史开始于 1917 年；②近代史开始于 1500 年前后，现代史开始于 1900 年前后。

(3)任选材料三中的一种分期方法，分析其史实依据。

该题材料的两种分期方式代表了两个历史维度：第一种属于纵向的历史维度，从资产阶级革命到社会主义革命，体现社会形态由低级向高级发展；第二种属于横向的历史维度，从新航路开辟，世界市场开始出现，到第二次工业革命世界市场正式确立，体现了人类历史由分散走向整体。

类型二：量尺式问题设计

所谓“量尺式问题设计”，即按照水平层次由低至高，分步设计问题，以便测量不同学生各自所能达到的水平。家国情怀素养非选择题的问题可以按照前文表 7-1-1“家国情怀素养内涵分解及试题设计三维框架”模型所示的水平层次进行设计。例如，第一问可以提出价值判断的问题；第二问可以从事实判断方面提出问题；第三问可以引导学生归纳、分析、比较、综合、论证、批判事物，从而经历价值澄清；第四问可以从启示、意义方面设计问题，也可以要求学生运用价值观解决新问题，从而考查学生的价值认同与价值实践。

类型三：叠加式问题设计

所谓“叠加式问题设计”，指以功能为导向的试题设计，即在同一道试题中叠加不同的设计以测量学生在知识、能力、素养等各方面的表现。试题设计时可以叠加必备知识、关键能力、学科素养、核心价值的测量功能，也可以叠加基础性、综合性、应用性、创新性的功能要求。例如，第一问可设计为知识性问题，以测量学生对基础知识的掌握情况；第二问可设计为综合性问题，以测量学生综合运用跨学科知识、方法解决复杂问题的能力；第三问设置实践情境任务，以测量学生面对实践情境解决问题的能力；第四问可以要求学生提出新见解、新思路，以测量学生的创新思维能力。通过在家国情怀素养非选择题中叠加各种功能，达到全面考查学生素养水平的目的。

类型四：开放式问题设计

开放式问题设计一般有三种情况：一是历史结论的开放，也就是允许学生得出个性化认识。例如，“围绕‘普通人与历史’谈谈你的启示”即属于历史结论的开放。二是历史知识的开放，也就是学生运用何种知识解决问题由自身决定。例如，“人类社会不断地由低级向高级发展，请予以说明”即属于历史知识的开放。三是知识与结论都开放。

类型五：任务式问题设计

所谓“任务式问题设计”，也就是创设或模拟实践情境，要求学生完成实践任务(项目)。例如，要求写一个简短的书评，或要求撰写一篇简短的革命宣传文案，或要求设计一份研究方案，或要求编写一段情景对白，等等。从考试测量的功能来讲，“任务”与“问题”其实存在比较明显的区别。问题导向知识和结果，而任务导向能力与过程。也就是说，大部分的“问题”，包括指向知识的问题、指向方法的问题，学生都可以通过记忆来回答。例如，“指出鸦片战争爆发的时间”属于知识性问题，学生可以通过记忆解决；“指出如何才能写好历史论文”属于指向方法的问题，学生也能通过记忆解决。但是，如果转换成任务式问题，情况就不一样了。例如，“根据所提供的材料自拟一个论题写一篇小论文”，这时学生所记忆的关于好论文标准的知识就得经过实践的检验。知道如何写好论文是一回事，自己动手写好论文又是另一回事。任务式问题的评价导向也与知识性问题不一样，任务式问题关注的是任务完成的过程，有利于评价学生的能力。

类型六：对比式问题设计

对比式问题设计分两种，一是同一事物在时间性上的对比，即“变化”；二是不同事物的特征对比，即“差异”。对比式问题设计在家国情怀素养非选择题中比较常见。纵向上可以对比某一种思想观念前后的变化，横向上可以对比若干种观念在立场、角度、价值观等方面的差异，如下例。

例 7-3-5：(原创)

(图略，参见统编版《中国历史》七年级上册“战国形势图”与“秦朝形势图”)

请回答：对比战国与秦朝长城分布情况，指出其在空间分布上的变化，并说明原因。

该题考查的是家国情怀的重要内容，即统一多民族国家的形成。学生通过对比战国与秦朝长城在空间分布上的变化，从而得出秦朝消除内部分裂因素，极力构建统一国家的观念变化。

(四)评价标准设计

常见的家国情怀素养非选择题的评价标准有结果评价、过程评价和水平评价。这三种评价标准各有功用，一份完整的历史试题最好能兼顾这三种评价。结果评价是评价学生的家国情怀认知水平(道德认知)，即明辨是非，倾向知识层面；过程评价是评价学生发现问题、分析问题、解决问题的实践过程，倾向能力层面；水平评价是综合评价学生的必备知识、关键能力、学科素养和核心价值的达成情况。按照表7-1-1“家国情怀素养内涵分解及试题设计三维框架”，结果评价是评价学生是否知道家国情怀的价值内容，即能否作出价值判断；过程评价是评价学生能否对价值观展开归纳、分析、比较、综合、论证、批判，即价值澄清；水平评价是综合评价学生从价值判断、价值澄清、价值认同到价值践行的认知、思维与实践水平，往往采用分层评分方式(如SOLO评分法)。

二、家国情怀素养非选择题的命题原则

本章第一节提出了家国情怀素养命题原理，家国情怀素养非选择题当然也需要遵循。本章第二节根据家国情怀素养选择题的特点，提出了“区分历史认识与历史事实”“坚持形式创新而非价值创新”“命题语言应遵循学科语言规范”“注重逻辑的严密性”等命题原则。这些原则也部分适用于家国情怀素养非选择题的命制。同时，我们基于家国情怀素养非选择题的特点再提出以下几条命题原则。

第一，保持开放性的同时兼顾引导性。非选择题也常被人称为主观题，学生获得自主权，具有表达的自由。我们鼓励非选择题问题设计进一步走向开放，以全面考查学生的综合能力和创新能力。价值观试题是不是只能一家之言，不可探讨？我们认为是可以开放探讨的，但开放不等于命题者可以在任何问题上保持所谓“中立”的态度，而让学生任意探讨。家国情怀素养非选择题应做到开放性与引导性的有机结合，也就是说试题的立意应引导学生树立正确价值观，这是开放性的基础。在此基础上学生可以自主调动知识，自主运用方法解决问题，自主形成合理结论。但开放绝不是指学生有坚持错误价值观的自由，在大是大非的价值观问题上不存在自主选择的空间，这是基本的底线。

第二，坚持以唯物史观为指导。为什么家国情怀素养非选择题要以唯物史观为指导？这是因为家国情怀涉及的是人的情感、态度与价值观，是形而上的东西。家国情怀的任何价值观念都不能离开具体的社会环境去理解和认识。离开这一点，要么是思想灌输，要么是立场先行，要么是历史虚无主义。正因如此，必须将家国情怀内容置于具体的历史时空框架下进

行考查。例如，“请概述爱国主义的精神内涵”，这一问题即脱离了时代背景设问，就概念谈概念，从抽象到抽象，是形而上的讨论。如果将爱国主义置于具体的时空框架下设问，则效果完全不同。例如，“请概述自1840年以来爱国主义精神内涵的变化”，这一设问即从唯物史观的角度出发，遵循社会存在决定社会意识的基本原理，从时代背景出发理解爱国主义精神的内涵。

第三，遵循历史学科特征与规律。对于符合今人核心价值的古代人和事，我们当然要给予高度评价，但对于当时尚未产生的价值观念，则今人没必要苛责古人。这种历史态度应该是命题者始终遵循的，特别是在命制家国情怀素养非选择题时更应如此。立德树人是历史教育的根本任务，但也要防止为贯彻德育目标而不顾历史学科特征的教育行为。例如，互联网上有个别试题要求学生从爱国精神的角度比较屈原与商鞅，而得出的结论是屈原爱国而商鞅不爱国，其理由是秦灭卫国，而商鞅是卫国人却辅佐秦王。这种命题思维就属于强行塞入家国情怀内容，以今人的思想观念去分析评判古人的行为，以今人的民族国家观念去认识春秋战国的历史，这是不尊重历史学科基本特征的表现。

第四，提问用语与参考答案适配。提问用语常见的有两种形式：一是提问动词加主题，以陈述句形式呈现。例如，“请拟定一份研究方案”“请分析晚清民族国家观念产生的原因”“请列举××观点的事实依据”等。二是主题加“是什么”“为什么”的形式，以疑问句形式呈现。例如，“晚清民族国家观念产生的原因是什么?”“为什么19世纪英国城市工人的生存环境会急剧恶化?”我们可以进一步比较“请分析晚清民族国家观念产生的原因”与“晚清民族国家观念产生的原因是什么”这两个设问。这两个设问方式是否完全等效？参考答案是否完全一致？我们认为，这两个设问看似一致，其实在答题要求上是有区别的。“分析原因”提出了两个答题要求：要有具体的原因以及得出结论的分析过程。也就是说这一设问对过程与结果都提出了要求。“原因是什么”则仅仅指向问题的结果，学生列举原因即可，对分析的过程没有要求。命题者需要区分这两种设问的不同要求，针对不同的要求拟定对应的参考答案，使提问用语与参考答案相适配。

三、家国情怀素养非选择题的实践创新

纸笔考试在时间、文字量、答案呈现方式以及评卷等诸多方面有限制性要求，留给命题者创新的空间比较有限。前文在界定家国情怀非选择题概念时提出："鼓励命题者创新家国情怀素养非选择题的命题形式，将纸笔考试的效能和边际扩展至最大。"命题者如何才能在纸笔考试的框架下进行命题创新？我们认为可以从以下几个方向着手。

（一）情境创新

《课程标准》指出："学生能否应对和解决陌生的、复杂的、开放性的真实问题情境，是检验其核心素养水平的重要方面"，要"多维度地创设试题情境，考查学生在新情境下如何解决问题"。什么是"情境"？笔者倾向于这样定义："与真实问题有关的一切关系因素的集合就是情境。"那什么是"创设情境"？笔者认为尽可能地还原与问题有关的各种复杂关系，就是创设情境。那什么是"情境创新"？笔者认为还原出重要的、陌生的、常被忽略的各种关系因素，就是"情境创新"。当然，我们不可能完全还原所有关系因素，因此"情境"也只是命题者的主观选择罢了。

家国情怀属于意识层面，只有将家国情怀置于鲜活的历史情境中，思想与情感才更有温度。家国情怀素养非选择题应该走情境化之路。通过创设学习情境、实践情境、事件情境和研究情境，在试题情境中理解家国情怀，认同家国情怀。

情境创新当然离不开新材料。一般来说，新情境的题目肯定是新材料的题目，因为情境必须通过材料来营造。而新材料的题目不一定是新情境的题目。情境创新的前提是新材料，因此命题者应该提高发掘新材料的能力，拓展命题的视野。凡是包含丰富历史信息、有利于家国情怀素养培育、适合命题的材料都应该得到重视。例如，传世文献、出土文献、考古材料、碑刻、家谱、日记、笔记、建筑、艺术作品、漫画、照片、档案、记录、口述史、新闻报刊、习俗、生活资料等，既有物质的也有精神的，既有传统的也有"另类"的。

情境创新离不开命题者的"组合"能力。所有历史材料都不是为命题而制造的，它们大多是碎片化的，自然分散于历史空间的各个角落。命题者

的理念和经验使得他们能发现这些碎片化材料的命题价值，进而对其进行改造和组合，最终形成试题。从这个意义上看，命题者与建筑师并无二致，只是前者搭建的是精神建筑，后者搭建的是物质建筑。一个优秀的命题者能将散落的史料建立联系，在家国情怀素养非选择题中，这种联系当然指的是家国情怀的内涵。命题者通过巧妙的材料组合，构成了一种历史解释，传达自身的价值立场与历史教育理念。这就是家国情怀非选择题的命题立意，而用不同方式组合材料会产生情境创新的效果。

情境创新离不开命题者的全景视野。命题者的历史视野有多广，其试题的立意与创新性就有多高。命题者认为历史是统治阶级的历史，那么他使用的材料、创设的情境可能大多时候就是帝王将相、政权、战争、制度、权争等；命题者认为人民群众创造了历史，那么他创设的情境可能就会从底层视野出发，以“小历史”反映“大历史”。命题者如果关注社会生活，那么他创设的情境可能就是生活化的。总之，转换观察历史的视角，其实就实现了情境创新。例如，我们对唐朝社会风尚的了解往往来自官方史书、唐诗、贵族墓葬等，从而在头脑中构建了一个自我想象的大唐风貌——“雁飞鹰扬”“开放包容”“雍容华贵”“大国气象”“斗酒诗篇”。殊不知，我们看到的也许只是上层的帝王将相、才子佳人。如果命题者能从唐朝底层的农户渔夫、贩夫走卒的视野出发创设试题，就能产生情境创新的效果。唐诗中其实也不乏这些材料。

（二）问题创新

这里“问题创新”指的是试题的设问方式创新。试题的设问体现了命题者的历史教育理念和对儿童认知心理的理解。家国情怀素养非选择题如何实现设问方式的创新？英国人麦克·格尔森的研究对此有重要参考价值。麦克·格尔森以布卢姆教育目标分类法为指导，并将这一理论应用到课堂教学与评价之中，制定了以下教育目标分层分类结构：

知道：整理、定义、描述、列清单、匹配、记住、命名、排序、引用、识别、回忆、重复、再现、重新表述、存储。

理解：描述特征、分类、完成、描述、讨论、建立、解释、表达、确定、举例说明、识别、报告、关联、排序、转化。

应用：运用、计算、选择、演示、改编为戏剧、使用、实施、诠释、操作、表演、练习、角色扮演、概述、解决、建议。

分析：分析、评价、分类、比较、对比、区别、鉴别、辨别、检验、实验、探索、调查、提问、研究、测试。

综合：组合、组成、构建、创造、发明、设计、制定、假设、整合、融合、组织、计划、提议、综合、联合。

评价：评价、论证、评估、批判、辩护、检查、评分、审查、判断、证明、排名、评级、评论、估值。①

以上每一组词语都表明了认知过程在实践中发挥作用的一系列方式。这些问题方式多以任务式设问呈现，大部分可以转换成家国情怀素养非选择题的设问。以下结合家国情怀内容举例说明。“知道”层面的设问：“请尝试援引材料信息说明辛亥革命后民主共和思想逐渐深入人心。”(引用)“理解”层面的设问：“概括指出晚清通商口岸在时空分布上的特征，并说明原因。”(描述特征、解释)“应用”层面的设问：“请分别从双方的角度出发阐述各自的理由，并指出各自的局限性。”(角色扮演)“分析”层面的设问：“根据以上信息对该文物进行鉴别，并说明理由。”(鉴别、探索)“综合”层面的设问：“请从当时的背景出发为秦始皇设计一枚‘兵符’，并说明该设计在政治、军事上的意义。”(设计)“评价”层面的设问：“1927 年 4 月，北洋军阀张作霖逮捕了李大钊，请你以当时共产党员的身份写一篇简短的新闻稿谴责上述行为。”(批判、辩护)上述设问方式遵循了布卢姆教育目标分类法，以项目任务形式设计问题，能考查学生各方面的水平层次，其设问方式也具有创新意义，值得命题者进一步研究。对上面的分层分类结构进行分析后，我们发现传统的非选择题问题设计大多指向知识和结果，而创新试题的共同特点是指向能力(素养)和过程。

(三)表达创新

人类表达思想一般有声音、文字、符号、肢体、图画、编码等多种方

---

① [英]麦克·格尔森著，汪然译：《如何在课堂中使用布卢姆教育目标分类法》，33～34 页，北京，中国青年出版社，2019。

式，但适合纸笔考试的表达方式比较有限，一般只有文字、符号、图画等可视化的，信息保持时间长的方式符合要求。这些表达方式各有所长，而且体现了不同的教育要求。例如，文字表达适用范围广、确定性高、准确度高，是最常见的表达方式；符号表达有利于考查学生抽象思维能力；图画表达有利于考查学生想象力。纸笔考试中的表达主要有命题信息表达和答题信息表达，前者的主体是命题者，后者的主体是学生。从目前所见的非选择题看，无论是命题信息还是答题信息，绝大部分还是文字表达方式。命题者如果在命题信息表达和答题信息表达方面作一些改变，试题创新性一定会有所提高。

首先是命题信息表达的创新。命题信息表达与所选用的材料有关，实质上就是选用和改造材料的问题。命题者可在文字材料之外，增加或改造成符号表达、图画表达的材料，以加强对学生抽象思维能力和想象力的培养。

其次是答题信息表达的创新。所谓答题信息表达，就是指学生以何种方式回应与表达试题的要求。现实中常用的一般是文字表达。文字表达方式准确、适用范围广、信息量大，具有无可替代的作用。但是，如果命题者设计非选择题时在答题表达方式上有所创新，试题会增色不少。例如，可以要求学生绘制一幅历史关系示意图并予以说明，这样就引入了图画表达。再如，要求学生在地图上标示方位、方向、路线、区域等，这样就引入了图画、符号表达。又如，2008 年广东高考卷第 26 题，要求学生根据材料信息计算西汉农民家庭年收入与支出的差额，并根据计算结果分析西汉农业耕织结合的原因。该题就是典型的表达创新的案例。命题者将历史问题转换成数学问题，然后要求学生用数学语言进行计算讨论，进而分析耕织结合现象出现的原因。2021 年全国高考甲卷第 42 题要求学生在答题卡的地图中标示出明代卫所集中分布的区域，并说明集中分布的理由。在答题卡地图中用斜线标注区域位置也是表达创新的探索。

（四）评价创新

家国情怀素养评价具有导向功能和诊断功能。“导向功能表现在，它可以指导学生的思想行为朝着社会所期望的方向发展。”“诊断功能表现在，它可诊断学生个体内的差异，鉴别学生思想品德的好坏，使学生了解自己的优点和缺点，促进学生‘长善救失’，自我教育。”[①]但是从纸笔考试评价来看，导向功能的作用更加突出些，而诊断功能的作用不突出。这主要因为历史学科中的家国情怀素养评价绝非纯粹的思想道德评价。家国情怀素养试题综合了语言能力、历史知识、思维能力、表达能力、道德认知等多方面要求，因此考生分数的高低不代表其思想道德水平的高低。在历史学科纸笔考试中，我们无法设计出纯粹的不受其他因素影响的道德测评方案。所以所谓家国情怀素养试题评价，只能是指对学生答题情况的评价，也就是评分标准如何制定得更科学。

就现行纸笔考试的评价来看，其评价方式主要是“踩点给分”。“踩点给分”为什么被普遍使用？主要是因为这种方式相对客观，能减少评价的误差，可操作性强，便于提高评卷速度。“踩点给分”也有比较严重的局限性。它引导教师往标准化方向教学，引导学生按标准化语言答题，不利于学生自由表达，也不利于学生张扬个性。“踩点给分”只注重结果评价，忽视过程评价，造成评价失准。家国情怀素养非选择题可以突破“踩点给分”方式，在评价方式上有所创新。建议处理好以下几个方面的关系。

其一，综合评价与孤立评价。孤立评价主要表现为“踩点给分”，它完全割裂各知识之间的关系与逻辑。综合评价既将知识点计入得分指标，还将学生思维的逻辑性、表达的准确性和知识点之间的关联性计入得分指标，从而整体上判断学生的家国情怀素养。

其二，过程评价与结果评价。结果评价是知识导向的，过程评价则是能力导向的。结果评价只注重学生是否得出了标准答案，以及与标准答案相似度有多高；过程评价则主张将学生如何得到标准答案的过程纳入评分指标。

其三，知识评价与能力评价。命题者可尝试在家国情怀素养非选择题中设计家国情怀的知识指标（道德认知），同时也设计出与家国情怀相关的能力指标（道德实践）。这样，既可以从道德认知层面考查学生的是非判断力，也可以从道德实践层面判断学生的道德行为。

其四，结构化评价。结构化评价指的是命题者将家国情怀考核内容有

---

① 胡中锋：《教育测量与评价》，331页，广州，广东高等教育出版社，2006。

计划地分布于试卷各题之中，从而在整体上构成对家国情怀素养的结构化考查与评价。评卷过程中，教师不仅要考虑某题中家国情怀素养的表现情况，还要从整套试卷家国情怀素养的结构关系中评价学生。

标准化考试诞生于20世纪40年代，已经风行半个多世纪。标准化考试体现了公平性原则，但也有命题主观性较强、评分的误差较大、分数解释具有片面性等诸多弊端。[①] 家国情怀素养试题又关乎人的情感、态度与价值观，在主观经验性考试中问题更突出。本章从家国情怀素养评价的导向功能出发，对家国情怀的内容与结构进行分层、分类、分解，以期把握家国情怀素养的关键因素，并据此提出家国情怀素养试题的命题建议。我们希望这项工作能为一线教师认识家国情怀内涵、命制家国情怀素养试题提供一些帮助。

① 参阅胡中锋：《教育测量与评价》，255～259页，广州，广东高等教育出版社，2006。

第八章　中学历史核心素养命题的新思路

近年来，国内中学历史试题在创新性方面取得了比较大的进展。这些优质试题主要分布在教育部考试中心、各省市教育考试院命制的一系列高考试题中，甚至，不少地级市命制的模拟试题中也不乏优质的创新试题。本节将选取部分有代表性的创新试题案例进行分析。所选取的案例分析涉及两个方面：一是历史学科核心素养创新试题案例分析；二是对个别旧题的现时性案例分析。前者注重某个方面的核心素养测量，而后者因命制于核心素养理论提出之前，我们将从现时性角度对其进行综合分析。

一、历史学科核心素养创新试题案例分析

唯物史观、时空观念、史料实证、历史解释和家国情怀是历史学科核心素养的五个方面，这五个方面又各自分成了 2～4 个水平层次，如何对这五个方面进行分层分类测试？我们认为首先应基于对《课程标准》内容的准确理解，进而分层分类设置问题。以下选取若干国内优质试题进行剖析，以使读者更清晰地理解历史学科核心素养试题命制的基本思路。

（一）唯物史观素养创新试题案例分析

唯物史观是揭示人类社会历史客观基础及发展规律的科学的历史观和方法论。《课程标准》对唯物史观素养的水平描述是："能够了解和掌握唯物史观的基本观点和方法，理解唯物史观是科学的历史观。能够将唯物史观运用于历史学习、探究中，并将其作为认识和解决现实问题的指导思想。"《课程标准》只对唯物史观素养作出两个层次的描述，但其实也还是包含了

四个不同层次，即“了解”“理解”“运用”“认同”。唯物史观属于上位的哲学思想，其基本观点和方法其实渗透在每道试题之中，一般不会以纯粹的唯物史观素养试题形式出现。简言之，命题者以唯物史观为指导设计试题，学生以唯物史观为指导答题，这就是唯物史观素养的落实过程。试以下题为例对唯物史观素养试题加以分析。

例 8-1：(专家培训题)[①]

材料

表 关于工业革命发生的各种观点

各种观点	基本内容
“渐进论”	历史发展是连续的，工业革命是此前一系列事件逐步累积的结果，工业革命本身也是逐渐演进的过程。
“突变论”	工业革命使英国社会、经济、生产方式方面出现了质的飞跃。
“必然论”	工业革命前，欧洲存在着与其他地区与众不同的因素，发生了与众不同的事件，使工业革命最早出现在欧洲成为必然。
“偶然论”	18 世纪以前，欧洲并不领先于世界其他地区，甚至可以说是比较落后地区，发生工业革命纯属偶然。

——摘编自北京大学世界现代化进程研究中心《现代化研究》第 2 辑

问题：

(1)关于工业革命的发生，在学术界一直存在着许多争论和观点，分析其原因。

(2)分析上述一种观点，并说明理由(也可以提出新观点，并加以说明)。

本题考查的知识点是工业革命及其背景，考查的学科素养主要是唯物史观和历史解释。材料围绕工业革命的发生提供了四种观点，且两两之间具有对立统一性。例如，“渐进论”和“突变论”实质是量变与质变的关系；“必然论”与“偶然论”是必然性与偶然性的关系。这些问题属于历史唯物主义和辩证唯物主义的范畴。第一问要求学生分析围绕工业革命的发生产生

① 本章标记为“专家培训题”的试题来源于教育部普通高中历史课程标准(实验稿)修订组成员刘芃《基于核心素养的学业质量标准》演讲稿，2019 年 8 月。

诸多争论的原因，考查的是历史解释素养。要探讨诸多争论产生的原因，既要关注客体(工业革命)，也要关注主体(持论者)；也就是既要考虑到社会存在，也要考虑到主体的主观性问题。由此可见，唯物史观是上位的原则与指导思想，因而历史解释中必然包含了历史价值观。第二问要求学生选择其中一种观点进行分析，并说明理由，达到了唯物史观水平 3～4 的要求。也就是考查学生能否运用唯物史观探究历史问题，解决现实问题。对唯物史观缺乏认知的学生很难形成唯物史观的思维与意识，只能围绕某一种观点寻找孤证来说明。唯物史观素养水平高的学生则会将至少两种矛盾对立的观点统一起来，并运用史实予以说明。第二问其实可以按照上述分析做成分层评分的标准模型。

（二）时空观念素养创新试题案例分析

时空观念是在特定的时间联系和空间联系中对事物进行观察、分析的意识和思维方式。《课程标准》将时空观念划分成四个水平层次，概括起来讲，水平 1 要求学生能辨识和运用时空表达方式；水平 2 要求学生能在特定时空框架下描述和认识历史；水平 3 要求学生能把握时空联系，运用时空术语；水平 4 要求学生能在具体时空框架下独立探究问题，能运用合适的时空尺度论述历史。以下结合各水平层次要求对两道时空观念素养试题加以分析。

例 8-2：(原创)1474 年，意大利天文学家保罗·托斯加纳里认为：“从加那利群岛(非洲西北海域)往西 5500 公里就能抵达日本，9200 公里就能抵达杭州。”他还送给哥伦布一幅加那利群岛以西海域的海图。由此可知，托斯加纳里

A. 推动了东西方贸易往来　　B. 为新航路开辟指明了方向

C. 间接助推了美洲的发现(√)　D. 支持葡萄牙殖民扩张政策

上题考查的知识点是哥伦布发现美洲，考查的学科核心素养是时空观念。该题难度较大，学生不但要掌握新航路开辟的时间知识、事件知识，还必须有较强的空间知识及地理观念。从时间方面看，学生需要清晰定位“1474 年”，知道当时哥伦布尚未发现美洲，这就达到了水平 2 的要求——能在特定时空框架下描述和认识历史。从空间方面看，加那利群岛在非洲

西北海域，也就是在大西洋中。托斯加纳里认为从该群岛往西航行可以到达日本和杭州，这显然是错误的地理认知，因为美洲大陆横亘于大西洋和太平洋之间。哥伦布如果按照托斯加纳里的建议向大西洋西边航行必然会抵达美洲。上述地理空间知识是解答此题的必备知识，否则很难得出加斯托纳里的错误认识间接助推了美洲发现的结论。考生能将时间和空间两个因素结合，并在当时特定的时空环境下探究材料的问题，其实已经达到水平 4 的程度了。

上题四个选项的设计，考试意图也十分明显。命题者将 A 选项设计为“推动了东西方贸易往来”，其中“东西方”的方位表述考查学生必备知识和空间定位能力。虽然托斯加纳里的目的地是东方，但按照其设想是不可能到达东方的。学生如果知道哥伦布并未到达东方，也可以判断“推动了东西方贸易往来”的结论不正确。命题者将 B 选项设计为“为新航路开辟指明了方向”，其目的是进阶考查学生历史解释能力。假如学生甲时空观念素养及地理知识均达到了较高水平层次，认识到按托斯加纳里的主张只能到达美洲而非亚洲，那么，学生甲必然会在 B 选项与 C 选项之间权衡取舍。哥伦布确实最终按照托斯加纳里的建议航行，并且发现了美洲大陆，可见托斯加纳里的建议客观上推动了新航路的开辟。但这一结果是“无意”造成的，并非托斯加纳里和哥伦布“有意”造成的。因此，学生进行历史解释时需要区分“有意”与“无意”，要认识到“主观目的”与“客观结果”不一定相符合。B 选项实际上将“客观结果”指为“主观目的”，导致历史解释不符事实。两位航海家的错误认识，反而导致了一个好的结果，但不能得出“为新航路开辟指明了方向”的结论，因为这不符合事实。D 选项考查学生历史知识，即学生应该知道哥伦布率领的是西班牙而非葡萄牙的舰队。托斯加纳里对哥伦布的支持无法体现他对葡萄牙殖民活动是何态度。

总之，从上题可以看出，哪怕是选择题，都不存在纯粹的时空观念素养试题，而是知识、能力、素养的综合考查，只是在某一方面更突出些罢了。从上题分析中也可以看出，任何一方面素养的考查都是有前提的。学生一旦在阅读、获取信息、概括归纳、解读信息、调动知识、逻辑思维等任何一个环节出问题，就会导致作答失败，而失败的原因不一定是某方面素养的缺失。如果设计一道时空观念素养试题，学生做错了，命题者从而得出该学生时空观念素养未达到目标水平，这种判断方式是比较武断的。因为该学生做错，也许仅仅是由于阅读能力差，或是注意力不够集中，或是缺少背景知识，根本还未前进到命题者设定好的“陷阱”就已经“牺牲”了。命题者不注意这一点，核心素养测量的信度就有问题，考试目标就会落空。因此，时空观念素养试题的设计必须考虑到学生的现有认知水平，预估学生出错的各种可能，从而保证考试目标实现。

上题是时空观念素养选择题的命题案例。那么在非选择题中，时空观念素养试题还有哪些创新形式？试以下题为例说明。

例 8-3：（专家培训题）

材料

表　晚清中国近代海关设关地点与年代一览表

通商口岸	设海关年代	通商口岸	设海关年代	通商口岸	设海关年代
上海	1854	温州	1877	奉天府	1907
广州	1859	北海	1877	安东	1907
汕头	1860	龙州	1889	大东沟	1907
宁波	1861	蒙自	1889	满洲里	1907
福州	1861	重庆	1890	海拉尔	1907
镇江	1861	沙市	1896	齐齐哈尔	1907
天津	1861	苏州	1896	瑷珲	1907
九江	1861	杭州	1896	哈尔滨	1907
厦门	1862	思茅	1896	长春	1907
汉口	1862	三水	1897	吉林	1907
芝罘	1863	梧州	1897	宁古塔	1907
牛庄	1864	南京	1899	珲春	1907
琼州	1876	腾越	1900	三姓	1907
宜昌	1877	江门	1904	新民府	1907
芜湖	1877	长沙	1904		

——摘编自陈诗启《中国近代海关史》

问题：

(1)采用一个恰当的时间尺度，对上表中中国近代海关的设置进行阶段划分。

(2)根据材料并结合所学知识，指出中国近代海关设置过程的空间特征并进行分析。

上题考查的历史知识是晚清海关(商埠)演变与分布情况，考查的学科素养是时空观念。该题有两小问，对历史时间观念与历史空间观念分开进行考查(大多数试题是综合考查的)，这是本题的特点。从问题设计看，命题者显然是按照时空观念素养水平 4 的要求命制的。《课程标准》对时空观念素养水平 4 的描述是："在对历史和现实问题进行独立探究的过程中，能将其置于具体的时空框架下；能够选择恰当的时空尺度对其进行分析、综合、比较，在此基础上作出合理的论述。"对照水平 4 的要求，我们作进一步分析。

从选材看，试题选用的是统计材料，汇总了晚清中国近代海关设关地点与年代，属于整体性材料而非局部性材料，能全面反映晚清海关的变化。所选材料具有鲜明的时间性与空间性。从时间方面看，具有显著的阶段特征；从空间方面看，具有明显的地域分布特点，需要学生具备一定的地理知识。另外，材料中包含了丰富的隐性信息，包括历史信息和地理信息。历史信息方面，有设关的时间点，也有在时间线上集中分布的程度。例如，1861 年设关 5 处，1877 年设关 4 处，1896 年设关 4 处，1907 年设关 14 处。地理信息方面，包含了东南西北方位、沿海沿江等地理信息。

从问题设计看，第一问要求学生选用一个恰当的时间尺度对中国近代海关的设置进行阶段划分，体现了时空观念素养水平 4 的要求。历史时间不同于自然科学层面的时间，自然时间是以天体运行、地质变迁、辐射衰变、原子振动等物质运动为参照的，而历史时间是由历史事物来标定的，包括人和事，也包括社会状态。两个历史事物所处的自然时间相同，可能历史时间会不同。例如，明清之际，在中国历史分期中属于古代，而同一时间的欧洲在世界史划分中属于近代。历史时间具有相对性，是由研究主体和研究对象决定的。我们的理解是，研究主体(研究者)从自身的观念出发，根据研究对象的特点对时间线上的系列事物按一定标准进行类别和阶段划分就是历史分期。历史分期包含了纵横两条线索，一条是纵向的时间线，另一条是横向的选择事物的标准。因此，历史分期的关键不是从何处断开历史延续，而是以什么标准断开历史延续。这样看来，历史分期其实没有客观的标准，只有主流的标准，不同人从不同观念出发会作出不同的分期。以上题为例，学生可以根据列强侵略加深的阶段表现来划分，如鸦片战争、第二次鸦片战争、中法战争、甲午中日战争、八国联军侵华战争；也可以按照被迫开设海关、自主开设海关为标准进行阶段划分；还可以按照海关的地域分布为标准进行阶段划分，如沿海、沿江、内地、边境等。

该题在提问语中还使用了“时间尺度”的概念。历史的时间尺度包含了从长时段、中时段和短时段观察事物的研究思想。当然，这里的“长”“中”“短”都是相对的。按照布罗代尔的划分，长时段是指从地质变迁的长周期观察，但如果从几千上万年的角度观察人类历史，似乎对研究人类文明意义不大。以何种合适的时间尺度观察、分析、综合、比较、发现历史问题，实际上反映了学生对历史的整体认知水平。以上题为例，学生可以选择二分法、三分法、四分法，甚至五分法都行，不同的分法体现出不同的观察尺度，更体现了不同的划分标准。

上题第二问要求学生指出中国近代海关设置过程的空间特征并进行分析，该小问同样达到了水平3、水平4的要求。也就是要求学生能够把握相关史事的空间联系，并能对其加以概括、说明、分析以及作出合理的论述。与历史时间类似，历史空间也不完全等同于地理空间。或许我们可以这样理解，历史空间是历史事物所涉及的一切地理空间关系的总和，包含历史与地理、历史与环境的相互关系，其实质是历史联系。历史空间可以是连续的，随着历史事物的空间拓展而变化，如战线变化、交通航线等；历史空间也可以是跨越性(或割裂)的，孤立的各空间之间也可以构成历史联系，如中国早期文明呈现出“满天星斗”的样态，各自之间未必有频繁的交流互动，但在历史解释层面构成了“多元一体的中华文明”的历史联系。历史空间往往以历史地图的形式呈现，它包含了诸多历史空间要素，如点、线、面、方向、位置、地形、分布、结构、数量、性质、气候、环境、资源等等。上题第二问是从历史空间分布特征角度设计问题，需要调动中国地理知识才能解决问题。这些地理知识包括中国东部沿海地名、沿江地名、边疆地名以及经济地理学的相关知识。将近代海关的历史空间分布与变迁特征厘清，能更好理解近代西方列强侵略的意图及阶段性特点。

（三）史料实证素养创新试题案例分析

《课程标准》对史料实证的定义是："史料实证是指对获取的史料进行辨析，并运用可信的史料努力重现历史真实的态度与方法。"从上述定义看，史料实证的环节应包括搜集史料、整理史料、辨析史料以及考证史实。学生在此过程中所运用的方法和所表现出的态度即反映了史料实证素养的水平。史料实证的方法包含哪些内容？我们认为同样包括四个方面，即史料搜集方法、史料整理方法、史料辨析方法和史实考证（史实陈述）方法。

第一，关于史料搜集的方法。庞卓恒在《史学概论》中曾列举了四种方法，即"充分运用文史工具书搜集史料""分类搜集法""追踪搜寻法""通过调查、采访收集口碑史料"[①]。当然，这四种方法并不全面，随着时代的发展，文献数据库检阅法、大数据分析法等已成为常用方法。

第二，关于史料整理的方法。史料整理是历史研究的重要环节，只有经过科学整理，史料的价值才更容易被发现。我们认为，根据研究主题的需要，有以下几种整理方法，即分类整理法（类叙法）、按时序整理法（长编法）、按史料类型整理法、按史料价值整理法、按证据链整理法，当然还包括计算机数据库整理法。计算机数据库整理法一定程度上可以实现对上述整理方法的整合。另外，需要特别说明的是，按时序整理法一般包括两种方式，一是按历史研究对象演变的时序整理，二是按史料产生的时间先后整理。前者有利于反映历史发展线索，但建基于史料都是可信的这一前提；后者很难反映事物的时间线，但有利于研究者厘清史料源流，从而去伪存真。

第三，关于史料辨析的方法。梁启超曾在《中国历史研究法》中列举了鉴别伪书的十二种方法，涵盖了事证、物证和理证，但这些方法主要针对史学家而言，中学生很难掌握。我们认为，中学生需要掌握的史料辨析方法主要包括以下几个方面：一是能够区分史料的不同类型，明确不同类型

---

① 参阅庞卓恒主编：《史学概论》，164～167页，北京，高等教育出版社，1995。

史料的价值和优缺点；二是能厘清史料来源，比较和分析不同来源、不同观点的史料，辨析史料作者的意图；三是能以历史知识及常识判断史料的价值；四是能以科学逻辑发现史料的矛盾之处，从而判断史料的信度；五是能综合运用跨学科知识与方法考证、辨析史料。

第四，关于史实考证(史实陈述)的方法。我们认为史实考证与史料辨析应属于一个问题的两个方面，这主要是因为史实源于史料，史料辨析的过程必然附有对史实的证明或证伪。同时，史实考证与史料辨析也存在明显的差别。史料辨析侧重于史料本身，研究者通过对史料的源流、信度、价值加以考证，从而去伪存真，服务于史实考证。史实考证侧重于在辨析史料的基础上对史料进行解释，从而还原真实历史，形成相对客观的历史叙述。我们对史实考证的常用方法进行简单梳理，认为包括了以下几个方面。一是比对法(或互证法)，即对不同类型、不同来源的记述进行比对，并据此作为史实陈述的依据。一般而言相同的记述更接近于真实，不同的记述需要辨析。当无法证明或证伪不同之处时，应采用客观中允的史实陈述方式。二是溯源法，即对相关记述寻根溯源，务求追溯原始记述。庞卓恒先生指出："考证史事，就要追寻史料的来源。一般说来，同样内容的史料，就要优先选择用时代最早的记载。相对来说，原始史料比较准确，史事比较真实，以后辗转抄袭的第二、三手资料，容易出错，史事也因而模糊不清，甚至面目全非。"①三是旁证法，即运用与某史事间接关联的其他记述对史实进行补证，使得史实陈述更全面。四是二重证据法，即综合运用文献史料与实物史料相互印证，从而形成客观的史实陈述。五是反证法，即对原有结论举出有力反证，从而还原历史本来面貌。例如，康有为自述其草拟万言书，"至四月八日投递，则察院以既已用宝，无法挽回，却不收"。茅海建详查清朝档案发现，"四月初八日(5月2日)，即康有为所称'不收'其上书的当日，都察院代奏了官员举人的上书共计十五件"。据此，茅海建认为康有为组织的十八行省公车联名上书，并非都察院不收，而是康有为根本没有去送。② 茅海建在这里运用的就是反证法。六是实验法，即

① 庞卓恒主编：《史学概论》，174页，北京，高等教育出版社，1995。

② 转引自中华人民共和国教育部制订：《普通高中历史课程标准(2017年版2020年修订)》，60～61页，北京，人民教育出版社。

对史料记述的某些特殊现象进行模拟，以验证记述的真实性和准确性。七是理证法，即运用科学理论、科学逻辑、生活常理等对史事进行推导，以还原历史本来面目，以下题为例。

例 8-4：(原创)

表　明代官修史书所载三省户数及人口数[①]

地区	户数			人口数		
	1381 年	1391 年	1393 年	1381 年	1391 年	1393 年
江西	1553924	1566613	1553923	8982481	8105610	8982481
福建	811369	816830	815527	3840250	3293444	3916806
浙江	2150412	2282404	2138225	10550238	8661640	10487567

——据葛剑雄、曹树基《对明代人口总数的新估计》

此表可用于说明

A. 当时南方农业经济增长较快　B. 明代赋役征收制度较为完善

C. 休养生息政策取得较大成效　D. 官书所载史事亦须谨慎考证(√)

对上表详细分析可发现，1381 年与 1393 年江西人口数居然完全相同，户数也仅相差 1 户，并且至 1391 年户数增加了 12689 户，但人口数却减少了 876871 人；1391 年至 1393 年，两年间福建户数减少了 1303 户，人口数却增长了 623362 人；1381 年至 1393 年，浙江在户数变化不大的情况下，至 1391 年十年间人口减少 1888598 人，而两年后又增加了 1825927 人。在当时没有发生剧烈社会变化的情况下，以上人口现象显然违背常理，也不符合人口增长的客观规律，因而我们可以推测 1381—1393 年江西、福建、浙江三省官方统计的人口数据失实。据此，在史实陈述时，我们不能简单得出这一时期三省人口增长或减少的结论，但可以采用“当时三省的官方人口统计比较混乱”的陈述。

以上对史料实证方法进行了简要归纳，根据《课程标准》的表述，史料

① 葛剑雄、曹树基：《对明代人口总数的新估计》，载《中国史研究》，1995(1)。

实证素养还包含了史料实证态度的内容。史料实证态度具体指向什么？我们认为至少包含了以下几个方面。

第一，实事求是。史料实证要以唯物史观为指导，从实际情况出发，不夸大，不缩小，不隐匿，不虚构，一切从事实出发还原历史真相，认识历史问题，探索历史规律。

第二，持正公允。史料实证要注意分辨史料制造者的立场，全面客观辨析史料，注重多元视角，不立场先行，不偏听偏信。

第三，尊重证据。史料实证要从证据出发，不先入为主，让证据说话，去伪存真，构建证据链，做到有一分证据说一分话。

第四，科学精神。史料实证是技术导向的，是历史科学的重要表现。史料实证要秉持科学、严谨的求真态度，注重逻辑，一步一步推理，小心谨慎求证，处理好局部与整体、主观与客观、必然与偶然、前提与结论的关系。

史料实证态度能反映历史学科的基本属性，是学生历史学科素养的集中体现，是历史教育的重要任务。通过情境化试题设计，史料实证素养也能在纸笔考试中较好测量出来。以下题为例。

例 8-5：(专家培训题)一位学者在探讨“孙中山革命思想的形成”这一问题时，搜集到如下史料。

材料一

“忆吾幼年，从学村塾，仅识之无。不数年得至檀香山，就傅西校，见其教法之善，远胜吾乡，故每课暇，辄与周围同学诸人相谈衷曲，而改良祖国，拯救同群之愿，于是乎生。当时所怀，一若必使我国人人皆免苦难，皆享福乐而后快者。”

——《孙先生演说辞》(上海《民立报》，1912)

材料二

“余自乙酉中法战后，始有志于革命，乙未遂举事于广州，辛亥而民国告成；然至于今日，革命之役犹未竣也。余之从事革命，盖已三十有七年于兹。”

——孙中山《建国方略》(1923)

材料三 “革命之最初动机，则予在幼年时代与乡关宿老谈话时已起，宿老者谁？太平天国军中残败之老英雄是也。”

——[日]宫崎寅藏《孙逸仙传》所记作者与孙中山之谈话(1931)

问题：

(1)比较三则史料，说明其各自的史料价值。

(2)依据上述材料及所学知识，探讨孙中山革命思想的形成。

上题一共设置了两小问，其水平要求如下：第一问考查了史料实证素养水平 1 和水平 2 的要求，即要求学生区分史料的不同类型，能够从所获得的材料中提取有关信息，能够认识不同类型的史料所具有的不同价值；第二问考查了史料实证素养水平 3 和水平 4 的要求，即要求学生对史料进行整理和辨析，能够利用不同类型史料，对所探究的问题进行互证，形成对该问题更全面、丰富的解释，能够比较、分析不同来源、不同观点的史料，在辨别史料作者意图的基础上利用史料。

从试题的选材看，三则材料分别是当时报刊所载孙中山先生演说辞、孙中山先生著作及宫崎寅藏所记的孙中山先生口述史料。这三则材料分属不同类型，都具有重要的史料价值。孙中山《建国方略》和演说辞，一般认为属于第一手史料，能反映孙中山先生的思想历程，属于孙中山先生的公开宣言；宫崎寅藏是孙中山先生好友，其《孙逸仙传》属于第二手史料，但记述了许多不为人知的细节，也具有重要史料价值。

从材料所记述的内容看，三则材料涵盖了孙中山先生革命思想形成的各阶段，能形成比较清晰的思想发展线索。三则材料的部分内容可以相互印证，当然也有模糊与矛盾之处，需要学生进行辨析。

从材料的编排来看，上题按照史料产生的时间编排，即 1912 年孙中山先生演说辞、1923 年孙中山先生《建国方略》、1931 年孙中山先生口述历史。然而，学生探讨孙中山革命思想形成过程时，却需要按照史料记载内容的时间重新梳理，才能把握发展线索。例如，1931 年的口述史内容涉及的是孙中山先生幼年时期，在革命思想发展的时序上应排在最前。这就要求学生分清史料产生的时间和史料内容涉及的时间，从而考查了水平 3 史料整理的素养。

从设问方面看，上题第一问要求学生说明三则材料各自的史料价值，第二问要求探讨孙中山革命思想的形成。这两小问提出的都是任务要求而非问题。以第二问为例，即要求学生探讨孙中山革命思想的形成，而非提问孙中山革命思想形成于什么时期。任务式设问与问题式设问，这两种提问有着根本的区别，前者是开放性的，后者是封闭性的。教育部考试中心徐奉先、刘芃指出："（开放性试题）它不设问题，让受试者从试题情境中自行概括和提炼问题，并自己作答。这大大拓展了考试的宽度和深度，不仅考查了受试者分析问题和探究性解决问题的能力，更重要的是考查了独立提出问题的能力。当试题的开放性达到没有问题的程度，就达到了最大程度的开放。"①我们认为，史料实证素养试题适宜设置成开放性试题，这是由史料实证的学科属性所决定的。徐奉先、刘芃在论述开放性选择题设计时提出了以下观点，我们认为切中要害，深以为然。"因为历史事物的自然状态就是互相叠合或交错的。所谓开放，无非是还原事物原本的状态，而不是肆意改变它的状态；是让试题开发者的思维展现事物本来的秩序和面貌，而不是强行安排一种新秩序。命题者常常把史实剪裁成符合自己意愿的面貌，这种行为本身就使试题失去了开放的可能性。"②上题的设问如果设计成孙中山革命思想形成于何时，必然有固定答案，这就属于命题者按照自己的意愿强行安排新秩序。而提供材料由学生进行探讨就属于按照事物原本的状态，由学生独立发现问题、探究问题，则结论存在多种可能性。

（四）历史解释素养创新试题案例分析

《课程标准》对历史解释的定义是："历史解释是指以史料为依据，对历史事物进行理性分析和客观评判的态度、能力与方法。"按照这一定义，历史解释临近的"属"包括三个方面——"态度""能力""方法"；历史解释的"种差"也包括三个方面——"描述历史""分析历史""评判历史"。"描述历史"是指陈述史实，也就是能在历史叙述中融入历史解释；"分析历史"是指揭示事物的因果关系、联系、趋势和规律；"评判历史"是指判断历史事物的价值与意义。至于历史解释素养的水平层次划分，按照《课程标准》的界定，

① 徐奉先、刘芃：《新课程标准背景下的开放性试题开发》，载《历史教学（中学版）》，2021(1)。

② 徐奉先、刘芃：《新课程标准背景下的开放性试题开发》，载《历史教学（中学版）》，2021(1)。

我们将其概括为能辨别、发现和分析已有的历史结论，在现实中能提出和运用历史解释，能分辨和评析不同历史解释产生的原因，能有理有据地验证以往解释或提出新的解释。按照《课程标准》要求，水平 1、水平 2 的试题主要是毕业要求，而水平 3、水平 4 的试题主要是针对升学要求命制。以下举例分析历史解释素养水平 3、水平 4 试题的命制。

例 8-6：(专家培训题)

材料

抗战胜利后不到四年的时间，国民党政权就覆亡了。学术界对国民党政权迅速崩溃的原因进行了长期探讨。一种观点强调，国民党的腐败是其迅速垮台的根本原因，表现在坚持一党专政、个人独裁，在政治上陷于孤立；发动内战，遭到全国人民反对；战后接收时大小官员聚敛钱财，人们失望等。有的专家强调，国民党在军事上指挥无能，上下脱节，军队内部派系林立，以邻为壑，严重削弱了部队的战斗力，各个军事集团在战场上节节败退，这成为国民党垮台的主要原因。还有的观点强调，国统区财政经济的崩溃是国民党在大陆败亡的重要原因。

——摘编自齐涛主编《中国通史教程教学参考·现代卷》

问题：

(1)分析史学界对国民党政权迅速崩溃所提各种观点的原因。

(2)从材料中选择你赞成的一种观点并说明理由(也可以提出自己的观点并加以说明)。

上题材料概述了国民党政权迅速崩溃的各种原因，呈现多样化的历史解释。试题的第一问要求分析史学界对国民党政权迅速崩溃所提各种观点的原因，属于考查水平 3 层次，即“能够分辨不同的历史解释；尝试从来源、性质和目的等多方面，说明导致这些不同解释的原因并加以评析”。虽然材料的三种观点在来源、性质和目的上并无根本分歧，但三种观点分别代表了三种研究角度。一是从政治角度指出国民党专政、独裁，发动内战，失去民心；二是从军事角度指出国民党派系林立，指挥无能；三是从经济角度指出国统区经济崩溃，丧失物质基础。国民党政权迅速崩溃的原因有不同解释，即使基于同样的立场，如果视角不同，得出的历史解释也不尽相同。试题的第二问要求学生选择一种观点进行验证或提出新观点，属于历史解释素养水平 4 层次，即要求学生“在独立探究历史问题时，能够在尽可能占有史料的基础上，尝试验证以往的说法或提出新的解释”。

历史事实本身不会说话，因此历史解释就成为历史学的主要任务，也成为历史教育的主要内容。历史解释基于主体对客体的认识，任何历史认识都离不开理论、方法的指导，即便是对基本事实的陈述也包含了主体的世界观、人生观、历史观、价值观以及方法论。正因如此，培育学生历史解释素养需要正确理论的指导，也就是要坚持唯物史观。对国民党政权迅速崩溃的原因分析，除以上三种解释外可能还有更多其他解释。这些解释有些是唯物的，有些是唯心的；有些强调经济基础的作用，有些强调上层建筑的作用；有些强调社会存在的影响，有些强调主观意识的影响。上题材料的历史解释中就交杂了这些内容，需要学生运用历史唯物主义和辩证唯物主义的理论与方法进行辨析和解释。学生是否能运用唯物史观进行历史解释，命题者可在评分标准的设计中作为重要的评价指标。

按照对《课程标准》的理解，上文将历史解释分成“描述历史”“分析历史”“评判历史”三个方面。上题考查的主要是“分析历史”，即在辨别各种历史解释的基础上对历史事物的因果关系进行分析与解释。从“历史解释的态度”看，主要考查了唯物史观的理论以及实事求是、客观理性的态度；从“历史解释的能力”看，主要考查了信息获取、概括归纳、论证探讨等学科能力；从“历史解释的方法”看，主要考查了比较法、综合法、阶级分析法以及矛盾分析法等。

（五）家国情怀素养创新试题案例分析

《课程标准》对家国情怀的定义是：“家国情怀是学习和探究历史应具有的人文追求，体现了对国家富强、人民幸福的情感，以及对国家的高度认同感、归属感、责任感和使命感。”也就是说，家国情怀本质上属于人文追求，涉及人的情感、态度与价值观。家国情怀教育的目的是使学生对国家和人民形成认同感、归属感、责任感和使命感。依据《课程标准》对家国情怀素养的水平界定，我们认为水平 1、水平 2 实际上指出了学生对家乡、民族、国家、文化、人民以及社会主义道路应该具有何种情感，对待世界各国文化应当秉持何种态度。这两个水平层次其实定位在对情感、态度、价值观的认知层面，同时也属于感性认识层面。水平 3、水平 4 要求学生能把握中华民族多元一体的发展趋势及世界历史发展的进步历程，能表现出对历史的反思，能全面、客观认识现实社会问题，为中国特色社会主义建设和民族复兴作出自己的贡献，等等。这些要求其实已经由感性认识上升到理性分析的层面，同时也由家国情怀认知、认同发展到实践和行为层面。家国情怀素养能不能通过纸笔考试进行测量？家国情怀素养试题命制的目标是什么？家国情怀素养试题命制的难点和误区有哪些？本书第七章已进行了较为详尽的论述。以下将以第七章的基本思想为指导对个别家国情怀素养试题予以评析。

例 8-7：（专家培训题）

材料一

清代康熙、雍正、乾隆时期出现的康乾盛世，被称为中国古代最后一个盛世。清统治者自豪地说："中国之一统，始于秦，塞外之一统，始于元，而极盛于我朝。自古中外一家，幅员极广，未有如我朝者也。"经济得到显著发展，全国耕地面积增加。据统计，1661 年全国耕地面积 5493576 顷，1685 年增加到 6078430 顷，1766 年（乾隆三十一年）已达 7807290 顷。国家财政收入大幅度增加。据档案记载，1678 年户部存银仅 333 万余两，1771 年（乾隆三十六年）7894 万余两。在此基础上，顺治年间全国人口仅为 1000 多万，到乾隆末年达 3 亿。

——摘编自邱树森等《新编中国通史》等

材料二

1793 年，英国马戛尔尼使团以给乾隆祝寿为名出使中国。他们在中国发现了触目惊心的贫困，"在普通中国人中间，人民很难找到类似英国公民的啤酒大肚或英国农夫喜气洋洋的脸"。这些普通中国人"每次接到我们的残羹剩饭，都要千恩万谢。对我们用过的茶叶，他们总是贪婪地争抢，然后煮水泡着喝"。强制征来拉纤的民夫"好些半光着身子的人，看上去缺乏营养，疲劳衰弱不堪"，"一名士兵或小监督官手拿粗重的鞭子一直驱赶，毫不留情地鞭打他们，好像他们是一群马"。在清王朝"人人都沦为奴隶"，

“政府的规章作指导，百姓的思想跟上，可以说肉体惩罚是官员赐给被罚者的恩惠，一条确立的顺从原则，足以抹杀、消除人性的一切尊严”。

——摘编自[法]阿兰·佩雷菲特《停滞的帝国》

问题：比较材料一、二，客观评价清代“康乾盛世”。

上题材料一指出了“康乾盛世”的四个表现：疆域广阔、经济发展、财政增加、人口剧增。材料二反映了“康乾盛世”时期存在的三个问题：极端贫困、社会压迫、缺乏人性尊严。材料一是学者进行宏观整体研究得出的结论，而材料二是当时英国人访问中国时的个人直观感受。这两则材料分别从不同的角度、不同的价值观念出发看待所谓“康乾盛世”。如果从统一多民族国家的发展角度看，当然应该肯定“康乾盛世”奠定中国版图的重要意义；如果从维护封建王朝统治的角度看，清王朝财政收入增加、耕地增加、人口增长是“盛世”的重要表现；如果从人民的立场看，所谓“康乾盛世”，虽然巩固了封建王朝统治，但却是建立在广大人民绝对贫困的基础之上；如果从近代西方人权观念角度看，“康乾盛世”时期，虽然经济发展、财政增加，但经济结构、社会结构、政治制度仍然非常古老，缺乏人权，民众缺乏人性尊严，在社会的进步性上已落后于世界潮流。命题者通过呈现不同的史实性材料，要求学生对此进行比较和分析，从而客观评价“康乾盛世”。历史评价必定基于价值观念和立场。学生选取何种角度进行评价，可以反映其在家国情怀方面的“自觉”与“不自觉”行为。这就将家国情怀素养考查的目标隐藏在学科内容背后，从而提高了考试的信度和效度。

价值观与道德测量容易被受试者心理隐藏行为干扰而影响信度和效度。特别是涉及主流价值观问题，部分受试者会隐藏自己的真实想法。家国情怀素养试题虽然不以审查思想为目标，但如何准确区分学生家国情怀素养的水平层次，保证考试的信度和效度，仍然是需要解决的问题。我们认为家国情怀素养试题设计时应将家国情怀内容渗透于学科内容考试之中，采用明暗两线并行的方式。所谓“明线”，也就是显性考查学生的学科知识与学科能力；所谓“暗线”，也就是隐性考查学生基于何种情感，秉持何种态度，站在何种价值立场分析问题、解决问题。家国情怀素养测量目的处于隐性状态，这样便于观察学生无意识状态下情感、态度与价值观的水平表现。在明暗两线并行的试题设计方式下，家国情怀素养水平层次较低的学生往往表现为“不自觉”，而较高水平层次的学生往往表现为“自觉”。

从教育引导功能来看，家国情怀素养试题需要有一定预设；但从考试测量功能来看，家国情怀素养试题则需要开放，试题越开放，其测量信度越好。这就需要命题者把握好引导性与开放性的关系。上题的材料涵盖国家视角、政权视角与个人视角，但设问没有限定角度，极具开放性。学生在比较两则材料的基础上，可以从不同视角出发评价“康乾盛世”，包括统一多民族国家的发展、人民群众的生活、社会结构、人性尊严以及纵向与横向比较等。

从水平要求看，上题已经达到水平 3、水平 4 的层次，但难点也比较突出，即如何设计评分标准？各种不同的评价视角是否是等值的？或者说是否都处于同一水平层次？我们认为，只要是基于全面客观事实的观点，就不宜以高下区分。例如，学生从“奠定国家版图”的视角对“康乾盛世”予以肯定；或从人民群众的绝对贫困和没有人性尊严出发，对“康乾盛世”予以否定；或从唯物辩证法的角度既看到其在中国历史上进步的一面，也看到落后于世界潮流的一面。这些评判标准与尺度应该都是同一水平的，关键在于论述的充分性与逻辑性。

以上所举六道试题涵盖了历史学科核心素养的五个方面。这些都是素养导向比较突出的优质试题。近年来，国内关于历史学科核心素养的创新题层出不穷，不少试题具有开拓性，试题开发技术也有显著提升，这是十分可喜的现象。但是，我们也要看到，核心素养测试题研究刚刚起步，优质试题还太少，远不能满足新课程改革中学历史教学的需要。主要存在以下两个严重问题：一是国内试题研究的专业队伍不足。目前，比较专业的命题人员主要是教育部考试中心、各省市教育考试院抽调参加高考命题的专家，但这些专家只是临时性的，并非专门的命题研究人员。从高校情况看，师范院校极少有专门从事学科命题研究的专家教授，也鲜见开设本科生、硕士生学科命题课程。目前，除高考命题人员外，从事学科命题实践的主要是各地各级学科教研人员。全国范围内专业命题人员严重不足。二是试题命制没有门槛，良莠不齐。目前中学一线教师比较苦恼的是一方面网上试题铺天盖地，但另一方面优质试题却太少。这主要是中学试题没有门槛，任何人都可以自行命制试题并上传各教学资源网站供人下载。整个命题过程没有经过修改、审稿、校勘、审核等一系列质量监控程序，导致错题百出。做大量错误试题比不做任何试题对学生的影响更大，因为错误的历史试题对中学生造成的负面影响是长期的，甚至是终身的。

二、如何从历史旧题中推陈出新①

以上例题都产生于2017年版《课程标准》研制之后，那如果我们用今时的思想理念反观过去的历史试题，又会有何种体验？历史旧题是否还有研究价值？我们如何从旧题中推陈出新？

我们曾写过多篇文章对高考历史试题进行评析，这些文章有一个共同点，就是其观察视角均为“自视”。经过近些年新课程、新教材、新高考的洗礼，尤其是经过学科核心素养理论的熏陶，蓦然回首一些历史旧题，会有“那人却在灯火阑珊处”之感。几年过去，尽管观察的主体与客体均未改变，但观察的视角实际已从“自视”变为“他视”。这真是一种奇妙的感觉！因此，我们主张对部分高考历史旧题进行现时性评析，从而带来别样的研究体验。下文将以2011年广东卷文综历史第38题为例进行现时性评析。需要说明的是，当时的基础教育背景、社会环境、思想观念都与今日有一定差异，而本文的分析理论、视角及工具均从现时出发，是以今日之识、今日的理论反观过往，因此并不能苛求于当时的命题者。为分析之便，录原题如下。

例8-8：(2011年广东高考)阅读材料，结合所学知识回答问题。

材料一

中国古代史书多以纪传体编撰而成。“盖纪者，编年也；传者，列事也。编年者，历帝王之岁月……；列事者，录人臣之行状。”

——据(唐)刘知几《史通》

历史者，“叙述人群进化之现象而求得其公理公例者也”；史家必探察

① 本文已公开发表，收入本书时略有改动。参阅朱命有：《对一道高考历史陈题的现时性评析》，载《中学历史教学参考》，2020(6)。

"国民全部之经历及其相互之关系"；史学者，"国民之明镜也，爱国心之源泉也"。

——据梁启超《饮冰室合集》

材料二

布鲁尼(1369—1444)的《佛罗伦萨史》，不再从上帝创世而是从佛罗伦萨的建城写起；不再记述有关佛罗伦萨建城的神怪传说和奇迹，而是更多地描写佛罗伦萨当时的政治生活。

——据《西方的历史观念》

材料三

20世纪60年代以来我国出版的世界通史教材，对世界近现代史的分期先后出现两种主要做法：①近代史开始于1640年，现代史开始于1917年；②近代史开始于1500年前后，现代史开始于1900年前后。

(1)据材料一，古代纪传体史书记载的主要内容是什么？梁启超的史学观受到哪些思想的影响？

(2)据材料二，分析布鲁尼的历史撰述反映了当时什么样的思想潮流。

(3)任选材料三中的一种分期方法，分析其史实依据。

(4)有学者认为，历史不仅是指过去的事实本身，也是指人们对往事的记录。谈谈你对这句话的理解。

总的来说，该题极具创新意义，逻辑严密，结构完整，能较好调动学生知识与能力解决问题，有效考查了学科素养，是一道较高质量的试题。

1. 从考查内容方面看，突出学科素养

该题巧妙地将教材知识与史学史结合起来，以历史认识论为主题，对多则史料进行科学编排，凸显出试题的灵魂。这种史料的调度安排看似简单，其实是一件比较困难的事情。可以这么说，该题实质上是一项创造性研究成果，体现了作者的深刻思考，就像是一篇用命题语言表达的史学史研究作品。命题者将历史认识论纳入考查范围，使学生对"什么是历史""什么是历史学""什么是历史叙述""什么是历史时间"等重要认识论问题产生了深刻思考，充满思想性和思辨性。

2. 从考查目标方面看，有三个显著特点

第一，注重必备知识与关键能力的结合。一道好的历史题必定是必备知识与学科能力紧密结合的。离开学科能力考历史知识，就会陷入复制记忆的误区；离开历史知识考查所谓能力，就是“种了别人的田，荒了自己的地”。该题在两者的结合方面做得较好。下面以“梁启超的史学观受到哪些思想的影响”问题为例加以阐明。命制一道试题，必先对学生解题的思维运动作出预设与预判，以便精心设计思维过程的每一个环节，进而区分不同层次的学生。正是基于这种认识，我们对学生答题时的思维过程进行了程序性解构，如图 8-1 所示。

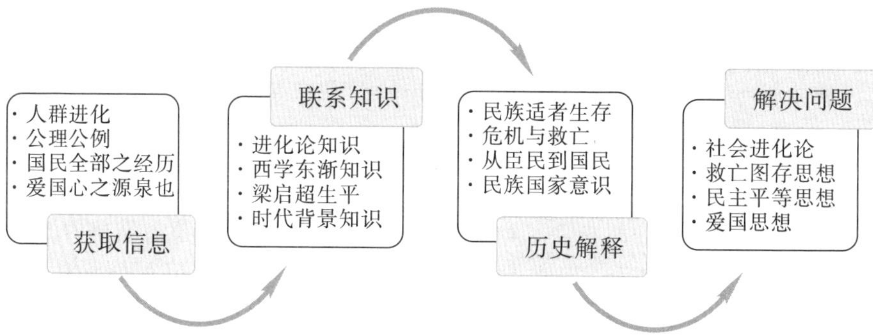

图 8-1　解题思维运动示意图

从上图可知，学生在解题的思维运动中经历了“获取信息（概括归纳）——联系知识（调动运用）——历史解释（理解解释）——解决问题（表达描述）”四个阶段。零碎的材料信息与历史知识融合，从而形成符合逻辑的历史解释，最后运用历史概念和术语进行表达和描述。我们发现在此思维过程中能力与知识交互参与，共同实现了问题的解决。比较遗憾的是，该题在能力与知识的融合程度上力度还不大，至于进化论思想、爱国思想等，仅从材料中即可得出答案，不需要调动相关背景知识。

根据图 8-1，我们可以发现这样的设计也有利于区分不同层次的学生。一部分学生在阅读和获取信息方面存在困难，不能全面准确提取、归纳信息，因此被排除在外；一部分学生全面或部分提取了有效信息，但因为缺乏必要的历史知识而无法理解和解释这些信息，也被排除在外；只有既具备学科能力又具备学科知识，还能准确运用学科概念、学科语言的学生才能通过选拔。例如，学生提取“人群进化”的信息，并知道进化论主张“物竞天择，适者生存”，能将进化论置于列强侵华的历史背景下，才能认识到梁启超的进化史观实质是民族危机下救亡图存思想的反映。我们曾对没有答出“救亡图存思想”的学生进行访问，发现不同学生错误的原因其实并不一样。学生思维能运行到哪一步反映了学生不同的水平层次。

第二，注重学科素养与核心价值的考查。2011 年，中国学生发展核心素养尚未提出，学科核心素养尚未凝练，甚至社会主义核心价值观还未正式发布，因此以学科核心素养和核心价值观的理论框架评析陈题是反求过往。学科核心素养和核心价值观在当时并非考试目标，但并不能说当时的试题没有考查学科核心素养和社会主义核心价值观。两者的区别也许就是“自觉”与“不自觉”而已。这种“不自觉”的行为，恰恰指向的是学科教育的本质问题，体现的是命题者对历史特征和历史教育的深刻认识，以及对当时历史教育的反思与挣脱。概言之，以现时的理论、视野与要求反观当年“不自觉”的命题行为其实也具有特殊意义。

表 8-1 为该题在历史学科核心素养方面的表现及其可达到的水平层次。至于社会主义核心价值观，因与家国情怀素养相通，因此合并在家国情怀中，不再另行赘述。

表 8-1　中学历史核心素养的表现及水平层次

学科素养	表现	水平
唯物史观	(1)社会存在决定社会意识(史观形成)；(2)人民群众是历史的创造者(国民观)；(3)人类社会的发展纵向上从低级到高级发展，横向上从分散到整体发展(世界史分期)	水平 1—水平 2
时空观念	(1)辨识古代、近代、现代的时间表达方式；(2)将布鲁尼置于特定时空框架下；(3)对较长时段的史事加以说明(世界史分期)；(4)选择恰当的时空尺度对其进行分析、比较(世界史分期)	水平 1—水平 4
史料实证	从材料中提取古代史书特点、梁启超史观内涵、布鲁尼史观特点等信息	水平 1

续表

学科素养	表现	水平
历史解释	(1)对梁启超受何种思想影响和对布鲁尼历史撰述反映的思想潮流加以分析；(2)在历史叙述中将文艺复兴及其历史解释结合起来；(3)在两种分期方式中分辨不同的历史解释，并解释其原因	水平 1—水平 3
家国情怀	(1)梁启超重视国民史及提倡爱国心；(2)通过对多种世界史分期的分析把握世界历史发展的进步历程，形成正确历史观	水平 1—水平 3

采用学科核心素养的框架对该题进行分析后，我们可以得到以下几个认识：一是即便是陈题也能考查学生的学科核心素养和核心价值观。新课标背景下命题不必框死在五个学科核心素养的框架下，以致自缚手脚。二是五个学科核心素养是交互作用的，综合体现在每道试题之中。有些试题可能会某个素养表现得比较突出，但单一地、纯粹地考查某个素养的试题几乎不存在。三是应该在末端的评价标准上加强研究，以便更清晰地区分学生的水平层次和学科核心素养。

3. 试题结构逐层递进

该题共设计四个小问，层层递进，概括起来说即“是什么”“为什么”“如何理解”三个层次。这三个层次在史学理论上可理解为“事实判断”“成因判断”“价值判断”。第一层次是对史料进行分析与批判，形成考实性认识；第二层次是对各事实之间引起与被引起的关系进行判断，从而形成规律性认识；第三个层次是在前两者基础上进行价值判断，从而形成评价性认识。因此，从试题结构看，这是一个符合历史认识规律的、层次性的、程序性的试题结构。

4. 结构合理，技术精巧

试题的结构包括材料的编排，问题之间的关联以及思维层次的设定等方面。该题在结构设计上用心良苦，构思精巧，充分体现了命题者的史学思想与教育理念。这主要表现在以下几个方面。

第一，归纳与演绎结合。所谓归纳，即从个别到一般、从特殊到普遍的研究方法；所谓演绎，即从一般到个别、从普遍到特殊的研究方法。归纳与演绎是常用的历史研究法，也是历史试题命制的常用技术手段。一般而言，命题者提供一系列个别历史现象，由学生归纳出一般性历史结论，并进行解释和论证；反之，命题者提供有广泛共识的一般性历史结论，由学生进行演绎和分析，从而推导个别历史现象并形成价值判断(历史唯物主义较常用)。

该题的第一、第二问，材料呈现个别历史现象，要求学生指出古代纪传体史书记载的主要内容以及布鲁尼的史著反映的思想潮流。这是从个别现象出发导向一般性结论，属归纳方式。该题的第三、第四问，材料给出了两种世界近现代史分期方式以及关于什么是历史的一般性结论，试题要求学生分析其史实依据。即从一般性结论出发导向个别历史事件，属演绎方式。该题四个问题先从历史现象归纳出历史结论，再从历史结论演绎推导历史现象，有利于培养学生的历史思维。

第二，历时性与共时性结合。历史试题的材料编排和问题设计必然涉及时间性安排。这种时间安排能体现命题者的历史认识和历史视野。例如，比较常见的有从动态与静态、纵向与横向、长时段与短时段等时间意义上编排史料，设计问题。从时间意义上看，例 8-8 采用了历时性与共时性相结合的方式编排史料，从而拓展了学生分析问题的视角。所谓历时性分析，即将历史发展看成一个动态发展的演进过程，分析其发展与变化；所谓共时性分析，即将具有共同特征的事物置于同一个历史阶段进行结构分析。该题材料一反映了中国人历史观发生的变化，将其置于一个动态变化的过程中进行观察，属历时性分析。该题材料三是对同一时间范围进行不同的时间尺度划分，将研究对象置于同一个历史阶段进行分析，从而呈现出一个较完整的历史结构。这个结构从纵向上看呈现出从低级向高级演进的趋向(第一种分期)，从横向上看呈现出从分散到整体的趋向(第二种分期)。上述方式即共时性分析。

第三，长编与类叙结合。原创试题命制过程中，多则材料的调度安排是一件伤神的事。一般来说，历史试题如果有多则材料，则呈现方式主要有两种，即长编法与类叙法。长编法是把多则材料按照时间顺序排列，以反映事物的发展变化过程；类叙法是把多则同类材料予以组合，以反映事物之间的联系及结构关系。当然，在实际命题过程中情况可能更为复杂些。例如，有时候材料编排既有长编又有类叙，但终归离不开这两种的范畴。

我们对上述试题的材料编排进行解析，得到图 8-2。

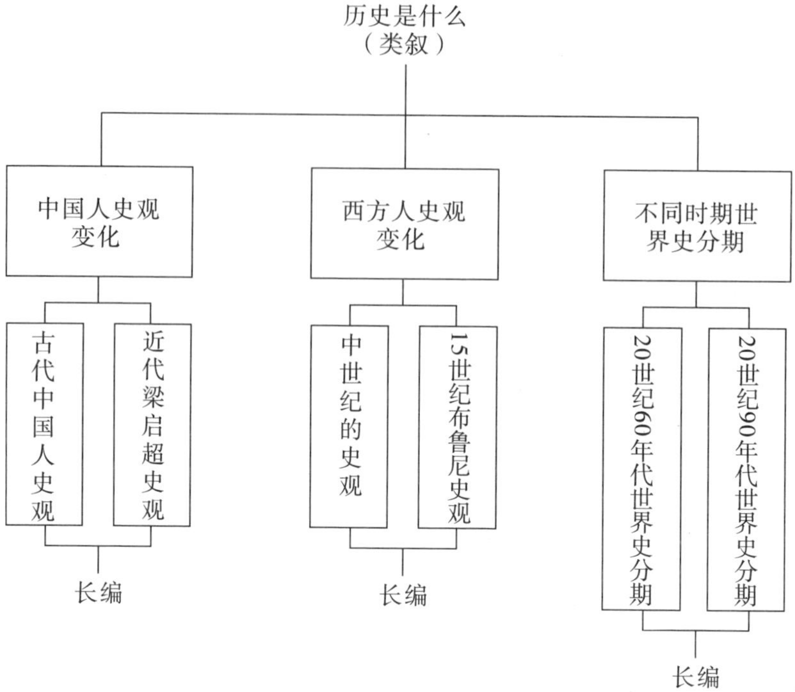

图 8-2　历史试题的材料呈现方式

我们可以发现，命题者采用的是类叙法与长编法相结合的编排方式。围绕“历史是什么”的主题，三则材料分别从中国、西方、世界三个角度搭建起试题的基本结构，属于类叙方式。另外，三则材料又各有次一级的编排方式。这种方式按照时序编排，以反映史观的变化，属长编方式。命题者如果能熟练掌握长编法与类叙法，可以使试题更加灵动。

我们从“现时”出发，从多个层面和角度对一道经典历史旧题进行了重新分析。我们想强调的是有些分析是命题者的“有意”行为，而大部分极可能是“无意”行为。例如，关于“归纳与演绎”“历时性与共时性”“长编与类叙”的技术分析，未必是命题者自觉的行为。然而，这种不自觉行为同样有其内在逻辑机理和心理驱动，也许是命题者实践经验内化为素养的体现。我们认为，有时研究“不自觉”的命题行为比研究“自觉”的命题行为更有意义。